Mike Pearl

Was wirklich passiert, wenn …

Viele Zukunftsszenarien jagen uns Angst ein: Was wäre, wenn ein Atomkrieg ausbräche, die Fische ausstürben oder es kein Öl mehr in Saudi-Arabien gäbe? Und auch positive Gedankenspiele können uns verunsichern: Was wäre, wenn jeder Mensch unsterblich wäre oder es keine Schlachthöfe mehr gäbe? Mike Pearl liefert das beste Rezept gegen unsere Angst: detailliertes Wissen. Er nimmt neunzehn mögliche Ereignisse unter die Lupe und zeigt mit Hilfe von Experten, was in solchen Fällen passieren würde. Dabei wird klar: Die meisten Szenarien sind bei näherer Betrachtung gar nicht mehr so beängstigend. Ist die Zukunft besser als ihr Ruf?

Mike Pearl lebt in Los Angeles und ist als Journalist schon immer an alltagsnahen Worst-Case-Szenarien interessiert. Er schreibt unter anderem für das Magazin *VICE*, wo 2015 der Artikel »Was wäre, wenn Donald Trump Präsident würde?« erschien. Mit seinen erfolgreichen Artikelserien »How Scared Should I Be?« und »Year 2050« erreicht er Millionen Leser.

Mike Pearl

Was wirklich passiert, wenn …

… das Internet zusammenbricht, der nächste Supervulkan explodiert oder endlich die Außerirdischen anrufen

Aus dem amerikanischen Englisch von Hans Freundl und Karsten Petersen

Mit acht Schwarz-Weiß-Abbildungen

PIPER

Mehr über unsere Autoren und Bücher:
www.piper.de

FSC
www.fsc.org
MIX
Papier aus verantwortungsvollen Quellen
FSC® C014496

ISBN 978-3-492-05935-0

Titel der amerikanischen Originalausgabe:
»The Day It Finally Happens« bei Scribner,
ein Imprint von Simon & Schuster, Inc., New York 2019

Umschlaggestaltung: zero-media.net, München
Umschlagabbildung: FinePic®, München
Satz: Tobias Wantzen, Bremen
Gesetzt aus der Alegreya
Litho: Lorenz & Zeller, Inning am Ammersee
Druck und Bindung: GGP Media GmbH, Pößneck
Printed in Germany

Für Paige, die meine Freundin war,
als ich dieses Buch zu schreiben begann,
meine Verlobte, als ich es fertigstellte,
und die meine Ehefrau wurde in der Woche,
in der es erschien.

Inhalt

Einleitung

Wenn Sie sich zu jenen informierten Zeitgenossen zählen, die sich über die Zukunft unserer angeblich von Falschmeldungen und Halbwahrheiten heimgesuchten Welt Gedanken machen, wird Ihnen wahrscheinlich nicht unbekannt sein, dass Experten, die sich als Prognostiker betätigen, oftmals einen sehr schlechten Ruf genießen. Diese Experten haben anscheinend von nichts eine Ahnung.

Diese kritische Sicht lässt sich auch durchaus mit Daten stützen. Für sein Buch *Superforecasting – Die Kunst der richtigen Prognose*, das der Psychologe Philip E. Tetlock zusammen mit dem Journalisten Dan Gardner schrieb, wertete Tetlock eine große Menge von Daten über Prognosen aus und gelangte zu der Feststellung, dass statistisch gesehen »der durchschnittliche Experte ungefähr ebenso treffsicher ist wie ein Schimpanse, der Dart-Pfeile wirft«. Aber dennoch sind Menschen, die bestimmte Ereignisse vorhersagen, nicht allesamt Dummköpfe und Idioten. Tetlock und Gardner haben auch herausgefunden, dass es Leute gibt, die ein Gespür haben für künftige Entwicklungen, und diese Menschen haben sie in ihrem Buch vorgestellt. Folgende Erkenntnisse haben die beiden Autoren dabei gewonnen: Wenn man zukünftige Ereignisse betreffende Vorhersagen machen will, muss man sie auf harte Daten gründen, und diese Daten sollten vollständig frei sein von Vermutungen oder Vorannahmen. Man sollte mit Wahrscheinlichkeiten operieren – niemals mit Gewissheiten – und einen klaren Zeitrahmen anbieten.

Wenn man zum Beispiel in ähnlicher Weise wie der legendäre Physiker Enrico Fermi vorgehen will, kann man scheinbar übernatürlich wirkende Ableitungen aus Informationen vornehmen, über die man gar nicht verfügt, indem man feststellt, welche Daten am einfachsten zugänglich sind, und diese dann extrapoliert. In seinem berühmten Experiment, in dem es um die Zahl der Klavierstimmer in Chicago ging, bat Fermi seine Studenten, die Zahl der Klavierstimmer (der Menschen, nicht der Gabeln) durch schlichte Zahlenrechnungen möglichst genau abzuschätzen. Wir kennen die Bevölkerungszahl von Chicago, und wir wissen, wie ein Klavierstimmer arbeitet und wie lange er für ein Klavier braucht. Dann berechnen wir annäherungsweise, wie viele Klaviere es in Chicago gibt. Wenn wir alle diese Zahlen und Daten in unsere Kalkulationen einbeziehen, haben wir eine wesentlich größere Chance, ein einigermaßen genaues Ergebnis zu erhalten, als durch reines Raten. Das ist ein cooler Trick, er funktioniert aber nur, wenn der Gegenstand, den wir untersuchen, schon hinreichend untersucht worden ist.

Ich bin weder Statistiker noch Physiker. Tatsächlich bin ich sogar ziemlich schlecht in Mathematik, aber dennoch erstelle ich Zukunftsprognosen und habe daraus sogar einen Beruf gemacht. Ich gehe nur ein bisschen anders an die Sache heran, denn meine Hauptqualifikation für diese Tätigkeit ist eine lähmende Angst vor Dingen, die möglicherweise geschehen werden.

Meine Befürchtungen entstehen aus einer Angststörung – einer weitverbreiteten psychischen Krankheit. Das ist ein zweifelhafter Segen für jemanden, der als erklärender Journalist tätig ist: Sie füllt meinen Kopf mit Ideen, aber ich hasse diese Ideen. Dies mag etwas komisch erscheinen, gewissermaßen wie eine Marotte, die auch Woody Allen pflegen könnte, aber wer schon einmal eine wochenlange Phase von Panikattacken erlebt hat oder Angst hatte, die Augen zu schließen, weil der Schlaf schreckliche, grauenhafte Albträume bringt, der weiß, dass Angst etwas wesentlich Schlimmeres sein kann als beispielsweise die Neurosen oder das Lampenfieber von Stand-up-Comedians. Ich bin hyperwachsam. Ich bin leicht zu erschrecken (der Gag mit der Katze im Fenster taucht nahezu in jedem Horrorfilm auf, aber jedes Mal gehe ich ihm wieder auf den Leim). Ich bin nervös. Ich suche meine Umgebung ständig nach Fluchtmöglichkeiten ab.

Im Zuge einer »Bewältigungsstrategie«, wie Sie es vielleicht nennen mögen, habe ich begonnen, für die Zeitschrift *Vice* die Kolumne »How Scared Should I Be?« zu schreiben, in der ich den rationalen Gründen für meine Ängste nachzuspüren versuche. Über Dinge zu schreiben, die mir Angst machen – Terrorismus, Pitbulls, Erstickungsanfälle und die Gefahr, einen Schlag ins Gesicht zu bekommen –, war eine riesige Erleichterung für mich. Diese Erfahrung inspirierte mich zu meiner Serie über Vorhersagen der Veränderungen durch den Klimawandel, die unter dem Titel »Year 2050« erschien, und zu meiner hypothetischen Kriegsserie »Hours and Minutes«. Bei diesen Artikeln handelte es sich nicht lediglich um Therapieversuche, durch sie erfuhr ich auch, dass Millionen Menschen meine Ängste teilen. Zeitweilig empfand ich deswegen ein gewisses Schuldgefühl: *Ist es in Ordnung, die Ängste der Menschen auszunutzen, um Klicks zu erzielen?*, überlegte ich. Aber dann wies mich meine Freundin (meine treueste Leserin) darauf hin, dass es ungemein befreiend sein kann, vielleicht sogar tröstlich, über ein Angst machendes Thema nähere Informationen zu besitzen und Einzelheiten zu kennen.

Natürlich musste ich nach einer gründlichen Überprüfung der Fakten mir selbst und den Lesern von *Vice* die Botschaft nahebringen, dass wir nicht genügend Angst haben. Ein Beispiel: Das Thema »Niemals in Ruhestand gehen können« habe ich ganz oben auf meiner Angstskala angesiedelt, weil ich nach eingehender Beschäftigung mit diesem Thema zu der Einschätzung gelangte, dass meine Alterskollegen davor wesentlich mehr Angst haben sollten, als es tatsächlich der Fall ist. Also, es stimmt: Laut Definition bin ich ein Angsthase und Angstmacher.

Aber ich betrachte dies unter dem Strich als positiv. Schließlich haben wir im Zuge der Evolution gelernt, Angst zu entwickeln, weil sie uns vor Gefahren und Bedrohungen schützt. Vielleicht hat die Evolution uns, den Bewohnern der modernen Welt, nicht beigebracht, unsere Ängste gerecht zu verteilen, aber mit ein wenig Recherche können wir die notwendigen Anpassungen vornehmen. Ich finde es beruhigend, zu wissen, dass manche Dinge, die beängstigend *erscheinen*, auch tatsächlich beängstigend *sind*. Das gibt mir das Gefühl, dass mit mir alles in Ordnung ist.

Eines möchte ich jedoch klarstellen: Dies ist kein Selbsthilfebuch, und ich werde Ihnen auch keine Ratschläge geben, wie Sie sich vor der Angst schützen können, indem Sie einem von mir entwickelten Schritt-für-Schritt-Plan folgen. Gleichwohl glaube ich, dass es hilfreich ist, sich auf eine vernünftige, faktenbasierte Weise mögliche zukünftige Entwicklungen vorzustellen, weil dies zu einer Schärfung des Denkens führt. Seit die Beschäftigung mit spekulativen Szenarien zu meinem Beruf geworden ist, habe ich daran gearbeitet, wann immer ich auf irgendetwas unwillkürlich mit Angst reagiere, mich am Riemen zu reißen und nach möglichen Ergebnissen und tatsächlichen Auswirkungen auf die Welt zu forschen, anstatt gleich die Apokalypse heraufzubeschwören. Oder wenn ich tatsächlich mit der Möglichkeit der Apokalypse rechnen muss, dann frage ich mich, ob das wirklich so schlimm wäre.

Der am stärksten therapeutisch ausgerichtete Artikel, den ich bisher geschrieben habe, handelte gar nicht von der Zukunft. Er trug den Titel »How Scared Should I Be of Pit Bulls?«. Ich habe Angst vor Hunden, seit mich 2006 ein Hund, der so groß war wie ein Löwe, ich schwöre es, auf einem Gehsteig in Budapest anfiel. Es war kein lebensbedrohliches Ereignis (der Besitzer zog den Hund sogleich wieder von mir weg, und die Bisswunde musste nicht einmal mit einem Pflaster versorgt werden), aber der Schock wirkte lange nach. In dem einen Augenblick war dieser Hund noch das gut erzogene Haustier eines Menschen, und im nächsten Augenblick wollte er mich töten. Dennoch bin ich mit Aufgeschlossenheit an meine Untersuchung herangegangen, und es stellte sich tatsächlich heraus, dass Hunde, die als Pitbulls bezeichnet werden, wesentlich häufiger in lebensgefährliche Angriffe verwickelt sind als alle anderen Hunderassen. Die Wissenschaft kann allerdings lediglich bestimmen, was ein Pitbull ist, was die Frage erheblich kompliziert, woher die angeborene Gefährlichkeit dieser Rasse rührt. Ich habe aber auch herausgefunden, dass Hunde – Pitbulls oder andere – generell nicht so gefährlich sind, dass sie für die Menschen im Allgemeinen eine Bedrohung darstellen.[1] In den USA gibt es jährlich nur 26 Todesfälle, die mit Hunden in Zusammenhang stehen, das sind wesentlich weniger Menschen, als durch herabfallende Baumäste zu Tode kommen.[2] Und die große Mehrheit dieser Opfer sind entweder Kinder oder sehr alte Menschen. Zudem sind diese 26 Fälle vor dem Hintergrund von ungefähr 4,5 Millionen Hundebissen zu sehen[3] – einschließlich kleiner Knuffe in die Hand.

Die Aufdeckung dieser Fakten war eine hilfreiche Therapie für mich, und heute streichle ich Pitbulls sogar gelegentlich – aber nur, wenn sie friedlich und umgänglich erscheinen.

Mit diesen Überlegungen im Hinterkopf können wir uns nun also den kommenden Jahrzehnten zuwenden, wollen wir?

Berichte und Vorhersagen über die Zukunft der Menschheit strotzen nicht gerade vor Optimismus. So veröffentlichte eine multidisziplinäre Arbeitsgruppe australischer Wissenschaftler an der Universität Adelaide 1999 einen Bericht unter dem Titel *The Bankruptcy of Economics: Economics and the Sustainability of the Earth* (Der Bankrott der ökonomischen Theorie: Ökonomie und Nachhaltigkeit), in dem eine gewisse Weltuntergangsstimmung anklingt. Die Experten aus Adelaide schreiben, dass die Erfordernisse unserer expansionistischen Wirtschaftsmodelle übermäßigen Druck auf die natürlichen Ressourcen ausüben, und rechnen mit »massiven Umweltschäden, sozialen Unruhen und einer Vielzahl von Toten«.

Schlimmer noch, der gesellschaftliche Zusammenbruch werde irreversibel sein, zumindest nach Ansicht von Fred Hoyle, dem britischen Mathematiker und Astronomen, der den Begriff »Big Bang Theory« prägte. In seinem Standardwerk *Of Men and Galaxies* schreibt Hoyle: »Wenn das Erdöl erschöpft ist und ebenso die hochgradigen Metallerze, wird keine Spezies mehr, so befähigt sie auch sein mag, den langwierigen Aufstieg aus primitiven Lebensverhältnissen zu hoch entwickelter Technologie bewerkstelligen können. Dies war eine einmalige Angelegenheit. Wenn wir scheitern, wird auch dieses planetare System scheitern, soweit es die Intelligenz betrifft.«

Dann gibt es aber auch Wissenschaftler wie den Kognitionspsychologen und Linguisten Steven Pinker von der Harvard University, die uns davon überzeugen wollen, dass die Weiterentwicklung des Wissens durch die Menschheit uns in die Lage versetzen werde, uns zusammenzureißen, die Apokalypse abzuwenden und das Beste aus den Gegebenheiten zu machen. Pinker schrieb in seinem 2018 erschienenen Bestseller *Aufklärung jetzt: Für Vernunft, Wissenschaft, Humanismus und Fortschritt. Eine Verteidigung*: »Trotz einer seit einem halben Jahrhundert herrschenden Panikstimmung befindet sich die Menschheit nicht auf einem unumkehrbaren Weg in den ökologischen Selbstmord. Die Angst vor einer Erschöpfung der Ressourcen ist fehlgeleitet. Ebenso das misanthropische Umweltbewusstsein, in dem die modernen Menschen als böswillige Plünderer eines jungfräulichen Planeten erscheinen.«

Schon 2011, als Pinkers *Gewalt: Eine neue Geschichte der Menschheit* herauskam, begann ich Gefallen zu finden am »Pinkerismus«, denn es erschien mir sehr tröstlich, Ausführungen darüber zu lesen, dass die Menschen keine »Plünderer« seien – nicht nur, weil mir dadurch versichert wird, dass sich die Menschheit nicht auf dem Weg in den Untergang befindet, sondern weil mir dadurch auch das Gefühl vermittelt wird, keine Schuld dafür empfinden zu müssen, dass ich ein Mensch bin. Aber wenn ich die Nachrichten lese, beschleicht mich dennoch hin und wieder das Gefühl, dass wir »Plünderer« sein könnten, zumindest unabsichtlich.

In *Gewalt* brachte Pinker einen sehr wichtigen Aspekt zur Sprache: Die Gewalt von Menschen gegen Menschen hat nicht zugenommen; sie ist vielmehr in den vergangenen Jahrtausenden deutlich zurückgegangen. Doch im Hinblick auf die Zukunft enthalten seine Bücher ein bisschen zu viele Absicherungen und Einschränkungen, um meine Ängste zu beschwichtigen. Sie sind durchzogen mit Aussagen wie »Keine Art von Fortschritt ist unvermeidlich« oder »Fortschritt kann durch schlechte Ideen wieder rückgängig gemacht werden«.

Der Journalist Gregg Easterbrook ist ebenfalls ein Optimist Pinker'scher Spielart. In seinem Buch *Warum die Welt einfach nicht untergeht* berichtet er davon, wie er einen der einstmals vom Aussterben bedrohten Weißkopfseeadler beobachtete, als dieser durch die Luft flog, die völlig frei war von Smog, ein Moment, der Easterbrook »nicht selbstzufrieden [machte] in Bezug auf die natürliche Umwelt; vielmehr lässt er mich hoffen, dass auch die Treibhausgasemissionen unter Kontrolle gebracht werden können, ganz so, wie es schon bei vielen anderen Umweltproblemen gelungen ist«. Aber auch Easterbrook sichert sich ab und räumt ein: »Dass die früheren Vorhersagen eines großen, durch den Menschen verursachten Artensterbens nicht eingetroffen sind, bedeutet keineswegs, dass die Gefahren für unsere Mitgeschöpfe gebannt sind.«

Was Prognosen über die Zukunft betrifft, ist es wirklich schwierig, alles in helles Sonnenlicht zu tauchen, wenn so viele unerfreuliche Fakten ihre Schatten werfen.

Eines der bekanntesten prognostischen Dokumente, auf die ich im Laufe meines Lebens gestoßen bin, die »World Scientists' Warning to

Humanity«, die 1992 von der Union of Concerned Scientists herausgegeben wurde, war solide begründet. Das Dokument enthielt ernste Warnungen vor Gefährdungen der Atmosphäre, der Wasserressourcen, des Bodens, der Wälder und der Artenvielfalt. Als die 15 000 Unterzeichner 2017 anlässlich des 25-jährigen Bestehens dieser Organisation die Prognosen einer kritischen Überprüfung unterzogen, stellten sie fest, dass diese in Bezug auf die Atmosphäre teilweise falsch gewesen waren – die Ozonschicht hat sich glücklicherweise wieder stabilisiert dank eines verstärkten internationalen Bewusstseins für die Problematik –, doch im Hinblick auf die übrigen Bereiche sei es »der Menschheit nicht gelungen, wesentliche Fortschritte zu erzielen bei der Lösung dieser vorhergesehenen Umweltbelastungen, von denen sich die meisten beunruhigenderweise sogar verschärfen«.

Ich bin sicher, Sie sind über die großen Probleme der Menschheit im Bilde, sodass ich nicht allzu sehr in die Einzelheiten gehen muss. Aufgrund der Treibhausgase, deren Emission wir anscheinend nicht unterbinden können, haben wir den Planeten Erde seit Beginn der Industrialisierung um 0,8 Grad Celsius erwärmt[4] – und nach einer kurzen Unterbrechung begannen die Emissionen 2018 wieder zu steigen.[5] Ungeachtet der als Höchstmarke angesetzten 1,5 Grad könnte die Durchschnittstemperatur einigen Schätzungen zufolge bis 2084 oder früher sogar um 4 Grad zunehmen.[6] Dies würde längere und schwerere Dürreperioden und anschließende Hungersnöte zur Folge haben und könnte für große Küstenstädte wie Miami, Schanghai, Rio de Janeiro, Osaka, Alexandria und Dhaka eine Bedrohung durch steigende Meeresspiegel bedeuten.[7]

Zusätzlich zu den Turbulenzen, die durch die Klimaveränderungen ausgelöst werden, könnten wir zudem unsere Fähigkeit einbüßen, bakterielle Erkrankungen zu behandeln, weil die Erreger zunehmend resistenter gegen Antibiotika werden. Wenig beruhigend stimmt auch, dass auf das reichste eine Prozent der Menschheit im Zeitraum von 1980 bis 2016 27 Prozent des Welteinkommens entfielen, während die unteren 50 Prozent nur rund 12 Prozent des Einkommens auf sich vereinigen konnten.

Und schließlich gibt es auch noch die Herausforderungen und Unwägbarkeiten der Technologie. Ich wurde 1984 geboren und gehöre damit zu jener kleinen Alterskohorte, die eine »analoge Kindheit und eine digitale Heranwachsendenzeit« erlebt hat. Ich habe meine Identität im Internetzeitalter ausgebildet, aber ich kann mich auch an ein Leben vor dem Internet erinnern, und wie viele Menschen spüre ich, dass etwas sehr Seltsames vor sich geht. Mehr als 40 Prozent der Amerikaner beziehen ihre Nachrichten über Facebook, und nur noch 5 Prozent bringen Nachrichten in Funk und Fernsehen »großes Vertrauen« entgegen.[8] Alles wird automatisiert – und ich meine, wirklich alles –, und während 33 Prozent meiner Landsleute diese Entwicklung begrüßen, zeigen sich 67 Prozent darüber besorgt. Diese Zahlen stammen vom Institut Pew Research, das auch herausgefunden hat, dass die Menschen zu zahlreichen Aspekten der Technologie eine ambivalente Einstellung haben. So sehen es beispielsweise 70 Prozent als positiv, dass Roboter die Pflege älterer Menschen übernehmen und uns dadurch entlasten könnten, 64 Prozent aber befürchten, dass mechanisierte Pflegekräfte Großmutter und Großvater möglicherweise ein Gefühl der Einsamkeit vermitteln könnten.[9] Man reibt sich die Augen und fragt sich: Warum begrüßen sie dann eine solche mögliche Entwicklung?

Zusammenfassend kann man wohl sagen, dass es eine typische menschliche Eigenart ist, zugleich begeistert, aber auch besorgt über die Zukunft zu sein.

Eines fehlt bei diesen Überlegungen aber noch: die *Spezifizität.* Ein globales Massenaussterben von Arten erscheint als eine ernste, besorgniserregende Sache, wer aber vor einem solchen globalen Massenaussterben warnt, wird als Nörgler oder als Wanderprediger abgetan. Wenn ich Ihnen jedoch andererseits sage, dass uns der Arabica-Kaffee genommen werden wird oder der Golftümmler, ein bezauberndes Meeressäugetier (googeln Sie es), verschwinden wird, bekommen Sie wahrscheinlich ein unmittelbareres Gefühl für die Realität einer heraufziehenden ökologischen Katastrophe. Auch der Begriff »politische Instabilität« klingt lediglich auf eine vage Art gefährlich, die Leute interessieren sich dann aber eher dafür, wenn sie erfahren, wo die Bürgerkriege tatsächlich stattfinden und wer dabei sterben wird. Wenn Roboter tatsächlich sämtliche Arbeiten übernehmen, bedeutet das dann nicht, dass einige berühmte Roboter wichtigere und aufregendere Arbeiten verrichten werden als andere? Das klingt doch ziemlich cool. Welche Tätigkeiten werden das sein?

Vielleicht werden sich einige dieser Entwicklungen nicht in der Weise vollziehen, wie wir es erwarten. Warum aber sollte man Zeit darauf verschwenden, Dinge vorherzusagen, wenn wir sie uns auch vorstellen können? Dan Gardner, der Co-Autor von *Superforecasting*, meinte im Gespräch mit mir: »Die Bandbreite der möglichen Zukunftsentwicklungen ist riesig, und diese Tatsache wird von den Leuten nicht angemessen gewürdigt.« Diese Aussage kam auch meinen eigenen Vermutungen entgegen und gab mir das Gefühl, dass es vielleicht doch gar nicht so schlecht ist, dass ich weder ein Mathematiker noch ein Physiker bin.

Also, liebe Wall-Street-Spekulanten oder Buchmacher, ich fürchte, dies ist kein Buch über die Zukunft, das man nutzen kann, um einen schnellen einträglichen Aktiendeal oder ein schnelles Wettgeschäft zu machen. Entwicklungen zu prognostizieren ist in manchen Fällen eine exakte Wissenschaft – meist aber eine Sache für langweilige Erbsenzähler oder Ingenieure. »Wenn man ein Flugzeug baut, baut man immer ein *neues* Flugzeug, aber dabei haben die Leute eine Checkliste, die ungeheuer lang ist«, erklärte mir der Mathematiker und Physiker James A. Yorke, der den Begriff »Chaostheorie« geprägt hat. Wenn die Checkliste gut sei, werde das Flugzeug auch fliegen. Anderenfalls, setzte er hinzu, »hat man eine Checkliste über Dinge, die vollkommen neu sind«.

Obgleich es in diesem Buch über reale Auswirkungen einiger durchaus absonderlicher Dinge geht, möchte ich Sie warnen: Sie werden hier nichts erfahren über Zeitreisen, Drachen oder über Menschen, die gleichzeitig nach oben und nach unten springen. Mythen, Fantasien und verrückte Was-wäre-wenn-Geschichten haben auch ihren Platz, aber ich möchte Ihnen Informationen bieten, die Sie auch tatsächlich *nutzen* können. Das heißt also, es gibt kein Kapitel über Zombies.

Der Wegbereiter für meine spezielle Art der Ausarbeitung von Zukunftsvisionen war, soweit ich es überblicke, ein Mann, von dem Sie vielleicht noch nie etwas gehört haben – Matthew Ridgway, der als Stabschef in der US-Armee diente. Ridgway begann seine militärische Laufbahn in der Zeit vor dem Eintritt der USA in den Zweiten Weltkrieg, als er mit einer verrückt anmutenden Hypothese bekannt wurde: Was wäre, wenn die gesamte US-Kriegsflotte im Pazifik ausgelöscht werden würde?[10] Nach Ridgways eigener Aussage stuften die hohen Militärs sein fiktives Szenario als »fantastisch und unwahrscheinlich« ein und erlaubten, um seine Implikationen zu überprüfen, nur eine einzige Simulationsübung – eine Was-wäre-wenn-Übung, die über die Kommunikationskanäle im Armeehauptquartier und nicht auf einem simulierten Schlachtfeld durchgeführt wurde.

Dann kam im Dezember 1941 der japanische Angriff auf Pearl Harbor, der in beängstigender Weise Ridgways Simulationsübung widerspiegelte. Seine fiktive Annahme einer Vernichtung der Pazifikflotte erwies sich zwar in gewisser Hinsicht als ungenau – so wurde in Pearl Harbor nicht die gesamte Flotte zerstört, und auch einige Flugzeugträger blieben funktionsfähig, was den Wiederaufbau der US-Marine erleichterte. Doch das Ereignis insgesamt war zumindest konzeptionell eine Bestätigung für Ridgway, sodass seine Vorgesetzten nun verstärkt auf ihn aufmerksam wurden. Er wurde befördert, kletterte rasch die Karriereleiter hinauf und übernahm nach der Abberufung von General Douglas MacArthur durch Präsident Truman das Kommando über die US-Armee in Korea.

Nach Ansicht von Gardner, dem Co-Autor von *Superforecasting*, lernen wir von Ridgway nicht, dass es sich bei Menschen, die über künftige Entwicklungen spekulieren, um Genies handelt, die dauerhaft brillante Ideen hervorbringen. Vielmehr bestehe die Erkenntnis darin, dass »es keine Rolle spielt, für wie wahrscheinlich oder unwahrscheinlich man eine bestimmte Entwicklung hält. Wichtig ist nur, dass man an diesem Punkt anfängt und sie durchzuspielen beginnt, denn allein schon dieses Durchspielen hat einen Wert.«

Springen wir zu diesem Zweck also in diesem Buch nach vorn zu einigen welterschütternden, schreckenerregenden, lächerlichen und wunderbaren Tagen, die uns in der Zukunft erwarten. Die Szenarien, die ich beschreibe, haben nicht alle das Angst einflößende Potenzial von Pearl Harbor. Doch alle sind von der Art, dass wir uns in der Regel nicht besonders ausführlich damit befassen wollen, weil sie uns in irgendeiner Weise beunruhigen. Wie Sie sehen werden, sind die meisten dieser Szenarien logische Fortschreibungen gesellschaftlicher, technologischer oder natürlicher Trends und Tendenzen.

Meine Hoffnung ist, dass wir es durch diese Vorgehensweise, die manche vielleicht als Blick in eine Kristallkugel abtun möchten, vermeiden können, von Ereignissen auf dem falschen Fuß erwischt zu werden, die entweder in hohem Maße sonderbar und unheimlich oder auf gefährliche Weise bedeutsam sind. Zudem können wir durch den Blick nach vorn ein besseres Verständnis der Gegenwart entwickeln.

Schon dies ist etwas Tröstliches, glauben Sie mir.

Kapitel 1

Was wirklich passiert, wenn Großbritannien die Monarchie abschafft

Noch in diesem Jahrhundert? Vielleicht.

Plausibilität: ✲✲✲✲✲

Muss man davor Angst haben?
Nur wenn Sie in der britischen Tourismusbranche arbeiten.

Sollte man deshalb seine Lebensgewohnheiten ändern? Nein.

Wahlabend. In den Geschäftsvierteln überall im Vereinigten Königreich herrscht Ruhe. Die Wahlergebnisse sind welterschütternd, aber niemand feiert. Stattdessen verfolgen die Bürger still Liveberichte über die Konsequenzen der Abstimmung. Der Mexit, der Ausstieg aus der Monarchie, ist gerade beschlossen worden, es wird ernst. Der König muss also ... eine Konzessionsrede halten, oder?

Aber genau das ist die Mutter aller Konzessionen – ein Eingeständnis, dass er die Abstimmung verloren hat und dass die jahrhundertelange Regentschaft seiner weitverzweigten Familie an ihr Ende gelangt ist. Als das letzte Mal so viele britische Staatsbürger eine Liveansprache ihres Monarchen verfolgten, versuchte Königin Elizabeth II., abweichend von ihren strengen Gepflogenheiten, die britische Öffentlichkeit, die den Tod von Prinzessin Diana betrauerte, wieder aufzurichten. Der jetzige König ist zu jung, um dieses erschütternde Ereignis persönlich miterlebt zu haben, aber er war oft daran erinnert worden, insbesondere als der heutige Tag allmählich immer näher rückte.

Der König spricht vom Balkon des Buckingham-Palasts. Hinter seiner rechten Schulter, mit der Stadt London im Hintergrund, ist die illuminierte Siegesgöttin zu sehen, die sich über dem Denkmal für Königin Victoria an der Prachtstraße The Mall erhebt. Er trägt einen dunkelgrauen Anzug und hat vollständig auf seine juwelenbesetzten königlichen Insignien und Medaillen verzichtet. Er wirkt etwas müde und verdrossen und sieht blass aus, doch wie es seine Erziehung und seine königlichen Gene erwarten lassen, bewahrt er bis zum Ende Haltung. Wie in allen seinen Reden kommt er auch in dieser unvermittelt zur Sache.

»Wenngleich es mich persönlich schmerzt, möchte ich der ›Ja‹-Kampagne meine aufrichtigen Glückwünsche aussprechen für ihren Erfolg in der heutigen Abstimmung«, hebt er an.

»Mein Vater hat mich gelehrt, dass England eine ganz besondere Geschichte hat«, erklärt der König und bedient sich wieder seiner üblichen Redetaktik, indem er mit einer persönlichen Anekdote einsteigt. »Andernorts mag die Vergangenheit als träge erscheinen oder als eingeschlossen in Bernstein, wie man sagt. Doch die Geschichte Großbritanniens ist bei uns jeden Tag in all ihrer Größe lebendig. Wenn wir uns umsehen, spüren wir, dass wir in unserer Geschichte leben, und wir empfinden uns auch selbst als Teil der Geschichte dieses Landes und unserer Vorfahren. Bedeutsame Momente sind gekommen und gegangen, und ich habe diese stets auch unter dem geschichtlichen Blickwinkel betrachtet – sie sind klein im großen Plan der Ereignisse, wie auch meine Rolle darin, und unausweichlich wird der Lauf der Zeit über sie hinweggehen. Ich selbst habe mich daher niemals als eine herausgehobene Gestalt im großen Spielplan der Geschichte verstanden.«

Er klingt nun ein wenig angestrengt, kommt jetzt doch der schwierige Teil der Ansprache:

»Doch der Ausdruck ›Momente‹ ist ein zu schwaches Wort für heute, für diesen Tag, an dem eine Epoche zu Ende geht. Und so scheint es, als hätte der Scheinwerfer der Geschichte nunmehr mich erfasst. Ich möchte nicht versäumen, aufrichtig zu bekunden, welches Gefühl mich in diesem Augenblick am stärksten bewegt: Es ist Schmerz. Zudem empfinde ich tiefes Bedauern, wenn ich daran denke, dass das heutige Ergebnis möglicherweise aus einer Verfehlung oder einer Charakterschwäche resultiert. Doch mein Vater hielt auch sehr viel von einer anderen Lebensweisheit: ›Wenn du etwas nicht ändern kannst, dann versuche, das Beste daraus zu machen.‹ Wenn ich mir seine Worte zu Herzen nehme, muss ich nun, nachdem wir die Meinung der Mehrheit kennen, zu der Erkenntnis gelangen, dass dieses Ergebnis ein wichtiger Schritt nach vorne ist – für Großbritannien, für die Demokratie und für unsere Zivilisation. Ich bin weiterhin zuversichtlich, dass Großbritannien eine strahlende Zukunft beschieden sein wird, und, was noch wichtiger ist, ich weiß, dass ich den heutigen Tag stets als einen historischen Meilenstein in Erinnerung behalten werde – wie auch Sie, vermute ich. Ich hoffe, Sie beten mit mir darum, dass unsere großartige Nation auf ihrem neuen Weg gut geleitet werden möge.«

Dann schwenkt die Kamera auf den Buckingham-Palast. Es gibt nun kein »Vereinigtes Königreich« mehr, sondern einen neuen Staat, der sich »Union von Großbritannien und Nordirland« nennt – wenngleich man gewohnheitsmäßig noch jahrzehntelang vom »UK« sprechen wird.

Dann ist auf den Bildschirmen etwas zu sehen, das man sich bisher noch schwerer vorstellen konnte als die Rede des ehemaligen Königs: die Rede des amtierenden Präsidenten – eines britischen Staatspräsidenten. Was für eine eigenartige Wortverbindung.

Dieser Präsident, der übergangsweise das Amt ausübt, bis ein neues Staatsoberhaupt gewählt ist, trug bisher den Titel »First Secretary of State«. Dieser Mann ist ein ehemaliger Parlamentsabgeordneter, der den Wahlbezirk Sedgefield repräsentiert, sich in der Kampagne im Vorfeld des Referendums für bezahlbaren Wohnraum einsetzte und im Unterhaus eine denkwürdige, unvergessene Rede hielt, und dieser Mann soll den König von England ablösen? Ja, darum hat er in der Kampagne geworben, und ja, er hat gewonnen. Aber muss er trotzdem hier noch eine weitere Rede halten?

Mit einem Mal überkommt Großbritannien ein Gefühl der Reue – ein Gefühl, das nicht stark genug ist, um den Ruf nach einer Revidierung dieses Ergebnisses aufkommen zu lassen, aber ausreichend, um in der Nation ein gewisses kollektives Unwohlsein hervorzurufen. Großbritannien schaltet die Rede des neuen Präsidenten ab. Es wird nicht das letzte Mal sein.

Wenn sich ein neues Land als »Republik« bezeichnet, sendet es damit in gewisser Weise ein Signal aus. Es kann bedeuten, dass dieses Land der Welt mitteilen möchte, dass es keine Autokratie ist – dass seine Einwohner selbst über ihr Schicksal entscheiden. Man betrachte zum Beispiel die »Demokratische Volksrepublik Korea« und die »Demokratische Republik Kongo«. Beide Länder tragen bizarre, an die Orwell'sche Sprache angelehnte Namen, die den Eindruck erwecken sollen, es handle sich um Republiken – um die Tatsache zu verschleiern, dass es in Wirklichkeit Diktaturen sind. Unabhängig davon, was der Republikanismus zum Wohlergehen und zur Entwicklung einer Gesellschaft beiträgt, auf dem Papier eine Republik zu errichten ist immer eine gute PR-Maßnahme.

Angesichts dessen mutet es ein wenig eigenartig an, dass die Briten heute, zu Beginn des dritten Jahrtausends, noch immer nicht in einer Republik leben und ihnen das auch gar nichts auszumachen scheint. Sie führen regelmäßig Wahlen durch, die allgemein als fair und demokratisch gelten, aber sie haben nicht die Möglichkeit, ihr Staatsoberhaupt selbst zu bestimmen. Vielmehr wird der Herrscher ihres Landes in sein Amt hineingeboren, und es gibt nur einige alte, überlieferte Traditionen und Regeln, die diesen Vorgang als ordnungsgemäß und legitim erscheinen lassen. Der König oder die Königin von England ist eine Person, die als »Königliche Hoheit« oder als »Majestät« angesprochen wird, in Schlössern wohnt, eine Krone trägt, ein Zepter in der Hand hält und Menschen ein Schwert auf die Schulter legt, wenn sie ihnen Ehrentitel verleiht. Der König oder die Königin pflegt überkommene Rituale, wenngleich er oder sie in einer modernen Stadt lebt, die als globales Zentrum von Kultur und Kommerz gilt.

Zum Zeitpunkt der Abfassung dieses Buches hat es nicht den Anschein, als würde sich dies in absehbarer Zeit ändern. Die Königin heißt Elizabeth II. – eine liebenswürdige Großmutter, die Hunde und Pastellhüte mag und große Popularität genießt. Doch wenn irgendwann das Unausweichliche geschieht und Elizabeth als Monarchin ersetzt wird durch ihren weit weniger populären, früher von Skandalen gebeutelten Sohn Charles, dessen gerötetes Gesicht meist grimassenartig erstarrt ist, wird sich dann in Großbritannien der Republikanismus durchsetzen? Was wird geschehen, wenn König Charles versuchen sollte, seine noch wesentlich unbeliebtere zweite Ehefrau – die ganz anders ist als die äußerst populäre Mutter seiner Kinder – trotz öffentlicher Missbilligung zur »Queen Consort«, zur »Königsgemahlin«, zu erheben, wie er bereits signalisiert hat? Wird die britische Öffentlichkeit dann der kitschigen Boulevardschlagzeilen allmählich so weit überdrüssig sein, dass sie bereit ist, die gesamte Monarchie auf dem sprichwörtlichen Müllhaufen der Geschichte zu entsorgen?

Wahrscheinlich nicht, meint Adrian Bingham, ein Geschichtsprofessor an der Universität Sheffield, der sich mit Medien und Populärkultur befasst, es sei aber denkbar, wenn es einen großen Skandal gäbe und die Medien diesen auszuschlachten beginnen sollten. »Wenn dieser Skandal wirklich ein gravierendes Ausmaß erreicht, kann ich mir vorstellen, dass Zeitungen wie die *Daily Mail* mit Parolen operieren wie »Es muss etwas geschehen! Jemand muss gehen!«. Und wenn eines zum anderen kommt, kann eine Entwicklung in Gang gesetzt werden, die zur Diskreditierung dieser Institution führt«, erklärte mir Bingham.

Die Frage kann man aber auch anders stellen: Wird das Vereinigte Königreich *jemals* zum Republikanismus übergehen? Zweifellos, meint Nicholas Barber, Professor für Verfassungsrecht am Trinity College in Oxford. »Wir werden ganz bestimmt irgendwann eine Republik werden«, versicherte er mir. »Es wird früher oder später geschehen, wahrscheinlich aber eher sehr viel später.«

Im Frühjahr 2018 reiste ich durch England und befragte verschiedene Leute. »Was würde passieren, wenn Großbritannien eine Republik werden würde?« Nur sehr wenige hatten eine klare Meinung dazu. Fast alle sagten: »Das ist eine gute Frage«, und wollten die Sache damit auf sich beruhen lassen. Wenn ich nachhakte, meinten sie: »Der Tourismus wird leiden.« Fangen wir also mit diesem Bereich an.

Die Einnahmen aus dem Tourismus waren der Hauptgrund für die Beibehaltung der Monarchie, der von den meisten erklärten Royalisten angeführt wurde, wahrscheinlich aufgrund der ausführlichen journalistischen Berichterstattung, wenn wieder einmal Brand Finance, eine Firma, die den Wert von Marken ermittelt, eine Untersuchung darüber herausbrachte, wie außerordentlich gewinnbringend die Monarchie für das Land sei. In ihrem Bericht von 2017 hieß es, dass der mit der Monarchie verbundene Tourismus für das Land mit jährlichen Erträgen von 550 Millionen Pfund zu Buche schlage – Einnahmen durch die Touristen, die königliche Schlösser besuchen und auf die Monarchie bezogene Souvenirs kaufen.[1] Doch laut der australischen Faktencheck-Seite *The Conversation* gibt es keine umfassenden, transparenten wissenschaftlichen Untersuchungen, die diese Behauptung stützen.[2]

Es fällt daher schwer, entsprechenden Zahlenangaben Glauben zu schenken. Doch der Gedanke, dass das Königshaus Besucher anzieht, die ansonsten nicht nach England reisen würden, erscheint durchaus plausibel. Immerhin war auch ich nach England gereist, und zwar ausschließlich wegen der Monarchie.

Als ich am Ostermorgen 2018 Windsor Castle besuchte, um die Königin zu sehen, erhielt ich einen weiteren Eindruck von diesem Phänomen. Ich begegnete zwei Amerikanerinnen aus Florida, die nur deshalb eingeflogen waren, um zu geringen Kosten Prinz Harry und seine Verlobte Meghan Markle zu sehen, die vor ihrer großen Hochzeit im Mai – die dem Tourismus ebenfalls einen kräftigen Schub verleihen sollte – hier an einem Auftritt der Königsfamilie teilnehmen würden. Die beiden Frauen waren also aus demselben Grund gekommen wie ich, nur dass sie nicht beabsichtigten, darüber zu schreiben. (Bedauerlicherweise erfüllte sich ihr Traum nicht. Die Königin besuchte an diesem Ostersonntagmorgen den Gottesdienst, ebenso Kate und William, aber Harry und Meghan schafften es zeitlich nicht.)

Doch nach Ansicht von Graham Smith, dem Vorsitzenden der britischen Organisation Republic, die die Abschaffung der Monarchie und die Ersetzung des Königs bzw. der Königin durch ein gewähltes Staatsoberhaupt fordert, wird der potenzielle Schaden für den Tourismus überschätzt. Was geschähe denn, wenn das Land eine Republik werden würde? Würde der Buckingham-Palast eingeebnet oder in Sozialwohnungen umgewandelt werden? Natürlich nicht. »Diese Stätten haben eine historische Bedeutung«, erklärte mir Smith. Wenn es keinen König und keine Königin mehr gäbe, würden die Stätten, die mit Königen und Königinnen der Vergangenheit verbunden seien, weiterhin »Einnahmequellen« und Touristenziele bleiben, erklärte er. Er meinte sogar, dass sie in einer Republik besser aufgehoben wären, denn jetzt »kann man sie die meiste Zeit nicht betreten, und ich glaube daher, dass sie als Museen und Galerien wesentlich gefragter und erfolgreicher sein könnten«.

Das verweist uns zurück zu den Berichten der Firma Brand Finance. Wenn die Tourismuseinnahmen zur Verteidigung der Monarchie in Stellung gebracht werden sollen (was Brand Finance, wie ich glaube, nie beabsichtigt hat), sollte man unterscheiden zwischen Einnahmen, die *aus einer weiter bestehenden Monarchie* resultieren – man denke an die Menschenmengen bei einer königlichen Hochzeit –, und den Einnahmen daraus, dass Großbritannien *zu einer gewissen Zeit eine Monarchie war* – man denke an die Attraktionen, die all die Schlösser, Paläste und Museen darstellen, die voll sind mit glänzenden Artefakten und Gegenständen aus dem Königshaus. Die Menschen besuchen doch nach wie vor Versailles. Und auch China ist schon lange keine Monarchie mehr, aber wer schon einmal als Tourist in Peking war, hat wahrscheinlich auch die Verbotene Stadt und den Sommerpalast besichtigt, um zu sehen, wo sich der chinesische Kaiser aufgehalten hat.

Wenn die Firma Brand Finance ihre Datensammlung weiter verfeinern möchte, sollte sie meiner Anregung folgen und zu ihrer Auflistung der Einnahmen durch den Souvenirverkauf noch einige Kontrollgruppen hinzufügen. In ihrem Bericht von 2017 wird auf eine auch im Fernsehen behandelte Studie verwiesen, wonach 70 Prozent der chinesischen Besucher Souvenirs bevorzugen, auf denen das königliche Wappen angebracht ist – jenes Symbol mit dem Löwen und dem Einhorn, das »vom Monarchen anerkannt und zugelassen« bedeutet.[3] Dieses Wappen ist ein ähnlich machtvolles Symbol wie der Swoosh, das Markenzeichen des Schuh- und Sportartikelherstellers Nike, und steht offenkundig für Qualität, was aber nicht unbedingt bedeuten muss, dass der Gegenstand, auf dem es angebracht ist, in materieller Hinsicht besser ist als andere Artikel. Können wir daraus schließen, dass das Verlangen chinesischer Souvenirkäufer nach feiner Schokolade und Seifen mit dem königlichen Wappen schwinden würde, wenn es keine aktive Monarchie mehr gäbe? Und was ist eigentlich mit den *nicht chinesischen* Souvenirkäufern?

Obwohl es vielleicht Souvenirkäufer in England geben mag, die zum Beispiel ausschließlich einen Zappelphilipp mit dem Siegel der Monarchie kaufen würden und ein solches Spielzeug im roten Londoner Telefonhäuschen-Design oder mit dem Aufdruck »Keep Calm and Carry On« strikt ablehnen würden, ist es zweifelhaft, ob die Zahl solcher pingeligen Kunden so groß ist, dass sie der britischen Wirtschaft ernsthaften Schaden zufügen könnten.

Aber vielleicht ist die genannte Summe von 550 Millionen Pfund doch zutreffend, und die britische Volkswirtschaft liefe Gefahr, diesen Betrag einzubüßen. Zwar handelt es sich dabei gewiss nicht um Kleingeld, aber es erstaunte mich schon, als ich im Zuge meiner Recherchen herausfand, dass die Leute ein bestimmtes Regierungssystem wegen eines Geldbetrags verteidigen, der geringer ist als die Erlöse aus einem einzigen Marvel-Kinofilm (der aktuelle Hit zum Zeitpunkt der Abfassung dieses Buches, *Avengers: Endgame*[4], hat bislang schon mehr eingespielt[5]). Außerdem ist es nicht unbedingt sehr emotionalisierend, auf gefährdete Tourismuseinnahmen hinzuweisen. Ich wollte aber einen emotionalen Appell hören. Also machte ich mich auf die Suche nach jemandem, der nicht zum Königshaus gehört, aber durch die Einführung der Republik besonders hart getroffen wäre.

Meine Suche führte mich zu Margaret Tyler, die 2015 vom *Wall Street Journal* zu »Großbritanniens loyalster Royalistin« gekürt wurde.[6] (Sie sagte mir, dass sie durchaus Gefallen finde an dieser Bezeichnung.) Mrs. Tylers Heim in Wembley, im Nordwesten von London, ist das Fort Knox königlicher Souvenirs. Ihre Sammlung erstreckt sich über sämtliche Regale im Haus und umfasst Tausende Krüge, Teller, Puppen, Bücher, Fahnen, Tücher und Pappfiguren. Es gibt auch einen Raum, der ausschließlich Prinzessin Diana gewidmet und mit Buntglasfenstern ausgestattet ist. Mrs. Tylers Sammlung taucht immer wieder in Fernsehsendungen und in der *Daily Mail* auf – wenn sich für die Boulevardzeitungen gerade keine anderen Themen anbieten.

Bei einer Tasse Tee in Mrs. Tylers Wohnzimmer fragte ich die 74-jährige eingefleischte Royalistin – die einen Blazer in den Farben des Union Jack trug, der mit einer riesigen Schleife zur Feier des 90. Geburtstags der Queen versehen war –, warum sie der königlichen Familie so hingebungsvoll zugetan sei.

Sie verglich das Vereinigte Königreich mit einem Haus, das von einer wohlmeinenden väterlichen oder mütterlichen Figur geführt und verwaltet werde. Sie erwähnte das Feuer, das 1992 in Windsor Castle ausgebrochen war, und verglich den Umgang der Königin mit diesem Ereignis mit ihren Besuchen in Nordirland in den Jahren 1995 und 2011, als die politische Situation dort relativ angespannt war. »Wo immer sie etwas entdeckt, das nicht ganz in Ordnung ist, packt sie es an«, erklärte mir Mrs. Tyler. Für die Opfer von Tragödien, wie etwa des Terroranschlags in Manchester im Jahr 2017, bedeute ein Besuch der Queen, »dass sie sich kümmert. Sie weiß Bescheid. Sie hat Verständnis. Ich glaube, das bedeutet den Menschen sehr viel. Sie ist die Landesmutter. Sie hält alle zusammen.«

Es spielt für Margaret Tyler keine Rolle, dass das Staatsoberhaupt in politischen Fragen nur wenig Einfluss hat. Sie bediente sich wieder ihrer Mutter-Analogie: »Wenn man ein Kind hat, das über ein anderes klagt oder schimpft, dann mischt man sich nicht ein, aber man hört ihm zu, verstehen Sie, was ich meine? Und das tut sie wahrscheinlich auch.«

England als ein einziges zusammengehöriges »Haus«, über das eine mütterliche Gestalt wacht, das ist eine Vorstellung, »die auf der Idee der Familie beruht und auf der Idee der Kontinuität von Familie, Blut und Boden«, bemerkte Graeme Orr, Rechtsprofessor an der University of Queensland in Australien, dessen Staatsoberhaupt ebenfalls die britische Monarchin ist. »Ich glaube, die Monarchie konnte sich vor allem deshalb so lange halten, weil sie eine gewisse ästhetische Anziehungskraft entwickelt hat«, setzte er hinzu.

Das Ästhetische einmal beiseitegelassen, der »Blut und Boden«-Aspekt der königlichen Familie wurde mehr oder weniger im 9. Jahrhundert begründet durch einen entfernten Vorfahren (zumindest in geistiger, wenn wahrscheinlich auch nicht blutsmäßiger Hinsicht) der gegenwärtigen königlichen Familie, einen Feudalherren namens Alfred. Alfred war der Enkel von Egbert, des kriegerischen Königs von Wessex, der mehrere Feldzüge in England unternahm und Wessex zum mächtigsten Königreich im angelsächsischen England machte. Die vier Brüder Alfreds waren alle vor ihm Regionalkönige, doch sie starben nacheinander, sodass schließlich Alfred König von Wessex wurde, nachdem seine Familie die Verteidigungsinfrastruktur des Reiches weitgehend vervollständigt hatte. Als König gelang es Alfred, das Große Heidnische Heer – die »Wikingerhorde« – in mehreren blutigen Schlachten niederzuwerfen, und nach der Vertreibung der Nordmänner beherrschte er alle nicht von Wikingern bewohnten Gebiete in England, was ihn dazu veranlasste, sich zum König der Angelsachsen auszurufen. Egbert war ähnlich mächtig gewesen, doch er hatte auf diesen Schritt verzichtet, und daher trägt Alfred heute den Beinamen »der Große«.

Das Herrschaftsgebiet der Nachfolger Alfreds des Großen vergrößerte sich allmählich. Nach einigen Rückschlägen durch Vorstöße der Wikinger und anderer Völkerschaften erlangte die britische Königsfamilie (die, um es zu wiederholen, mit Alfred durch die Tradition, nicht aber genetisch verwandt ist) die Vorherrschaft über die britische Insel und schließlich dank der Verbesserungen der Schifffahrtstechnik über die halbe Welt. Später schrumpfte ihr Reich um einiges, als sie etwa 1947 ein so bedeutendes Gebiet wie Indien verlor. Und damit kommen wir, geografisch gesprochen, in die heutige Zeit.

Im Unterschied zu diesen früheren Jahrhunderten, als die königliche Familie noch durch ihre Machtansprüche und das Einfordern von Tributen bekannt war, gilt sie heute in erster Linie als eine Ansammlung lächelnder Berühmtheiten. »Von meinem Staatsoberhaupt verlange ich nur, dass es lächeln und Hände schütteln kann und freundlich im Umgang mit Menschen ist, nicht mehr. Und manche meinen, dass eine Wahl besser dazu taugt als die Geburt, eine solche Person zu bestimmen«, erklärte mir Nicholas Barber, der Trinity-Professor. (Er setzte rasch hinzu, dass das US-amerikanische System dafür bekannt sei, dass es Leute auswähle, die ganz fürchterlich beim Händeschütteln und auch ganz und gar nicht angenehm im Umgang seien.)

Britische Monarchen beherrschen das Händeschütteln und den höflichen Umgang mit Würdenträgern ziemlich gut, auch wenn ihre politische Funktion lediglich darin besteht, Gesetze abzusegnen und generell alles zu billigen, was das Parlament beschließt. Und um eben diese Müßigkeit geht es, meinte Graeme Orr, der Wissenschaftler aus Brisbane. »Die Anhänger der konstitutionellen Monarchie reden im Wesentlichen nur davon, dass es institutionell von Vorteil sei, kein politisiertes Staatsoberhaupt zu besitzen.«

Durch dieses freundliche Lächeln und Winken allerdings wird die königliche Familie nicht harmlos, wie Graham Smith von der Pressure-Group Republic erklärt. »Die Institution der Monarchie ist Bestandteil unserer Verfassung und steht der Umwandlung Großbritanniens in eine vollwertige parlamentarische Demokratie sicherlich im Wege.« Er vertritt die Ansicht, dass die Monarchen »ihre eigenen Interessen« und ihre eigene Agenda verfolgen. »Sie können alles Mögliche tun, ohne sich gegenüber dem Parlament verantworten zu müssen, und sie können aufgrund der Befugnisse der Krone auch das Parlament kontrollieren und haben daher eine sehr starke Motivation, sich allen demokratischen Reformen zu widersetzen.«

Wenn Smith seinen Willen bekommt und die Monarchie sich verabschiedet, werden sich die Briten zur großen Mehrheit der Weltbevölkerung gesellen. Wo immer Sie leben, es ist sehr wahrscheinlich, dass Ihr Heimatland, sei es Großbritannien oder ein anderes, früher von einem Monarchen regiert wurde, und eine Beschäftigung mit der Geschichte ergibt, dass die meisten dieser Monarchien ein eher unsanftes Ende fanden. Chinas letzter Kaiser wurde zur Abdankung gezwungen und schließlich eingesperrt. Die russische Zarenfamilie wurde ermordet, geschändet und in einen Sumpf geworfen. In den blutigen Jahren der Französischen Revolution landete der letzte Repräsentant des »Ancien Régime« und seine Gattin unter der Guillotine. Der Schah von Persien entzog sich dem Zorn der Revolutionäre durch Flucht. Der letzte König von Laos wurde von den Kommunisten ins Gefängnis geworfen. Kurz gesagt, die Aussicht, sich eines Tages Mistgabeln und Fackeln gegenüberzusehen, gehört schon seit Langem zum Dasein eines Monarchen.

Doch Smith erweckt nicht den Eindruck, als ginge es ihm um eine Erstürmung des Buckingham-Palasts durch die Revolutionäre, die anschließend die königliche Familie zur Massenhinrichtung durch die Straßen zerren. Er ist vielmehr der Ansicht, irgendwann werde der Gedanke Fuß fassen, dass man die politischen Angelegenheiten auch anders und besser organisieren könne, woraufhin sich schließlich die parlamentarische Demokratie durchsetzen werde. »Nehmen wir an, dass 55 oder 60 Prozent der Bevölkerung sagen, ja, wir sollten die Monarchie loswerden, und das Parlament zeigt sich dazu bereit. Dann kann das Parlament entweder ein Gesetz verabschieden, das die Monarchie abschafft, oder zuerst ein Referendum ansetzen und anschließend dieses Gesetz erlassen«, erklärte er.

Viele frühere Monarchien sind im Zuge von Volksabstimmungen abgeschafft worden, aber diese Vorgänge waren – aus welchen Gründen auch immer – fast immer von einem Hauch Korruption begleitet. Im Jahr 1946 wurde der minderjährige König von Bulgarien durch ein Referendum zur Abdankung zugunsten der nun tonangebenden Sowjets gezwungen, doch das bekannt gegebene Endergebnis (fast 100 Prozent Zustimmung für die Forderung nach Absetzung des Königs) nährte Zweifel, ob es bei der Abstimmung mit rechten Dingen zugegangen war.[7] In Griechenland veranstaltete eine rechtsgerichtete Militärjunta 1973 ein umstrittenes Referendum über die Abschaffung der Monarchie, das ein Jahr später durch eine gewählte Regierung für ungültig erklärt wurde, welche ihrerseits eine neue Abstimmung ansetzte, die mit mehr Legitimität ausgestattet sein würde, wie sie hoffte. Doch dies war Wunschdenken. Die neuen Herrscher verboten dem abgesetzten König, in Griechenland Wahlkampf zu betreiben, und er verlor abermals.

Aber dennoch ist es möglich, dass eine Monarchie auf friedlich-demokratischem Weg abgeschafft wird. Im Jahr 1968 beendeten die Malediven – ein Inselstaat mit einer halben Million Einwohner – ihre seit 853 Jahren bestehende Monarchie durch eine Volksabstimmung. Hierbei ist zu erwähnen, dass sich der König bis zu diesem Referendum (das nicht das erste seiner Art war) viele Jahre starrsinnig an seine Macht geklammert hatte, obwohl die Bevölkerung ihre Ablehnung schon deutlich zum Ausdruck gebracht hatte, und so hat es bislang den Anschein, als würde der Thron der Malediven dauerhaft unbesetzt bleiben.

Viele Monarchien aber wurden nicht durch eine Volksabstimmung in eine Republik umgewandelt, sondern im Zuge ihrer Befreiung von der Herrschaft eines ausländischen Monarchen. Das isländische Verfassungsreferendum von 1944 zum Beispiel war eine gesittete, höchst demokratische Veranstaltung mitten im Krieg, die das Ergebnis erbrachte, dass der dänische König nicht länger das Staatsoberhaupt Islands sein solle. Doch diese Entscheidung hatte keine Auswirkung darauf, ob Dänemark weiter eine Monarchie bleiben solle (die es bis heute ist). In ähnlicher Weise haben im Laufe der Jahre auch die Regierungen von Ghana, Südafrika, Nigeria, Kenia, Malawi, Uganda, Guyana, Gambia, Malta, Sri Lanka, Trinidad und Tobago, der Fidschi-Inseln und von Mauritius ihrer Königin die Tür gewiesen. Und diese Königin hieß in allen Fällen Elizabeth II.

Damit komme ich zu einem sehr wichtigen und heiklen Problem, das im Prozess der Abschaffung der britischen Monarchie auftreten dürfte: Großbritannien kann sich per Volksabstimmung dafür entscheiden, dass die Königin oder der König nicht mehr das *britische* Staatsoberhaupt sein soll, doch das ändert nichts an der Tatsache, dass 15 oder 16 andere Länder diese Monarchin oder diesen Monarchen als *ihr* Staatsoberhaupt betrachten. Falls Ihnen diese Länder nicht geläufig sind, möchte ich sie hier aufzählen. Es sind Kanada, Australien, Neuseeland, Jamaika, Barbados, die Bahamas, Grenada, Papua-Neuguinea, die Solomon-Inseln, Tuvalu, Saint Lucia, Saint Vincent, Belize, Antigua und Saint Kitts and Nevis.

Ein Mexit würde den Status des Monarchen in diesen Ländern nicht verändern, erklärt Bob Morris, ein Experte zum Thema Monarchie und Recht und Forschungsstipendiat am Fachbereich Staatsrecht am University College London. »Das Vereinigte Königreich kann nicht per Gesetz bestimmen, wie unabhängige Länder ihre Monarchie gestalten, und es kann auch nicht eigenmächtig festlegen, dass sie ihre Monarchie abschaffen müssen«, erklärte er mir.

Doch wenn sich Großbritannien von der Monarchie verabschieden würde, dann würde dies auch in einigen dieser Staaten automatisch das Ende der Monarchie bedeuten, weil in ihren Verfassungen eine entsprechende Bestimmung enthalten ist. Als das britische Parlament beispielsweise 2013 die Thronfolgeregelung änderte, führten sechs dieser Länder eine ähnliche Regelung ein, um die Kontinuität zu wahren, nämlich Kanada, Neuseeland, Australien, Saint Kitts and Nevis, Saint Vincent und Barbados.[8] Diese Länder müssten dann vermutlich keine eigene gesetzliche Regelung darüber treffen, ob sie die Monarchie beibehalten wollen oder nicht. In den übrigen neun Staaten wurde die neue britische Thronfolgeregelung wirksam, ohne dass die jeweilige Regierung etwas unternahm. Dies waren Antigua, die Bahamas, Belize, Grenada, Jamaika, Papua-Neuguinea, Saint Lucia, die Solomon-Inseln und Tuvalu. Im Falle eines Mexits würde in diesen Ländern also die Monarchie allem Anschein nach automatisch verschwinden, sofern die lokalen Regierungen nichts anderes beschließen.

Wenn Großbritannien offiziell eine Republik ist, besteht die nächste Aufgabe darin, darüber zu entscheiden, was mit dem Crown Estate, dem Krongut, geschehen soll, jenem gewaltigen Portfolio von Anlagen und Immobilien, dessen Gesamtwert auf mehr als zwölf Milliarden Pfund veranschlagt wird und das die Existenzgrundlage der königlichen Familie bildet.[9] Zu diesem Besitz gehören der Buckingham-Palast, Windsor Castle, Clarence House, Kensington Palace und der Saint James's Palace sowie sich selbst vermehrendes Anlagekapital.

Wie bereits angedeutet, würden die Ex-Royals nicht diese gesamten zwölf Milliarden Pfund behalten dürfen – schließlich dürften auch Sie Ihren Arbeits-Laptop nicht behalten, nachdem Sie von Ihrer Firma gefeuert worden wären.

Aber der Crown Estate ist auch nicht per se *öffentliches* Eigentum. Er ist eine Körperschaft des öffentlichen Rechts, die den Lebensunterhalt der Mitglieder der Königsfamilie sicherstellt und die übrigen Erträge in den Staatshaushalt leitet. Wie der Geldfluss über den Crown Estate in die Tasche des Monarchen abläuft, möchte ich anhand eines hypothetischen Falles darstellen: Nehmen wir an, der Crown Estate besitzt 50 Prozent der Anteile an einem großen Einkaufszentrum namens Westgate in Oxford, was auch tatsächlich der Fall ist. Und nehmen wir ferner an, dass ich, während ich diese Sätze schreibe, eine Blue Jeans anhabe, die ich im Primark-Laden in diesem Einkaufszentrum erworben habe. Ein Teil des Geldes aus dieser Transaktion fließt als Gewinn an die Eigentümer – nehmen wir an, zwei Pfund (was allerdings etwas hoch gegriffen ist, weil Primark-Klamotten sehr billig sind, aber es ist ja nur eine hypothetische Annahme) – und eines dieser zwei Pfund geht an den Crown Estate, denn ihm gehört die Hälfte der Mall. Da der Monarch jedes Jahr einen Anteil von 15 Prozent an den Erlösen des Crown Estate (einen »Sovereign Grant«) erhält, bekommt die Königin also 15 Pence aus diesem einen Pfund, das dem Krongut durch meinen Einkauf zufließt; der Rest geht an den Staat. Dass die Regierung den Großteil dieser Erträge erhält, führen eingefleischte Royalisten als Beleg für ihre Behauptung an, dass »die Königin 85 Prozent Steuern« zahle. Das ist allerdings ein wenig irreführend, wenn man berücksichtigt, dass sich der Crown Estate nicht im Eigentum der Königin befindet.

Die gute Nachricht für einen britischen Monarchen lautet, dass eine Beendigung der Monarchie und eine Scheidung des Monarchen vom britischen Volk nicht sonderlich kompliziert wäre, wie Smith erklärt, der sich, wie Sie sich erinnern, für den Übergang Großbritanniens zu einer Republik einsetzt. »Es würde ein relativ einfacher Prozess sein«, sagte er mir. »Es gibt bestimmte Dinge, die zum persönlichen Besitz des Monarchen gehören, wie zum Beispiel Sandringham [ein Anwesen in Norfolk] und Balmoral [ein Schloss in Schottland]. Und es gibt andere Dinge, die dem Monarchen eindeutig nicht gehören, wie etwa der Buckingham-Palast, das Herzogtum Cornwall oder der Crown Estate. Wenn also die Royals verabschiedet werden, sagen wir einfach ›Was euch gehört, gehört euch, was uns gehört, gehört uns‹, und ab dann gehen wir getrennte Wege.« Es ist also recht einfach. Und abhängig davon, wie man zu einer Familie steht, deren Vermögen auf Hunderte Millionen Pfund geschätzt wird, ist es auch gerecht. Das britische Volk bekommt die zwölf Milliarden Pfund, und die königliche Familie (das sind im Wesentlichen 25 Personen nach dem Stand von 2018) behält ihr Vermögen von ungefähr 500 Millionen Pfund (wobei die Schätzungen weit auseinandergehen) sowie zwei große Residenzen mit mehr als genügend Räumlichkeiten, um die weitläufige Verwandtschaft unterzubringen.

Das einzige Problem besteht darin, dass der Plan »Jeder nimmt mit, was ihm gehört« einen Haken hat: die Einwilligung der königlichen Familie. Damit wir es nicht vergessen: Der Monarch muss jedem Referendum oder jedem Gesetz, die zur Abschaffung der Monarchie führen könnten, seine Zustimmung erteilen. Würde der Monarch mit einer vielhundertjährigen Tradition brechen und ein solches Gesetz zu Fall bringen? Professor Barber vom Trinity College glaubt dies nicht. »Das würde eine schwere Krise heraufbeschwören und ein großes Problem verursachen, ich glaube eher, wenn man einmal in dieses Stadium gelangt wäre, würde die Sache einvernehmlich geregelt werden«, erklärte er mir. Geht man also davon aus, dass es keinen Bürgerkrieg geben und auch keine Situation entstehen wird, in der eine Guillotine oder Ähnliches zum Einsatz gelangen würde, erhielte der König oder die Königin wahrscheinlich ein Mitspracherecht bei der Verteilung der royalen Reichtümer. Die Vorstellung, dass die königliche Familie mit null Prozent aus dem Crown Estate abgefertigt werden könnte, ist, nun ja, eher unwahrscheinlich. Doch es gibt auch eine völlig andere Sichtweise.

Nach Angaben von Brand Finance nimmt sich das Vermögen des Crown Estate bescheiden aus im Vergleich zum Wert des Anteils der royalen Marke an der britischen Volkswirtschaft – die Beratungsfirma taxierte den Markenwert für 2017 auf ungefähr 67,5 Milliarden Pfund[10] (etwa das Bruttoinlandsprodukt von Ägypten). Wie die Leute von Brand Finance auf diese enorme Zahl kommen, erscheint etwas schleierhaft, aber sie haben anscheinend Anhaltspunkte für diese Rechnung. Was geschähe also, wenn diese machtvolle Marke den Monarchen verlieren würde, ihre zentrale Gestalt? Worüber könnten die Boulevardzeitungen berichten, wenn die Royals technisch gesehen plötzlich keine Royals mehr wären? Was wäre mit den Schokoladen und den Seifen, die unter dieser Marke vertrieben werden? Würde überhaupt noch jemand Fernsehsendungen oder Filme anschauen, die mit den Royals in Zusammenhang stehen, oder Biografien über Mitglieder der königlichen Familie lesen? In gewisser Weise wäre dies etwa so, als würde ein vom Pech verfolgtes Hollywood-Filmstudio ohne seinen Star weiterzumachen versuchen – was durchaus funktionieren kann, wie etwa die *Spider-Man*-Filme gezeigt haben, als sie ohne Tobey Maguire fortgeführt wurden, was aber auch schlimm enden kann, wie deutlich wurde, als nach dem Tod von Bruce Lee das gesamte Genre der Kampfsportfilme über viele Jahre den Bach hinunterging.

Doch ein Mexit würde nicht nur Zerstörung mit sich bringen. Er würde auch etwas Neues erschaffen. Vor allem müsste eine Position geschaffen werden für ein gewähltes Staatsoberhaupt, was bedeuten könnte, dass der Premierminister zum Staatschef befördert oder eine eigene Position geschaffen werden würde wie etwa ein Kanzler, der nach der Regierungsbildung vom Parlament gewählt werden würde. Es könnte aber auch bedeuten, dass das Parlament ein Organ wie etwa den schweizerischen *Bundesrat* einrichten würde, ein schwer zu beschreibendes Exekutivorgan, das, je nachdem, wen man fragt, sieben Präsidenten besitzt oder auch nur einen oder gar keinen. Schließlich könnte auch das Amt eines regulären Staatspräsidenten geschaffen werden, den man in einer Volkswahl bestimmen würde. Doch Präsidenten gibt es in unterschiedlichen Varianten. Sie können mit Befugnissen ausgestattet werden, wie sie gegenwärtig die britische Monarchin besitzt, also sehr begrenzten Kompetenzen. Es gibt aber auch Präsidenten, welche die politische Agenda ihres Landes bestimmen, den Oberbefehl über die Streitkräfte innehaben und starken Einfluss auf die Verwaltung ausüben können, wie etwa der amerikanische Präsident. Schließlich gibt es auch noch Präsidenten, die über einen nahezu gottähnlichen Status verfügen, der es ihnen nicht nur ermöglicht, die Regierung zu kontrollieren, sondern auch in drastischer und bisweilen auch geheimnisvoller Weise in das Alltagsleben der Menschen einzugreifen, wie zum Beispiel der russische Präsident.

Doch nach Ansicht von Graham Smith müsste sich auch das Parlament verändern, wenn der Monarch durch ein gewähltes Staatsoberhaupt abgelöst würde. In einer Republik, erklärt er, müsste auch »das Oberhaus verschwinden und durch ein anderes Gremium ersetzt werden«.

Das Oberhaus ist tatsächlich eine ziemlich eigenartige Einrichtung. Wenn die Monarchie abgeschafft ist, warum sollte es dann im Regierungssystem noch eine Instanz geben, in die nur Personen aufgenommen werden können, die einen Adelstitel besitzen? Durch den House of Lords Act von 1999 sollte das Oberhaus reformiert und die Zahl der erblichen Sitze reduziert werden, und diese Gelegenheit nutzte der britisch-amerikanische Schauspieler und Baron Christopher Guest (bekannt als Nigel Tufnel aus dem Film *This Is Spinal Tap*), um seinen Oberhaussitz aufzugeben, den er von seinem Vater geerbt hatte. Im Jahr 2004 sagte Guest über seine Zeit als Parlamentsmitglied: »Es ist keine Frage, dass das alte System ungerecht war. Warum soll jemand durch Geburt diesem Parlament angehören? Aber jetzt ist es eine reine Vetternwirtschaft. Der Premierminister kann jede beliebige Person zu einem stimmberechtigten Mitglied ernennen. Das Oberhaus sollte schlicht und einfach ein gewähltes Gremium sein.«[11]

Sollten sich also Guest und Smith durchsetzen, wird das Oberhaus vielleicht in eine Art »Senat« umgewandelt werden. Dann könnte man auch den Namen des Unterhauses ändern, denn das ist meiner Meinung nach ein etwas unpassender Name für ein gesetzgebendes Organ.

Schließlich müsste sich auch noch die anglikanische Kirche eine neue Führung suchen, denn gegenwärtig ist der britische Monarch ihr Oberhaupt. »Auch wenn die Königin nicht mehr Staatsoberhaupt wäre, bedeutete dies nicht, dass sie nicht weiter Oberhaupt der Kirche von England sein könnte«, erklärte mir Barber. Es ist unklar, wie die Kirche dieses Problem in den Griff bekommen könnte. Denkbar wäre, dass es keine oberste Kirchenleitung mehr gäbe und die Führungsfunktion dem ranghöchsten Bischof, dem Erzbischof von Canterbury, übertragen werden könnte. Die anglikanische Kirche könnte aber auch den ehemaligen Monarchen bitten, weiterhin als ihr Oberhaupt zu fungieren, doch eine solche Entscheidung würde »einigermaßen albern wirken«, meinte Barber. Aber auch wenn es vielleicht »albern« wäre, könnte es nach dem Mexit für die Royals eine bequeme Hintertür sein, wenigstens ein Minimum ihres besonderen Status zu erhalten, und die frommen Anglikaner könnten sich mit der Vorstellung trösten, dass sie weiterhin einen König oder eine Königin hätten, auch wenn die Regierung den Monarchen davongejagt hätte.

Ehemalige königliche Familien, die heute keine formellen Bindungen mehr zu den Regierungen unterhalten, die ihre Vorfahren einst kontrolliert haben, klammern sich manchmal an Fasern ihrer einstigen Königlichkeit, durch die sie sich vom übrigen alten Geld in ihren Jachtklubs abheben können. Die frühere italienische Königsfamilie zum Beispiel ist seit 1946 nicht mehr im Amt, doch ihre Mitglieder verwenden nach wie vor ihre Titel und streiten bisweilen auch untereinander vor Gericht darüber, wer von ihnen König werden würde im hypothetischen Fall, dass Italien unversehens die Rückkehr zur Monarchie beschließen würde. In Indien ist die Königsfamilie von Jaipur eine von mehreren königlichen Dynastien, die 1949 unter dem Dominion von Indien ihre Krone verloren, doch als ich 2018 ihren früheren Palast besuchte, stellte ich fest, dass die jüngeren Ex-Royals die Wände noch immer mit aktuellen Familienfotos schmücken und den Palast zur Werbung für ihre Wohltätigkeitsaktivitäten nutzen.

Vielleicht könnten die britischen Royals auch versuchen, ein gewisses Maß an Macht zu behalten, indem sie sich der zur Verfügung stehenden demokratischen Mittel bedienten. »Wenn der Übergang zur Demokratie erfolgen würde, könnte ich mir vorstellen, dass zum Beispiel jemand wie Prinz Charles sagen würde, gut, ich trete zurück und kandidiere dann bei der Wahl zum Staatsoberhaupt. Ich glaube, Charles würde sich wesentlich wohler fühlen, wenn er ein gewähltes Staatsoberhaupt statt ein König wäre«, meinte Barber.

Bingham dagegen hält es für möglich, dass der sehr eigensinnige und von sich selbst überzeugte Charles einen ganz anderen Weg einschlagen könnte, nämlich sich als Experte zu profilieren. »Ich bin sicher, er würde Fernsehangebote aller Art erhalten. Ich kann mir durchaus vorstellen, dass er ein solches Angebot annehmen würde oder vielleicht auch beißende Kolumnen verfassen oder verstimmte Leserbriefe an die *Times* schreiben würde oder dergleichen. Er würde sich nicht einfach abschieben lassen.«

Nach Prüfung all dieser Informationen versicherte ich Margaret Tyler beim Tee, dass die Royals nicht verschwänden. Sie würden einfach nicht mehr im Amt sein. Ich fragte Mrs. Tyler, was sie davon halten würde, und es ging mir schon ein bisschen ans Herz, sie dabei zu beobachten, wie sie diese Möglichkeit erwog.

»Wo immer die königliche Familie auftaucht, versammeln sich Menschenmengen, nicht wahr? Stellen Sie sich vor, es gäbe keine Menschenmengen mehr. Stellen Sie sich vor, die Mitglieder der königlichen Familie erscheinen, eröffnen irgendeine Veranstaltung und gehen dann einfach wieder! Das wäre doch schrecklich, nicht wahr?«, sagte sie mit einem leichten Anflug von Verzweiflung. »Stellen Sie sich vor, sie [die Königin] tritt irgendwo auf und bekommt keine Blumen überreicht! Das wäre schrecklich. Das würde zeigen, dass wir ihr nicht die gebührende Wertschätzung entgegenbringen. Ich glaube, das Wort ›danke‹ ist nicht ausreichend für das, was sie tut. Ich glaube, man müsste sich ein anderes Wort überlegen, das so viel bedeutet wie ›Vielen Dank für alles, wir schätzen Sie sehr‹.«

Diese wenigen Minuten, die sie in der Vorstellung einer Welt ohne die Königin verbrachte, wühlten Mrs. Tyler tief auf und versetzten sie in einen Zustand der Mutlosigkeit. »Ich hoffe, dass ich dann nicht mehr leben werde.«

Kapitel 2

Was wirklich passiert, wenn ein Technologie-milliardär die Weltherrschaft übernimmt

Noch in diesem Jahrhundert?
Wahrscheinlich nicht, aber man sollte aufpassen.

Plausibilität: ✲✲✲✲✲

Muss man davor Angst haben? Ja, sehr

Sollte man deshalb seine Lebensgewohnheiten ändern? Ja.

Die Brillen waren noch da an diesem Tag, am nächsten Tag aber schien es, als hätte es sie nie gegeben. Lee kann sich nicht irren. Lee ist großartig. Alle lieben Lee.

Seit sie die Smartphones verdrängt haben, wurde der Markt für erweiterte Realität von den koreanischen Firmen Nex und Fantasee beherrscht. Die Brillen von Nex Corporation, der Firma von Lee Cheong-Hoon, sind unansehnlich und klobig, aber praktisch jeder besitzt eine davon. Die Brillen von Fantasee sind elegant und funktionieren besser, haben sich aber nie so gut verkauft, und Lee bietet Kim Eun-Hye, der Präsidentin von Fantasee, schon seit geraumer Zeit an, ihr Unternehmen zu kaufen. Bisher sträubt sie sich jedoch.

Kim sagt immer, sie sei mit Lee befreundet. Sie seien »Konkurrenten«, aber nicht Feinde. Allgemein glaubte man, dass dies eine Lüge sei – dass sich die beiden gegenseitig bis aufs Blut hassten –, aber niemand wagte es, dies auszusprechen.

Ein Jahrzehnt lang war Nex Corporation das wertvollste Unternehmen der Welt, und sein Chef, Lee Cheong-Hoon, war der reichste Mensch der Welt. Nex war anscheinend allgegenwärtig – sein Name war in Restaurants und Einkaufsläden zu sehen, auf Nachrichtenseiten, auf Kleidung und Geräten –, aber zugleich war die Firma auch nirgendwo, denn sie wurde geleitet, betrieben und weiterentwickelt von fortgeschrittener Künstlicher Intelligenz (KI), was ein PR-mäßiger Geniestreich war. Lee, das gütige Gesicht des Unternehmens, konnte öffentlich über die Künstliche Intelligenz, seinen Beschäftigten, schimpfen, wenn sie eine unpassende oder besonders hinterhältige feindliche Übernahme durchführte, weshalb die Menschen ihn trotzdem weiterhin verehrten.

Man konnte nirgendwo hinreisen auf der Welt, ohne »Huldigungen« an Lee zu sehen. Die Nex Corporation besaß mehr Kameras, als man zählen konnte, auf Autos, Flugzeugen, Drohnen und Satelliten, und eine schlichte Huldigung wie etwa »ICH LIEBE LEE«, die in ein Getreidefeld hineingeschnitten oder auf Dachziegel gemalt war oder an den Himmel projiziert wurde, konnte durch eine Preisverleihung gewürdigt werden. Ein Preis von Nex konnte etwas Kleines sein, wie etwa eine Geschenkkarte, oder auch etwas Großes, Lebensveränderndes, wie zum Beispiel ein persönlicher Besuch von Lee. Ganz gleich, was man gewann, man galt als der Mann oder die Frau der Stunde. Die Auswirkung auf die eigene Stellung und das Ansehen in den sozialen Medien waren alle Mühen wert.

Und wenn ein Schwachkopf, der sich nichts aus Preisen machte, etwas Kritisches über Lee äußerte oder meinte, Kim sei in Wirklichkeit die bessere Unternehmensführerin, wusste die Allgemeinheit, was sie zu tun hatte. Wenn Lee jemanden als Feind ausmachte, entbrannte ein Wettbewerb darum, die Gunst des Führers von Nex zu gewinnen. Wenn man es schaffte, dass diese Person gefeuert wurde, ihre Beziehung in die Brüche ging oder ihr die Kinder entzogen wurden, konnte man auf einen großen und bedeutenden Preis hoffen. Aber dennoch standen die Erzeugnisse von Fantasee noch immer neben jenen von Nex in den Regalen der Läden. Sie waren billiger und wesentlich besser auf die Kundenbedürfnisse anzupassen, und wenn sie kaputt gingen, konnte man sie selbst reparieren und musste sie nicht zu einem von der Firma anerkannten Reparaturgeschäft bringen. Mit Fantasee-Brillen konnte man auch Zugang erlangen zu unautorisierten Realitäten. Für viele Menschen – vor allem jene, die Nex nicht mochten – bildeten diese Realitäten die Grundlage ihrer Gemeinschaften. Nicht alle sehnten sich danach, Preise der Nex Corporation zu gewinnen, außerhalb der Fantasee-Gemeinschaften jedoch hatte es den Anschein, als würde es jedermann nur darum gehen, einen solchen Preis zu ergattern. Obwohl niemand es öffentlich aussprach (wer hätte dies auch gewagt, da in allen Produkten des Unternehmens Nex-Mikrofone verborgen waren?), war Nex nun anscheinend praktisch so weit, dass es alle Regeln selbst bestimmen konnte. Egal, in welchem Land man lebte, das Nex-Dokument mit den Servicebedingungen der Firma war das Gesetz. Lee war jedermanns »bester Freund«, so sagte man. Da man dadurch so viel gewinnen konnte und es nicht auszumalen war, was passieren könnte, wenn Lee erführe, dass ihn jemand hasste – wer hätte sich da getraut, sich anders zu äußern?

Doch es erschien schon sehr eigenartig, als die Nex Corporation die letzten Einzelhandelsgeschäfte aufkaufte, die noch Fantasee-Brillen führten, gleichwohl aber beteuerte, diese Geschäfte würden ihr Angebot beibehalten. Allgemein wurde dieser Schritt als eine wichtige Neuigkeit aufgefasst, und man gab sich auch überzeugt, dass Lee sein Wort halten werde, insgeheim jedoch glaubten sehr viele Leute nicht daran. Aber dennoch wurde kein großes Aufheben um diese Sache gemacht. Was hätte man auch tun können?

Doch in den »tiefen Realitäten«, in die man nur mit Fantasee-Brillen eintauchen konnte (und erst, nachdem man sich diese gewissermaßen »heimlich« beschafft hatte), traf man auf viele Menschen, die diese Entwicklung nicht für gut hielten. Mittlerweile suchten allerdings nicht mehr viele Leute diese Orte auf. Jeder wusste, wenn man nicht die offiziellen Nex-Kanäle nutzte, konnte man auch keinen Preis gewinnen.

Und dann waren sie plötzlich verschwunden. In den Läden gab es keine Fantasee-Brillen mehr zu kaufen, und, was noch für eine zusätzliche Überraschung sorgte, Nex kaufte auch alle diese unautorisierten Realitäten mit einem Schlag auf. Es gab sie schlicht nicht mehr. Die Fantasee-Brillen waren wertlos geworden. Eines Tages zeigte sich Kim im Fernsehen strahlend an der Seite von Lee und erklärte, wie ungemein stolz sie auf ihren Freund Lee und seinen großen Erfolg sei.

Falls es noch Leute gab, die ihr nicht Glauben schenkten, äußerten sie es lieber nicht.

Ehrlich gesagt, ich würde schon gern Herrscher über die gesamte Welt sein. Verstehen Sie mich nicht falsch. Ich will damit nicht sagen, dass ich darauf hinarbeiten würde, eine globale Machtposition zu erlangen, und ich glaube auch nicht, dass mir eine solche Position zustünde – niemandem steht sie zu. Wenn Sie in einer Kneipe auf mich zukommen und mich fragen würden, ob ich gern Herr über alles Bestehende werden möchte, würde ich wie ein vernünftiger Mensch antworten: »Nein, wirklich nicht, ich bin ja nicht bescheuert.« Aber es sähe wohl anders aus, wenn man mich aus dem Tiefschlaf aufrütteln und mir zurufen würde: »Schnell! Ich muss den Stein der unbegrenzten Macht loswerden«, dann würde ich höchstwahrscheinlich erwidern: »Nur her damit!«, bevor ein reiferer Teil meines Superegos einschreiten und mir sagen würde, dass ich diesen Stein lieber in einen Vulkan werfen, statt ihn zu besitzen versuchen sollte.

Ich vermute allerdings, dass es Menschen gibt, die die gleichen niederträchtigen Triebe besitzen und sie durchaus gern ausleben würden, wenn sie dazu die Gelegenheit bekämen. Das hängt auch damit zusammen, dass »Weltherrschaft« in gewisser Weise ein relativ unklares Konzept ist.

Das ist wahrscheinlich auch das Witzige an der amerikanischen Zeichentrickserie *Pinky and the Brain*: Brain, ein hyperintelligenter Labormäuserich, möchte ganz offen die Weltherrschaft an sich reißen. Zu diesem Zweck mischt er eine Droge zur Gedankensteuerung mit irgendeiner albernen geheimen Ingredienz oder schmiedet Pläne, um die Bevölkerung mittels absurder oder unsinnig erscheinender Maßnahmen abzulenken, damit er an die Schalthebel der Macht gelangen kann. Aber alle seine Versuche schlagen fehl. Und dann gibt es auch noch die *Star-Wars*-Filme. Wie Sie sich vielleicht erinnern, herrscht der böse Imperator Sheev Palpatine über sämtliche bekannten Planeten, und obgleich er sein Imperium nicht mit harter Hand regiert, herrscht große Unzufriedenheit in weiten Teilen der Galaxis.

Am klarsten wurde die Vorstellung von Weltherrschaft in der Zeichentrickserie *Die Simpsons* artikuliert. In der Episode »Treehouse of Horror V« (Baumhaus des Schreckens) lernen wir ein Universum kennen, in dem Ned Flanders der »unumstrittene Herr und Meister der Welt« ist. Flanders erscheint in den Wohnstätten seiner »Slaverinos« mittels eines zweifach nutzbaren Überwachungs- und Propagandamonitors, der dem in Orwells *1984* beschriebenen Bildschirm ähnelt, und natürlich möchte Big Brother Ned, dass seine Untertanen fröhlich und gut gelaunt sind. Als Homer Simpson eine negative Einstellung erkennen lasst, wird er in ein Umerziehungslager gesteckt, muss eine Lächel-Therapie mitmachen und soll sich, als diese fehlschlägt, einer Lobotomie unterziehen.

All das Gerede über die »Erlangung der Weltherrschaft« mag töricht anmuten, doch geht man nach Hans Morgenthaus 1948 erschienenem klassischen Werk *Macht und Frieden. Grundlegung einer Theorie der internationalen Politik*, erscheint es als ein Wunder, dass es nicht längst schon dazu gekommen ist. Morgenthau schreibt, dass die Idee vom Gleichgewicht der Mächte, als man sich im 18. und 19. Jahrhundert theoretisch damit zu befassen begann, »für ein Bündnis von Nationen, die um ihre Unabhängigkeit besorgt waren, [stand und diese Idee] allgemein als Schutzformel gegen Projekte zur Weltherrschaft anderer Nationen, die man damals als Universalmonarchie bezeichnete«, galt.[1] Zum Glück hat niemals jemand die Position eines Universalmonarchen erlangt, nicht einmal Alexander der Große, der einer Legende zufolge »drei Tage lang weinte, weil es keine weiteren Länder mehr zu erobern gab«. (Alexander hörte mit seinen Eroberungen auf, als er nach Westindien gelangt war.)

Aber wie wäre es, wenn man sich die Welt nicht auf gewaltsame Weise aneignen, sondern sie schlicht kaufen würde?

Bis Jeff Bezos kam, dessen Vermögen im Jahr 2018 für kurze Zeit die Marke von 150 Milliarden Dollar überstieg, bevor es aufgrund einer teuren Scheidung einen leichten Knick gab, war vermutlich John D. Rockefeller der reichste Mann der Geschichte gewesen, sofern man auch die Inflation berücksichtigt. Rockefellers Unternehmen Standard Oil besaß in den USA eine Art Monopolstellung und kontrollierte mit seinem Einfluss beträchtliche Teile der US-Wirtschaft – und zwar in einem Ausmaß, das sich nur schwer wieder zurückbauen ließ. Doch wenngleich Rockefeller gewiss über zahlreiche Schurkenqualitäten verfügte, musste er sich auch in einem heftigen Konkurrenzkampf mit Mitbewerbern behaupten, die ihm immer wieder Grenzen aufzuzeigen versuchten, und Standard Oil war keineswegs unangreifbar durch Interventionen der US-Regierung. Das Monopol des Unternehmens wurde schließlich 1911 durch ein Urteil des Obersten Gerichtshofs zerschlagen.

Die heutigen Superreichen dagegen bilden Netzwerke der Macht, die sich in jedes beliebige – und vielleicht auch tatsächlich in jedes – Land der Welt erstrecken können. Die Kontrolle über die Wirtschaft liegt heute zum großen Teil anscheinend in den Händen einer einzigen »Supereinheit«, wie aus der Studie »Die globale Macht der Großkonzerne« hervorgeht, die 2011 von drei Systemtheoretikern an der Eidgenössischen Technischen Hochschule Zürich (ETH) erstellt wurde. Sie untersuchten die Macht- und Beteiligungsstrukturen von 43 060 transnationalen Unternehmen, beruhend auf den Daten von »30 Millionen wirtschaftlichen Akteuren«, und fanden heraus, dass rund 40 Prozent der Weltwirtschaft von einer Gruppe von 147 transnationalen Unternehmen dominiert werden, die eine zusammenhängende Einheit bilden, welche ihre Aktionen selbst steuert und kontrolliert.

Darüber hinaus wird in der Studie festgestellt, dass rund 75 Prozent dieser Unternehmen »Finanzintermediäre« sind, anders gesagt, Banken und bankenähnliche Finanzkonzerne wie etwa Pensionsfonds. Das bedeutet, die Zügel der Macht liegen in den Händen von Personen, die zuständig sind für die Anlageentscheidungen dieser Firmen – doch die Studie weist auch darauf hin, dass gemäß einigen Theorien über die Steuerung von Unternehmen »Finanzinstitutionen nicht in erster Linie in Firmenanteile investieren, um Kontrolle auszuüben«. Wie dem auch sei, allem Anschein nach vollzieht sich seit geraumer Zeit eine Entwicklung, die dazu führt, dass die Staaten als Zentren globaler Macht an Bedeutung verlieren und die Welt zunehmend von Firmen und Konzernen dominiert wird.

Laut dem Soziologen Gary Gereffi, einem emeritierten Professor der Duke University in Durham, North Carolina, ist das moderne Unternehmen nicht mehr in einem bestimmten Staat beheimatet, sondern ein riesiges transnationales Gebilde, das sich auf eine »globale Wertschöpfungskette« stützt.[2] Es gibt eine berühmte Gruppe mächtiger Personen, die über notorisch expansive Wertschöpfungsketten verfügen: die Titanen des Silicon Valley. Ihre Geschäftsethik ist die »Disruption« – es geht darum, eine neue Technologie zu entwickeln, die gegen hergebrachte Normen verstößt und den Status quo angreift. Und einige dieser Leute wollen buchstäblich alles umstürzen.

Balaji Srinivasan, ein großer Ideenlieferant im Silicon Valley und Technikvorstand von Coinbase, einer Handelsplattform für Kryptowährungen, ist überzeugt, dass das Momentum der Technologiefirmen mittlerweile eine Fluchtgeschwindigkeit erreicht habe, die sie bald über den Status reiner Wirtschaftsunternehmungen hinauskatapultieren werde.[3] Diese Dynamik werde es ihnen zum einen ermöglichen, alles zu tun, was sie wollten, und zum anderen Regierungen überflüssig machen. Die Nachfrage der Konsumenten ist seiner Ansicht nach eine Kraft, die sich nicht mehr durch staatliche Regulierungen werde im Zaum halten lassen. »Uber, AirBnB, Stripe, Square und natürlich der Bitcoin – all das sind Dinge, die die Macht Washingtons bedrohen«, erklärte Srinivasan auf einer Start-up-Konferenz im Jahr 2013. »Es ist nicht mehr unbedingt sicher, dass die US-Regierung etwas verbieten kann, was sie verbieten möchte.«

Dann sprach Srinivasan von »Herrschaft« – und ließ damit einigermaßen unverblümt erkennen, dass das Silicon Valley bald zu einem politischen Machtzentrum werden könnte, zumindest in den USA. Er führte aus, dass es dem Silicon Valley auch zustehe, die führende Rolle zu übernehmen, obwohl, wie er erklärte, »sich die Vorstellung verbreitet, dass eine Herrschaft [des Silicon Valley] eine Herrschaft von Terminatoren wäre«. Dem hielt er entgegen: »Die Herrschaft Washingtons gleicht eher einem verfallenen Gebäude in Detroit.« Er räumte aber auch ein, dass es wahrscheinlich unklug sei, einen Krieg gegen die USA gewinnen zu wollen: »Sie haben Flugzeugträger. Wir nicht. Wir wollen also nicht gegen sie kämpfen.« Doch »die Kriegsführung wird zu einer Frage der Software werden. Gesetze werden zu einem Code werden. Management mittels Robotik wird zu einem automatischen Prozess werden.«

Sie ahnen wahrscheinlich schon, worauf das hinausläuft, dennoch möchte ich es noch einmal zusammenfassen: Trotz seiner regierungs- und staatskritischen Haltung und seiner größenwahnsinnigen Anwandlungen möchte Srinivasan für die US-Regierung arbeiten. Er traf sich sogar 2017 mit dem US-Präsidenten, um über seine mögliche Ernennung zum Leiter der US Food and Drug Administration, der Lebensmittelüberwachungs- und Arzneimittelbehörde, zu sprechen[4], einer Institution, die seiner Meinung nach eigentlich überflüssig ist.[5]

Bevor ich mich zu wilden Spekulationen hinreißen lasse, möchte ich Ihnen versichern, dass ich nicht anfällig bin für Verschwörungstheorien. Srinivasan hat keineswegs ein Interesse daran bekundet, eine Weltregierung zu errichten mit ihm selbst als Galionsfigur, und ich glaube auch nicht, dass er dazu imstande wäre, selbst dann nicht, wenn er im Dienst der US-Regierung stehen würde. Ich behaupte jedoch, dass Srinivasan und seinesgleichen die besten Voraussetzungen haben, um dergleichen zu verwirklichen. Srinivasan ist bei Weitem nicht so reich wie viele seiner Disruptoren-Kollegen, wie etwa der PayPal-Milliardär Peter Thiel (der zu den Venturekapital-Gebern zählt, die CoinBase teilweise finanziert haben, und der Srinivasan dem Präsidenten empfohlen hat[6]), doch er gehört zum Technologieestablishment, einer Gruppe von Leuten, die aus welchem Grund auch immer der Überzeugung sind, dass grenzenloser Reichtum und vollkommene Autonomie eine Art Geburtsrecht seien.

Doch die Beherrschung der Welt erfordert wahrscheinlich mehr

Finanzkraft, als Thiel oder Srinivasan aufzubieten vermögen, und das bedeutet, dass man diesbezüglich das Augenmerk vielleicht eher auf den Amazon-Gründer Jeff Bezos richten sollte, der sich eines positiveren Images erfreut als sein Freundfeind, der als verschlagen geltende Thiel. Bezos allerdings ist auch für seine libertären Ansichten bekannt.[7] Das ist kein Vergehen, doch zum Zeitpunkt der Abfassung dieses Buches ist Bezos (gemäß meinen eigenen provisorischen Berechnungen) stolzer Besitzer eines Vermögens, dessen Wert sich ungefähr auf ein Zweitausendstel aller Geldanlagen auf der Welt beläuft. Die schiere Größe des Vermögens dieses einen Technologiegiganten ist besorgniserregend, wenn man bedenkt, dass Srinivasans Aussagen über staatliche Regulierungen zweifellos den Tatsachen entsprechen. Barry Lynn, der Geschäftsführer der liberalen Denkfabrik Open Markets Institute, sagte Farhad Manjoo, einem Kommentator der *New York Times*, im Jahr 2017: »Die Menschen, die Politiker, wir alle empfinden im Hinblick auf die großen Technologiefirmen einen rasanten Verlust von Kontrolle und Macht.«

Manjoo wies auch darauf hin, dass sich Bezos' enorme Vermögenssteigerung zu einer Zeit entwickelte, in der die Technologiekonzerne »Maschinen bauen, die eines Tages die menschliche Intelligenz erreichen oder gar übertreffen könnten – eine technologische Leistung, die mit vergleichbaren Komplikationen und Problemen einhergehen könnte wie die Entwicklung der Atomwaffen«. Manjoo fügte hinzu, dass die Gewinne der Technologiekonzerne »relativ wenigen Beschäftigten und Investoren in den liberalen Enklaven an der Westküste enorme Reichtümer bescheren, während die übrige Welt nichts davon spürt«.

Der Philosoph Peter Asaro, Sprecher der Campaign to Stop Killer Robots, teilt meine Befürchtungen (wie ich erfuhr, als ich für *Vice* zu dem Artikel »The Singularity« recherchierte[8]). Das Singularitätsrisiko, über das sich die Menschen Sorgen machen – die Gefahr, dass die Computer eines Tages so mächtig werden könnten, dass sie uns übertrumpfen und versklaven –, erscheint nicht sehr realistisch bei näherer Betrachtung, doch Asaro wies mich darauf hin, dass echte Künstliche Intelligenz durchaus Angst einflößend werden kann, wenn sie anfängt, Unternehmen zu betreiben, »ohne dass Einzelne oder Gruppen von Menschen mehr imstande sind, sie zu steuern«.

Um eine Vorstellung davon zu erhalten, wie es wäre, wenn wir von einem inoffiziellen, aber klar erkennbaren Wirtschaftsdiktator beherrscht werden würden, muss man sich nur anschauen, welches Maß an Soft Power ein großer Konzern aufzubieten vermag, wenn er seine Macht demonstrieren will. Die Verehrung, die Menschen in früheren Zeiten ihren Monarchen entgegenbrachten, ist anscheinend genetisch in ihnen angelegt, heute aber zeigen sie diese Ergebenheit nur noch gegenüber Unternehmen und Konzernen.

Als zum Beispiel Amazon ankündigte, einen zweiten Hauptfirmensitz außerhalb von Seattle bauen zu wollen, signalisierten Stadtverwaltungen aus dem gesamten nordamerikanischen Raum ihre Bereitschaft, buchstäblich alles zu tun, um den Zuschlag zu erhalten:[9] Der New Yorker Bürgermeister Bill de Blasio schaltete sämtliche Lichter in seiner Stadt auf Grün; die Stadt Tucson in Arizona bot einen riesigen Saguaro-Kaktus als Geschenk an,[10] und die Kommunalpolitiker im kanadischen Ottawa brachten ein Stadion voller Hockeyfans dazu, mit größtmöglicher Lautstärke Amazon zuzujubeln.[11] Der Tesla-Gründer Elon Musk befehligt unterdessen eine ganze Armee an Followern in den sozialen Medien, die seine Kritiker attackieren, angeblich in ihrer Freizeit und einfach nur deshalb, weil sie es so toll finden, was Musk tut. Im Jahr 2018 beispielsweise fielen Musks Anhänger auf Twitter und Instagram, mit E-Mails und anderweitig über die Musk-Kritikerin Erin Biba her, nachdem Musk die Journalistin ins Visier genommen hatte. Sie wurde überschüttet mit Nachrichten wie etwa »Schieb dir deine Fake News in deine schleimige Möse«.[12]

In gewisser Weise ist es allerdings schwer vorstellbar, dass ein unumschränkter Anführer aus der Wirtschaftswelt Interesse daran haben könnte, sich wie ein Despot des 20. oder 21. Jahrhunderts aufzuführen. Während etwa südamerikanische Diktatoren die freie Meinungsäußerung unterbinden und ihre Kritiker entführen oder umbringen lassen, bekommen große Konzerne gewöhnlich ihren Willen, indem sie den Menschen Chancen bieten, ihre persönliche Lage zu verbessern, oder indem sie sie schlicht mit Gratisleistungen ködern. Erwähnt werden muss jedoch auch, dass zum Beispiel Konzerne wie Chiquita beschuldigt werden, Ende der 1990er- und Anfang der 2000er-Jahre die Gräueltaten kolumbianischer Todesschwadronen unterstützt zu haben.[13] Vielleicht wäre ein Konzern-Autokrat also doch ähnlich blutrünstig wie ein herkömmlicher Autokrat.

Dennoch bleibt es unwahrscheinlich, dass Jeff Bezos oder ein anderer Tech-Milliardär in absehbarer Zeit einen globalen Coup planen könnte.

Kapitel 3

Was wirklich passiert, wenn bei Olympia Doping erlaubt wird

Noch in diesem Jahrhundert? Ich würde es nicht ausschließen.

Plausibilität: ✲✲✲✲✲

Muss man davor Angst haben? Ein bisschen; Steroide können scheußlich sein.

Sollte man deshalb seine Lebensgewohnheiten ändern? Nicht, solange Dopingmedikamente verboten bleiben, aber wenn sie zugelassen werden, dann unbedingt.

Transkript einer Livereportage auf BBC One über den olympischen Radwettbewerb

Moderator im Studio Es war ein eigenartiges Jahr. Großbritanniens halbherzige Antidoping-Politik ist zu einer reinen Bitte an die Athleten verkommen, ihren Sport sauber zu betreiben, aber es gibt keinerlei Tests mehr. Unterdessen haben Länder, die eine entschlossene Antidoping-Politik verfolgten, teuer dafür bezahlen müssen. Die Amerikaner, die Russen, die Chinesen haben ihre Vormachtstellung dadurch nur gefestigt.

Und Doping steht nun auch beim Keirin-Finale wieder im Mittelpunkt.

Wer sich noch nicht mit Keirin beschäftigt hat, auf den kann diese Sportart etwas eigenartig wirken. Die Radfahrer stellen sich hinter einem Motorrad, dem Schrittmacher, in einer Formation auf, und diese Formation bleibt bestehen, bis das Motorrad die Bahn verlassen hat und es auf die letzten anstrengenden zweieinhalb Bahnrunden geht.

Diese aus Japan stammende Sportart wurde 2000 bei den Olympischen Spielen in Sydney eingeführt. In Japan ist Keirin eine echte Geldmaschine. Um Wettmanipulationen durch Beeinflussung der Fahrer zu vermeiden und die Einnahme von verbotenen Substanzen zu unterbinden, werden die Fahrer vor den Wettkämpfen in Hotels abgeschottet. Dass an dem hiesigen Turnier nur sehr wenige japanische Radrennfahrer teilnehmen, mag ein Anzeichen dafür sein, dass diese harte Linie jetzt auch auf das Olympiateam ausgeweitet wurde.

Ist Großbritannien nur noch eine Haaresbreite von einer Goldmedaille im Radsport entfernt? Phil Evans ist an der Bahn und berichtet von dort.

Evans Das britische Team hat bei diesen Olympischen Spielen bis jetzt 19 Medaillen errungen – aber keine davon im Radsport. Das ist ein gewisser Rückschritt im Vergleich zu den vorhergehenden Jahren. Das Keirin-Finale könnte dies ändern. Hier treten Geoffrey Jax und Gregory Price gegen ein Team erbitterter Konkurrenten an in einem Jahr, das sehr aufregend war, aber Jax und Price gelten nach wie vor als Favoriten.

Hier steigt Jax in den Sattel. Er hatte es nicht besonders schwer auf seinem Weg ins Finale, aber wie wir gesehen haben, ist alles möglich unter diesen ungewöhnlichen Umständen – oder, wie ich vielleicht besser sagen sollte, in dieser »neuen Normalität«.

Da ist der Startschuss, es geht los!

In der ersten Runde sind alle Fahrer hinter dem Motorrad aufgereiht. In der Poleposition fährt Alexej Ignatiew aus Russland. Auf die Frage, ob er GHB verwende – die dieses Jahr allen Fahrern gestellt wurde –, gab er die mittlerweile berühmte Antwort: *Aber sicher. Ich bin doch kein Idiot.* Wir werden sehen, ob sich das für ihn auszahlt.

Ignatiew liegt nach wie vor an der Spitze, Price ist an zweiter Position. Jax ist Dritter. Der chinesische Teilnehmer Ng folgt an vierter Position. Der Spanier Alba befindet sich auf Position fünf, hinter ihm folgt der Franzose Anton. Anton ist ein relativ unbekannter Newcomer, der bei diesen Spielen Aufsehen erregte, als er beim Kauf von Amphetaminen fotografiert wurde.

Jax liegt komfortabel an dritter Position, aber man sollte Anton, der das Schlusslicht bildet, noch nicht abschreiben. In diesem offenen Stadion ist es möglich, dass man Wind in den Rücken bekommt. Es weht eine kräftige Brise hier unten, daher könnte auch der Wind zu einem wichtigen Faktor werden, neben den chemischen Substanzen.

Drei Bahnrunden noch, und wir sehen, wie sich die Fahrer ihre Strategie zurechtzulegen beginnen, nachdem jetzt nur noch eine Runde vor den finalen zweieinhalb letzten Bahnrunden zurückzulegen ist, auf denen die Medaillen gewonnen werden.

Und jetzt verlässt das Motorrad die Bahn.

Wir sehen Ignatiew, der in seinem heißen Sattel an der Spitze in die Pedale tritt – das GHB erfüllt anscheinend seinen Zweck. Er blickt über die Schulter nach hinten, um zu sehen, wo die Konkurrenten sind, doch die kommen jetzt schnell auf. Jetzt sind Jax und Price hinter ihm. Er versucht sich abzusetzen.

Der Franzose wechselt auf die Außenseite, eine eigenartige Strategie. Jetzt kommt Ng auf und schiebt sich vor der letzten Bahnrunde an Price vorbei an die zweite Position.

Und jetzt … da ist Anton auf seinem Rad. Er hat für den Sprint den längeren Weg gewählt, aber das funktioniert tatsächlich.

Jax und Anton liefern sich ein Kopf-an-Kopf-Rennen und versuchen sich von Ng abzusetzen. Ng kommt mit seinem Rad gefährlich nahe an Jax heran und …

Jetzt ist es passiert … ein heftiger Zusammenprall. Jax und Ng stürzen beide.

Anton ist jetzt allein vorn und riecht wahrscheinlich schon das Gold, das ihn erwartet. Hinter ihm fährt Ignatiew als Zweiter über die Ziellinie. Price wird Dritter. Zumindest doch noch eine Medaille für das britische Team.

Jax stellt sein Rad wieder auf. Das chinesische Team eilt zu Ng, um ihm zu helfen.

Ein enttäuschendes Ergebnis, aber nicht für Frankreich! Der französische Teilnehmer, Anton, der bei diesen Spielen durch zwei ganz unterschiedliche Aktionen bekannt geworden ist, wird sich zweifellos einige kritische Fragen seiner Kollegen gefallen lassen müssen wegen seiner Einnahme von Amphetaminen bei diesem Rennen, aber von den Offiziellen hat er wohl nichts zu befürchten. Frankreich und die Amphetamine haben nun eine Goldmedaille im Radsport errungen. Ignatiew und sein GHB-Regime haben Silber erkämpft – obwohl auch die übrigen Teilnehmer keine Berührungsängste gegenüber GHB haben, wie wir gesehen haben, und deshalb dürfte von den Fans hier kein allzu großer Unmut zu erwarten sein.

Das war das Finale im Keirin-Wettbewerb.

Es tobt ein heftiger Streit darüber, ob Doping im Sport erlaubt werden soll. Die Fronten sind in höchstem Maße verhärtet. Auf der einen Seite stehen die moralisierenden Traditionalisten, die die Sportlerehre und die Heldenhaftigkeit sportlicher Triumphe gefährdet sehen durch den ständig weiter zunehmenden Einsatz unfairer chemischer Mittel. Ihre ähnlich erbitterten Gegenspieler betrachten Sportwettkämpfe hingegen nicht als Bewährungsprobe für die Ehrenhaftigkeit und den Charakter, sondern als unterhaltsame Casinospiele, nur schweißtreibender, bei denen der Einsatz von Medikamenten vergleichbar ist etwa mit dem Kartenzählen beim Black Jack und nicht als Betrugsversuch eingestuft werden sollte.

Wenn beide Seiten aufeinandertreffen, kann es durchaus amüsant werden. Nachfolgend ein Auszug aus einer Doping-Debatte zwischen zwei Geistesgrößen in der naturwissenschaftlichen Zeitschrift

Nautilus aus dem Jahr 2016.[1] Der Bioethiker Julian Savulescu spricht sich für die Zulassung von Doping aus, der Philosoph Robert Sparrow ist dagegen:

Sparrow Julian hat vorgeschlagen, dass Doping erlaubt werden sollte. Das ergäbe keinen Sinn. Es wäre unlogisch. Es erscheint töricht, denn dann stellt sich die Frage, warum sollte man Langstreckenläufer nicht gleich auf ein Motorrad setzen? Warum sollte man Hochspringer nicht an Seilen hochziehen? Der Sport würde dann sinnlos erscheinen. Bei den Olympischen Spielen müssen bestimmte Regeln und Grenzen gelten.

Savulescu Man könnte durchaus auch eine vollständig freie, unreglementierte Form des Sports erlauben, die keinen bestimmten Regeln unterliegt. Nehmen wir zum Beispiel Ultimate Fighting. Das ist eine Sportart, bei der man auf Regeln verzichtet, die die Teilnehmer vor Verletzungen schützen.

Sparrow Aber die Sportler dürfen keine Messer mitbringen.

Savulescu Ja, das geht nicht. Gewisse Regeln kann man schon vorgeben. Beim Hundertmeterlauf zum Beispiel kann man nicht mit einem Motorrad antreten. Man könnte sagen: »Ihr dürft alle Substanzen nutzen, die es euren Beinen ermöglichen, schneller zu laufen.« Wenn ihr Amphetamine, Kokain, Alkohol oder Anabolika einnehmen wollt, könnt ihr das tun.

Sparrow Seien wir doch mal ehrlich. Das wäre kein Sport ohne Regeln. Sobald Sie sagen, keiner darf mit einem Motorrad antreten, geben Sie eine Regel vor.

Savulescu Natürlich. Es kann keinen Sport ohne Regeln geben, denn man muss die Art des Verhaltens festlegen, anhand dessen die physische Leistungsfähigkeit oder Fertigkeit eines Sportlers gemessen werden soll. Sport erfordert Regeln. Die Frage ist allerdings, welche Art von Regeln. Darf man leistungssteigernde Substanzen zulassen, unabhängig davon, wie gefährlich sie möglicherweise sind? Ja, das darf man.

Das ist ein absurdes Argument, aber es bringt den Kern des Problems zum Vorschein. Man kann nicht mit einem Motorrad bei einem olympischen Sprintwettbewerb aufkreuzen, denn das würde gegen die klar definierten Regeln des Sprints, der Olympischen Spiele und auch gegen den gesunden Menschenverstand verstoßen. Sparrow weist zu Recht darauf hin, dass die Verwendung verbotener Medikamente ein Regelverstoß ist. Die Labore, die Urin- und Blutproben untersuchen, manchmal erst Jahre nach einem Wettkampf, sind im Grunde Hightech-Schiedsrichter.

Doch die Regelverletzer sind anscheinend auf der Gewinnerstraße – sowohl in der Debatte als auch bei den Olympischen Spielen. Jede neu angekündigte Untersuchungsmethode führt zunächst zu Dutzenden disziplinarischen Maßnahmen, und dann erlaubt das Internationale Olympische Komitee (IOC) Dutzenden, wenn nicht Hunderten bekannten Dopingnutzern die Teilnahme an den Spielen. Und warum das? Nun, hier spielt vielleicht auch eine Rolle, dass das olympische Motto »Schneller, höher, stärker« lautet.

Damit wir uns nicht missverstehen: Offiziellen und Athleten geht es gleichermaßen darum, Rekorde zu brechen, und nur Menschen, die über einen Vorteil oder einen Vorsprung verfügen, können Rekorde brechen. Die olympische Bewegung behauptet, sie werde durch den »Kampf gegen Doping« geleitet und verfolge das Ziel, »die Ethik im Sport und das Fair Play« zu fördern, doch im Laufe der Zeit ist es zur Normalität geworden, dass manche Athleten unfaire Vorteile genießen. Das ist ein unauflöslicher Widerspruch, der die Olympischen Spiele belastet, und man kann sich des Eindrucks nicht erwehren, dass all jene, die diesen unendlichen Krieg gegen das Doping führen, auf verlorenem Posten stehen und sich in einem tragischen, sisyphusartigen Kampf aufreiben.

Auf vielfältige Weise agieren das IOC und die ihm angeschlossenen Organisationen als »Fairness-Wächter« – sie halten Ausschau nach Medikamentenmissbrauch und prüfen, ob sich jemand einen Vorteil verschafft. Sich für Fairness einzusetzen ist eine schöne Sache, doch bei näherer Betrachtung ist Fairness im Sport ein unerreichbares Ziel, und wenn man es genauer überlegt, ist sie vielleicht auch nicht sehr sinnvoll.

Lassen wir die lächerlichen Teile der Debatte zwischen Savulescu und Sparrow einmal beiseite. Die Regeln zur Unterbindung von Doping – bei Olympia und anderen Sportwettkämpfen – sind wesentlich schwammiger und unkonkreter als etwa die Regel, dass beim Sprint keine Krafträder eingesetzt werden dürfen.

Nehmen wir als Beispiel die berühmte Tennisspielerin Maria Scharapowa. Im Jahr 2016 sperrte der Internationale Tennisverband die Russin wegen der Verwendung des Mittels Meldonium, nachdem diese Substanz von der Welt-Anti-Doping-Agentur (WADA) verboten worden war. Doch Scharapowa ist keine finstere Betrügerin. Sie hatte zehn Jahre lang ein Nahrungsergänzungsmittel eingenommen, das Meldonium enthielt, und ein Schiedsgericht gelangte später zu der Feststellung, dass es sich nicht um ein »erhebliches« Fehlverhalten handle, weil sie das Nahrungsergänzungsmittel in dem guten Glauben eingenommen habe, dass es »in Übereinstimmung stehe mit den einschlägigen Vorschriften«. Doch ihre Suspendierung wurde mehr als ein Jahr lang aufrechterhalten, weil sie angeblich die E-Mail nicht beachtet hatte, in der sie über die Regeländerung informiert worden war.[2]

Scharapowa hatte gegen eine Regel verstoßen und streitet dies auch nicht ab. Athleten auf Olympianiveau wie Scharapowa probieren häufig die unterschiedlichsten Nahrungsergänzungsmittel und Substanzen aus, die schmerzlindernd wirken, Heilungsprozesse beschleunigen oder allgemein gesundheitsfördernd sein sollen, obwohl sie häufig keine messbare Wirkung haben. Bei der Olympiade in London 2012 traten einige Athleten mit Kinesio-Tapes auf, farbigen Pflastern oder Klebebändern, und dies wurde von den Wettkampfrichtern auch erlaubt, weil diese Kinesio-Bänder nicht anders wirken als althergebrachte elastische Bandagen (abgesehen vom Aufenthalt in einem Swimmingpool). Für Athleten mit entzündeten oder verletzten Gelenken sind solche Bandagen durchaus hilfreich, ähnlich wie andere scheinbar harmlose Dinge in einem Erste-Hilfe-Kasten.

Absurd aber wird es, wenn man bedenkt, dass einige tatsächlich leistungssteigernde Substanzen als völlig akzeptabel gelten. Wenn Sie auf sportliche Leistungen aus sind und Ihr Erste-Hilfe-Kasten nur zugelassene und gesetzlich erlaubte leistungsfördernde Mittel enthält, machen Sie etwas falsch. Im Jahr 2009 stellte die School of Sport and Health Sciences der Universität Exeter fest, dass Acetaminophen – auch als Paracetamol bekannt – bei Radrennfahrern eine Leistungssteigerung um 2 Prozent ermöglicht.[3] Dieser Effekt war zudem unabhängig davon, ob die Athleten unter Schmerzen litten oder nicht. Und Acetaminophen ist bei den Olympischen Spielen eindeutig erlaubt. Wenn Sie Leistungssportler sind, sollten Sie es also vor jedem Wettkampf einnehmen. Es macht Sie schneller!

Obgleich es abwegig erscheint, harmlose Mittel wie Acetaminophen zu verbieten, werden dennoch diesbezügliche Verbote verhängt, wenn die Verantwortlichen entdecken, dass eine bestimmte Substanz von einer großen Zahl siegreicher Athleten konsumiert wird, weil sie fürchten, dass sich schließlich alle dieser Substanz bedienen werden. Beispielhaft dafür war das bei den Schwimmweltmeisterschaften 2010 ausgesprochene Verbot des aus teuren Materialien gefertigten Ganzkörperschwimmanzugs, der den Wasserwiderstand reduziert und durch den der amerikanische Schwimmer Michael Phelps bei der Olympiade 2008 bekannt geworden war. (In den eineinhalb Jahren nach der Olympiade stellten Phelps und andere Schwimmer, die dieses Trikot trugen, überall auf der Welt neue Schwimmrekorde auf.) Diese plötzlichen Erfolge reichten als Beweis dafür, dass diese ultradynamischen Ganzkörpertrikots eine bestimmte Wirkung hatten, und deshalb mussten sie verschwinden.

Und das ist ja auch richtig, nicht wahr? Wir wollen doch nicht, dass sich alle Schwimmer ein solch teures Trikot kaufen müssen, wenn sie gewinnen wollen. Aber da die Schwimmer nun diese Anzüge nicht mehr tragen dürfen, werden wahrscheinlich auch alle Rekorde, die mit Unterstützung dieser Ausstattung aufgestellt wurden, auf absehbare Zeit unübertroffen bleiben, was an die legendäre Welle von Rekorden erinnert,[4] die in den 1980er- und Anfang der 1990er-Jahre im Westen durch ostdeutsche, tschechoslowakische, sowjetische und mindestens auch einen amerikanischen Athleten aufgestellt wurden, die eindeutig Dopingmittel einnahmen (was jedoch nie zu beweisen sein wird, weil es damals noch keine richtigen Kontrollen gab). Im Namen der Fairness wurden in diesen Disziplinen künstliche Höchstmarken erreicht, weil die Sportler, die diese Rekorde aufstellten, nicht mit fairen Methoden arbeiteten.

Dieses Beharren auf Fairness erscheint besonders dann rational, wenn es dazu dienen soll, Athleten zu helfen, die wirtschaftlich benachteiligt sind. Der amerikanische Gewichtheber Ken Patera sagte 1971 über seinen russischen Konkurrenten Wassili Alexejew: »Letztes Jahr bestand der einzige Unterschied zwischen ihm und mir nur darin, dass ich mir seine Dopingmittel nicht leisten konnte. Heute kann ich es. Nächstes Jahr in München werde ich 340, vielleicht auch 350 Pfund auf die Waage bringen. Dann werden wir sehen, was besser ist: seine Anabolika oder meine.«[5] Trotz dieser Einlassung überstand er seine Drogentests und trat im folgenden Jahr in München an, gewann aber keine Medaille, was vermutlich erklärt, weshalb er weitere Untersuchungen mied. Auf seine spezielle Art setzte Patera mit der trotzigen Haltung eines Jungen aus der Arbeiterschaft auf seine natürlichen physischen Fähigkeiten, und es widerstrebte ihm anscheinend, dass er sich Gedanken darüber machen musste, wie er das Geld für seine Medikamente auftreiben konnte – und wer sollte ihm dies auch verübeln?

Man muss aber auch darauf hinweisen, dass die Wächter der Fairness einst das genaue Gegenteil zu erreichen suchten: Sie wollten die Olympischen Spiele zu einem sicheren Ort für Betuchte machen.

»In den 1920er- und 1930er-Jahren trainierten alle Hundertmeterläufer grundsätzlich auf die gleiche Art, sofern sie überhaupt trainierten, denn bis dahin wurde Trainieren als Betrug angesehen«, erklärte Mark Burnley, Sportphysiologe an der Universität Kent. Als die modernen Olympischen Spiele entstanden, »trat man schlicht zu einem Rennen mit den Füßen an, und dabei lief man eben, so gut es die eigenen Talente zuließen … Man setzte sich an die Spitze und gewann«, erläuterte Burnley. Diese Vorstellung hielt sich noch Jahrzehnte in der olympischen Ära, wie man zum Beispiel in dem Film *Die Stunde des Siegers* aus dem Jahr 1981 sehen kann – der die Spiele des Jahres 1924 darstellt –, wo John Gielgud, der einen pedantischen alten Sportler aus Cambridge verkörpert, einen der Protagonisten dafür kritisiert, dass er einen Coach engagiert, was gemäß der damaligen Einstellung als unziemlich und unpassend für einen Gentleman betrachtet wurde.

Das hatte damit zu tun, dass die – oftmals mit einem buschigen Schnauzbart ausgestatteten – Wettkämpfer des 19. Jahrhunderts, deren sportliche Hobbys 1896 in die modernen Olympischen Spiele überführt wurden, sich in erster Linie dadurch qualifizierten, dass sie besonders athletische Mitglieder der Oberklasse waren. Leute aus den unteren Schichten, die physisch fitter und leistungsfähiger waren, weil sie körperlich anspruchsvollere Tätigkeiten verrichteten, galten in den von Höhergestellten betriebenen Wettkämpfen als Schwindler.[6]

Ich möchte nicht behaupten, dass sich die Wächter der Fairness wieder die Auffassung zu eigen machen werden, dass Training Betrug sei, aber der Bioethiker Thomas Murray hat einmal geschrieben: »Natürliche Begabungen sind in uns allen natürlich in hohem Maße ungleich verteilt.«[7] Was Fairness ist, liegt im Auge des Betrachters. Wenn es bei den Spielen lediglich um moralische Einstellungen ginge – Eigenschaften wie Mut und Engagement – und nicht auch unfaire Vorteile wie etwa eine genetische Prädisposition für kräftige Muskeln eine Rolle spielten, könnte man sie möglicherweise dahingehend umgestalten, dass man diese moralischen Haltungen durch eine Art von chemischem Ausgleichsverfahren belohnen würde: Wachstumsmedikamente für besonders schwache Teilnehmer und Dämpfungsmittel für außergewöhnlich starke Athleten. Ich glaube nicht, dass jemand Derartiges befürworten würde, aber der philosophische Rahmen dafür, wie Fairness im Sport zu verstehen ist, hat sich auch schon früher verändert, und dies könnte sich wiederholen.

Kehren wir zu Meldonium zurück. Ursprünglich war dieses Mittel ein frei verkäufliches Herz- und Kreislaufmedikament für Herzpatienten, das keine besondere Bedeutung für Athleten besaß, und gehörte in Osteuropa jahrzehntelang zu den Ergänzungsmitteln für Leistungssportler, bis es schließlich verboten wurde. Das Verbot trat 2016 in Kraft, nachdem bei Laboruntersuchungen ein außergewöhnlich häufiges Vorkommen dieser Substanz im Blut von Medaillengewinnern bei einem europäischen Wettbewerb im Vorjahr festgestellt worden war.[8] Dies lag nicht daran, dass durch ein kontrolliertes, seriöses wissenschaftliches Experiment die Wirksamkeit von Meldonium nachgewiesen worden wäre, sondern daran, dass es schlicht als ein neuer Trend galt. (Zum aktuellen Zeitpunkt werden die Wirkungen von Meldonium bei Leistungssportlern laut der *New York Times* noch immer als »unklar« eingestuft.)[9]

Wir wissen, dass die Wächter der Fairness sehr launenhaft sind. Erscheinen Sie einmal als Olympiateilnehmer mit irgendetwas Ungewöhnlichem an Ihrem Körper oder in Ihrem Blut. Höchstwahrscheinlich wird man annehmen, Sie seien abergläubisch, und die Offiziellen werden keine Bedenken äußern, sofern kein Verstoß gegen ein Verbot vorliegt. Sobald aber der Anschein entsteht, dass Ihr ungewöhnlicher Talisman oder das ungewöhnliche Elixier in Ihrem Blut nicht nur ein Glücksbringer ist oder ein Ritual zur Vorbereitung auf den Wettkampf, sondern Ihnen dabei hilft zu gewinnen – weswegen Sie sich diesen Gegenstand oder dieses Mittel ja auch in erster Linie beschafft haben –, dann besteht eine gute Chance, dass die Wächter der Fairness umschwenken und ein Verbot aussprechen und damit nicht warten werden, bis ihnen hieb- und stichfeste wissenschaftliche Begründungen vorliegen.

In den kommenden Jahrzehnten wird sich das IOC im Zuge der wissenschaftlichen Fortschritte und gesellschaftlichen Veränderungen mit neuen ethischen Fragen konfrontiert sehen, die das donquichottische Streben nach olympischer Fairness weiter komplizieren werden, nämlich durch genetisch veränderte Athleten, bessere Gelenkprothesen und synthetisch hergestellte Organe wie auch durch die Forderung, die bizarren Machenschaften zu beenden, die bei der Untersuchung von Athletinnen zur Feststellung ihres biologischen Geschlechts zum Tragen kommen.[10] Nehmen wir also an, das IOC entscheidet, dass der Kampf gegen Doping nicht zu gewinnen ist, und hisst die weiße Flagge (damit meine ich die reine weiße Flagge, nicht die übliche weiße olympische Flagge mit den fünf Ringen). Was würde dann geschehen?

Das IOC könnte diesen Prozess jederzeit in die Wege leiten, zum Beispiel durch die Einrichtung einer Kommission, die den Auftrag bekommt, zu untersuchen, inwieweit die WADA noch hilfreich ist, etwa nach dem Vorbild jener Disziplinarkommission, die unter Leitung von Samuel Schmid, einem ehemaligen schweizerischen Bundesrat, den Bericht über das russische Doping erarbeitete. Würde diese Kommission zu dem Ergebnis gelangen, dass Vorschriften gegen die Verwendung von Medikamenten nicht länger sinnvoll seien, dann würde sie in ihrem Bericht die Herabstufung der WADA empfehlen oder eine Neudefinition ihres Auftrags fordern.

Viele, wenn nicht sämtliche Teilnehmer an Sportwettkämpfen würden sich dann plötzlich verpflichtet fühlen, anabole Mittel wie etwa Steroide einzunehmen oder vielleicht auch Hormone wie das menschliche Wachstumshormon HGH, das die Wirkung von Steroiden verstärken kann, wie vermutet wird, oder auch Erythropoetin (EPO) – auch als Mittel zum »Blutdoping« bekannt, weil es im Körper die Bildung roter Blutkörperchen anregt, die für das Muskeltraining verfügbare Menge an Sauerstoff steigert und die Ausdauer fördert. Manche Athleten würden vielleicht auch zweifelhaftere Substanzen ausprobieren, die leistungssteigernd wirken, wie etwa Betablocker oder Cannabionide oder auch Amphetamine, über deren Wirkung weit weniger bekannt ist, als man gemeinhin annimmt (dazu gleich mehr).

Was wird dann passieren? Dann wird es rundgehen, womit ich meine, dass die Öffentlichkeit ausflippen wird. Die Fernsehzuschauer sind fasziniert vom Sportdoping, wie sich in Amerika zeigte, als Oprah Winfrey Spitzeneinschaltquoten erreichte, als sie 2013 den Radrennfahrer und mehrfachen Tour-de-France-Sieger Lance Armstrong in einem Interview zu seinen Dopingvergehen befragte oder als 1998 eine Serie von Home Runs des Baseballspielers Mark McGwire für kurze Zeit das Tagesgespräch der Amerikaner war – obwohl damals eigentlich jeder wusste, dass er irgendein leistungssteigerndes Mittel einnahm[11] (was er auch mehr als zehn Jahre später zugab)[12]. Wenn es schon eine brandheiße Meldung ist, dass der britische Superschwimmer Adam Peaty bekannt gibt, was er isst,[13] dann stelle man sich vor, wie viele Klicks generiert werden, wenn er darüber spricht, wie er sich dopt.

Das wird die pharmazeutische Industrie in eine gewisse Zwickmühle bringen: Wie soll sie den Gefahren und der rechtlichen Grauzone begegnen, in die sie sich mit diesen sehr gewinnträchtigen Produkten begibt, wenn diese weitere Verbreitung finden, insbesondere unter Berücksichtigung der Auswirkungen, die der großflächige Einsatz opiumhaltiger Schmerzmittel für die großen Pharmakonzerne nach sich zog?

Erinnern wir uns kurz an die Ereignisse, die zum Entstehen der »Opioid-Epidemie« führten, wie sie heute in den USA genannt wird. Mitte der 1990er-Jahre begann die Firma Purdue Pharmaceuticals – um nur einen Namen zu nennen – mit der Vermarktung von Morphinderivaten, als sie Oxycontin herausbrachte,[14] das nach Angaben der *New York Times* von 1995 bis 2001 Umsatzerlöse von 2,8 Milliarden Dollar erzielte.[15] Heute allerdings wird die Verwendung von Opiaten allgemein als schädlich betrachtet, weil sie zu Abhängigkeit, Überdosierungen und vielfach zu drogenbezogenen Todesfällen und Depressionen führen. Die Firma Purdue handelte sich einen Riesenprozess ein, weil mehrere US-Bundesstaaten sie wegen ihrer Rolle bei der Verursachung dieser Krise verklagten.[16]

Während man also mit großer Sicherheit davon ausgehen kann, dass Big Pharma vom Doping bei Olympia stark profitieren wird, werden sich die Unternehmen wahrscheinlich nicht öffentlich dazu bekennen oder den Athleten beispielsweise Tipps geben, wie sie an diese Mittel gelangen und sie sicher verwenden können. Andererseits könnten derlei Taschenspielertricks aber auch fatale Folgen nach sich ziehen. Doping setzt voraus, dass die Athleten die entsprechenden Substanzen in die Hand bekommen und sich selbst ausrechnen, wie sie diese Mittel auf sichere Weise verwenden und dosieren können. Steroide zum Beispiel sind in den meisten entwickelten Ländern rezeptpflichtig. Wenn man wissen möchte, wie man sie verwendet – aber keinen Zugang hat zu einem hoch bezahlten korrupten Sportmediziner –, kann man diese Mittel heute in Ländern wie beispielsweise Mexiko erwerben und dann in die zwielichtige Welt von Bodybuilding-Foren wie etwa *UG Bodybuilding* eintauchen, um sich über Dosierungen und Einnahmeintervalle zu informieren.

Und damit kommen wir wieder zu den Spielen. Wenn die Dopinganhänger schließlich von den Restriktionen des IOC befreit sind, werden sie dann emporsteigen in die Walhalla der echten, befreiten menschlichen Leistungsfähigkeit wie die Visionäre am Ende eines Romans von Ayn Rand, die endlich erlöst sind von der Dummheit und der Kleingeistigkeit der Gesellschaft? Werden Sprinter am Ende Sportwagengeschwindigkeit erreichen? Werden Wrestler sich gegenseitig zerlegen wie die Schurken in Comicheften? Werden Speere aus dem Olympiastadion in den Himmel hinaufschießen und in eine Erdumlaufbahn eintreten?

Leider (oder glücklicherweise) werden solche von sämtlichen Vorschriften und Regeln befreiten Olympischen Spiele eine Fantasie bleiben. Bill Mallon, ein orthopädischer Chirurg, der sich mit der Geschichte der Olympischen Spiele befasst hat, stellte die These auf, dass solche hypothetischen Spiele ähnlich aussehen würden wie die Olympiaden von 1988 und 1992 – und »sich gar nicht groß von den heutigen Spielen unterscheiden würden«, setzte er hinzu –, als die ostdeutschen und die sowjetischen Teilnehmerinnen fast alle kraftbetonten Disziplinen wie Hammerwerfen, Diskus und Kugelstoßen dominierten und Rekorde aufstellten, die zum Teil noch heute gelten. Mallon erwartet, dass diese Rekorde schließlich durch eine neue Generation von Athleten eingestellt und übertroffen werden könnten, die neben modernen Trainingsmethoden auch anabole Steroide nutzen werden.

Der Großteil dieser neuen Rekorde würde in den Frauen-Wettbewerben aufgestellt werden, vermutet Mallon, weil »anabole Steroide stärker bei Frauen wirken als bei Männern«.

Mark Burnley, der Sportphysiologe der Universität Kent, kommt zu einer ähnlichen Einschätzung. »Am Anfang werden in großem Stil leistungssteigernde Mittel im Sport Einzug halten. Alle werden diese Mittel verwenden wollen«, meinte er. »Einige Sportler ... werden dadurch Verletzungen oder Schäden davontragen. Andere werden sich durch Glanzleistungen hervortun«, was zur Einstellung alter Rekorde führen werde, wenn die Athleten den richtigen Umgang mit diesen Mitteln gelernt, die passenden Dosierungen gefunden hätten und sich über Verträglichkeit und Nebenwirkungen der Substanzen klar geworden seien. Aber dann werde sich rasch ein Plateau herausbilden, und anschließend werde alles wieder mehr oder weniger so sein wie vorher. Die erste Olympiade, bei der unumschränktes Doping erlaubt sei, werde sich also nicht wie ein übersteigerter Circus Maximus präsentieren, sondern eher wie eine Olympiade, wie wir sie kennen und lieben, bei der etwas mehr Rekorde aufgestellt werden und es etwas mehr Verletzungen geben werde als bei früheren Spielen.

Dies hängt nach Ansicht von Mallon damit zusammen, dass vieles von dem, was sich die Athleten zuführen, um sich einen Vorteil zu verschaffen, mit Ritualen und Aberglauben zu tun hat, sodass manche Mittel, die von der WADA verboten werden, im Grunde gar nicht leistungssteigernd sind. Dies erstreckt sich auch auf aktuelle Substanzen, die auf der WADA-Verbotsliste stehen, wie etwa Amphetamine.

Der irische Profiradsportler Paul Kimmage, der selbst auch gelegentlich zu Dopingmitteln griff, berichtete in seinen Memoiren *Rough Ride*, dass Amphetamine vor allem deswegen so häufig von Athleten verwendet werden, weil sie süchtig machen können, wenn man sie ausprobiert hat. »Wenn man einmal dieses Gefühl der Unbesiegbarkeit erlebt hat, ist es schwer, nur noch mit Mineralwasser in der Flasche zu fahren – vor allem, wenn man sieht, wie andere Fahrer den Stoff einnehmen«, schreibt Kimmage. Amphetamine schärfen die Aufmerksamkeit und fördern die Wachheit, und diese Wirkungen können im Training hilfreich sein, wenn einmal die Motivation zu wünschen übrig lässt, und sie machen abhängig. Doch sich im Olympischen Dorf vor einem Wettbewerb selbst ein Aufputschmittel zu verabreichen hat wahrscheinlich wenig bis keinen Sinn. Ein Laborexperiment mit Ratten, das 2014 durchgeführt wurde, zeigte, was geschieht, wenn man Amphetamine einsetzt, um unter realen Bedingungen Müdigkeit zu bekämpfen.[17] Laut dem Bericht verminderte sich unter Amphetamineinwirkung in einigen Fällen die Müdigkeit der Nager, aber »alle Wirkungen, die mit höheren Dosierungen verbunden sind, werden in einer warmen Umgebung rasch zunichtegemacht, und die Tiere erreichen schneller eine kritische Körpertemperatur«. Spitzensportler, die unter Speed stehen, überhitzen daher unter sommerlichen Wetterbedingungen, worüber sich die Athleten ohnehin Sorgen machen müssen aufgrund der Erderwärmung.[18]

»Ich glaube, vieles davon ist einem Placeboeffekt geschuldet«, erklärte mir Mallon. Er stimmte mit Burnley überein, dass die Athleten, wenn das Dopingverbot fällt, bald herausfinden werden, welche Substanzen tatsächlich wirksam sind, denn sie werden dann alle Mittel erforschen. Doch der Großteil dieser Untersuchungen, meinte er, werde es ihnen lediglich ermöglichen, »ihren Umgang mit Steroiden zu optimieren«.

Die WADA-Liste ist lang und voll mit mutmaßlichen Placebos, aber es kann durchaus einige großartige Mittel und Substanzen geben, die noch nicht im Sport ausprobiert wurden. Im Laufe der Zeit und mittels ergebnisoffener Experimente werden wir Aufschluss darüber erhalten, welche geheimnisvollen Drogen zu Grundmedikamenten werden können und welche im Sport besonders hilfreich sein können.

Nehmen wir zum Beispiel LSD. An diese Droge würde man sicherlich nicht als Erstes denken, wenn man nach Mitteln zur Leistungssteigerung bei Athleten sucht, aber 1970 gelang dem Pitcher Dock Ellis von den Pittsburgh Pirates, der angeblich unter LSD stand, ein sogenannter »no-hitter«, das heißt, er schaffte es, in einem Spiel keinen einzigen gültigen Schlag des Gegners zuzulassen. Vielleicht erfahren wir nach eingehenden wissenschaftlichen Untersuchungen, dass LSD sich ideal dafür eignet, die Werfer im Baseball zu Höchstleistungen anzutreiben (oder vielleicht auch nicht).

Davon abgesehen, gibt es zwei Kategorien verbotener Substanzen, die nach Ansicht von Mallon mit großer Sicherheit die Leistungsfähigkeit von Athleten verbessern können: anabole Steroide und Blutdoping.

In Bezug auf Steroide ist es eine klare Sache: Eine 2004 vorgenommene Auswertung von Studien,[19] die sich mit den Auswirkungen der Verwendung von Steroiden bei Männern befassten, ergab anhand einer Vielzahl unterschiedlicher Experimente, dass eine zehnwöchige Verabreichung von Steroiden die Magermasse des Körpers um zwei bis fünf Kilogramm steigerte und zu einer Zunahme der Kraft um 5 bis 20 Prozent führte. Andere Hormone wie etwa HGH sollen ähnlich wirken wie Steroide, allerdings sind hier noch weitere Forschungen nötig.

Bei Blutdoping sind die Auswirkungen unter realen Bedingungen wesentlich unklarer. Eine Studie aus dem Jahr 2013, die im *British Journal of Clinical Pharmacology* veröffentlicht wurde, stellte fest, dass Blutdoping bei Spitzenathleten nicht wirkungsvoll ist.

Aber wenn das Verbot aufgehoben worden ist, wird Blutdoping ohnehin nicht mehr notwendig sein. Anstatt allerlei Verrenkungen zu vollführen, wie es Lance Armstrong tat, um sein Drogenscreening zu bestehen – er konsumierte die Drogen vor dem Wettkampf, um die erwünschten Wirkungen zu erzielen, ließ sich Blut mit einer erhöhten Zahl roter Blutkörperchen abnehmen und führte sich später dieses Blut wieder zu –, können Olympiaathleten künftig ohne Weiteres Drogen wie EPO einnehmen, welche die Anzahl der roten Blutkörperchen erhöhen, und dann auf ihre Räder steigen.

Nach Aussage von Burnley wird es noch eine Weile dauern, bis man in der Lage sein wird, Steroide und EPO im richtigen Maß in das Training und den Ablauf der Wettkämpfe einzubinden. Manche Athleten werden gut auf diese Substanzen reagieren, andere dagegen weniger, was bedeutet, dass einige Spitzensportler aufgeben werden, wenn sich herausstellt, dass ihr Körper aus welchen Gründen auch immer nicht in der Lage ist, diese Substanzen angemessen zu verarbeiten. Andererseits wäre es auch möglich, dass relativ unbekannte fünftklassige Sprinter von heute mit Unterstützung durch ein bisschen EPO zu Spitzensportlern heranwachsen könnten, die Rekorde brechen. Burnley verglich die möglichen Ergebnisse mit den Leistungssteigerungen, die sich heute beobachten lassen, wenn Athleten im Training einen wichtigen Durchbruch erzielen.

Und wie sieht es mit Verletzungen aus? Steroide sind nicht gut für einen Athleten, aber die Wirkungen sind dauerhaft. »Sie können zu Leberschäden und zu Hodenatrophie führen, aber das wird sich noch nicht während der Spiele zeigen«, erklärte mir Mallon. Sehnenrisse, sagte er, seien eine häufigere und unmittelbare Folge bei den Wettkämpfen. Beim US Olympic Festival 1987 hatte er sich um einen Kugelstoßer zu kümmern, dessen beide Patellasehnen gerissen waren. »Er hatte offenkundig Steroide eingenommen«, erzählte Mellon. »Diese Verletzung tritt unter Einwirkung von Steroiden häufiger auf als sonst.«

Auch wenn Steroide auf längere Sicht meist schädliche gesundheitliche Auswirkungen haben, werden die Körper von Olympiaathleten noch durch vielfältige andere neue Faktoren beeinflusst werden. Man wird häufiger Injektionen durchführen, was mehr offene Venen bedeutet und möglicherweise auch mehr kontaminierte Injektionsnadeln, was wiederum die Ausbreitung von ansteckenden Krankheiten und bakteriellen Infektionen fördern kann. Darüber hinaus ist jede Substanz mit speziellen – und potenziell lebensbedrohlichen – Risiken verbunden; eine Nebenwirkung von EPO ist zum Beispiel eine sirupähnliche Verdickung des Blutes, was potenziell Herzinfarkte begünstigt, und die Nebenwirkungen der Amphetamine erstrecken sich von einer Überhitzung des Körpers über Aufgeregtheit bis zu Psychosen.

Was aber vor allem verloren geht, wenn bei den Olympischen Spielen Doping Tür und Tor geöffnet wird, ist unsere Vorstellung, dass Olympiateilnehmern eine Vorbildfunktion in Hinblick auf Wellness und Wohlbefinden zukommt (obgleich die vermutete körperliche Vollkommenheit der Olympioniken schon immer ein wenig übertrieben war).

Es ist erwiesen und dokumentiert, dass Olympiaathleten länger leben als andere Menschen, wenn auch nicht um Jahrzehnte länger. Wahrscheinlich kennen Sie die 2012 im *British Medical Journal* (BMJ) erschienene Untersuchung über die Lebensdauer früherer Olympiamedaillengewinner nicht, die herausfand, dass Olympioniken eine um durchschnittlich 2,8 Jahre längere Lebenserwartung als die träge Masse haben.[20] (Interessanterweise leben auch Medaillengewinner aus körperlich weniger anstrengenden Disziplinen wie Schießen oder Golf länger als der Rest von uns, ebenso die Läufer.)

Dass sich das Streben nach olympischem Ruhm in einer marginal längeren Lebensdauer niederschlägt, ist vielleicht einer bestimmten Konstellation von Effekten geschuldet – unter anderem auch dem psychologischen Schub, den Erfolg verleiht, und den systemischen Vorteilen, die einen Menschen dazu veranlassen, alles dafür zu tun, bei den Olympischen Spielen auftreten zu können. Hätte in früheren Zeiten ein angehender Olympionike, der gezwungen war, von bestimmten Substanzen die Finger zu lassen und sich an »die Regeln« zu halten, aus diesem Vermeidungsverhalten auch Vorteile ziehen können? Ich lehne mich mal aus dem Fenster und wage zu behaupten: »Ja.«

Kapitel 4

Was wirklich passiert, wenn die Menschen unsterblich werden

Noch in diesem Jahrhundert? Nein.

Plausibilität: ✲✲✲✲✲

Muss man davor Angst haben? Vielleicht ein wenig.

Sollte man deshalb seine Lebensgewohnheiten ändern?
Noch nicht unbedingt sofort, aber eines Tages wird Langlebigkeit davon abhängen, ob man seine Gewohnheiten ändert oder nicht.

Bevor ich die Grafik auf den nachfolgenden Seiten erläutere und mich detailliert mit jenem seltsamen Tag befasse, an dem unsere alterslose Spezies den letzten verfügbaren Lebensraum in unserem Sonnensystem besiedelt und echte Unsterblichkeit erlangt hat, indem sie in den interstellaren Raum ausgreift, möchte ich eines klarstellen: Meiner Ansicht nach ist es in Ordnung und legitim, nach Unsterblichkeit zu streben – oder zumindest danach, länger zu leben, viel länger.

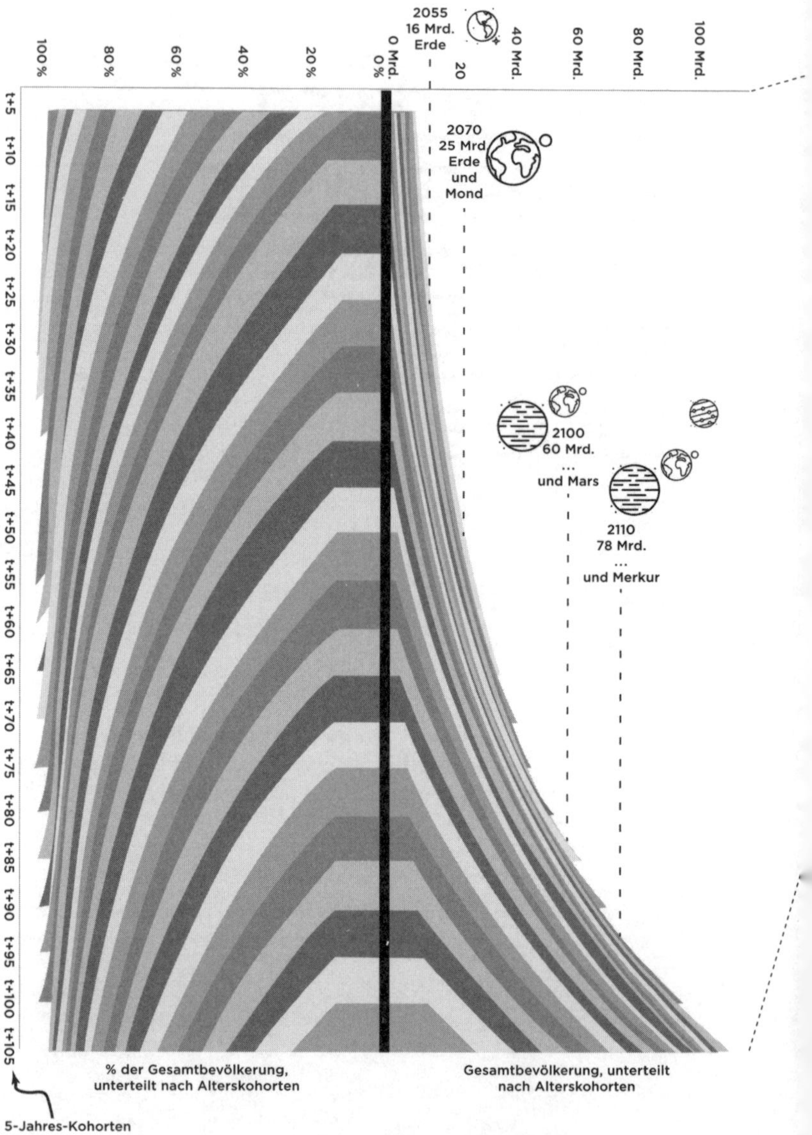

Wann ist das Sonnensystem voll, wenn jeder Mensch 1 Acre (ca. 4000 m²) Land benötigt?

(Bei einer angenommenen Überlebensrate entsprechend dem Makeham-Modell)

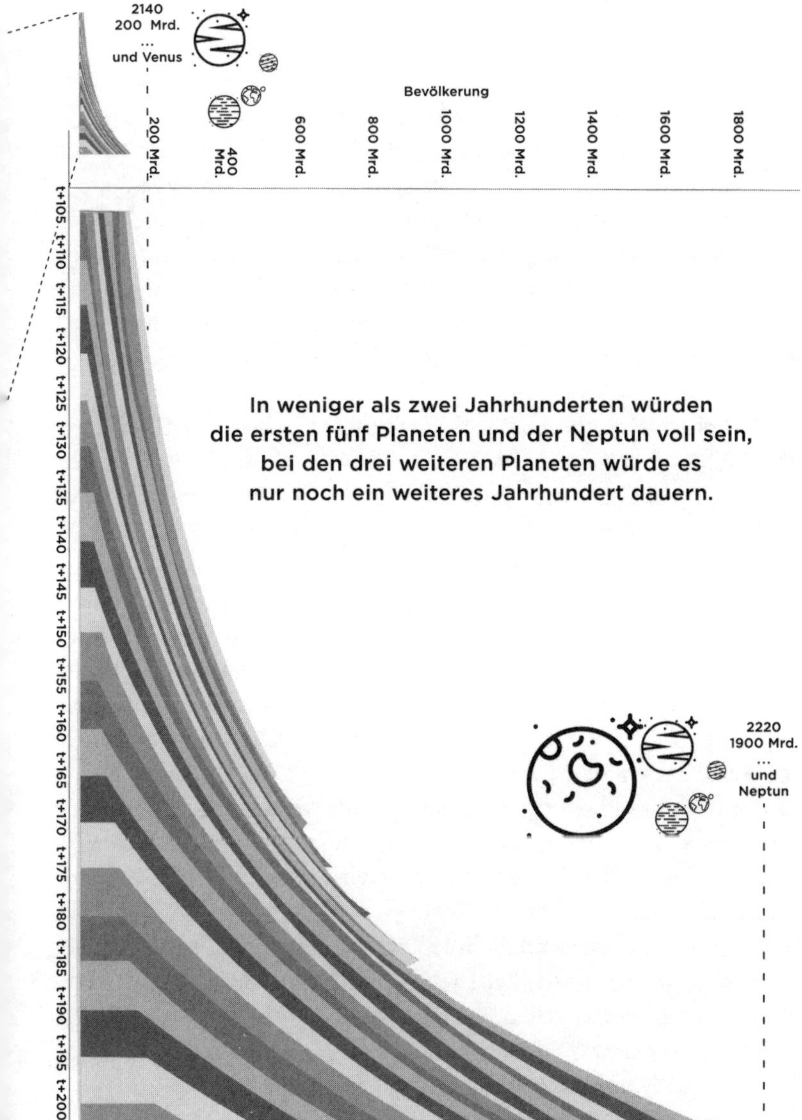

In weniger als zwei Jahrhunderten würden die ersten fünf Planeten und der Neptun voll sein, bei den drei weiteren Planeten würde es nur noch ein weiteres Jahrhundert dauern.

Aussagen wie »Techniken, die es ermöglichen, dass Menschen nicht mehr an Krankheiten sterben, sind zu begrüßen« sorgen für Kontroversen. Aus irgendeinem nicht rationalen, nicht evidenzbasierten Grund sind viele Mitmenschen zu der Auffassung gelangt, dass es nicht nur in Ordnung ist, dass man sterben muss, sondern auch großartig! Dies sei gewissermaßen die geheime Zutat, die das Leben erst sinnvoll und bedeutsam mache. »Unsterblichkeit – wie verführerisch, wie beängstigend!«, schrieb Roger Cohen 2013 in einem Meinungskommentar in der *New York Times*. »Was für eine ernüchternde Nachricht für die Jungen! Der Tod wird gefürchtet, aber erst der Tod gibt der Zeit Leben. Ohne ihn wird das Leben eine nichtssagende, strukturlose Weite.«[1]

In Cohens Haltung zeigt sich eine gewisse aufgesetzte Unerschrockenheit: Man akzeptiert die letztendliche Auslöschung, weil sie vermeintlich die Gegenwart bereichert. Doch der Anti-Aging-Aktivist und Biologe Aubrey de Grey – der mit seinem langen Zaubererbart und seiner dürren Gestalt fast wie Father Time persönlich anmutet – hält dieses Denken für feige. »Die Menschen haben eine Heidenangst davor, dass sich ihre Hoffnungen als falsch erweisen«, erklärte er 2016 in einem TED-Talk. »Niemand möchte sich falschen Hoffnungen hingeben, daher machen sie ihren Frieden mit dem Altern und verdrängen es, leben ihr elend kurzes Leben weiter und versuchen, das Beste daraus zu machen.«[2]

De Grey hat nicht völlig unrecht. Bevor wir auch für alle unsere Mitmenschen zu der Entscheidung gelangen, dass unsere Lebensspanne genau richtig bemessen ist und wir alle nur ungefähr 80 Jahre alt werden sollten, sollten wir da nicht wenigstens einmal ausprobieren, wie es wäre, Tausende Jahre alt zu werden und zu sehen, ob wir dann noch immer so denken? Ich vermute, wenn wir einmal versuchen, über Äonen zu leben, werden wir alle gemeinsam sagen: »Es nervt. Das Leben war wesentlich gehaltvoller, als wir nur die Chance hatten, die Olympischen Spiele ungefähr 18-mal zu erleben.«

Nur eine Vermutung von mir.

Gehen wir nun aber vom »Warum?« zum »Wie?« der Unsterblichkeit über. Wäre sie tatsächlich erreichbar? Gut möglich. Zunächst einmal: Wir müssen eigentlich nur das tun, was wir seit der Entwicklung der modernen Medizin schon immer getan haben: Zu Beginn des 20. Jahrhunderts waren die drei häufigsten Todesursachen Lungenentzündung, Tuberkulose und Durchfallerkrankungen,[3] und wenn man die Diphtherie hinzunimmt, dann waren diese qualvollen Krankheiten weltweit für ein Drittel aller Sterbefälle verantwortlich. Dass wir unsere Aufmerksamkeit dann auf Krebs und Herzerkrankungen richten konnten, war ein Triumph der Moderne (obgleich die Antibiotika-Resistenz eine wachsende Gefahr darstellt, weshalb ich diesem Thema später ein eigenes Kapitel widmen werde).

Wichtiger aber ist, dass wir hierbei gegen das Altern an sich kämpfen müssen, dem 90 Prozent der Menschen in den industrialisierten Ländern und zwei Drittel aller Menschen zum Opfer fallen, wie de Grey herausgefunden hat.[4] Dies ist durchaus realistischer, als rein theoretisch anzunehmen wäre, weil wir mittlerweile die biologischen Ursachen des Alterns genau benennen können. Laut einer Untersuchung aus dem Jahr 2013 von Carlos López-Otin und seinem Team von der spanischen Universität Oviedo ist das Altern jene Schädigung unseres Körpers, die im Wesentlichen durch neun Prozesse verursacht wird, wie etwa durch Verschlechterung der DNA, Entgleisung der Mitochondrien und Platzierung falscher Proteine an den falschen Stellen.[5]

Alle diese – bislang jedenfalls – unvermeidlichen Verschleißprozesse in unserem Körper, die sich auf mikroskopischer Ebene vollziehen, sind verantwortlich für Erkrankungen, die junge Menschen nicht bekommen, ältere aber sehr wohl, wie zum Beispiel Arthritis, grauer Star, Diabetes Typ 2, Arterienverkalkung (Verengung der Arterien) und die Alzheimer-Erkrankung. López-Otin und seine Mitarbeiter stellten aber auch fest, dass einige dieser Faktoren, die sie als »Prägestempel« bezeichnen, auch positive Seiten besitzen, und warnten, dass mögliche »Behandlungen« für jeden einzelnen dieser Faktoren negative Wechselwirkungen hervorrufen könnten, sodass es nicht möglich sei, die durch sie ausgelösten Entwicklungen alle gleichzeitig zum Stillstand zu bringen.

Für jede der neun Alterungsursachen schlagen López-Otin und seine Mitarbeiter entsprechende Therapien vor – mit anderen Worten, sie liefern Rezepte für die Unsterblichkeit (nebenbei: Es handelt sich um eine Mischung aus Medikamenten und Therapien, von denen es die meisten noch gar nicht gibt), die ich nachfolgend im Einzelnen darstellen möchte:

- Ausscheidung alternder Zellen (Zellen, die darauf programmiert sind, zu sterben)
- Therapien, um die fortgesetzte Produktion neuer Stammzellen zu ermöglichen
- neue entzündungshemmende Medikamente und »aus dem Blut gewonnene Verjüngungsfaktoren«
- »Eliminierung beschädigter Zellen«
- »Reaktivierung der Telomerase«, die DNA-Degradation stoppt
- »epigenetische Medikamente«, die unsere Mutationsprozesse aufhalten
- Aktivierung von »Aufpassern«, falls die Erzeugung von Proteinen schiefläuft
- diätetische Beschränkungen
- Medikamente oder Therapien zur Unterstützung von »Mitohormesis« und »Mitophagie« (die verhindern, dass die Mitochondrien in unseren Zellen entgleisen)

Man gibt also diese neun Behandlungsarten in einen Topf, lässt sie kurz aufkochen, und schon erlangt man Unsterblichkeit.

So einfach ist es natürlich nicht. Da sich nicht alles mit einem einzigen Medikament erledigen lässt, können die neun Therapien von López-Otin nicht mittels eines kompakten, umfassenden Produkts in den Markt eingeführt werden, etwa in Form eines Wunderserums, das sich jeder Patient einmal täglich injizieren muss. Vielmehr wird jeder dieser Prozesse auf langsame Weise optimiert, sodass sich die Lebensdauer allmählich verlängert. Vielleicht denken Sie hier an eine vom Glück begünstigte Testperson – etwa einen Milliardär aus dem Silicon Valley, der alle diese Forschungen finanziert hat und nun versucht, sich als Erster das Unsterblichkeitsmittel zu beschaffen, und der dann gewissermaßen zu einem alterslosen Grafen Dracula wird, der vom Tod umgeben, jedoch mit ewigem Leben gesegnet ist, aber so wird es nicht laufen. Tut mir leid, Leute. Vielmehr wird sich die Unsterblichkeit stückchenweise verwirklichen – indem die von López-Otin aufgeführten neun Merkmale eines nach dem anderen abgearbeitet werden. Vielleicht wird zuerst die »Mitohormesis« perfektioniert, um willkürlich ein Beispiel herauszugreifen. Dies wird nur zu einer gewissen Lebensverlängerung führen, solange es nicht auch zu einer »Reaktivierung der Telomerase« kommt, jenes Prozesses, der die Degradation der DNA unterbindet.

Auch wenn sich diese alterungsbekämpfenden Substanzen und Therapien durchsetzen – und vielleicht den Menschen verschrieben werden, wenn sie noch relativ jung sind, um den Alterungsprozess frühzeitig aufzuhalten –, sollten wir dennoch damit rechnen, dass negative Wechselwirkungen zwischen den Medikamenten den Fortschritt an verschiedenen Stellen verlangsamen werden. Vielleicht führt die Interaktion zwischen der Reaktivierung der Telomerase und der Mitohormesis zu gefährlichen Nebenwirkungen, die das gesamte Unternehmen infrage stellen. Wer möchte schon seinen Alterungsprozess aufhalten, wenn die Anti-Aging-Mittel dazu führen, dass sich sein Brustkorb nach innen wölbt und die Organe zerquetscht werden?

Und was die diätetischen Beschränkungen betrifft: Dabei wird es sich meist um Mittel handeln, die von den Patienten dauerhaft angewendet werden müssen, ähnlich wie Medikamente zur Bekämpfung von Abstoßungsreaktionen, die Transplantationspatienten einnehmen müssen. Das heißt, das Anwendungsregime erfordert lebenslange Veränderungen und zwingt die Patienten, bestimmte Lebensmittel zu meiden oder keinen Kaffee oder keinen Alkohol mehr zu trinken oder auf andere Dinge zu verzichten. So dürfen zum Beispiel Patienten, die Atorvastatin (auch unter dem Namen Lipitor bekannt) einnehmen, ein Mittel zur Behandlung hoher Cholesterinwerte, keine Grapefruits mehr essen, wenn sie nicht schwere Nebenwirkungen riskieren wollen, die unter Umständen sogar tödlich sein können. Angesichts der zahlreichen Medikamente, die hier ins Spiel kommen, können wir davon ausgehen, dass die Lebensweise, die zur Unsterblichkeit führen soll, in einem gar nicht vorstellbaren Maße restriktiv sein wird. Ist es erstrebenswert, ewig zu leben in dem Wissen, dass man sterben wird, wenn man bestimmte Dinge isst? Ich jedenfalls könnte nicht so leben.

Dies führt uns zu einem sehr interessanten Phänomen: Junge Menschen, die noch keine Unsterblichkeitsbehandlung begonnen haben, dürfen nach Herzenslust essen und trinken, wodurch die Kluft zwischen dem sorgenfreien Hedonismus der Jugend und der Mäßigung und Zurückhaltung des Erwachsenenlebens noch weiter vergrößert wird. Dazu kommt das lästige Problem der Selbstkontrolle. Wird es für einen gesunden Teenager leichter sein, die Ernährungsvorschriften zu befolgen und gewissenhaft die verordneten Medikamente einzunehmen, wenn die langfristigen Auswirkungen so abstrakt erscheinen?

Eine weitere unangenehme Frage: Kann man eine solche Kombination von Therapien wirklich als »Unsterblichkeit« bezeichnen? Diese Therapien machen die Patienten nicht resistent gegen Unfalltod. Es gibt kein Medikament, das verhindern könnte, dass einem zum Beispiel ein Pfahl ins Herz getrieben und man anschließend geköpft wird, wie es Graf Dracula widerfahren ist.

Doch all dies führt eher in die Irre. Im Grunde genommen ist Unsterblichkeit unerreichbar, weil die Ewigkeit kein Endpunkt ist, an den man irgendwann gelangen kann. Niemand wird einen Blick auf den Kalender werfen und ausrufen: »Ich hab's geschafft! Jetzt bin ich in der Ewigkeit! Ich muss unsterblich sein!« Das ergibt keinen Sinn. Unsterblichkeit ist also ein bewegliches Ziel, das man im übertragenen Sinne anstreben kann (siehe dazu auch das Schlusskapitel dieses Buches über das Thema »Das Ende aller Existenz«), und das Beenden des Alterns ist offenkundig der wichtigste Schritt in Richtung auf dieses Ziel. Dies erschwert es aber ungemein, einen Punkt festzulegen, ab dem die Unsterblichkeit erreicht ist.

Daher habe ich mich an jemanden gewandt, der mir bei dieser Definition helfen könnte.

Bryan Bischof ist Mathematiker und Datenwissenschaftler und betreibt in der San Francisco Bay Area eine Daten-Beratungsfirma namens Quasicoherent Labs (die auch die Grafiken in diesem Buch erstellt hat). Er und sein Team haben die harten Zahlen und Fakten über Unsterblichkeit ausgewertet, und er erklärte mir, dass ein Mensch, den man als »unsterblich« einstufen könnte, potenziell auf eine Lebenserwartung von 1132,925 Jahren kommen könnte. Bischof meinte dazu: »Tausend Jahre sind eine lange Zeit, in der man Unfälle vermeiden muss.«

Bischofs statistisches Modell für »Unsterblichkeit« macht uns alle acht Jahre alt. »Die Rate, mit der Menschen altern, wird als Seneszenzrate bezeichnet. Der Mindestwert dieser Seneszenz, auch ›Makeham-Basislinie‹ genannt, liegt etwa bei acht Jahren.« Mit anderen Worten, laut den Bevölkerungswissenschaftlern sterben weniger Achtjährige als Angehörige anderer Altersgruppen. Sie sind nicht mehr den fatalen Wechselfällen des Kleinkindalters und der frühen Kindheit ausgesetzt, und sie sterben auch nicht an Altersgebrechen wie Herzkrankheiten, manchmal aber infolge von Unfällen oder aufgrund von Infektionen. Der Status der Unsterblichkeit würde daher alle Menschen mit der gleichen Wahrscheinlichkeit ausstatten, als Achtjährige zu sterben.

Das Computerprogramm, das Bischof entwickelt hat, arbeitet mit einer »Dämpfungsfunktion«, die eine 30 Jahre umfassende Entwicklungsphase zugrunde legt, in der die Unsterblichkeitstechnologie zunehmend weitere Verbreitung und Anerkennung findet. Während dieser Zeit wird die Bevölkerung langsam wachsen. Dafür entwickelte Bischof die »Leslie-Matrix«, ein mathematisches Instrument, um zu ermitteln, wie viele Menschen jeder Altersgruppe leben, sterben oder Kinder kriegen.

Damit kommen wir zu der Grafik am Anfang dieses Kapitels. Die linke Hälfte zeigt die Entwicklung der Akzeptanz von Unsterblichkeit, wenn sie zunehmend populärer wird. Auf der rechten Seite sieht man, was geschieht, wenn die Unsterblichkeit allgemein durchgesetzt ist. Das Ergebnis ist eine explosive Zunahme der menschlichen Bevölkerung. Wenn man davon ausgeht, dass für jeden Menschen ein Acre Land (ca. 4000 Quadratmeter) erforderlich ist – zum Leben und für den Anbau von Nahrungsmitteln –, werden die Erde und der Mond in ungefähr 50 Jahren voll sein. Ich möchte Ihnen ungern Angst einjagen, aber dieses Vorhaben, »1000 Jahre zu leben«, wird die Menschheit in sehr kurzer Zeit in eine Hölle ganz eigener Art stürzen. Wenn möglicherweise die Bodenfruchtbarkeit nachlässt, werden wir infolge des Bevölkerungswachstums das Sonnensystem besiedeln, was bedeutet, dass die Unsterblichkeit rasch eine Krise heraufbeschwören wird, vergleichbar den heutigen durch die Klimaveränderungen verursachten Erscheinungen, und dadurch paradoxerweise das menschliche Leben insgesamt bedrohen wird.

Es ist unklar, wie viel nutzbarer Raum in unserem Sonnensystem vorhanden ist. Zum Zweck dieser Diskussion nehmen wir einmal an, dass es pro Acre Planetenoberfläche auch ein Acre bewohnbaren

Raum gibt. Das ist eine sehr grobe Kalkulation, die aber davon ausgeht, dass es auf dem Mond und den Asteroiden sowie in menschengemachten Raumfahrzeugen bewohnbaren Raum gibt. Wenn dies zutrifft und die menschliche Bevölkerung in weniger als drei Jahrhunderten der Unsterblichkeit auf die unfassbare Zahl von 1,9 Billionen Menschen steigt, ist das Sonnensystem voll besetzt. (Okay, wir werden wahrscheinlich auch noch neue Planeten entdecken, teilweise mit eigenen Monden, weit jenseits des Pluto, aber doch noch nahe genug. Sie verstehen, worauf ich hinauswill.)

Der Tag, an dem wir als Menschen die Unsterblichkeit erlangen, wird auch der Tag sein, an dem wir der Unsterblichkeitskrise entrinnen, und damit meine ich, dass wir dauerhafte menschliche Ansiedlungen außerhalb unseres Sonnensystems schaffen werden.

Eine Flagge zwischen den Sternen aufzupflanzen wird den Menschen zusätzlich die Chance eröffnen, langfristig zu überleben, nachdem unser eigenes Sonnensystem unbewohnbar geworden ist. Erst wenn wir technisch so weit fortgeschritten sind, dass wir zu einem anderen Stern, wie beispielsweise dem Alpha Centauri, fliegen und uns dort die für unser Leben benötigten Ressourcen beschaffen können, anstatt uns allein auf die Energie zu stützen, die von einem einzigen Stern abgegeben wird, erst dann werden Menschen, die mehr als 1000 Jahre alt werden können, auch tatsächlich überleben können.

Anderenfalls kommen wir in Schwierigkeiten. Die Erlangung der Unsterblichkeit wird unsere Spezies dann vielleicht zu einem sinnlosen Leben verurteilen, wie es Roger Cohen vermutet. Denn wenn wir unsere gewaltige Lebensspanne auf einem winzigen Planeten verbringen müssen, dessen Ressourcen erschöpft sind, werden wir – um den berühmten Ausspruch von Thomas Hobbes etwas umzuwandeln – noch garstiger und roher werden als jemals zuvor.

Kapitel 5

Was wirklich passiert, wenn jeder einen anderen Menschen perfekt imitieren kann

Noch in diesem Jahrhundert? Unausweichlich.

Plausibilität: *****

Muss man davor Angst haben? Allerdings.

Sollte man deshalb seine Lebensgewohnheiten ändern?
Haben Sie sich in den vergangenen 20 Jahren noch nicht mit Internetsicherheit befasst? Dann wird es jetzt höchste Zeit!

Der Anruf kommt von einer unterdrückten Nummer. Sie melden sich und hören, dass die Person am anderen Ende der Leitung schluchzt, aber es dauert nur den Bruchteil einer Sekunde, bis Sie die Stimme Ihrer Schwester erkennen.

»Er hat mich ausgesperrt! Wir haben uns gestritten, und dann hat er mich rausgeworfen. Ich weiß nicht, wo ich jetzt hinsoll!«

Sie haben sich schon länger gefragt, ob nicht eines Tages ein solcher Anruf kommen würde. Schließlich haben Sie den

Kerl noch nie leiden können, mit dem Ihre Schwester befreundet ist und der im Hauptjob Skorpione züchtet.

»Komm, beruhige dich. Alles wird gut werden«, erwidern Sie. »Bist du in Sicherheit?«

Eine lange Pause, dann sagt sie: »Ich habe überhaupt keine Freunde in Houston! Wo soll ich schlafen?«

»Kannst du dir nicht in einem Hotel ein Zimmer nehmen?«

Eine weitere quälende Pause. »Und mit welchem Geld?«, fragt sie mit einem Anflug von Verbitterung.

»Hast du kein Geld mehr?«

»Kannst du mir telegrafisch 1000 Dollar überweisen? Nur damit ich über die nächsten paar Tage komme.«

Telegrafisch? Kann sie Venmo, die Bezahl-App von PayPal, nicht mehr benutzen? Beim letzten Mal, als sie sich meldete, sagte sie doch, dass es ganz gut läuft mit ihrer Arbeit und dass sie sich ein Auto gekauft hat. Außerdem, Houston liegt am anderen Ende des Landes, und Sie haben sie dort erst ein paarmal besucht. Sie sagen ihr, dass Sie mit Ihrer beider Mutter sprechen und sie dann zurückrufen werden.

»Leg bitte nicht auf«, fleht sie.

Es ist beunruhigend – und auch befremdlich –, wie sehr es in dieser kurzen Zeit abwärts gegangen ist mit ihr. Sie legen auf.

Bevor die Verbindung mit Ihrer Mutter zustande kommt, ruft Ihre Schwester abermals an, diesmal über FaceTime. Sie melden sich und rechnen schon mit dem Schlimmsten.

Sie sehen das verweinte Gesicht Ihrer Schwester, während sie auf einem menschenleeren Gehsteig entlangläuft.

»Seine Freunde wissen, wo ich bin«, sagt sie. »Sie wissen, was passiert ist, und ich mache mir Sorgen, dass sie nach mir suchen. Ich brauche das Geld. Es wird alles gut werden, wenn ich mir ein Zimmer in einem Motel nehmen kann. Ich brauche nur die 1000 Dollar, ich zahle sie dir auch sofort wieder zurück.«

»Geh zur Polizei!«, antworten Sie.

»Ich verstehe nicht, warum du so ein Theater machst wegen dieser 1000 Dollar! Du warst schon immer so«, entgegnet sie und geht durch die Eingangstür einer Western-Union-Niederlassung, die, wie es aussieht, auf dem neuesten technischen

Stand ist. »Schau her. Ich bin jetzt da. Ich gebe dir die Daten durch. Bitte schick mir die 1000 Dollar, dann gehe ich gleich ins Motel und rufe dich an, wenn ich in Sicherheit bin. Okay?«

Sie sind nicht reich, aber Sie können es sich leisten, 1000 Dollar abzugeben, wenn das bedeutet, dass Ihrer Schwester nichts passiert. »Also gut«, sagen Sie. »Es tut mir leid, dass es dir so schlecht geht.«

»Danke«, erwidert sie, und ein warmes Lächeln der Erleichterung huscht über das Gesicht Ihrer Schwester. »Ich weiß noch nicht, was ich morgen tun werde, aber ich überlege mir etwas«, sagt sie. »Ich liebe dich. Ich rufe dich dann gleich zurück.«

»Ich liebe dich auch.«

Ein paar Sekunden später geht eine Textnachricht ein. »Hier werden tatsächlich nur Bitcoin in Bargeld getauscht!!«, schreibt sie. »Aber du weißt ja, wie das funktioniert, oder?« Natürlich wissen Sie, wie das geht. Sie haben ein paar Tausend Dollar Ersparnisse in einer Bitcoin-Wallet gebunkert.

»Komisch«, schreiben Sie zurück. »Aber kein Problem.« Sie transferieren die 1000 Dollar und warten auf den Anruf Ihrer Schwester.

Nach einer Viertelstunde, in der sich nichts tut, setzen Sie sich per FaceTime mit Ihrer Mutter in Verbindung. Als Sie ihr erzählen, was geschehen ist, reagiert sie wütend.

»Wie konnte er sie einfach so in Scottsdale sitzen lassen? Sie kennt dort doch niemanden!«

»Sie ist in Houston«, entgegnen Sie.

»Nein. Sie ist bis Freitag im Urlaub in Arizona«, erwidert Ihre Mutter. »Sie hat mir gerade ein Foto geschickt. Sie haben eine Radtour gemacht.«

»Nun, sie hat gerade über FaceTime mit mir gesprochen, daher bin ich ziemlich sicher, dass sie in Houston ist«, erwidern Sie.

Im Hintergrund hören Sie die Stimme Ihres Vaters. »Ich habe gerade eine Textnachricht von ihr bekommen. Sie schreibt, sie ist in Scottsdale«, sagt er, dann liest er die Nachricht laut vor. »›Ich bin noch im Urlaub. Welches Geld? LOL. Ist alles in Ordnung?‹«

Ihr Gesicht läuft rot an. »Ich habe sie gesehen, und sie war eindeutig in Houston!«, rufen Sie. Sie wissen, was Sie gesehen haben. Sie erkennen schließlich das Gesicht Ihrer eigenen Schwester. Sie legen auf und schicken ihr eine Textnachricht, das heißt, Sie schicken eine Textnachricht an die Nummer, die Ihre Schwester verwendet hat.

»He, ist alles in Ordnung? Bist du jetzt im Motel?«

Keine Antwort.

»Übrigens, warum glauben Mom und Dad, du wärst in Scottsdale?«

Keine Antwort.

»Was ist denn los? Hast du das Geld bekommen?«

Schließlich erhalten Sie doch noch eine Antwort. Es ist ein Bild, das eine weiße, ziegenbärtige Maske zeigt, die Sie schon im Internet gesehen haben. Es ist eine Guy-Fawkes-Maske, das irritierende »Anonymous«-Symbol.

Dann kommt ein Text. »Ich hab's. LOL. Danke!«

Sie bekommen einen Telefonanruf. Es ist Ihre Schwester, die von ihrer alten Nummer aus anruft. Ihrer echten Nummer, wie sich herausstellt. Unter der Benachrichtigung »EINGEHENDES GESPRÄCH« erscheint ein Bild ihres lächelnden Gesichts. Ihr echtes Gesicht. Sie haben das Gefühl, dass Ihr Mittagessen wieder nach oben drängt.

Nicht jetzt, denken Sie und lehnen den Anruf ab.

Die Technologie, auf die in diesem unerfreulichen Szenario Bezug genommen wird, ist kein möglicher zukünftiger Albtraum, sondern es gibt sie bereits. Sie ist nicht nur real vorhanden, sie ist eine Open-Source-Technologie. Eine kostenlose Version, die ich gefunden habe, nennt sich FaceIt Live. Sie ermöglicht es jedermann, einen Live-Videofeed mit dem eigenen Gesicht zu senden, das infolge digitaler Bearbeitung das Gesicht eines anderen als Maske trägt. Bislang sind die Resultate noch nicht sehr überzeugend, aber das dürfte sich bald ändern.

Diese Technologie könnte Ihnen zweifellos helfen, Zeit zu sparen, wenn Sie zum Beispiel ein viel beschäftigter Schauspieler sind. In einer Folge der Netflix-Animationsserie *BoJack Horseman* aus dem Jahr 2016 lässt der gleichnamige Hauptakteur insgeheim eine digitale Kopie von sich herstellen, und diese digitale Version wird für einen kompletten – von der Kritik sehr gelobten – Film eingesetzt, wobei BoJack selbst in überhaupt keiner Szene auftritt. Diese Technologie könnte aber nicht nur Faulheit fördern, sie könnte es auch ermöglichen, realistische Videos von Verstorbenen herzustellen, was zunächst erschreckend erscheinen mag, sich aber, wenn man verantwortungsvoll damit umgeht, als eine wichtige Unterstützung bei der Trauerarbeit erweisen könnte. Sie könnte darüber hinaus ein faszinierendes – wenngleich, abermals, ethisch nicht völlig unbedenkliches – Hilfsmittel sein, um vergessene oder unterdrückte Erinnerungen wiederherzustellen.

Diese ethische Mehrdeutigkeit ist jedoch erst der Anfang, wie Peter Eckersley meint, der zum Zeitpunkt meines Interviews Chef-Computerwissenschaftler von Electric Frontier Foundation (EFF) war, einer auf digitale Rechte konzentrierten, nicht gewinnorientierten Firma, und heute als Forschungsleiter bei Partnership on AI arbeitet, einem Konsortium der Computerindustrie. Eckersleys Job bei EFF bestand darin, nach Geräten und Software zu suchen, die ohne das Wissen der Betroffenen deren Bürgerrechte verletzten, und zusammen mit seinem Team entwickelte er auch Softwarelösungen gegen diese potenziellen Rechtsverletzungen.

Bereiten Sie sich also darauf vor, dass Sie eines Tages in einer Welt aufwachen, in der praktisch jeder eine wirklich verblüffend gut gefälschte Version jeder anderen Person herstellen kann, die alles Mögliche tun kann. Bevor sich die dunkelsten Triebe der Allgemeinheit dieser Technologie bemächtigen, sollte man sich aber zuerst mit ihren Anwendungsmöglichkeiten befassen. Die Idee, überzeugende, über den Computer hergestellte Doppelgänger zu erschaffen, ist in der Popkultur spätestens seit der 1946 erschienenen Kurzgeschichte »Beweismaterial« von Isaac Asimov präsent, in der es um einen Kandidaten für ein öffentliches Amt geht, der verdächtigt wird, ein Roboter zu sein. Diese Idee wurde auf beunruhigende – und realistische – Weise umsetzbar, als 2016 Softwaredesigner des Max-Planck-Instituts für Informatik an der Universität Erlangen-Nürnberg und der Stanford University eine Videodemonstration mit dem Titel »Face2Face: Realtime Face Capture and Reenactment of RGB Videos« erstellten.[1] Mit dieser Software konnte ein Anwender in Echtzeit Videoaufnahmen des Gesichts eines Menschen – beispielsweise des russischen Präsidenten Wladimir Putin – herstellen und dann, indem er eine Kamera auf sein eigenes Gesicht und seine wechselnden Gesichtsausdrücke richtete, ebenfalls in Echtzeit das Zielgesicht in jeder gewünschten Weise bewegen, wenn auch noch nicht auf vollständig überzeugende Weise.

Die Demo ähnelte den Selfie-Filtern von Snapchat, die im Jahr zuvor eingeführt worden waren. Wenngleich diese im Vergleich dazu noch relativ schlicht waren, identifizierten sie Gesichter und konnten sie verändern, zum Beispiel durch eine Verzerrung des Mundes der Person in der Weise, dass es aussah, als würde sie einen Regenbogen erbrechen. Schon diese Technologie war überraschend ausgereift, doch Face2Face war deutlich fortgeschrittener. Das Programm ermöglicht es praktisch jedem, einfach und schnell eine Person so aussehen zu lassen, als würde sie irgendetwas sagen. Mit dieser Technologie kann jeder, der über ausreichend Musterbilder des Gesichts, das er in eine »Maske« umwandeln will, und jenes Gesichts, das diese Maske tragen soll, verfügt, diese Fotos einem Algorithmus überantworten, der anschließend die erforderlichen Arbeitsschritte zur Umgestaltung des Gesichts durchführt. Dazu müssen keine Hollywoodexperten für Spezialeffekte herangezogen werden.

Die Erkenntnis aus diesem Demovideo lautet, dass man mit entsprechender Hardware bereits heute fast jedes Gesicht so weit verändern kann, dass es aussieht, als würde die Person etwas sagen, sofern sie dabei etwas steif auftritt, Hintergrund und Umgebung gut ausgeleuchtet sind und der Betrachter nicht auf Anzeichen wie etwa Bewegungen des Körpers achtet, die zeigen, dass es sich tatsächlich um einen Menschen handelt. Ich möchte dazu nur anmerken, dass dieses Demovideo in Bezug auf Politiker erstaunlich gut funktionierte, nicht aber bei anderen Menschen.

In den folgenden Monaten wurden ähnliche Technologien entwickelt und verfeinert, Open-Source-Tools wurden mit dem Konzept zusammengeführt, und verschiedene Ideen verschmolzen miteinander, sodass nun Menschen wie Sie und ich (und nicht nur Forscher in Hightech-Laboren) imstande sind, noch überzeugendere Gesichtsveränderungen herzustellen. Der Prozess wurde anwenderfreundlicher, und die digitale Übertragung eines beliebigen Gesichts auf ein Zielgesicht wurde zu einem Vorgang, den jeder mit genügend Kreativität und Zeit bewerkstelligen kann.

Ich vermute, was dann folgte, war unvermeidlich: Ende 2017 übertrug ein Reddit-User mit dem Nicknamen »Deepfakes« die Gesichter bekannter Persönlichkeiten auf die Gesichter von Pornodarstellern und produzierte eine Reihe gefälschter, aber täuschend realistischer (und, was noch wichtiger war, nicht einvernehmlicher) Sexvideos mit diesen Prominenten.[2] Es hatte ein knappes Jahr gedauert, bis die Technologie für eine Anwendung genutzt wurde, die wenn vielleicht auch nicht völlig illegal, so doch missbräuchlich und schäbig war. Reddit sperrte die »Deepfakes«-Community für knapp zwei Monate, nachdem sie von Journalisten aufgedeckt worden war.

Doch der Ausdruck »Deepfake« hat sich im Internet eingebürgert als Bezeichnung für Videos, in denen reale Gesichter durch andere Gesichter ausgetauscht werden, und dadurch ist diese Technologie zu einem Mikrokosmos für die beängstigende, »postfaktische« Zukunft geworden, die wir uns erschaffen. Im April 2018 veröffentlichte der amerikanische Filmemacher und Comedian Jordan Peele gemeinsam mit dem Onlineportal Buzzfeed ein Video, in dem der frühere US-Präsident Barack Obama vor Fake News warnt und Wörter in den Mund nimmt, die man niemals von ihm erwarten würde; am Ende aber werden die Zuschauer aufgeklärt, dass es sich um eine Fälschung handelt, ein Deepfake, das anscheinend mit Peele selbst in der Hauptrolle hergestellt wurde.[3]

Ich sage »anscheinend«, denn Peele klingt eigentlich nicht wie Barack Obama, als er diesen imitiert, und daher wurde auch niemand hinters Licht geführt (tut mir leid, Jordan). Die Stimme ist das größte Problem, das auftritt, wenn man gefälschte Videos von Menschen erstellen will, die darauf Dinge tun, die sie in Wirklichkeit nicht tun würden: Sie können nicht sprechen. Bislang jedenfalls nicht.

Ich habe 2018 einmal einige Stunden damit verbracht, Hunderte von Sätzen in das Mikrofon meines Laptops zu sprechen und sie in eine Software namens Lyrebird einzuspeisen. Einige dieser Sätze hätten von einem sadistischen Rhetoriklehrer stammen können, wie etwa »Die Wissenschaft streitet seit Jahrzehnten über die zoologische Klassifizierung der Arten«, andere erschienen in dem Kontext, in dem ich sie einlas, etwas unheimlich, wie zum Beispiel »Neben der Verschlüsselung kann es auch zur Authentifizierung verwendet werden«. Nachdem ungefähr 200 Beispiele meines individuellen Sprechstils digitalisiert worden waren, war die Software imstande, einen Text-to-Speech-Generator zu entwickeln, der Sätze und Wortverbindungen erzeugte, die wie von mir gesprochen wirkten, im Timbre, im Tonfall, in allem. Gut, die Sätze klangen so, als würde ich meine Worte durch einen laufenden Tischventilator und in ein mobiles Mikrofon sprechen, aber es selbst zu hören war schon etwas beängstigend.

Nehmen wir also an, jemand hätte meinen Lyrebird-Account gehackt und dazu benutzt, um meiner Freundin eine Sprachnachricht zu schicken und ihr mitzuteilen, er habe mich entführt und verlange 500 000 Dollar, die auf ein Konto in der Schweiz transferiert werden sollten. Würde dies funktionieren? Nun, mein Lyrebird-Avatar ist ein schrecklicher Schauspieler, denn es gelingt ihm nicht, mich aufgeregt oder verängstigt erscheinen zu lassen, und daher klingt die künstliche Stimme so, als würde ich – mein echtes Ich – ruhig die Worte sprechen: »Ich werde von Terroristen als Geisel gehalten, bitte hilf mir.« Aber kein Hochstapler hätte meine Freundin mit einer solchen fabrizierten Aufnahme zum Narren halten können, denn gleich am Anfang überfällt einen die Stimme mit einer vertrauten Begrüßungsformel. »Hallo« wäre zu unpersönlich, und das bei Lyrebird übliche »Hey« wäre einigermaßen deplatziert. Und wenn Sie für die andere Person einen bestimmten Spitznamen verwenden – was ich bei meiner Freundin tue – und die Betrüger würden diesen nicht kennen, dann flöge die beabsichtigte Täuschung schnell auf. Aber auch wenn die Betrüger den Spitznamen kennen würden, mit dem ich meine Freundin anspreche, so wird er auf Lyrebird doch auf groteske Weise falsch ausgesprochen.

Eckersley, der frühere Computerspezialist von EFF, erklärte mir, dass diese Einschränkungen nicht nur Lyrebird betreffen, sondern auch die fortgeschritteneren Versionen dieser Technologie, die bislang aber erst in Computerlaboren existieren. »Die Stimme, mit der Menschen im öffentlichen Raum sprechen, unterscheidet sich ein wenig von der Stimme, die sie in privaten Gesprächen verwenden«, was uns vorläufig einen gewissen Schutz biete, erklärte er. »Aber das ist nur ein schwacher Schutz, und dieser Schutz wird im Laufe der Zeit möglicherweise algorithmischen Techniken zum Opfer fallen. Es wird einen Knopf geben, mit dem man gewissermaßen die öffentliche Art des Sprechens ab- und anschalten kann.« Wenn die Technik weiter ausgereift ist, braucht man vielleicht nur noch das Emoji anzuklicken, das der Intonationsart entspricht, mit der die Computerstimme sprechen soll.

Sie sehen, in welche Richtung das läuft: gefälschte Telefonanrufe, dann gefälschte Sprachnachrichten und schließlich gefälschte Videoanrufe, nicht von offenkundigen Spammern, sondern vorgeblich von Menschen, die Ihnen nahestehen. Vielleicht fragen die Betrüger Sie nach Ihren Kreditkartendaten, wahrscheinlich aber werden sie mit raffinierteren Tricks arbeiten. Nach heutigem Stand würden Sie wohl einer Textnachricht von einer Ihnen unbekannten Nummer kein Vertrauen schenken, oder? In einigen Jahren aber werden Sie einen solchen Telefonanruf oder auch einen Skype-Anruf erst dann für echt halten können, wenn Sie eine Kontrollfrage gestellt haben, die nur die echte Person beantworten kann.

Es ist durchaus möglich, dass diese Vortäuschungstechnologie irgendwann in die Hände von Kriminellen fällt. Stellen Sie sich vor, Ihre Mutter ruft Sie an der Uni über Skype an und teilt Ihnen mit, sie habe gesehen, dass auf Ihrem Konto sehr wenig Geld sei, und deshalb wolle Sie Ihnen etwas überweisen, habe aber momentan Ihre Kontonummer und Bankleitzahl nicht im Kopf. Glauben Sie das nicht – jedenfalls nicht, solange Sie nicht das Gesicht Ihrer Mutter mithilfe einer Art von Authentifizierungssoftware überprüft haben, die Ihnen entweder die Identität Ihrer Mutter bestätigt oder den Schwindler entlarvt, so etwa wie am Ende einer Episode der Zeichentrickserie *Scooby Doo*.

Nach Ansicht von Eckersley müssen wir die Authentifizierungsprotokolle für Telefonnummern und E-Mail verbessern, weil man nur an der Anruferkennung sehen kann, wer einen anruft, und diese Kennung lässt sich leicht knacken. Er bezweifelt jedoch, dass wir diese Schutzmaßnahmen noch rechtzeitig genug werden entwickeln können, um Betrugsversuche in großem Stil zu unterbinden, denn die

Telekommunikationsanbieter haben die Problematik der Computersicherheit bislang eher vernachlässigt.

Ältere Menschen sind schon seit Langem im Visier von Betrügern, aber wenn die Baby-Boomer und die Angehörigen der Generation X in den kommenden Jahrzehnten in den Ruhestand gehen, werden die Gauner ausgefeiltere Methoden entwickeln müssen, weil sich die technisch versierten Alten nicht mehr so leicht vorgaukeln lassen, dass das Finanzamt anrufe und man umgehend einen Verrechnungsscheck schicken müsse. Doch die Kriminellen haben sich bereits auf die nächste Seniorengeneration eingestellt. Sie haben zum Beispiel begonnen, Online-Partnervermittlungsportale für sogenannte »Catfishing«-Versuche zu nutzen,[4] also über eine fiktive Internetpersönlichkeit Menschen mit der Aussicht auf eine Beziehung zu ködern und die Opfer schließlich zu veranlassen, ihnen Geld zu überweisen. Solche Betrugsversuche werden zukünftig leichter möglich sein und stark zunehmen, wenn jeder ohne Weiteres per Skype mit einem älteren Menschen in Kontakt treten und dem Opfer durch diesen Anruf glaubhaft vorspiegeln kann, dass ein ernsthaftes Interesse an einer Partnerschaft bestehe.

Sollten solche vorgetäuschten Video- und Audiopräsentationen auf Portalen wie YouTube einen Platz finden, sind die möglichen Auswirkungen noch gravierender. Denn dann entsteht die Gefahr, dass, wie es Eckersley ausdrückt, »das sinnstiftende Gefüge, das in gewisser Weise zumindest in den vergangenen 50 Jahren die westliche Gesellschaft zusammengehalten hat, zu bröckeln beginnt«. Das mag etwas übertrieben klingen, denn auch perfekt gefälschte Videos können bei gründlicher Untersuchung als Fälschung enttarnt werden. Wenn zum Beispiel ein Bewerber für ein öffentliches Amt in einem Video Äußerungen tätigt, die sein Ansehen beeinträchtigen, kann man durch gründliche Recherche die Wahrheit zutage fördern – *Befand sich diese Person zum genannten Zeitpunkt tatsächlich am genannten Ort? Gibt es weitere Aufnahmen, die als Bestätigung dienen können?*

Ich glaube aber, es ist mittlerweile allgemein bekannt, dass die journalistische Sorgfalt auf der Strecke bleibt, sobald sich Meldungen online verbreiten. Wie man mittlerweile weiß, sind gefälschte Meldungen in schriftlicher Form, in denen eine wilde Fantasiegeschichte konstruiert wird, nicht der ideale Weg, um Gerüchte in die Welt zu setzen. Wesentlich leichter lassen sich Videos verbreiten, die ein Körnchen Wahrheit enthalten, insbesondere wenn in diesen Videos bekannte Personen auftreten, die Dinge von sich geben, die durchaus zu ihrer öffentlichen Persönlichkeit passen.

Man stelle sich vor, es gibt ein riesiges Heer anonymer Produzenten gefälschter Videos, die dafür bezahlt werden, dass sie plausibel erscheinende Videos über Kandidaten für politische Ämter verfertigen, die in diesen Filmen schreckliche Dinge von sich geben. Ja, die Gegner dieser Kandidaten verbreiten die Lügen dann vielleicht weiter, und die Öffentlichkeit glaubt sie vielleicht auch, aber es könnte sich noch eine wesentlich beunruhigendere Auswirkung ergeben. Nehmen wir an, dass der Öffentlichkeit bewusst ist, dass eine große Menge an gefälschten Videos im Umlauf ist, dann könnte dies die Leute dazu veranlassen, alles in Zweifel zu ziehen, was sie hören oder sehen, unabhängig davon, ob es freundlich oder unvorteilhaft für die Betroffenen, ob es zutreffend oder falsch ist. Und dies ist lediglich eine der möglichen politischen Folgen, die sich einstellen könnten; es besteht kein Zweifel, dass diese Technologie praktisch umgesetzt und verbreitet wird. Dann, so erklärte mir Eckersley, »werden wir uns in einer höchst eigenartigen Welt befinden, in der ein heilloses Durcheinander herrscht«.

Es gibt aber auch eine gute Nachricht: Man wird diese Technologie auch für positive Zwecke nutzen, die niemandem Schaden zufügen.

Gesichts- und Stimmenfilter für Videochats und Videoblogging beispielsweise werden es den Menschen ermöglichen, ihre Gesichter dahingehend zu verändern, dass sie nicht unbedingt wie prominente Persönlichkeiten oder wie unschuldige Menschen aussehen, deren Identität sie zu stehlen versuchen, sondern eben wie ein *anderer* Mensch. Auch Menschen mit manifesten kraniofazialen Abnormitäten oder Leute, die sich aus anderen Gründen nicht gern selbst auf einem Video sehen wollen, könnten sich dieser Technik bedienen, um ungenierter zu kommunizieren und sich am öffentlichen Leben zu beteiligen.

Die technischen Fortschritte würden es zudem ermöglichen, in Dokumentationen Videoaufnahmen anonymer Zeugen oder geheimer Informanten einzubauen. Anstatt die Gesichter zu verzerren, zu verpixeln oder in Schatten zu hüllen, könnten diese Personen einfach wie eine andere Person aussehen und sprechen – unter der Voraussetzung, dass die Dokumentarfilmer darauf hinweisen, dass eine Tarnung verwendet wurde.

Doch kehren wir zum Schluss dieser Abhandlung noch einmal zu den faulen Schauspielern zurück und zur digitalen Wiedererweckung von Toten. Der Hauptgrund, warum diese unheimliche Verschiebung von Grenzen so große Faszination hervorruft, besteht darin, dass sie es – merken Sie sich meine Worte – eines Tages jedem ermöglichen wird, mit ein paarmal Tastendrücken (oder später vielleicht nur noch mit Handbewegungen oder Wimpernschlägen) seine eigenen Fantasyfilme und Fernsehshows zu produzieren.

Nehmen wir einmal an, Ihre abgründigste Fantasie bestünde darin, einen Slasher-Film mit Frank Sinatra als Killer zu produzieren. Da Frank aber schon länger tot ist, ist Ihnen klar, dass Sie ihn niemals dabei sehen werden, wie er eine blutige Kettensäge bedient. Künftig jedoch geht das! Die Möglichkeiten für Unterhaltung und Zerstreuung sind unbegrenzt, wenn Ihnen gewöhnliche Aktivitäten wie spazieren gehen im Wald, Sonnenuntergänge beobachten oder den Hund Gassi führen zu langweilig sind.

Kapitel 6

Was wirklich passiert, wenn das letzte vom Menschen zu steuernde Auto vom Band läuft

Noch in diesem Jahrhundert? Ja.

Plausibilität: ✲✲✲✲✲

Muss man davor Angst haben? Hängt davon ab, ob Sie gern selbst Auto fahren.

Sollte man deshalb seine Lebensgewohnheiten ändern? Nur wenn Sie nicht gern selbst Auto fahren.

Bewertungen der Chandichowk Tuk-Tuk Tour Company, Delhi, auf Tripadvisor

✲✲✲✲✲ »Wundervolle Sightseeingtour«

Nehmen Sie auf jeden Fall Ihre Kamera mit, denn Sie werden eine faszinierende Rundfahrt erleben zu einigen der schönsten Stätten in der Region, die früher Shahjahanabad hieß, in einem Fahrzeug, das stark einer altmodischen motorisierten Rikscha ähnelt. Ich empfehle, die Tour am Sonntagmorgen zu unternehmen, denn da geht es am schnellsten. Ein kleiner Makel: Die Lautsprecheranlage ist defekt und fällt aus, und das gesprochene Audioskript sollte vielleicht neu geschrieben werden. Es wäre besser, wenn ein Tourguide an Bord wäre, aber weil das Fahrzeug weitgehend automatisch fährt, habe ich Verständnis dafür, dass die Veranstalter darauf verzichten.

✲✲✲ »Nicht besonders sicher ...«

Die Tour hat Spaß gemacht, aber ich kann diese »Tuk-Tuk«-Fahrzeuge nicht empfehlen. Da sie an den Seiten offen sind, kann jeder hineingreifen. Es gab automatische Warnhinweise, aber meiner Frau hat ein Affe das Halstuch entrissen. In den automatischen Warnhinweisen war davon nicht die Rede. Ich bin schon vor ein paar Jahren in Indien gewesen und erinnere mich, dass ich damals viele Rikschas dieser Art in unterschiedlichen Farben gesehen habe. Sie waren sehr bezaubernd. Wo sind sie hingekommen?

✲✲✲✲✲ »Was für eine schöne Stadt!«

Ich habe vor ein paar Jahren eine dieser Touren mitgemacht, und seitdem hat mich Indien verändert! In einer solchen Rikscha durch die Stadt zu fahren heißt, dass man immer wieder im Verkehr stecken bleibt oder unendlich lange in einem verstopften Kreisel warten muss. Jetzt aber ist man durchgängig in Bewegung und kommt sehr zügig voran. Man muss nur lernen, mit dem »Stopp«-Kommando richtig umzugehen, dann kann man sich unterwegs, wenn man zum Beispiel in Jama Masjid ist, köstliche Jalebi kaufen, anderenfalls wird man von den Algorithmen an all den interessanten Verkaufsständen vorbeigeleitet.

✲ »Wenn es möglich wäre, würde ich null Sterne geben.«

Ich bin in Delhi aufgewachsen und lebe nun in Großbritannien, bin jetzt aber geschäftlich in Indien. Ich wollte heute meine frühere Heimatstadt besuchen und habe 350 Rupien bezahlt für diese Tagestour. Ich kann sie nicht empfehlen. Zum einen ist das kein »Tuk-Tuk«. Ich bin als junger Mann öfter mit einer motorisierten Rikscha, einem »Tuk-Tuk«, gefahren. Dabei habe ich gelernt, mich selbst in der Stadt zurechtzufinden, habe die Fahrerkabine meines »Tuk-Tuk« ausgeschmückt und kannte die interessantesten Wege und Abkürzungen. Dies aber ist ein roboterähnlicher Golfwagen, und er weist nicht einmal auf die bedeutendsten Sehenswürdigkeiten hin. Zum anderen lernt man bei einer solchen Tour nicht die gemeinschaftlichen Aspekte des Fahrens in Delhi kennen. Diese Wagen bewegen sich eindrucksvoll zwischen den Autos, halten aber nicht für Kinder an, und unser Wagen kam sogar gefährlich nahe an einen Ochsen heran, der mitten auf der Straße stand. Außerdem kann ein Fahrroboter keine Empfehlungen geben, wo man gut essen kann. Ich bin ein alter Mann, aber das nächste Mal werde ich zu Fuß gehen, wenn ich wieder einmal das alte Delhi sehen möchte. Anscheinend bleibt mir nichts anderes übrig.

Wenn das letzte Auto mit einem funktionsfähigen Steuerrad vom Band läuft – oder wenn dieser Wagen zu einem Metallwürfel verschrottet wird und die Leute voll auf das automatisierte Fahren setzen –, dann werde ich, sofern dieses Ereignis überhaupt noch eine Meldung wert ist, erleichtert aufatmen. Das Ende des vom Menschen gesteuerten Autos mag ein wenig grausam sein, aber es ist gerecht, vergleichbar etwa damit, wenn ich höre, dass irgendein Kriegsverbrecher, der Massenmorde zu verantworten hat, vor Gericht steht und seiner Strafe zugeführt wird. *Gut, dass dieser Dreckskerl endlich aus dem Verkehr gezogen wird,* denke ich und kneife grimmig die Augen zusammen.

Zugegeben, das Verschwinden von Berufen und Tätigkeiten, die mit dem Autofahren zusammenhängen, wird zu tief greifenden Veränderungen in der Weltwirtschaft führen. (Wichtig ist aber auch der Hinweis, dass die meisten, vielleicht sogar alle menschlichen Jobs gefährdet sind, wenn sich in der Zukunft die Künstliche Intelligenz in der Weise entwickelt, wie es die kühnsten Theorien vorhersagen.) Wie lange es dauern wird, bis auch Sie von KI ersetzt werden, hängt davon ab, wie weit Sie vom Mittelpunkt des Rades im obigen Diagramm entfernt sind (je weiter weg, umso sicherer ist Ihr Job).

Wie Sie im linken unteren Teil sehen, ist der Transportsektor ein Bereich, der relativ leicht zu automatisieren ist, und ich glaube, allen ist bewusst, dass dies in relativ kurzer Zeit geschehen wird. Dadurch werden sehr viele Menschen ihre Arbeitsplätze verlieren.

Doch es fällt schwer, das Ende des Autofahrens nicht zu begrüßen, wenn man selbst hinter dem Steuer sitzt. Autofahren macht mir Angst – vor allem, wenn ich auf den höllischen Autobahnen in Südkalifornien unterwegs bin, auf denen es um das Überleben geht. Da komme ich mir vor, als wäre ich zur Armee der War Boys in *Mad Max: Fury Road* eingezogen worden. Selbstfahrende Autos sollen alle diese Misslichkeiten beheben, was tatsächlich fantastisch klingt. Aber das ist mehr als nur eine Theorie. Schon in der Anfangsphase der Entwicklung selbstfahrender Autos, damals im Jahr 2001, haben Forscher wie Shin Kato und Sadayuki Tsugawa vom National Institute of Advanced Industrial Science and Technology daran gearbeitet, Straßen wieder zu harmonischen Orten zu machen mithilfe von »Algorithmen für kooperatives Fahren oder flexible Führung autonomer Fahrzeuge«.[1] Unter Verwendung leerer Roboterautos haben Kato und Tsugawa einen ersten derartigen Algorithmus entwickelt, der darauf zielte, Sicherheit und Effizienz im Straßenverkehr miteinander in Einklang zu bringen. In ihrem Forschungspapier über Algorithmen bezeichneten sie das experimentelle Fahrzeug als »smart und freundlich«.

Um es klar festzustellen: Die »Robocars« haben dem Menschen nicht ihre blinde Gefolgschaft bekundet, sondern durchaus auch schon menschliches Blut vergossen. Seit 2016 gab es mindestens vier tödliche Unfälle mit Roboterautos, einen in China[2] und drei[3] in den USA.[4] Doch seit diesen Vorfällen haben die Hersteller selbstfahrender Autos Überstunden eingelegt, um unseren Argwohn gegen Roboter zu zerstreuen und uns dazu zu bewegen, diese tödlichen Unfälle mit autonomen Autos eher wie rationale Versicherungsmathematiker zu betrachten anstatt wie nervöse Menschen, die Angst vor Technik haben. Wie sich die Menschheit insgesamt zu dieser Problematik stellen wird, bleibt vorläufig offen. Gill Pratt vom Toyota Research Institute erklärte 2017 in der Zeitschrift *Car and Driver*: »Wir vertreten die Hypothese, dass die Menschen an Maschinen höhere Ansprüche stellen, weil es schwieriger ist, gegenüber einer Maschine Empathie zu empfinden als gegenüber einem Menschen.«[5]

Doch trotz dieser tödlichen Unfälle – die zum größten Teil private Tesla-Fahrzeuge betrafen, die im Selbstfahrmodus betrieben wurden – wird die Technologie des autonomen Fahrens weiterverfolgt. Zum Zeitpunkt der Abfassung dieses Buches berichtet die Firma Waymo, eine Tochtergesellschaft der Google-Holding Alphabet Inc., die sich mit der Entwicklung selbstfahrender Autos befasst, dass sie mittlerweile über elf Millionen Kilometer Testfahrten auf öffentlichen Straßen absolviert habe – mehr als ein Mensch in seinem ganzen Leben fahren könnte[6] –, wobei der gravierendste Unfall durch einen Fehler des Fahrers des unfallbeteiligten Autos verursacht worden sei.[7] (Filmaufnahmen des Zusammenstoßes zeigen, dass der Fahrer des anderen Autos plötzlich auf die Fahrspur des Roboterautos schwenkte, während dieses unbeirrt sein Programm abspulte.)

Wir dürfen uns deshalb zumindest vorläufig mit dem Gedanken anfreunden, dass Roboterautos sicherer sind als vom Menschen gesteuerte Autos. Sollte sich herausstellen, dass sie doch Todesmaschinen sind – oder dass sie die Weltwirtschaft zerstören, unsere Standortdaten stehlen oder sich generell als Fiasko erweisen –, dann erteile ich Ihnen die Erlaubnis, eine dieser Todesmaschinen auf mich loszulassen. Und es dürfte einfacher sein, als Sie vermuten, ein selbstfahrendes Auto als Mordwaffe einzusetzen. Nach einer 2018 in der Zeitschrift *Nature* veröffentlichten Studie[8] müssten Sie mich dazu an der Straße nur an einer Stelle platzieren, neben der sich auch noch etwas anderes befindet, auf das Menschen mehr Rücksicht nehmen als auf einen erwachsenen Mann, zum Beispiel ein Kinderwagen, und dann kann man das Auto so programmieren, dass es einen Schwenk macht, um dem Kinderwagen auszuweichen und stattdessen mich zu überfahren.

Aber wie wird es sein, wenn die Autos selbst fahren? (Abgesehen von der Tatsache, dass laut einem Forschungspapier des Tourismusforschers Scott Cohen aus dem Jahr 2018 eine Menge Leute Sex darin haben werden.[9])

Das Thema wurde bereits sehr eingehend erforscht, insbesondere in einer Ausgabe des *New York Times Magazine* vom November 2017, die vollständig dem Thema Roboterauto gewidmet war. In einem die-

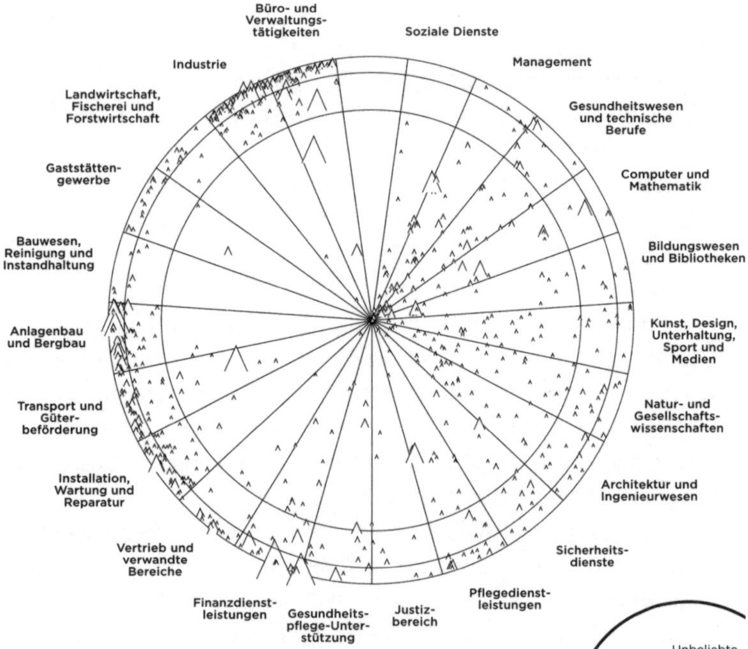

Jeder Sektor repräsentiert einen Teil der Beschäftigten, jede Spitze bezieht sich auf einen bestimmten Beruf; ihr Abstand von der Mitte zeigt an, wie schwierig die Automatisierung dieser Tätigkeit ist, die Größe symbolisiert die Zahl der Beschäftigen in diesem Job. Die Daten beruhen auf dem Automatisierungsmodell von Frey und Osborne in *The Future of Employment: How Susceptible Are Jobs to Computerization?*

ser Artikel, »Full Tilt: When 100 % of Cars Are Autonomous«[10], wurden mehrere mögliche Szenarien für jenen Tag entworfen, an dem wir uns vom letzten menschengesteuerten Auto verabschieden. Viel befahrene Kreuzungen werden das Stoppschild nicht mehr benötigen und, zumindest von fern, wie zwei nahezu lotrecht aufwärtsstrebende Fischschwärme aussehen, die zusammenströmen und sich nahtlos ineinanderfügen, ohne zusammenzustoßen. Rote Ampeln und auch alle übrigen Verkehrsschilder werden unansehnliche und unnötige Relikte werden, die abgebaut werden können, wodurch eine schilderfreie, utopische Stadtlandschaft entstehen wird. Die fahrerlose Stadt kann eine Vielzahl mobiler Läden und Warenhäuser beherbergen, wodurch sich die Lieferzeiten verkürzen werden und möglicherweise das gesamte Konzept des Einzelhandels grundlegend umgestaltet wird. Fahralgorithmen werden sensibler auf die Bedürfnisse der natürlichen Welt reagieren als menschliche Fahrer, mühelos auch den kleinsten Tieren ausweichen und die Fahrtrouten in Echtzeit neu berechnen, um Gebiete mit hohem Tierbestand zu umfahren. Andererseits werden diese Algorithmen aber auch anfällig sein für Hackingversuche, sie werden auf eine Weise ausgetrickst werden können, die zu einer Beeinträchtigung der Sicherheit führt, und sie werden ein neues Betätigungsfeld für Kleinkriminelle entstehen lassen.

Dies ist zugegeben eine etwas pessimistische Sicht auf eine fahrerlose Zukunft. Die Vereinigten Staaten von Amerika als Modell für eine solche, in nicht allzu ferner Zukunft entstehende fahrerlose Welt zu nehmen wäre allerdings unpassend. Ja, die USA haben in gewisser Weise die Automobilmanie des 20. Jahrhunderts geprägt und bestimmt, doch das gegenwärtig wichtigste Kapitel der Automobilgeschichte wird in dem schon bald bevölkerungsreichsten Land der Welt[11] geschrieben: in Indien. Indiens Liebe zu Autos erwachte Mitte der 2000er-Jahre,[12] und während ich dies schreibe, wird dort ein gewaltiges, auf mehrere Jahrzehnte angelegtes öffentliches Projekt zur Modernisierung der Straßen des Landes entwickelt.[13] Während also die USA und Deutschland jene Länder sein dürften, in denen künftig die Roboterautos ohne große Probleme auf den Straßen fahren werden, verkörpert Indien gewissermaßen die letzte Grenze.

Wer in letzter Zeit in Indien war, wird bestätigen, dass es praktisch unmöglich ist, auf den dortigen Straßen Roboterautos zu entdecken. Es sind keine »smarten und freundlichen« Fahrzeuge zu sehen. Sobald man die höfliche, organisierte, noch stark britisch anmutende Straßenverkehrskultur rund um den Mumbai Airport hinter sich lässt, erscheinen die Verhaltensweisen, die die meisten Menschen in den entwickelten Ländern im Straßenverkehr an den Tag legen, zunehmend illusorisch. Auf den indischen Straßen herrscht eine überwältigende und Furcht einflößende Art von Chaos, die man selbst erlebt haben muss, um sie für möglich zu halten. Die Grundphilosophie, die für alle Straßen im Land zu gelten scheint, heißt: »Dies ist ein öffentlicher Raum, der von jedem genutzt werden darf – von Autofahrern, Motorradfahrern, Fußgängern, Händlern, Kühen, Affen oder Elefanten –, der ihn für seine Fortbewegung für geeignet hält.« Da es praktisch keine Gehsteige gibt, hat man, wenn man an Wohnblocks vorbei zu Fuß in ein Stadtzentrum unterwegs ist, das Gefühl, man würde mitten in eine Zirkusmanege treten, wenn sich die Vorstellung gerade dem Höhepunkt nähert. Dieses Erlebnis ist befreiend und Angst machend zugleich und erfordert ständige Anpassung und Improvisation. Und dass sich dieses Chaos automatisieren lassen könnte, erscheint vollkommen unmöglich.

Es lässt sich nicht bestreiten, dass dieses System dringend eines Eingriffs bedarf, um die Straßen sicherer zu machen. Die Zahl der Verkehrstoten ist erschreckend hoch. Nach den Daten der Weltgesundheitsorganisation (WHO) kommen in Indien auf 100 000 Fahrzeuge 130,1 Verkehrstote, verglichen mit 12,9 in den USA, 6,8 in Deutschland und lediglich 5,1 in Großbritannien.[14]

Auf die Spitze getrieben wird die Surrealität auf den Autobahnen, auf denen es ebenfalls von Motorrollern, Tieren und sogar Fußgängern wimmelt, was hier jedoch aufgrund der wesentlich höheren Geschwindigkeiten umso gefährlicher ist. Eines Abends waren meine Freundin und ich im ländlichen Rajasthan auf einer Autobahn unterwegs. Wir saßen auf dem Rücksitz eines Taxis und klammerten uns aneinander in Angst um unser Leben, während der Fahrer den Wagen über die kurvenreichen Straßen des Hügellandes lenkte. Um Zeit zu sparen, überholte er immer wieder langsamere Fahrzeuge, indem er auf die Gegenfahrbahn ausscherte, *selbst vor uneinsehbaren Kurven.*

Vivek Wadhwa ist ein aus Indien stammender amerikanischer Unternehmer, Forscher, Technikexperte und Mitautor des 2017 erschienenen Buches *Driver in the Driverless Car.* Wadhwa ist ein glühender Technologieoptimist. Er verfügt über ein immenses Wissen über die Funktionszusammenhänge der modernen Technologie, und wie ich erstellt er gern Zukunftsprognosen. Im Gegensatz zu mir ist er sehr zuversichtlich und hoffnungsvoll und hat die Neigung, Behauptungen über technologische Paradigmenwechsel aufzustellen, die in sehr naher Zukunft stattfinden werden, etwa als er 2012 den Niedergang der sozialen Medien vorhersagte.[15] (Das ist zwar nicht eingetreten, aber die sozialen Medien haben sich gewandelt von einem hochgepriesenen Grundbestandteil der technischen Welt zu einer geschmähten Müllkippe, die wir gerade noch tolerieren.)

Mit diesen Gedanken im Hinterkopf habe ich ihn angerufen und gefragt, auf welche Weise sich in Indien das fahrerlose Auto durchsetzen werde, nicht jedoch, *wann*. (Wadhwa erklärte mir dennoch, dass dies im Laufe der nächsten sieben Jahre passieren werde, also etwa bis 2025. Man muss ihn gar nicht um eine solche Prognose bitten. Er gibt sie einfach ab. »Im negativsten Fall 2027«, setzte er hinzu.)

»Die Ironie besteht darin, dass ich gerade in einem Tesla Modell S sitze und den Selbstfahrmodus eingeschaltet habe«, sagte Wadhwa gleich zu Beginn unseres Gesprächs. »Zuvor ist jemand direkt vor mir eingeschert und dann stehen geblieben, und da habe ich eingegriffen und ihn überholt, denn ich wollte diesem Mistkerl nicht die Vorfahrt einräumen.« Damit lieferte mir Wadhwa, ob absichtlich oder nicht, ein praktisches Beispiel dafür, was ich als eine große Kehrseite des Ethos vom »smarten und freundlichen Auto« betrachte. Wie verhält es sich, wenn man hinter dem Steuer zwar smart sein möchte, aber nicht unbedingt freundlich?

Wadhwa räumte ein, dass es eine ziemlich anspruchsvolle Aufgabe sein werde, den Straßenverkehr in Indien zu revolutionieren. Doch er rechne damit, dass die Regierung in den nächsten Jahren einige Straßen für »Selbstfahrer« reservieren werde. Er prognostizierte, dass die Zufahrten zu den Autobahnen abgeriegelt werden würden, um Motorroller und Fußgänger fernzuhalten, ihm sei aber klar, dass dies eine weitreichende Veränderung darstellen werde – eine Veränderung, die »gewissermaßen die Verhängung eines Ausnahmezustands auf diesen Straßen« erfordern werde.

Angesichts der Problematik der Verkehrstoten, der man sich in Indien wohl bewusst ist, und der Luftverschmutzung, die in Städten wie Delhi ein kritisches Ausmaß erreicht hat,[16] wird die Einrichtung von Straßen nur für Roboterautos nach Ansicht von Wadhwa erst der Anfang dieses Projekts des »Ausnahmezustands« sein. Darüber hinaus werden weitere Regeln und Vorschriften eingeführt werden, um die Stadtzentren in den Griff zu bekommen. Wadhwa rechnet damit, dass man den Bürgern sagen wird: »Ihr könnt mit euren herkömmlichen Autos weiter auf Straßen *außerhalb* der Stadt fahren, *in der Stadt* aber ist nur noch die neue Generation selbstfahrender Elektroautos erlaubt.«

Staatliche Regulierungen, die zur Folge haben, dass die Inder den Aufbau einer landesweiten Flotte ultramoderner Autos finanzieren müssten, würden zunächst eine Belastung darstellen. Doch dieser Kostenfaktor dürfte bald weniger stark ins Gewicht fallen. Der Preis für ein umgebautes selbstfahrendes Auto liegt gegenwärtig noch bei Hunderttausenden Dollar, doch 2017 erklärte der Automobilzulieferer Aptiv laut Reuters, dass die Hardware für ein selbstfahrendes Auto 2025 nur noch 5000 Dollar kosten werde.[17] Im selben Jahr stellte das chinesische Softwarekonglomerat Baidu seine Selbstfahrsoftware sogar kostenlos zur Verfügung.[18]

Mit großzügiger staatlicher Unterstützung könnten diese Zahlen tatsächlich Wirklichkeit werden. Notwendig ist allerdings, dass die Sterne eine günstige Konstellation bilden und dass die Selbstfahrtechnologie so weit optimiert wird, dass sie auch unter extremen Fahrbedingungen praktisch einsetzbar wird.

Kapitel 7

Was wirklich passiert, wenn Saudi-Arabien das letzte Fass Erdöl aus dem Boden pumpt

Noch in diesem Jahrhundert? Sehr fraglich.

Plausibilität: ✲✲✲✲✲

Muss man davor Angst haben? In vielfacher Hinsicht, Ja.

Sollte man deshalb seine Lebensgewohnheiten ändern?
Wenn Sie Saudi sind oder in Saudi-Arabien Geschäfte machen, wäre es vielleicht sinnvoll, dieses Thema zur Sprache zu bringen, für Sie persönlich aber könnte es keine so gute Idee sein.

Port Dhiba, Saudi-Arabien, 18:00 Uhr

Frauen arbeiten schon seit Jahrzehnten im Ölhafen. Es war ein damals wichtiges Ereignis, als erstmals eine Frau bei der Versiegelung der Ölfässer eingesetzt wurde, aber jetzt hält Norah mit ihrer Klemmzange in der Hand einen Momentı inne, als ihr klar wird, dass dies vielleicht das letzte Fass ist. In der Vergangenheit lebte es sich durchaus angenehm in ihrem Heimatland, aber sie hat bereits ein Flugticket nach England in der Tasche, wo sie ihr Ingenieurstudium absolviert hat. Sie hat genügend Geld gespart, um sich einige Monate der Jobsuche widmen zu können.

Der Gabelstapler kehrt leer zurück, was ihr rätselhaft erscheint. Norah fragt Faisal, den Fahrer: »Sind wir schon fertig?«

»Nein.« Faisal war noch nie einer der Aufgewecktesten, an diesem Abend aber ist er anscheinend besonders durcheinander. »Sie haben wegen der Fässer gefragt.«

In solchen Situationen erklärt Norah immer gern den Unterschied zwischen einer Drum und einem Barrel. Eine Drum aus Metall, das ist jene Fassart, mit der sie hier in Dhiba die Schiffe beladen; sie fasst 50 Liter mehr als die andere Fassart, die die Amerikaner als Barrel bezeichnen. Das hängt damit zusammen, dass eine Drum ein physisches Objekt ist und ein Barrel eine Maßeinheit für Flüssigkeiten, die von den Amerikanern definiert wurde. Und woher kommt diese Maßeinheit? Sie stammt von den Whiskyfässern! Wenn wir davon sprechen, wie viel »ein Barrel Öl kostet«, auch hier in Saudi-Arabien, sprechen wir von etwas, das »haram« ist, also vom Propheten verboten wurde. Aber Norah weiß, dass dies Faisal nur verwirren würde.

»Reden wir mit ihnen«, sagt sie und steigt auf den schmalen Beifahrersitz des Staplers.

Als sie am Dock ankommen, erblicken sie vier Männer in gestärkten Hemden und mit Schulterklappen – die Besatzung des Schiffs –, die um einen offenen Container herumstehen. Früher transportierten die Tankerschiffe Erdöl in solch großen Mengen, dass Drums nicht nötig waren – der Rumpf des Schiffes war ein einziges Fass. Doch jetzt sind die Bestellungen seit Jahren rückläufig. Neuerdings ordern die Käufer nur noch ein paar Dutzend Gebinde, wenn sie überhaupt noch Erdöl bestellen. Neben dem Container sind mehrere rote Plastikfässer aufeinandergestapelt und mit der Aufschrift »Sondermüll« versehen. Die schwarzen Ölfässer im Container haben genau dieselbe Größe und Form, bestehen aber aus Metall und haben keine Aufschrift.

Einer der Männer ist Abdulrahman, Norahs Vorgesetzter, der erleichtert wirkt, als er sie sieht. »Wie macht man das auf?«, fragt er.

»Einen Abfallcontainer?«, fragt sie zurück.

»Nein, ein Öl-Drum«, erwidert Abdulrahman.

Norah stellt eines der vollen Fässer auf die Kante und rollt es ins Freie. Sie zieht ihren Ölfass-Schlüssel heraus, der über einen Aufsatz verfügt, mit dem man beim Rückwärtsdrehen das Plastiksiegel aufbrechen kann. Dann schraubt sie den Deckel ab und löst auch den zweiten Spundstopfen, sodass man den Inhalt des Fasses herausgießen kann. Sie reicht Abdulrahman den Fass-Schlüssel. »Behalten Sie ihn. Ich habe einen zweiten an meinem Arbeitsplatz.«

»Danke!«, sagt Abdulrahman. »Übrigens, du kannst vorzeitig gehen. Dein Lohn wird aber noch bis zum Monatsende gezahlt.«

Sie wusste, dass dieser Tag kommen würde, aber dass es so geschehen soll, ist doch ein herber Schlag für sie. »Warten Sie. Was machen die?«, fragt Norah. Die Schiffsbesatzung hat einen Trichter mitgebracht, über den sie den Inhalt der Metallfässer in Plastikfässer umfüllt. »Das ist einwandfreies Öl.«

»Ja, aber sie wollen das Öl nicht«, erwidert Abdulrahman. »Sie haben gesagt, sie zahlen mehr für die Drums, wenn sie leer sind. Öl ist heute praktisch nichts mehr wert, wenn ich es richtig sehe.«

»Ja, ich verstehe«, sagt Norah.

Sie schaut Faisal an. Er könnte vielleicht auch bei einem Pharmakonzern oder einer Chemiefirma als Gabelstaplerfahrer arbeiten. Davon gibt es einige hier in Saudi-Arabien, aber nicht sehr viele. Und es hat auch nicht den Anschein, als würden diese Firmen unbedingt neue Mitarbeiter suchen.

»Auch du kannst gehen, Faisal«, erklärt Abdulrahman und deutet nicht zu den Unterkünften der Arbeiter im Hafengelände, sondern zu der Autobahn, die zur nahe gelegenen Stadt

Duba führt, wo gerade in dieser Woche neun Männer und drei Frauen – allesamt arbeitslos – bei Zusammenstößen zwischen beschäftigungslosen Arbeitern und der Polizei ums Leben gekommen sind.

»In Ordnung«, antwortet Faisal. Dann blickt er zu Abdulrahman. Er wirkt verwirrt. »Aber was soll ich dann tun, wenn ich dort bin?«

Das Spiel ist ganz einfach: Sie sind der neue Herrscher von Saudi-Arabien, und Sie können auf die unsichere Zukunft Ihres Königreichs auf zweierlei Weise reagieren: 1. Sie können den anspruchsvolleren Weg wählen und die Empfehlungen der UNO und der internationalen Gemeinschaft getreulich umsetzen. 2. Sie können sich für den leichteren Weg entscheiden und weitermachen wie bisher. Nach den Regeln des Spiels gibt es nur diese zwei Wege, die voneinander getrennt sind und sich nicht überschneiden. Sie setzen sich durch und pumpen das letzte Fass Öl aus dem Boden, ungeachtet dessen, wie sehr sich die Verhältnisse in Ihrem Land mittlerweile verschlechtert haben.

Jeder dieser beiden Wege wird durch Rückschläge gefährdet sein, aber im Laufe der Jahrzehnte führen sie beide zur Ziellinie. Der von der internationalen Gemeinschaft unterstützte Ansatz beschert Ihnen eine diversifizierte Volkswirtschaft und mehr Frieden in der Region, der Status quo dagegen bringt Ihnen wirtschaftlichen Niedergang, weil es keine einzige Ressource mehr gibt, die die Wirtschaft vorantreiben kann, und schlimmstenfalls schlittert das Land auch noch in einen Krieg. Ist das eine korrekte Beschreibung des Spiels? Das müssen wir herausfinden, denn dieses Spiel bezieht sich auf die tatsächlich missliche Lage, in der sich Saudi-Arabien befindet. Die saudischen Führer haben erkannt, dass die wirtschaftliche Situation ihres Landes schwierig ist, und sie haben Zugeständnisse gemacht, die immerhin zeigen, dass ihnen bewusst ist, wie verheerend die Menschenrechtsbilanz ihres Regimes ist. Aber wie wir sehen werden, sind diese beiden Probleme eng miteinander verknüpft, und eines kann nicht ohne das andere gelöst werden.

Doch beim Blick über Riad aus den Fenstern des Königspalasts muss alles in bester Ordnung erscheinen. Saudi-Arabien hat das siebthöchste Bruttoinlandsprodukt der Welt[1] – nur knapp hinter dem von Kanada, und das liegt in erster Linie an den Ölreserven des Landes (und an Saudi-Arabiens höchst eigenartiger Binnenwirtschaft, worauf ich gleich eingehen werde).

Doch die Auswirkungen des realen saudi-arabischen Brettspiels sind nicht lokaler und auch nicht regionaler Art, sondern haben eine globale Bedeutung. Das letzte Fass Öl aus Saudi-Arabien wird wesentlich mehr sein als nur das letzte Fass Öl aus Saudi-Arabien. F. Gregory Gause, der Leiter der Abteilung International Affairs an der Bush School of Government and Public Service an der Texas A & M University, stellt fest: »Das letzte Fass Erdöl, das international gehandelt wird, wird aus Saudi-Arabien stammen.«

Legen Sie sich schon einmal entsprechend Ihren Präferenzen geistig eine globale Bühne zurecht für dieses Ereignis – entsprechend Ihren *politischen* Präferenzen, meine ich. Wenn Sie ein überzeugter Anhänger des Kapitalismus in der Spielart des Silicon Valley sind, stellen Sie sich vor, dass erneuerbare Energien und effiziente neue Batterien in Verbindung mit einer klugen Kohlenstoffbesteuerung dazu geführt haben, dass sich die Welt mittels technologischer Fortschritte und einer technokratischen Politik von der Nutzung fossiler Brennstoffe verabschiedet hat; wenn Sie ein Ökosozialist sind, stellen Sie sich vor, dass eine groß angelegte Kampagne zur Förderung des Bewusstseins in den mächtigsten Ländern der Welt eine Abkehr von Wachstum und Konsum hervorgerufen hat, was bedeutet, dass die Menschen sich um eine genügsame, nachhaltige und naturbezogene Lebensweise bemühen; wenn Sie ein Konservativer sind, der die Aussagen der Klimaforscher in Zweifel zieht, stellen Sie sich vor, die »globalen Strippenzieher« haben eine monströse Lüge über den Klimawandel in die Welt gesetzt, sodass nun praktisch jeder einer unentrinnbaren Gehirnwäsche unterzogen wird und sich willenlos von den Strippenziehern lenken lässt.

Ganz gleich, welches dieser drei Szenarien der Wahrheit am nächsten kommt, die globale Ölwirtschaft wird nicht kampflos aufgeben, und sie wird auch nicht von selbst verschwinden. Die Hedgefonds-Manager waren 2018 »super bullish« und investierten laut John

Die Abkehr vom Öl
ÖLLAND
START
Jahr 0
Plan geht teilweise auf.
Jahr 5
Bildungsreform; mehr Mädchen und Ausländer in Bildungssystem.
Jahr 15
Internationale Märkte investieren stark in saudische Wirtschaft.
Jahr 0
Plan geht teilweise auf. Neue Wirtschaftsbereiche entstehen.
Jahr 5
Arbeitsmärkte und Bildungswesen schlecht aufeinander abgestimmt. Widerstand der Geistlichen.
Ölabhängigkeit
ÖL
Jahr 10
Wohlstand steigt; ölunabhängige Sektoren wachsen nicht aufgrund von Fachkräftemangel.
Jahr 20
Nachfragespitze. Energiemärkte brechen ein. Arbeitslosigkeit steigt. Geldspritze für Wohlfahrtssystem.
Jahr 35
Soziale Ungleichheit nimmt zu. Hohe Schuldenaufnahme zur Stützung des Wohlfahrtssystems.
Jahr 40
Menschen ärmer als früher; Regierung erklärt Zuwanderer zu Sündenböcken. Abschiebungen. Einheimische Bevölkerung stellt sich hinter Regierung.
Regierung beginnt Krieg entweder gegen Iran oder ein anderes Land, das der Iran unterstützt.
Krieg! Ein Feld zurück!

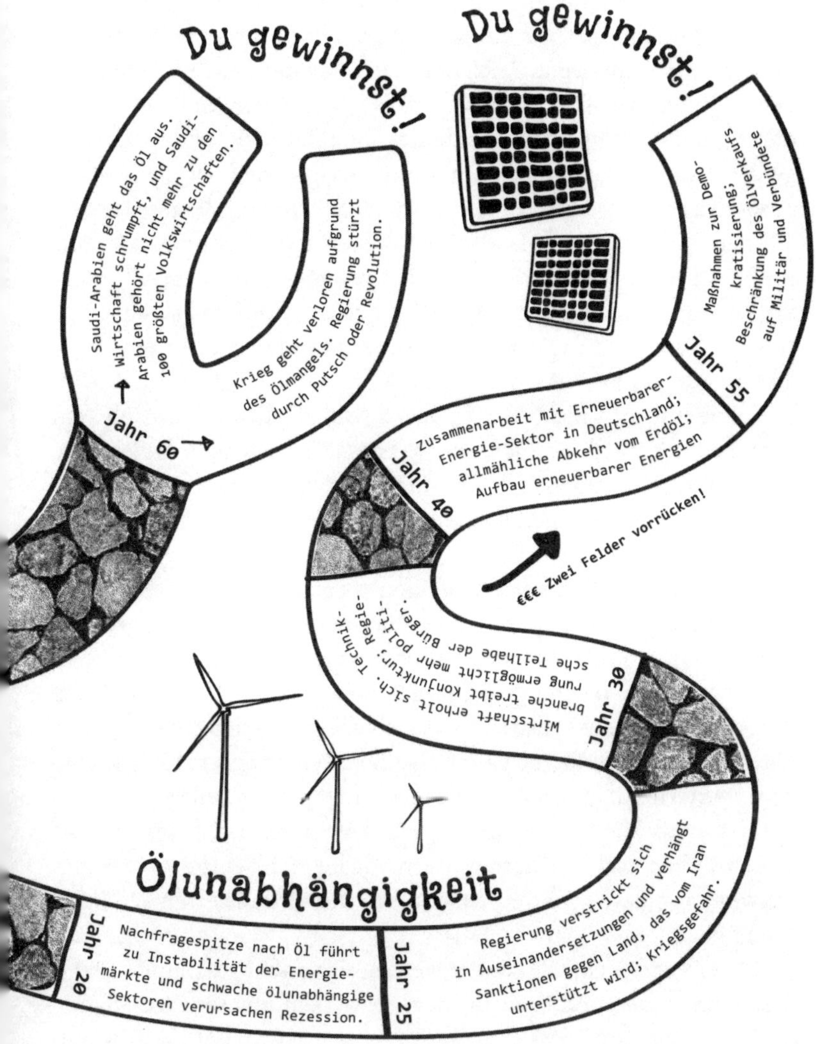
Ölunabhängigkeit
Jahr 20
Nachfragespitze nach Öl führt zu Instabilität der Energiemärkte und schwache ölunabhängige Sektoren verursachen Rezession.
Jahr 25
Regierung verstrickt sich in Auseinandersetzungen und verhängt Sanktionen gegen Land, das vom Iran unterstützt wird; Kriegsgefahr.
Jahr 30
Wirtschaft erholt sich. Technikbranche treibt Konjunktur; Regierung ermöglicht mehr politische Teilhabe der Bürger.
€€€ Zwei Felder vorrücken!
Jahr 40
Zusammenarbeit mit Erneuerbarer-Energie-Sektor in Deutschland; allmähliche Abkehr vom Erdöl; Aufbau erneuerbarer Energien
Jahr 55
Maßnahmen zur Demokratisierung; Beschränkung des Ölverkaufs auf Militär und Verbündete
Du gewinnst!
Jahr 60
Saudi-Arabien geht das Öl aus. Wirtschaft schrumpft, und Saudi-Arabien gehört nicht mehr zu den 100 größten Volkswirtschaften.
Krieg geht verloren aufgrund des Ölmangels. Regierung stürzt durch Putsch oder Revolution.
Du gewinnst!

Kemp, einem Marktanalysten von Reuters, nach wie vor massiv in die Ölindustrie.[2] Andererseits fordern Klimaaktivisten wie Bill McKibben seit Jahren, dass wir auf 80 Prozent der bekannten Ölreserven verzichten sollten, wenngleich dies das Ende der auf Erdöl beruhenden Volkswirtschaften bedeuten würde. Wenn wir McKibbens Forderung nicht nachkämen, würde der Klimawandel außer Kontrolle geraten und verheerende Folgen nach sich ziehen. In einem Sonderbericht des Intergovernmental Panel on Climate Change (IPCC) aus dem Jahr 2018 heißt es, dass die Kohlenstoffbelastung – die zum größten Teil aus fossilen Brennstoffen resultiert – bis zum Jahr 2030 um 45 Prozent vermindert werden und bis 2050 auf null sinken müsse.[3] Die Nutzung von Erdöl muss beendet werden, auf die eine oder andere Art.

Es sieht jedoch nicht danach aus, als würde dies gemäß den Zeitvorgaben des IPCC erfolgen – sodass die Folgen unserer kollektiven Gleichgültigkeit gegenüber der Klimaverschlechterung wohl katastrophale Ausmaße annehmen werden –, doch eines Tages wird dieses letzte Fass aus dem Boden gepumpt und verkauft werden. Für den Großteil der Welt wird dies einen etwas ruppigen Übergang bedeuten von der ungezügelten Nutzung Treibhausgase emittierender Energieträger und Transportmethoden zu einer nachhaltigeren Herangehensweise an Energieverbrauch und Verkehr. Die Umstellung der Autos auf Elektroantrieb kann vielleicht ohne tief greifende Auswirkungen auf die Wirtschaftsweise der Menschheit vollzogen werden. Elektrisch angetriebene Flugzeuge dagegen erscheinen in absehbarer Zeit als nicht realistisch, und deshalb wird man Flüge schlicht einschränken und verteuern müssen. Auch Frachtschiffe werden verschwinden müssen, was einen Rückbau der globalisierten Weltwirtschaft bedeutet.

Viele, wenn nicht alle Länder werden sich daher auf ökonomische Erschütterungen und Umwälzungen einstellen müssen, doch Saudi-Arabien, jenes Land, das gewissermaßen ein Synonym für »Öl« darstellt, wird nach meinem Dafürhalten in eine verheerende Todesspirale abgleiten. Der Regierung bleiben noch ein paar Jahrzehnte, um andere Möglichkeiten zu finden, die Bevölkerung des Landes zu ernähren, doch wie wir sehen werden, wird sie diese Chance ungenutzt verstreichen lassen.

Gut, es wäre etwas überzogen, zu behaupten, dass man sich in Saudi-Arabien überhaupt keine Gedanken mache. Doch die Ideen der Saudis erscheinen wenig praktikabel, gelinde gesagt. So hat die saudische Regierung zum Beispiel verkündet, dass sie eine neue Stadt mit dem Namen Neom zu bauen beabsichtige – als eines von mehreren geplanten Megacity-Projekten –, die in den kommenden Jahrzehnten fertiggestellt werden soll. In dem Bild, das von Neom durch die saudischen Herrscher in der Welt verbreitet wird, erscheint diese Stadt als ein liberales Utopia, eine idealisierte Vision von Saudi-Arabiens ölfreier Zukunft. Ein eindrucksvoller Werbefilm aus dem Jahr 2017[4] zeigt eine Simulation dieser Zukunftsstadt, in der friedliche, multikulturelle Menschen leben, die Hightech-Jobs ausüben, barfuß am Strand entlanglaufen mit meist weißen Kindern an ihrer Seite, herumtollen, in futuristischen Gewächshäusern frisches Gemüse ziehen, segeln, tauchen, Spaß haben und eine unbekümmerte Lebensfreude ausstrahlen. Ein Erzähler mit britischem Akzent verspricht nichts weniger als den Himmel auf Erden. Neom, so verkündet er, werde ein Land sein, »das geschaffen wurde, um die Menschen vom Stress zu befreien. Ein Ort, an dem Pioniere und Denker und Macher in einen Ideenaustausch treten und Dinge voranbringen können. Ein Start-up in der Größe eines ganzen Landes, das die Art und Weise, wie wir leben, für immer verändern wird.«

Die Stadt soll eine Fläche von 25 000 Quadratkilometern in Saudi-Arabien umfassen (das ist ungefähr die Größe von Mecklenburg-Vorpommern) sowie auch einige kleinere Landstreifen in den Nachbarländern Jordanien und Ägypten. Neom soll eine Sonderwirtschaftszone werden mit einem »Umland, das sich selbst versorgt und sauber hält«. Wichtiger noch: Die Energieversorgung von Neom soll, im Unterschied zum Hauptexportgut Saudi-Arabiens, fast vollständig auf nachhaltigen Energieträgern beruhen. Auf der Internetseite des Neom-Projekts[5] ist die Rede von »dauerhaften Solarressourcen« in der Größenordnung von 20 Megajoule pro Quadratmeter und einer »idealen Windgeschwindigkeit« von 10,2 Metern pro Sekunde, sodass es günstige erneuerbare Energie im Überfluss geben soll, die von jedermann genutzt werden kann, um Turbinen und Solarzellen zu betreiben.

Die erste Bauphase von Neom soll 2025 abgeschlossen sein, doch diese Projektion erscheint sehr zweifelhaft. Die gemeinnützige britische Organisation Middle East Monitor verglich die Realisierungschancen von Neom mit jenen einer anderen Spezialstadt, der King Abdullah Economic City.[6] In Bezug auf diese stellte sie fest: »Mehr als ein Jahrzehnt nach dem Start des Projekts ist die Stadt erst zu einem Viertel errichtet oder in der Entwicklung begriffen.«

Saudi-Arabien will zumindest den Anschein erwecken, dass es seine erdölzentrierte Wirtschaft überwinden möchte – kann aber nichts Substanzielles anbieten, sondern eigentlich nur eine Strategie in der Art von »Hoffen wir das Beste, und bereiten wir uns auf das Schlimmste vor«. Doch auf dieses Land entfallen nach Angaben der OPEC 18 Prozent der nachgewiesenen Erdölreserven der Welt.[7] Das heißt, von Saudi-Arabien zu verlangen, eine andere Form des Wirtschaftens und der Erzielung von Einnahmen zu entwickeln, wäre so, als würde man von der spanischen Popgruppe Los del Río fordern, sie solle das Lied »Macarena« nie mehr auf einer Tournee spielen, denn »Macarena« sei verantwortlich für den Tod von Abermillionen Menschen. Sicherlich, unter starkem Druck würde Los del Río bereitwillig ein neues Lied aufnehmen, aber wenn die Musiker auf die Bühne treten, all diese erwartungsvollen Gesichter sehen und an die Ticketverkäufe denken, dann wissen wir alle, was sie spielen werden.

Und Saudi-Arabien holt das Letzte aus »Macarena« heraus. Laut dem Observatory of Economic Complexity machen Rohöl, raffiniertes Erdöl, Flüssiggas und Äthylenpolymere – ein Petroleumderivat – 82,3 Prozent der saudi-arabischen Exporte aus,[8] und dieser Wert, der die Abhängigkeit des Landes vom Öl angibt, ist wahrscheinlich eine eher vorsichtige Schätzung. Zwar verspricht der »Saudi Vision 2030«-Plan, für den sich Kronprinz Mohammad bin Salman stark engagierte, eine bessere Zukunft – insbesondere, dass die ölunabhängigen Exporte bis 2030 von 13 Prozent[9] auf 50 Prozent steigen werden[10] –, doch diese Zielvorgaben sollte man eher skeptisch betrachten.

Auf die Frage, ob das Datum 2030 realistisch sei, antwortete James Gelvin, Professor für die Geschichte des Nahen Ostens an der University of California in Los Angeles: »Das wird wohl nicht klappen.« Gregory Gause von der Bush School of Government and Public Service an der Texas A&M University äußerte sich 2018 ähnlich pessimistisch und erklärte, dass Saudi-Arabien nicht mit der nötigen Entschlossenheit an das Projekt herangegangen sei, weil die sehr niedrigen Ölpreise, die dem Land zwei Jahre lang schwer zu schaffen gemacht hatten, sich mittlerweile wieder erhöht hätten.

»›Vision 2030‹ wurde in einer Zeit konzipiert, als der Preis für ein Barrel Öl unter 40 Dollar lag. Jetzt aber steht er wieder bei 70 Dollar«, erklärte er mir. (Seither hat der Ölpreis wieder ein wenig nachgegeben, ist aber nicht mehr unter 40 Dollar gefallen.)

Sie verstehen, worauf ich hinauswill: Saudi-Arabien ist wie der Großteil der Welt abhängig vom Öl und erleidet wie jeder Abhängige immer wieder Rückfälle. Wie jeder Süchtige, der »clean« zu werden versucht, können die Saudis keinen kalten Entzug durchführen, wenn sich ihre Welt vollständig um die Nutzung dieses Stoffes dreht. Die neue, geopolitisch richtige und erwünschte Wirtschaft, die die übrige Welt in Saudi-Arabien sehen möchte, erfordert eine gewisse soziopolitische Geschicklichkeit, die den bestehenden Status quo hinwegfegt wie das Verhüllungstuch eines Zauberers und – was noch schwieriger zu vollbringen sein dürfte – ein anderes Tischtuch unter das Geschirr schiebt, ohne etwas von dessen Inhalt zu verschütten.

Das heißt: Saudi-Arabien wird seine Ölindustrie wohl kaum aus freien Stücken mit kostspieligen Regulationen überziehen, denn der Staat selbst ist Eigentümer von Saudi Aramco, dem monolithischen Ölkonzern, der das Leben in Saudi-Arabien bestimmt, und dieses Arrangement ermöglicht es der Regierung, die Bürger mit angenehmen Jobs und großzügigen Löhnen und Gehältern auszustatten. Wenn man nach einer Ursache sucht für den Mangel an unternehmerischer Kreativität im Land, ist der Hinweis sicherlich nicht falsch, dass sämtliche Aspekte des Lebens von einem hegemonialen religiösen Konservatismus bestimmt werden, der es dem Staat ermöglicht, die Ungleichbehandlung von Frauen festzuschreiben.

Gelvin meint: »Es ist kein Zufall, dass die neoliberale Revolution genau zur selben Zeit stattfand wie die globale Menschenrechtsrevolution, denn beide sind abhängig voneinander.« Die Theorie lautet etwa folgendermaßen: Sie brauchen neue Einnahmequellen, damit Ihr Land nicht zusammenbricht? Dann brauchen Sie neue Ideen. Sie wollen neue Ideen fördern? Dann lassen Sie zu, dass die Leute auch Dinge sagen, die Ihnen missfallen. Sie wollen, dass die Menschen lernen, mit Veränderungen zurechtzukommen, ohne sich zu ängstigen oder gewalttätig zu werden? Dann unterstützen Sie den Pluralismus. Freiheit, so der Gedankengang, bringt Unternehmertum hervor. (Das ist lediglich eine Theorie darüber, wie Innovation herbeigeführt werden kann; in China mag man dies durchaus anders sehen.)

Aber anstatt neue Ideen zu begrüßen, unterdrückt Saudi-Arabien sie meist. Kritiker des Regimes setzen sich massiven Verfolgungsmaßnahmen aus, wie zum Beispiel der Blogger Raif Badawi, der öffentlich ausgepeitscht und eingesperrt wurde,[11] oder in jüngerer Zeit Jamal Kashoggi, ein Journalist der *Washington Post*, der 2018 nach Betreten des saudi-arabischen Konsulats in Istanbul verschwand und ermordet wurde, auf Veranlassung von Kronprinz Salman, wie die CIA vermutet.[12]

Das Buch *Losfahren* ist einer der seltenen Berichte aus erster Hand über das Leben in Saudi-Arabien. Die Autorin, Manal al-Sharif, widersetzte sich den bestehenden Vorschriften und beharrte darauf, selbst mit dem Auto zur Arbeit und wieder nach Hause zu fahren – anstatt ihre Arbeitskollegen täglich um Mitfahrgelegenheiten zu bitten, wie es Frauen in Saudi-Arabien seit Jahrzehnten tun. Sie schreibt, dass sie sich, während sich ihre Protestkampagne entwickelte, stets darum bemühte, als Patriotin wahrgenommen zu werden. »Ich äußerte mich weiterhin respektvoll, betonte, dass ich eine Saudi bin und dass ich stolz darauf bin, eine Saudi zu sein, und dass ich mein Land liebe. Ich möchte nur diese alte Gewohnheit abschaffen«, schreibt al-Sharif. Dennoch wanderte sie ins Gefängnis.

Doch seit 2018 dürfen Frauen nun den Autoführerschein machen.[13]

»Ich glaube, dass Frauen jetzt Auto fahren dürfen, wird für das Land eine große gesellschaftliche und wirtschaftliche Veränderung darstellen«, erklärte Gause. Mehr Selbstbestimmungsmöglichkeiten für die Frauen verbessern nicht nur die Situation der Menschenrechte, sie sind auch ein Gewinn für die neoliberale Weltordnung. Unternehmen wie Aramco können sich dadurch die Fähigkeiten gut ausgebildeter Frauen wie al-Sharif erschließen.

Dies verweist auf ein weiteres Problem: die große Zahl der Unqualifizierten. Man nehme als Beispiel einen Mann, der weder über eine qualifizierte Ausbildung noch einen weiterführenden Schulabschluss verfügt. Vielleicht arbeitet er als Fahrer in einem Ministerium, hat aber zwei Ehefrauen und Kinder. Hier kommt Faisal ins Spiel, der Fahrer aus der fiktiven Einführung zu diesem Kapitel. Wenn die Ölförderung eingestellt wird, muss sich Faisal auf einem dann stärker amerikanisch oder europäisch geprägten Arbeitsmarkt einen neuen Job suchen – auf einem »freien« Markt, wo unqualifizierte oder gering qualifizierte Arbeitskräfte nicht gerade mit offenen Armen empfangen werden. Und falls es Faisal doch gelingt, einen Job zu finden, wird dieser eher schlecht bezahlt sein, und es wird auch keinerlei Arbeitsplatzsicherheit geben.

Faisal wird höchstwahrscheinlich eine deutliche Absenkung seines sozialökonomischen Status in Kauf nehmen müssen. Er wird vielleicht als Hausmeister oder Pförtner arbeiten oder eine andere körperliche Arbeit verrichten müssen. Um die Familie über Wasser zu halten, wird eine seiner Ehefrauen eine Heimarbeit annehmen müssen. Bislang sind Tätigkeiten dieser Art in Saudi-Arabien fast ausschließlich Arbeitsmigranten vorbehalten. Wenn dann auch unqualifizierte saudische Arbeitskräfte auf den Arbeitsmarkt drängen, wird sich die Lage der ausländischen Arbeitsmigranten weiter verschlechtern, und ihre Rechte werden noch mehr missachtet und eingeschränkt werden. »Sobald sie sich irgendeine Kleinigkeit zuschulden kommen lassen, werden sie sofort heimgeschickt werden. Davon kann man ausgehen«, erklärte mir Gelvin.

Ein Faktor, der dafür sorgen wird, dass sich diese heraufziehende Wirtschaftskrise zu einer wahrhaften Katastrophe für das Land ausweiten dürfte, ist die bereits bestehende hohe Arbeitslosigkeit. In einem 2016 gemeinsam von der Bank of America und Merrill Lynch veröffentlichten Bericht wird prognostiziert, dass die Jugendarbeitslosigkeit in Saudi-Arabien bis 2030 auf beängstigende 42 Prozent steigen wird.[14] »Ungefähr 45 Prozent der Jobs im Privatsektor«, berichtete die *Financial Times*, »entfallen auf die Bauwirtschaft, einen Bereich, der für saudische Männer uninteressant und für Frauen, die 85 Prozent der Arbeitssuchenden ausmachen, größtenteils nicht zugänglich ist.«[15]

Viele meiner Interviewpartner haben das Bild vom Frosch, der in einem Topf mit heißem Wasser gekocht wird, als Metapher verwendet, um zu beschreiben, wie sich diese Krise langsam verschärft. Ab dem Tag, an dem der Ölfluss versiegt, wird Saudi-Arabien für mehrere Jahre von explodierender Arbeitslosigkeit heimgesucht werden. Es wird zahlreiche gescheiterte und verfallende milliardenteure Stadtprojekte geben, und von anderen Ländern wird auch nicht viel Unterstützung zu erwarten sein.

»Wenn die Welt kein Öl mehr braucht«, erklärte Gause, »wird niemanden das Schicksal dieses Landes kümmern.« Zugleich wies er aber auch darauf hin, dass die heiligen Stätten Mekka und Medina in Saudi-Arabien liegen – zwei der wichtigsten Pilgerziele für Muslime aus aller Welt – und dass sich deshalb die Anhänger dieses Glaubens weiterhin für das Land interessieren werden. Der Großteil der Welt aber hat keine derartige Verpflichtung und wird daher Saudi-Arabien aus den Augen verlieren.

Man könnte vermuten, dass die vielen frommen Pilger, die das Königreich besuchen, eine Einnahmequelle darstellen könnten, und diese Vermutung ist auch nicht unbegründet: Zumindest bemüht sich das Land, den Religionstourismus zu einer Geldquelle auszubauen. So hat es zum Beispiel das in staatlichem Besitz befindliche Abraj Al-Bait für die Allgemeinheit geöffnet, einen Las Vegas nachempfundenen Hotelkomplex in Mekka, der nur einen Steinwurf von der Kaaba entfernt ist, dem größten Heiligtum des Islam. Doch laut dem *Time Magazine* ist der saudische Tourismus eine sehr eingeschränkte Angelegenheit:[16] Nur Muslime dürfen Mekka besuchen; wer kein Muslim ist, kann vielleicht bestenfalls einen Erdölbohrtum besichtigen. Oder das Land gleich wieder verlassen und sich nebenan in Bahrain einen Drink genehmigen.

Sarkasmus beiseite, aber in Saudi-Arabien gibt es nicht mehr viel zu sehen, und dafür hat die Regierung gesorgt. Im Laufe der vergangenen Jahrzehnte sind die meisten Altertümer und historischen Stätten zerstört worden. Dies hängt zum Teil damit zusammen, dass die in Saudi-Arabien vorherrschende Auslegung des Islam den Besuch derartiger Stätten missbilligt und Ausflüge zu solchen Orten in die Nähe von Götzenanbetung rückt. Selbst der Geburtsort des Propheten Mohammed ist nach Angaben von *Time* vom Abriss bedroht.[17]

Was hat Saudi-Arabien also zu erwarten nach dem Tag, an dem es das letzte Fass Öl aus dem Boden gepumpt hat, außer Arbeitslosigkeit und einer strauchelnden Wirtschaft? Sofern es keine durchgreifenden und raschen Änderungen gibt, steht dem Land auch eine totale ökologische Katastrophe bevor. Laut einem Bericht, der 2015 in *Nature Climate Change* veröffentlicht wurde, werden die Temperaturen in der Zeit von 2071 bis 2100 vielfach »die Schwelle der menschlichen Anpassungsfähigkeit überschreiten«. Diese Schwelle ist die »Grenze der Überlebensfähigkeit für einen gesunden Menschen unter gut belüfteten Outdoorbedingungen«, was bedeutet, dass die Hitze so drückend ist, dass man sich schlicht durch einen Gang ins Freie in Lebensgefahr begibt. Aber man kann nicht immer im Haus bleiben. Neben den normalen täglichen Aktivitäten, die ein Verlassen des Hauses erfordern, sind Pilgerreisen nach Mekka ein »notwendiges Ritual der Muslime, das im Freien stattfindet«, und nach Ansicht der Verfasser dieses Berichts wird dieses Ritual zu einer »Gefahr für die menschliche Gesundheit, insbesondere für viele ältere Pilger« werden.

Noch niederschmetternder ist folgender Aspekt: Saudi-Arabien hat nicht viele Freunde. In einer 2016 veröffentlichten Erhebung unter Einwohnern der G-8-Länder erreichte Saudi-Arabien in Bezug auf das Merkmal »Reputierlichkeit« den 67. Platz auf einer Liste von insgesamt 70 Ländern.[18] Rund 55 Prozent der Amerikaner haben laut einer Gallup-Untersuchung von 2018 eine negative Einstellung zu Saudi-Arabien.[19] Das heißt, wenn das Land abstürzt und dadurch die Lebensgrundlagen von Millionen unschuldiger Menschen vernichtet werden, wird wahrscheinlich keine andere Regierung zu Hilfe kommen.

Kapitel 8

Was wirklich passiert, wenn der erste echte Jurassic Park eröffnet wird

Noch in diesem Jahrhundert? Erstaunlicherweise durchaus denkbar.

Plausibilität: ✲✲✲✲✲

Muss man davor Angst haben? Auf unterhaltsame Weise, Ja.

Sollte man deshalb seine Lebensgewohnheiten ändern? Nein.

John Hammond Ich glaube nicht, dass Sie unsere Bemühungen angemessen würdigen. Unsere Wissenschaftler haben Dinge zuwege gebracht, die bisher noch niemandem gelungen sind.

Dr. Ian Malcolm Ja, schon, aber Ihre Wissenschaftler waren so sehr mit der Frage beschäftigt, ob sie das machen können oder nicht, dass sie gar nicht mehr darüber nachgedacht haben, ob sie es auch tatsächlich machen sollen.

So lautet einer der berühmtesten Dialoge in *Jurassic Park*, einem der cineastischen Höhepunkte der 1990er-Jahre. Der Film, auf den eine Reihe sehr erfolgreicher Fortsetzungen folgte, spielt auf einer Insel und handelt von einem Erlebnispark mit geklonten, lebenden Dinosauriern, die außer Kontrolle geraten und Menschen verspeisen. In der oben zitierten Szene geht es um eine Auseinandersetzung zwischen John Hammond, dem Betreiber des Erlebnisparks, und dem Mathematiker Ian Malcolm, der eine kritische Sicht vertritt. Als Junge haben mich die Worte Malcolms immer geärgert – *natürlich sollen sie es machen*, dachte ich. *Wer will denn keine echten Dinosaurier sehen?*

Im April 2017 wurde mir bewusst, dass es auf dieser Welt eine Vielzahl echter John Hammonds gibt. Der Anlass war das Fyre Festival auf den Bahamas, ein als luxuriöses Musikfestival beworbenes Event, das eine große Zahl von Besuchern anzog. Doch anstatt der erwarteten komfortablen Unterkünfte bekamen die Gäste nur einfache Matratzen und Zelte geboten, wie sie in der Katastrophenhilfe verwendet werden, waren am Strand extremer Hitze ausgesetzt und erhielten zeitweilig kein Essen und auch kein Wasser. Zudem trat keiner der angekündigten prominenten Musiker auf.

Zum Glück wurde niemand von einem prähistorischen Raubtier gefressen, aber der Organisator des Festivals, der Musikunternehmer Billy McFarland – der später wegen Betrugs zu sechs Jahren Gefängnis verurteilt wurde[1] – war ein Scharlatan mit zu viel Geld und zu großem Ehrgeiz, jedoch nicht genügend Verstand, genau wie Hammond. Und wie die Opfer in *Jurassic Park* hätten auch die Festivalbesucher eigentlich so schlau sein müssen, McFarland nicht auf den Leim zu gehen. Das soll nicht heißen, dass sie verdient gehabt hätten, was sie bekamen.

In der Literatur gibt es seit Macbeth, und vielleicht auch schon vor ihm, immer wieder reiche Leute, die ein großes Chaos anrichten und anderen Menschen Schaden zufügen. Doch erst Mary Shelleys *Frankenstein* gab diesen Leuten die Instrumente der Moderne an die Hand, verstand die Wissenschaft als das Feuer des Prometheus und vermittelte uns die zeitlose Erkenntnis: *Wer Gott spielen will, ist verdammt.* Auf diese alte Weisheit spielt *Jurassic Park* unmittelbar an, wenn Ian Malcolm, dargestellt von Jeff Goldblum, erklärt: »Gott erschafft Dinosaurier, Gott vernichtet Dinosaurier, Gott erschafft den Menschen, der Mensch vernichtet Gott, der Mensch erschafft Dinosaurier.« Malcolm verkörpert im Film die Kassandra, die im Vorhinein zu wissen scheint, dass alles schieflaufen wird. Doch die Begründung, die er anführt, ist mathematischer, nicht religiöser Natur: das Chaos.

Wie Ian Malcolm vorhersagt, läuft einiges aus dem Ruder im Jurassic Park, viele Menschen werden von Dinosauriern gefressen, und das war letztlich auch der Grund, weshalb die Leute viele Milliarden Dollar ausgegeben haben, um sich diese Filme anzuschauen.

Als der erste Streifen herauskam, nahmen die Wissenschaftler die Behauptungen des Films zunächst ernst, verwarfen sie dann aber schnell. Robert Lee Hotz schrieb 1993 in der *Los Angeles Times*, dass auch ein Erfolg versprechendes Forschungsprojekt über prähistorische DNA »die Wissenschaft keinen Schritt näher heranbringen wird an die Science-Fiction-Fantasie, die im Buch *Jurassic Park* und im gleichnamigen Film ausgebreitet wird«[2], bevor er wie die Wissenschaftler in der Geschichte beklagte, dass das Aussterben der Dinosaurier »endgültig« sei. Aber rückblickend betrachtet können wir sagen, dass diese Gewissheit durch die Tatsachen nicht gerechtfertigt wurde.

Dazu müssen wir zunächst ein wenig in die Einzelheiten gehen. *Jurassic Park* beruhte auf einem sehr detailreichen Roman von Michael Crichton, einem studierten Mediziner, der mit Fachjargon durchsetzte populäre Science-Fiction-Literatur schrieb, die durch reale wissenschaftliche Durchbrüche im Gefolge der biotechnologischen Revolution der 1970er- und 1980er-Jahre inspiriert wurde.

In Crichtons Roman wird DNA aus Dinosaurierblut gewonnen, das den Kolossen vor Millionen Jahren von Mücken ausgesaugt wurde, die anschließend in Baumharz eingeschlossen und in Bernstein fossil konserviert wurden. Damit können vollständige DNA-Sequenzen rekonstruiert werden, die mit lebendigen Zellen zusammengefügt werden. Durch Klonierung dieser Körperzellen können schließlich lebende Dinosaurier erzeugt werden. Diese Geschichte erschien einem durchschnittlichen, Popcorn mampfenden Kinobesucher durchaus plausibel.

Aber wie glaubwürdig war sie in Wirklichkeit? Eine kurze Plausibilitätsprüfung der in *Jurassic Park* verbreiteten Annahmen über die Möglichkeiten der Wissenschaft ergibt Folgendes:

1. Ja, Wissenschaftler können sich durchaus Bernstein aus dem Zeitalter der Dinosaurier beschaffen, wenngleich der größte Teil davon aus der Kreidezeit oder später stammt.[3] Aber Jura- oder Kreidezeit, wen kümmert es? Es ist jedenfalls das Zeitalter der Dinosaurier.
2. Ja, es gibt Bernsteininklusen mit Mücken,[4] und wir wissen auch, dass diese Mücken Dinosaurier gestochen haben, denn sie stechen auch Vögel.
3. Es ist vorstellbar, dass sich DNA aus sehr altem Blut gewinnen lässt. Aber 1993 dachte man, dass 80 Millionen Jahre altes Blut schon ziemlich alt sei.[5]
4. Einen großen, vielzelligen Organismus aus isolierter DNA zu klonen war eine dem Zeitgeist entsprechende Theorie, auch wenn sie noch einigermaßen verschroben erschien. Wissenschaftliche Durchbrüche wie das Cohen-Boyer-Patent von 1979[6] ermöglichten es den Forschern, Proteine durch das Spleißen von Genen zu erzeugen, und führten zur Entwicklung von Techniken zur Klonierung von Genen, wenngleich noch kein Wirbeltier tatsächlich geklont worden war.
5. Eine geklonte Wirbeltierzelle in einen Embryo zu verwandeln, diesen Embryo wachsen zu lassen und auf die Welt zu bringen und dadurch ein lebendes, atmendes Tier zu erzeugen? Das ist noch immer reine Science-Fiction.

Aufgrund einer 2012 durchgeführten Studie anhand fossilierter prähistorischer Tiere, der Moas – Dinosauriern ähnelnden Vögeln, die bis zum 14. Jahrhundert in Australien existierten –, wissen wir heute, dass intaktes DNA-Material nur eine Halbwertszeit von 521 Jahren hat[7], jedoch für ungefähr eine Million Jahre als Informationsträger lesbar ist (wenn auch die Information in Form vieler Puzzlestücke verstreut ist). Die Viabilität (Lebensfähigkeit) der DNA ist damit wesentlich länger, als man vorher angenommen hatte, aber eine Million Jahre stellen nur ungefähr 2 Prozent der zeitlichen Distanz dar, die wir in die Vergangenheit zurückgehen müssen, um Erbsubstanz der Dinosaurier zu beschaffen.

Wenn dies also das Ende der Geschichte der fossilierten DNA ist, dann ist es ein sehr enttäuschendes Signal. Wenn auch die Geheimnisse, die in bestens erhaltenem DNA-Material konserviert sind, nach einer Million Jahre untergehen, ist die Tür zu geklonten Dinosauriern für immer verschlossen. Gleichzeitig aber eröffnet diese Erkenntnis eine Möglichkeit zur Klonierung ausgestorbener Lebewesen wie der Großfauna des Pleistozäns, einer lockeren Gruppe gigantischer ausgestorbener Arten, die ungefähr zur selben Zeit lebten wie einige unserer frühen – und bedauerlicherweise sehr hungrigen – menschlichen Vorfahren. Und wenn auch der Jurassic Park nach wie vor unerreichbar bleibt, so kann dies für einen Pleistozän-Park nicht gesagt werden.

Irgendwann wird bestimmt jemand versuchen, diese erhaltenen prähistorischen Ungeheuer zu klonen. Dazu gehören nicht nur die Moas, sondern auch andere bizarre Tiere der Vergangenheit wie etwa Glyptodone, eine Art Gürteltiere von der Größe eines Autos, oder Riesenkatzen wie das Smilodon und der Amerikanische Löwe und natürlich das Wollhaarmammut.

Tiere, die erst in jüngerer Zeit verschwunden sind – wie beispielsweise der Pyrenäensteinbock, der im Jahr 2000 ausstarb –, sind erfolgreich geklont worden (wenngleich der geklonte Steinbock, der 2009 in Spanien geboren wurde, kurz nach der Geburt durch einen Lungendefekt starb)[8] und belegen, dass in gewissen Fällen das Aussterben rückgängig gemacht werden kann.

Aber es wird keine geklonten Dinosaurier geben? Wirklich niemals?

Nun, die gute Nachricht lautet: Vielleicht könnte es doch möglich sein.

Prosanta Chakrabarty ist Ichthyologe und Evolutionsbiologe an der Louisiana State University. Er ist auch Autor eines TED Talk unter dem Titel »Vier Milliarden Jahre Evolution in sechs Minuten«, der im Internet ein Riesenerfolg wurde, und er ist für mich seit Jahren jene Person, die ich anrufe, wenn ich eine knifflige biologische Frage habe (er bringt eine Engelsgeduld auf für meine komischen Fragen). Chakrabarty erklärte mir, wenn wir die Dinosaurier wieder zurückbringen wollten, müssten wir Biotechnik mit Phylogenetik verbinden – der Erforschung der evolutionären Beziehungen zwischen Organismen.

»Das Zellmaterial ist vorhanden, nicht aber die DNA«, erklärte Chakrabarty. Um an die DNA heranzukommen, »können wir sie so nachmodellieren, wie sie beschaffen gewesen sein könnte«. Mit anderen Worten, wir müssen kreativ werden. Es gibt eine Vielzahl lebender Archosaurier – das ist die Gattung, zu der Vögel, Krokodile und Dinosaurier gehören –, und diese können wir heranziehen, um die gemeinsame DNA zu ermitteln, welche die Merkmale und Eigenschaften enthält, die im Genom dieser Tierarten angelegt sind. Nach Aussage von Chakrabarty sind dies ungefähr 95 Prozent.

Bezüglich der restlichen 5 Prozent müssen wir der Frage nachgehen: »Welche sind die proteincodierenden Gene, die für jene Eigenschaften verantwortlich sind, die einen Dinosaurier ausmachen?« Wenn wir das herausgefunden haben, erläuterte mir Chakrabarty, »können wir alle Exonen – das sind die proteincodierenden Gene – in einen Vogel hineinpacken, und dann sehen wir, was einen Vogel dazu veranlasst, Dinge auszubilden, die unserer Ansicht nach charakteristisch sind für Dinosaurier«.

Dies würde ein unvollkommener, in gewisser Weise verwirrender und durch Versuch und Irrtum bestimmter Prozess sein. Es würde eine große Zahl mutierter Jungvögel entstehen, und am Ende könnten wir bei Tieren landen, die ein dinosaurierähnliches Profil aufwiesen, jedenfalls soweit es unsere Vorstellung von Dinosauriern betrifft. Wir würden Tiere bekommen, die den gefundenen Skelettresten entsprächen, Schuppen und Federn hätten und Eier legten. Würden das echte Dinosaurier sein? Natürlich nicht. Aber wir würden sie in einen Zoo stecken, und die Kinder würden sie lieben.

Aber wird dann nicht doch irgendwann alles aus dem Ruder laufen? Werden Menschen von furchterregenden prähistorischen Monstern gejagt und aufgefressen werden? Und wenn nicht, wird die Ausstellung das Eintrittsgeld wert sein?

Ich habe diese Fragen James A. Yorke gestellt, jenem Mathematiker und Physiker, der 1975 zusammen mit seinem Co-Autor Tien-Yien Lie den Begriff »Chaos« als wissenschaftliches und mathematisches Konzept eingeführt hat (zufälligerweise diente Yorke auch als Vorbild für die Figur des Ian Malcolm). Yorke fürchtet nicht, dass die Ereignisse in *Jurassic Park* Wirklichkeit werden könnten, wie er mir erklärte, denn als Illustration der Chaostheorie hat die Geschichte einen offenkundigen Makel: Dennis Nedry, der unzufriedene Computerprogrammierer, der im Dienst eines Konkurrenten steht und das Sicherheitssystem des Parks außer Kraft setzt, um die Technologie zu stehlen. »Er macht alles zunichte«, erläuterte Yorke. »Was das mit Chaos zu tun hat, weiß ich nicht.« Das Abschalten der elektrischen Schutzzäune, welche die Riesenmonster in ihren Gehegen halten, ist zweifellos eine direkte kinematografische Abkürzung, um Spannung und Angst zu erzeugen. Aber auch wenn wir Nedry außen vor lassen, vermittelt *Jurassic Park* einige sehr erhellende Lektionen – sie bilden gewissermaßen die Grundregeln, die bei der Erschaffung eines abenteuerlichen Dinosaurier-Erlebnisparks zu beachten sind.

»Das wäre kein übermäßig komplizierter Prozess«, erklärte mir Yorke. Allerdings würden »sehr viele neue Elemente in diesen Prozess eingebaut werden müssen«.

Der Multimilliardär John Hammond, der die Dinos erschuf, hatte zu viel Vertrauen in die genetischen Tricks gesetzt, die er zur Überwachung und Kontrolle der Tiere verwendete – nämlich seine Entscheidung, ausschließlich weibliche Tiere zu erschaffen, und eine genetische Veränderung, die zur Folge hatte, dass alle diese Tiere Ergänzungsnahrung benötigten.

»Sie haben nicht berücksichtigt, dass das Grundtier, das sie verwendeten – was war es gleich, ein Frosch? –, das Geschlecht wechseln kann. Das hat auch etwas mit Chaos zu tun«, erläuterte Yorke.

Einmal entdeckt Malcolm eine Grafik, in der die Größe der auf der Insel lebenden Dinosaurier dargestellt wird, und wenn die Glockenkurve allzu sauber ist, dann weiß er, dass etwas schiefgegangen ist: Bei einer solch kleinen Stichprobe sollte sie nicht so vollendet ausfallen – es sollte mehr *Chaos* herrschen. In der Wissenschaft sei dies ein echtes Warnsignal, erklärte Yorke. »Eine allzu glatte Kurve lässt sich auf unterschiedlichen Wegen erzeugen. Der übliche Weg ist, dass jemand die Daten frisiert.«

Im Roman ermittelt das Überwachungssystem einmal die Gesamtzahl der Population auf der Insel und gelangt dabei zu dem erwarteten Ergebnis von 238 Tieren.[9] Dann fragt Malcolm das System, ob es vielleicht 239 seien, und es wird auch tatsächlich das Ergebnis 239 ausgegeben – ein Beweis, dass die Dinosaurier brüten. Auf die Frage, wie viele Tiere das System insgesamt finden könne, werden

292 angegeben. Es stellt sich heraus, dass der Computer darauf programmiert worden war, Energie zu sparen, indem er nur nach der erwarteten Zahl von Dinosauriern suchte und dann aufhörte, was zur Folge hatte, dass niemand bemerkte, dass der Reproduktionsprozess der Saurier bereits im Gang war. Der Computer verfügte über die Information, aber es gab keinen in der Chaos-Theorie bewanderten Mathematiker, der die richtige Frage stellte.

All dies führt zu viel Leid, zu Verletzten und Toten, und, so glaubt jedenfalls Yorke, es bedarf keines Mathematikers, um den Grund zu verstehen: »Nichts klappt gleich beim ersten Mal, es kann auch aus verschiedenen Gründen fehlschlagen, aber zu viele Fehlschläge sollten es auch nicht sein.« Er setzte hinzu: »Am erfolgreichsten sind Menschen, die einen guten Plan B haben.« Dann bat er mich, mir vorzustellen, ich müsse auf dem Weg zu meinem Ziel über einen Schwebebalken gehen, an dessen beiden Seiten sich ein Abgrund befindet, und wenn ich in den Abgrund stürzte, dann müsse ich sterben. Das Problem bei diesem Plan besteht darin, dass es dazu keinen Plan B gibt. Dann gab mir Yorke den klugen Rat: »Sie sollten also dies nicht als Plan A wählen!«

Im Allgemeinen aber arbeiten die Schöpfer von Erlebnisparks auch nicht mit einem derartigen Plan A. Vor einiger Zeit besuchte ich den Freizeitpark Six Flags Magic Mountain in der Nähe von Los Angeles und fuhr mit der Achterbahn. Als die Bahn um eine Kurve bog, erblickte ich eine Reihe eigenartiger Gegenstände, nämlich etwa ein Dutzend riesiger Plastikwasserbeutel, die wie sitzende Menschen aussahen und schon recht verschlissen wirkten. Ich wusste sofort, dass dies die Puppen waren, die bei den Testfahrten der Achterbahn eingesetzt worden waren. Wenn mich auf der Fahrt irgendetwas zwickte oder ich etwas als unangenehm empfand, konnte ich mich mit der Tatsache trösten, dass der Wagen diese Strecke schon mehrmals zurückgelegt hatte und sich ein beschwerter, mit Flüssigkeit gefüllter Behälter auf dem Sitz befunden hatte, auf dem ich saß – ein ganz anderer Behälter, der mit einer ganz anderen Flüssigkeit gefüllt ist.

Die Grundregel ist ganz einfach, erklärte Yorke. Wenn man in ein System neue Komponenten einführt, ist es schwierig, vorherzusagen, was dann geschehen wird. Wenn Sie also gebeten werden, sich daran zu beteiligen, eine neue Technologie zu testen, sollten Sie stets im Hinterkopf behalten, dass Sie gewissermaßen ein Versuchskaninchen sind. Gehören zu dieser Technologie auch Klauen und Zähne, sollten Sie vorsichtig werden, aber dennoch aufgeschlossen bleiben. Erscheinen Ihnen die Technologien, die Sie vor den Klauen und Zähnen schützen sollen, verständlich und vertrauenswürdig? Oder kommen Ihnen die Sicherheitsmaßnahmen eher wie jene vor, die John Hammond in *Jurassic Park* anpreist? Befinden diese sich noch in der Erprobungsphase? Erwartet man von Ihnen, dass Sie sich mit experimentellen Genmodifikationen oder mit Faktenerhebungssoftware, die nur auf einem herstellereigenen Computermodell läuft, anfreunden? Das gäbe Anlass zur Sorge.

Falls Sie schon einmal Bungee-Jumping probiert haben, haben Sie diesen Ablauf in der Praxis erlebt, vorausgesetzt, Sie haben sich eines vertrauenswürdigen Anbieters bedient. Ich spreche nicht vom obligatorischen »Safety First«-Ethos, das diese gesamte praktische Übung durchdringt, sondern von der bloßen Systematisierung und nervtötenden Wiederholung der technischen Abläufe des Springens. Als ich einmal zum Bungee-Jumping ging, wurden mehrere nach Körpergewicht unterteilte Gruppen gebildet, alle Teilnehmer wurden mit Leibchen ausgestattet, alles wurde überprüft und noch einmal überprüft, und dann wurde eine Art Fließbandprozess in Gang gesetzt, bei dem im Abstand von einer Minute jeweils eine Person sicher von einer Brücke aus absprang. Dies nahm dem Erlebnis etwas von seiner Außergewöhnlichkeit, es ließ jedoch die Bungee-Veranstalter wesentlich vertrauenswürdiger erscheinen. Was könnte in einem echten *Jurassic Park* beruhigender wirken als der Anblick von Tausenden zufriedenen Besuchern, die geordnet aus dem Park herausströmen – und, was noch wichtiger ist, körperlich unversehrt sind? Sie haben den echten Dinosaurier gesehen und können anderen davon erzählen.

Der Arzt John Rex machte mich mit einer anderen Sichtweise bekannt. »Wenn Sie sich operieren lassen müssen, gehen Sie doch am liebsten in ein Krankenhaus, wo solche Operationen 20-mal am Tag gemacht werden«, erklärte er mir. Dies sei die beste Möglichkeit, Infektionen zu vermeiden. Ein Krankenhaus, das mit hohem Volumen arbeitet, »zählt alle Infektionen, die hier auftreten, und kennt ihre Häufigkeit – die Abläufe sind bekannt, und alle müssen sich daran halten«.

Ich nehme daraus die Erkenntnis mit, dass ich bei der groß angekündigten Eröffnung eines Parks mit ausgestorbenen Tieren zuversichtlich sein kann, dass ich nicht Gefahr laufe, von irgendwelchen Dinos malträtiert zu werden. Man sollte jedoch den gesunden Menschenverstand walten lassen, wenn man von einem reichen Exzentriker – etwa in der Art eines grauhaarigen Bill McFarland – zu einer kostenlosen Reise auf seine Privatinsel eingeladen wird, auf der es einen Zoo mit einst auf der Erde lebenden Raubtieren gibt. Ich bin jetzt überzeugt, dass ich allen Grund habe, Nein zu sagen, wenn man mir eine komplexe, unerprobte Hightech-Touristenattraktion schmackhaft zu machen versucht, bei der ich die Prozesse nicht verstehe und ihnen auch nicht vertraue, die eingesetzt wurden, um die vor meiner Ankunft aufgetretenen Probleme und Ungereimtheiten zu beheben. Diese Probleme und Ungereimtheiten nennt man »Chaos«, und das kann sich bisweilen als tödlich erweisen.

Kapitel 9

Was wirklich passiert, wenn Antibiotika nicht mehr wirken

Noch in diesem Jahrhundert? Ja.

Plausibilität: ✲✲✲✲✲

Muss man davor Angst haben? Allerdings, aber es ist wahrscheinlich nicht die Apokalypse.

Sollte man deshalb seine Lebensgewohnheiten ändern? Ja.

Tag A minus 2

8:00 Uhr: Im Zuge der allgemeinen Begeisterung für eine populäre Zeichentrickente erhalten Kinder überall in den USA kleine Jungenten als Geschenk. Bald aber häufen sich beunruhigende Meldungen über tote Entenküken – sind sie Opfer von Vernachlässigung und Grausamkeit geworden? Jacqueline Meeks, die Leiterin der Quarantänekontrolle in Orlando, einer Abteilung der Veterinärbehörde des Orange County in Florida, gibt eine Warnung heraus:

»Berühren Sie keine Entenküken, die in Müllcontainern oder Gewässern gefunden werden. In Orlando wurden vier Küken positiv auf *Chlamydia psittaci* getestet, eine Bakterienart, die auch auf Menschen überspringen kann.«

12:00 Uhr: In einigen Krankenhaus-Notaufnahmen im Süden von Georgia und im Norden von Florida erscheinen

Patienten, die über grippeähnliche Symptome, heftige Kopfschmerzen und in einigen Fällen auch über Herzbeschwerden klagen. Die Ärzte vermuten eine schwere Grippe und schicken die Patienten wieder nach Hause. Die Nachricht über die infizierten Enten ist noch nicht bis zu den Ärzten gelangt, und deshalb werden die Patienten nicht danach befragt, ob sie Enten besitzen oder mit Enten in Kontakt gekommen sind.

14:00 Uhr: Zwei kleine Kinder müssen zur Beobachtung im Krankenhaus bleiben, nachdem sich bei ihnen Symptome von Meningitis und Herzprobleme zeigten. Die Ärzte stehen vor einem Rätsel. Da sie Typhus vermuten, verabreichen sie das Antibiotikum Ciprofloxacin.

Tag A minus 1

13:00 Uhr: Laura Boggs, ein vier Jahre altes Mädchen aus Waycross in Georgia, stirbt an einer rätselhaften Krankheit. Bei ihrer Obduzierung wird Psittacosis entdeckt – manchmal auch als Papageienkrankheit bezeichnet –, eine bakterielle Erkrankung, die von Vögeln auf Menschen übertragen werden kann. Man nimmt an, dass das Mädchen zu Ostern ein Entenküken geschenkt bekommen hat, aber dies wird nicht bestätigt.

15:00 Uhr: Die Nachricht über das Auftreten der Papageienkrankheit verbreitet sich in Florida und Georgia. Eltern informieren sich im Internet über diese Krankheit und verbreiten diese Informationen über die sozialen Medien weiter.

17:00 Uhr: In Orlando wird bei einem weiteren Kind, Esteban Lozano, das ins Krankenhaus eingeliefert wurde, die Papageienkrankheit festgestellt. Berichten zufolge werden Esteban intravenös Antibiotika verabreicht, und man rechnet mit seiner vollständigen Genesung.

Tag A

2:45 Uhr: Es kommt zu einer schockierenden und tragischen Wendung der Ereignisse, denn Esteban erliegt seiner Erkrankung.

4:00 Uhr: Das Zentrum für Seuchenbekämpfung und -prävention in Atlanta, Georgia, veröffentlicht eine Notfallmeldung über die Behandlung von Esteban. Wie sich herausstellte, hatten Antibiotika in seinem Fall bereits in einem frühen Stadium versagt – insbesondere Doxycyclin und Tetracyclin-Hydrochlorid. Als sich die intravenöse Verabreichung von Doxycyclin-Hyclat als wirkungslos erwies, verlegten die Ärzte den Patienten auf die Quarantänestation, wo er später verstarb. Eine Untersuchung der Bakterienkulturen von Esteban und Laura erbrachte das Ergebnis, dass es sich bei diesen Bakterien um »Superbazillen« handelt, die gegen alle verfügbaren Antibiotika resistent sind.

6:30 Uhr: Der japanische Schöpfer der Zeichentrickente entschuldigt sich öffentlich für seinen Beitrag zum Ausbruch dieser Seuche.

7:00 Uhr: Als Vorsichtsmaßnahme lassen viele Menschen ihre Papageien, Sittiche und Kanarienvögel einschläfern. Viele dieser Besitzer leiden seit Langem an posttraumatischen Belastungsstörungen und haben sich die Vögel zu therapeutischen Zwecken gehalten.

Nachdem sie ein massenhaft verbreitetes Video darüber gesehen haben, wie den Enten auf »schonende Weise« das Genick gebrochen wird, drehen Hunderte schuldgeplagte Eltern auch den Enten ihrer Kinder den Hals um, um eine weitere Ausbreitung der Papageienkrankheit zu verhindern.

7.15 Uhr. Zehntausende Kinder werden mit grippeähnlichen Symptomen in Krankenhäuser eingeliefert, und aus Florida werden drei weitere bestätigte Fälle von Papageienkrankheit – zwei Erwachsene und ein Kleinkind – gemeldet.

Ein Tierarzt in Louisiana entdeckt im Hinterhof einer Hühnerfarm in Baton Rouge einen Fall von Papageienkrankheit. Die Medien stürzen sich darauf, ohne sich mit der weiterführenden Frage zu beschäftigen, ob es sich auch hier um die behandlungsresistente Form des Erregers handelt.

8:00 Uhr: Fluggesellschaften haben Flüge von und nach Georgia und Florida gestrichen. Die Autobahnen sind verstopft mit Autos, deren Fahrer sich in Sicherheit zu bringen versuchen. Einwohner von South Carolina, Tennessee und

Alabama fordern die Schließung der Grenzen dieser Bundesstaaten, doch die Gouverneure halten dies für rechtlich unzulässig.

9:30 Uhr: Eine Einwohnerin Floridas, die im Ferienort Puerto Vallarta im Westen von Mexiko Urlaub macht, stirbt an einer unbehandelbaren Form der Papageienkrankheit. Die Fluggesellschaften stellen die Flüge von den USA nach Mexiko ein.

Die Frau aus Florida, so wird berichtet, habe sich die Krankheit wahrscheinlich über ihren Ehemann zugezogen – der sich mittlerweile in Florida im Krankenhaus befindet – und nicht durch direkten Kontakt mit einem Vogel. Nebenbei erwähnt der Ehemann gegenüber einem Reporter, dass er einige Wochen vorher bei einer Reise durch Georgia der Familie von Esteban Lozano begegnet sei.

13:00 Uhr: Mehr als ein Viertel der internationalen Flüge von und nach den USA wird abgesagt. Ein voll beladenes Containerschiff wird in Japan abgewiesen, als die Hafenmeisterei erfährt, dass sich in einem der Container Entenfleisch von einer Farm im US-Bundesstaat Indiana befindet. Flug- und Seehäfen in mehr als 100 Ländern erlassen Notfallanordnungen: Flugzeuge und Schiffe mit lebenden Vögeln oder Geflügelfleisch dürfen nicht mehr landen beziehungsweise einlaufen. Als diese Nachricht in den USA bekannt wird, löst sie einen Preissturz bei diesen Produkten aus.

Als Reaktion darauf lassen die amerikanischen Geflügelzuchtfarmen ihre Viehbestände umgehend keulen. Dies betrifft Hühnchen, Truthähne, Enten und Gänse, aber auch Strauße und Emus, die als Eier- und Fleischlieferanten gehalten wurden. Die Zahl der Tiere, die getötet werden, steigt auf rund eine Milliarde. Bei den Verbrennungsanlagen, die zur Entsorgung von Krankenhausabfällen und anderen gefährlichen biologischen Abfällen eingesetzt werden, stauen sich die zur Vernichtung angelieferten Tierkadaver. Farmer errichten Scheiterhaufen, deren Rauchschwaden in weiten Teilen der USA den Himmel verdunkeln.

14:00 Uhr: Aus allen Teilen der Welt treffen Berichte ein:

Mindestens ein Dutzend Menschen in mehreren Ländern sind an der Papageienkrankheit erkrankt. Auch in diesen Meldungen wird nicht erwähnt, ob der Erreger resistent ist.

14:30 Uhr: Der US-Präsident spricht vor dem Pressekorps des Weißen Hauses: Es sei wichtig, Vorsicht walten zu lassen, aber da es erst eine Handvoll resistenter Fälle gebe, bestehe noch kein Grund, den Notstand auszurufen. Kritiker des Präsidenten bezeichnen diese Entscheidung als feige, die Debatte wird hitziger und gewinnt an Schärfe.

16:00 Uhr: Zur Schlussglocke sind die Kurse an der US-Börse um 220 Punkte abgestürzt.

17:00 Uhr: Ein Investigativreporter, der für ein populäres, auf ein jugendliches Publikum zielendes Internetportal arbeitet, findet heraus, dass fast alle Erkrankten in der vorherigen Woche im Okefenokee Swamp Park in der Nähe von Waycross, Georgia, kampiert haben.

18:00 Uhr: Es taucht ein Video auf, das mehrere Ausflügler bei einer Bootstour im Okefenokee-Sumpf zeigt, die einen verletzten Kranich zu retten versuchen. Entgegen der Bitte des Schiffsführers, das Tier in Ruhe zu lassen, sieht man mehrere Menschen, die den Vogel anfassen. Zu ihnen gehören sämtliche Opfer, die gerade an der behandlungsresistenten Form der Papageienkrankheit gestorben sind.

19:00 Uhr: Es wird berichtet, dass sich der Patient, der als letzter bestätigter Fall registriert worden ist und sich gegenwärtig auf einer Quarantänestation im Nebraska Medical Center befindet, ohne Antibiotika allmählich wieder von der Erkrankung erholt.

Tag A plus 1

7:00 Uhr: Das Unternehmen Kentucky Fried Chicken veröffentlicht eine Pressemitteilung. Alle US-Niederlassungen werden unverzüglich geschlossen. Entgegen anderslautenden Gerüchten geschehe dies jedoch aufgrund von Belieferungsproblemen und habe nichts mit Problemen der Nahrungsmittelsicherheit in konkreten Filialen zu tun.

8:00 Uhr: Ein Geflügelzüchter in Waycross bestätigt, dass

er mehrere Fälle von Papageienkrankheit mit Antibiotika behandelt und ein aktueller Befall alle seine Tiere erfasst habe. Er habe sie alle töten und verbrennen müssen.

9:00 Uhr: Nach mehreren eindringlichen Appellen öffnen die EU-Länder ihre Flug- und Seehäfen wieder für US-amerikanische Schiffe und Flugzeuge, doch der Präsident der Europäischen Kommission hält daran fest, dass eine reale Gefahr bestehe, und widerspricht der Einschätzung des US-Präsidenten, der den Krankheitsausbruch als »falschen Alarm« bezeichnet.

Was Sie gerade gelesen haben, sollte eigentlich niemanden überraschen. Die Amerikaner neigen sehr dazu, falsche Schlüsse zu ziehen, anderen die Schuld zuzuschieben oder generell schnell durchzudrehen. Aber das heißt nicht, dass medikamentenresistente Bakterien den Amerikanern nicht tatsächlich Angst machen sollten – und auch der übrigen Welt.

Der britische Ökonom Jim O'Neill schrieb 2016 in einem Bericht, den der damalige britische Premierminister David Cameron 2014 in Auftrag gegeben hatte, dass »Superbazillen« bis 2050 jährlich schätzungsweise bis zu zehn Millionen Menschen töten würden und dadurch »kumuliert 100 Billionen Dollar Wirtschaftsleistung« in Gefahr gerieten.[1] Im Jahr 2017 erklärte Sally Davies, die oberste Gesundheitsbeamtin für England, dass Superbazillen zum »Ende der modernen Medizin« führen würden.[2]

Dieses Problem taucht nicht plötzlich und unvermittelt auf. Alexander Fleming, der Entdecker des Penicillins, versuchte schon in seiner Nobelpreisrede von 1945, auf die Problematik der Superbazillen hinzuweisen. »Es ist nicht schwer, Mikroben im Labor gegenüber Penicillin resistent zu machen, indem man sie Konzentrationen des Wirkstoffs aussetzt, die nicht ausreichend sind, um sie abzutöten, und genau dies geschieht auch im menschlichen Körper«, warnte er bei der Preisverleihung in Stockholm. »Es wird so weit kommen, dass eines Tages jedermann Penicillin im Laden kaufen kann. Dann entsteht die Gefahr, dass unwissende Menschen sich unterdosieren, und wenn sie die Mikroben einer nicht tödlichen Menge des Medikaments aussetzen, werden sie diese resistent machen.«[3]

Im Zweiten Weltkrieg erlebte Penicillin seinen großen Durchbruch, und Fleming wollte die aufkommende Euphorie ein wenig bremsen. Aber niemand hörte auf ihn, und schon ein Jahrzehnt später wurden Antibiotika überall eingesetzt, auch durch »unwissende Menschen«, wie Fleming sie bezeichnete (obgleich er damit einfach nur »die Menschen« meinte). Im Jahr 1950 entdeckten Wissenschaftler auf einer Farm Hühner, die zufällig Antibiotika aufgenommen hatten, die auf irgendeine Weise auf den Misthaufen gelangt waren.[4] Diese Hühner wuchsen um 50 Prozent schneller, legten mehr Eier und starben seltener vorzeitig, was für die Landwirte interessante geschäftliche Perspektiven eröffnete. Im Laufe der folgenden Jahrzehnte wurde es üblich, Masttiere aller Art mit Antibiotika vollzupumpen – sodass zum Beispiel in den USA schließlich 80 Prozent der verwendeten Antibiotika auf Masttiere entfielen, wie 2010 in einem Artikel von Ralph Loglisci festgestellt wurde, einem auf Nahrungsmittelpolitik spezialisierten Autor, der für die Johns Hopkins School of Public Health arbeitet.[5] (In dem Artikel forderte Loglisci den Gesetzgeber auf, den übermäßigen und missbräuchlichen Einsatz von Antibiotika zu unterbinden. Sieben Jahre später wurden in den USA schließlich gewisse Kontrollen eingeführt,[6] und 2018 ging auch China allmählich dazu über, den Einsatz von Antibiotika zu überwachen.[7])

Darüber hinaus ist nach Mitteilung der Centers of Disease Control and Prevention des US-Gesundheitsministeriums (CDC) ein Drittel der Antibiotika-Verschreibungen unnötig[8] – proaktive Antibiotika-Verabreichungen an Hypochonder wie zum Beispiel mich und an Leute, die befürchten, sie würden an einer besonders schlimmen Erkältung leiden. Ein Drittel dieser Beschwerden wird nicht durch Bakterien hervorgerufen, und diese Antibiotika-Verabreichungen bewirken nichts anderes, als noch weitere Bakterien auf unsere Geheimwaffen aufmerksam zu machen und diese Bakterien ein bisschen weiter in Richtung Resistenz zu stupsen.

In den rund sechs Jahrzehnten seit Flemings Warnung 1945 und unserer im 21. Jahrhundert schließlich getroffenen Entscheidung, entsprechend zu handeln, haben wir also sämtliche Warnsignale ignoriert. Unter unseren Augen hat sich das Problem von einer vagen Vermutung zu einer ernsten Herausforderung entwickelt. Zur »vagen« Seite gehört zum Beispiel ein Bericht aus dem Jahr 1985, in dem festgestellt wurde, dass das Medikament Methicillin seine Wirksamkeit teilweise eingebüßt habe, weil sich die Mikroben verändert hätten,[9] dies aber führte nicht dazu, dass der Einsatz von Antibiotika in der Landwirtschaft eingeschränkt wurde. Doch auf der »ernsten« Seite gibt es mittlerweile Berge von Berichten über die Ausbreitung des gefürchteten Methicillin-resistenten Staphylococcus aureus (MRSA), das für ungefähr ein Drittel der schreckenerregenden Fälle von »fleischfressenden Bakterien« verantwortlich war,[10] die in den 1990er-Jahren in den USA und in Großbritannien Schlagzeilen machten.[11] MRSA wäre also in gewisser Weise der Michael Jordan der Superbazillen, wenn Mike im Laufe der Jahre immer noch besser geworden wäre, anstatt sich in den Ruhestand zurückzuziehen.

Noch zu Beginn der 1990er-Jahre wurde uns erzählt, dass sich MRSA hauptsächlich in Pflegeeinrichtungen ausbreite.[12] Dann infizierte sich 2003 der amerikanische Basketball-Star Grant Hill mit MRSA-Keimen und entwickelte »hohes Fieber mit Krämpfen, wovon er sich erst nach einem halben Jahr wieder vollständig erholte«[13], wie auf der Internetseite einer Organisation gemeldet wurde, die die Sensibilität für MRSA stärken möchte. Im Jahr 2015 zog sich auch der Football-Spieler Daniel Fells von den New York Giants eine MRSA-Infektion zu, die seine Sportlerkarriere beendete und ihm fast eine Fußamputation beschert hätte.[14] Bei einer informellen und wissenschaftlich bedeutungslosen Erhebung, die ich unter Freunden und Familienangehörigen durchführte, gaben fünf von zehn Befragten an, dass sie persönlich jemanden kannten, bei dem irgendwann im Laufe seines Lebens eine MRSA-Infektion festgestellt worden sei.

Doch nach Angaben des Arzneimittelentwicklers John Rex, der gegenwärtig als Sachverständiger für Wellcome Trust arbeitet, eine britische gemeinnützige Stiftung, die medizinische Forschung fördert, wird der erste größere Ausbruch nicht zu einer globalen Pandemie führen. Das hängt vor allem damit zusammen, dass beim ersten Auftreten einer Seuche – wie beispielsweise Zika oder Ebola – in größerem Rahmen »sich alle wie wahnsinnig darum bemühen, die Krankheit unter Kontrolle zu bekommen, sodass für die meisten Menschen keine Gefahr besteht«. Dann aber relativierte er seine Aussage ein wenig und stellte eine hypothetische Möglichkeit in den Raum, die den Kern meiner Frage berührte: »Aber wäre es vielleicht möglich, dass es zu einem Ausbruch kommt, und wir haben kein Mittel dagegen?«

Ja, wäre das möglich?

Ich bin nicht der Erste, der diese Frage aufwirft. Die Infectious Diseases Society of America, eine Vereinigung von Ärzten und anderen Angehörigen medizinischer Berufe, die sich für öffentliche Maßnahmen zur Bekämpfung von Infektionskrankheiten einsetzt, befasste sich 2004 mit dieser Möglichkeit in einem Dokument mit dem Titel »Bad Bugs, No Drugs«, das gewissermaßen ein politisches Weißbuch ist, das auf der ersten Seite mit der furchterregenden Überschrift aufmacht: »Die nächste Epidemie beginnt …«[15] Darauf folgt eine kurze, aber fesselnde fiktive Schilderung eines Ausbruchs behandlungsresistenter Salmonellen, die in verdorbener Milch vorkommen. Sie werden den Duktus wiedererkennen, denn ich habe ihn in meinem Szenario am Anfang dieses Kapitels nachgeahmt:

Tag 1: Eine 34-jährige schwangere Frau aus New Hampshire klagt bei ihrem Arzt über heftige Magenschmerzen, Erbrechen, Durchfall, Fieber und Frösteln. Es wird eine Darminfektion diagnostiziert, sie bekommt Infusionen, ihr wird Fluorchinolon verschrieben – ein Antibiotikum –, und dann schickt man sie wieder nach Hause.

Am fünften Tag sind bereits 325 Menschen gestorben. Am sechsten Tag steigt die Zahl der Opfer auf 1730, und allein in den USA gibt es 220 000 Erkrankungen. Doch der Bazillus breitet sich auf weitere Länder aus und bedroht schließlich die globale Stabilität.

Damit legten die Autoren aber nur eine beängstigendere und deutlich verschärfte Version eines realen Ereignisses vor. Im Jahr 1985 erkrankten im Norden von Illinois ungefähr 200 000 Menschen nach dem Konsum salmonellenverseuchter Milch, und nach unterschiedlichen Angaben starben dabei zwischen zwei und zwölf Personen. Antibiotika im Viehbestand hatten diesen Ausbruch zweifellos verschlimmert. Darüber hinaus ergab ein zwei Jahre später veröffentlichter Bericht, dass das Infektionsrisiko bei Menschen, die zu dieser Zeit Antibiotika einnahmen, um das Fünffache erhöht war.[16] Dies hing wahrscheinlich damit zusammen, dass die Bakterien in der Milch in den Verdauungsorganen jener Menschen, die gerade damit beschäftigt waren, einen Teil ihrer anderen Darmbakterien durch Antibiotika abzutöten, einer geringeren Ressourcenkonkurrenz ausgesetzt waren. Diese Antibiotika hatten gewissermaßen in den gastrointestinalen Hotels der Opfer Plätze frei gemacht.

Salmonellen können darüber hinaus eine effiziente, wenn nicht gar tödliche biologische Waffe sein, denn sie verbreiten sich leicht und schnell, wenn jemand damit Nahrungsmittel verseucht – wie das Beispiel zeigt, als Mitglieder der Baghwan-Bewegung 1984 in Oregon 751 Menschen vergifteten. Davon mussten 45 im Krankenhaus behandelt werden, die meisten der übrigen 706 erholten sich auch ohne Antibiotika wieder.

Deshalb denkt man, wenn vom »Ausbruch einer bakteriellen Infektion« die Rede ist, üblicherweise an kleine Gruppen von Menschen oder Gemeinschaften, die nach dem Verzehr verdorbener Nahrungsmittel unter Krämpfen, Durchfall und Erbrechen leiden, sich aber nicht in Lebensgefahr befinden.[17] Historisch aber waren Bakterien für alle großen Epidemien verantwortlich, die wir heute mit fiktionalen Beschreibungen mutierender Grippeviren verbinden. Ein Beispiel dafür ist *Yersinia pestis*, auch als Schwarzer Tod bezeichnet, ein lästiges kleines Bakterium, das im Mittelalter großes Unheil anrichtete und schätzungsweise der Hälfte der damals lebenden Menschen den Tod brachte. (Es ist gut dokumentiert, dass der Pest ungefähr die Hälfte der Einwohner Europas zum Opfer fiel, und die Forschung hat zudem eine Vielzahl von Belegen zusammengetragen, die den Schluss nahelegen, dass sich die Pest auch auf Afrika und Asien ausbreitete und dort ebenfalls eine hohe Zahl von Opfern forderte.[18])

In der heutigen Welt tritt die Pest nur noch selten auf, und sie ist auch nicht mehr so gefährlich wie ehedem. Im Jahr 1994 kam es in der indischen Stadt Surat nördlich von Mumbai zu einem Pestausbruch, der auf fünf weitere Städte übergriff. Dies war kein Ausbruch der Beulenpest, sondern der hochansteckenden Lungenpest, für die es zwei Hauptübertragungsmöglichkeiten gibt: durch Flöhe, die auf

Ratten leben, und durch Anhusten von Mensch zu Mensch. In den indischen Metropolen herrscht eine immense Rattendichte. In Mumbai, einer Stadt mit 18 Millionen Einwohnern, gibt es schätzungsweise 88 Millionen Ratten,[19] während für New York City – eine Stadt, in der einem verbreiteten Mythos zufolge mehr Ratten als Menschen leben – nur zwei Millionen Ratten geschätzt werden, obwohl New York halb so viele Einwohner wie Mumbai hat.[20]

So beunruhigend der Pestausbruch in Surat auch war, forderte er doch lediglich 56 Menschenleben. Einstmals war die Pest die Königin der Seuchen (gar die Seuche schlechthin) und imstande, die Hälfte der bekannten Welt auszurotten. Heute hingegen schafft es selbst ihre ansteckendste Form nur noch, einer Zahl von Menschen, die der eines voll besetzten Doppeldeckerbusses entspricht, den Tod zu bringen.

Ich reiste nach Surat, um dieser Sache auf den Grund zu gehen. Dabei erzählten mir Einwohner dort, die zu dieser Zeit schon in der Stadt gelebt hatten, dass sie während des Seuchenausbruchs das Antibiotikum Tetracyclin gewissermaßen wie Bonbons zu sich genommen hätten; dies kann man, wenn man will, als einen Beleg dafür sehen, wie sehr wir uns im Fall eines Seuchenausbruchs auf Antibiotika verlassen und wie machtlos wir sind, wenn die Infektion durch einen Superbazillus droht, doch damit würde man die Wirkung von Antibiotika etwas überbetonen. Antibiotika sind nicht die einzige Bastion gegen einen Ausbruch bakterieller Epidemien und auch nicht das einzige Mittel, um eine große Zahl von Opfern zu verhindern, »denn wir verfügen über verschiedene Instrumente und wissen auch, wie die Erreger übertragen werden«, erklärte mir John Rex.

Der Schwarze Tod konnte sich im 14. Jahrhundert vor allem deswegen zu einer globalen Pandemie ausweiten, weil zwei separate Epidemien gleichzeitig auftraten: zum einen die weitverbreitete Armut und zum anderen das weitverbreitete Unwissen. Der italienische Historiker Carlo Cipolla berichtet in seinem Buch *Storia economica dell'Europa pre-industriale (Wirtschaftsgeschichte des vorindustriellen Europa)*, dass Kleidung praktisch ein Vermögen kostete, und daher »taten sich die Behörden während der Pestepidemien schwer, die Kleidung der Toten zu beschlagnahmen und zu verbrennen: Die Leute warteten darauf, dass andere starben, um sich deren Kleider anzueignen – was die weitere Ausbreitung der Seuche zusätzlich förderte.«[21] Der globale Markt für Billigtextilien mag viele Schattenseiten haben (schlechte Qualität der Waren und ausbeuterische Arbeitsbedingungen, um nur zwei zu nennen), aber zumindest sorgt er dafür, dass niemand mehr dazu verleitet wird, Menschen, die an Seuchen gestorben sind, die Kleidung zu rauben – ein immenser Gewinn für die öffentliche Gesundheit.

Auch für die Überwindung der Unwissenheit hat die Menschheit lange gebraucht, und auch dies könnte dazu beitragen, den Ausbruch einer Seuche zu unterdrücken, bevor sie sich zu einer weltweiten Pandemie ausweiten kann. Dr. Vikas Desai, eine Ärztin und Lehrerin für öffentliche Gesundheit, die 1994 während des Seuchenausbruchs in Surat arbeitete, erklärte mir, dass das öffentliche Bewusstsein maßgeblich dazu beigetragen habe, dass Indien eine Katastrophe erspart geblieben sei. Zur Vorstellungswelt der Inder, erläuterte sie, »gehören Geschichten über die Pest, und auch englische Filme über die Seuche sind allgemein bekannt. Wir haben also alle Angst vor Ansteckung.« Auch Menschen aus anderen Teilen Indiens, mit denen ich sprach, erinnerten sich, dass sie während dieses Pestausbruchs ihre Gesichter mit ihrem Hemd bedeckten, wenn sie ins Freie gingen, und da die Ansteckung tatsächlich über die Luft erfolgt, hat diese Vorsichtsmaßnahme zweifellos Leben gerettet.

Dennoch ist Dr. Desai im Rückblick der Auffassung, dass der Ausbruch der Pest hätte verhindert werden können und müssen. »Es mangelte an Effizienz«, erklärte sie mir. Wäre Surat besser ausgestattet gewesen, hätte die Stadt »früher auf die Erkrankungsfälle reagiert. Eine Woche oder zehn Tage früher.« Auch damals gab es schon ein Überwachungs- und Erfassungssystem für tödliche Krankheitserreger, es funktionierte aber nur unzureichend. Den Gesundheitsämtern wurde gemeldet, dass Ratten zu Tausenden starben, aber es dauerte weitere sechs Wochen, und es mussten noch weitere zehn Menschen ums Leben kommen, bis eine öffentliche Warnung herausgegeben wurde, die umgehend eine Massenflucht von Hunderttausenden aus der Stadt auslöste.

Massenhaftes Rattensterben ist ein deutlicher Hinweis. Pesterreger in Ratten aufzuspüren, bevor diese auf Menschen übertragen werden können, und zudem die Zahl der Flöhe in einer Stadt einzudämmen – das wäre eine ausgezeichnete und lebensrettende öffentliche Gesundheitsstrategie, vorausgesetzt, es würde gelingen, in allen dicht besiedelten Regionen der Welt ein System zur Erkennung und Überwachung von Krankheitserregern aufzubauen. Aber lebe ich in einer Traumwelt, wenn ich dergleichen für möglich halte?

Ich bat darum, die Überwachungseinheit besichtigen zu dürfen, die nach dem Pestausbruch von der Stadtverwaltung von Surat eingerichtet wurde. Shri J. P. Vagadia, der Ungezieferbekämpfungsbeauftragte der Stadt, erläuterte mir sein Tätigkeitsfeld. Kurz gesagt: Es hatte nichts mit Hightech zu tun und war auch nicht kostenaufwendig, allerdings auch nichts für Zartbesaitete.

Die Stadtverwaltung stellt Fangkäfige auf, und im Morgengrauen werden die gefangenen Tiere von ein paar Mitarbeitern eingesammelt. Dann werden die Ratten in ein Labor gebracht, wo ein Techniker sie kurz in Augenschein nimmt, um nach »Beulen« zu suchen, die ein Anzeichen für Pest sind, anschließend fährt er mit einem Plastikkamm durch ihr Fell und zählt die Flöhe auf jeder Ratte. Wenn die Flohzählung einen bestimmten Grenzwert überschreitet, werden die bekannten Rattenlöcher mit Malathion-Pulver besprüht, einem preisgünstigen industriellen Insektizid.

Das ist das gesamte Verfahren, mit dessen Hilfe die achtgrößte Stadt Indiens den Ausbruch einer gefährlichen Infektionskrankheit erkennen will, bevor diese sich weiter ausbreitet. Sie können dieses Vorgehen gern Ihren Kommunalpolitikern vorschlagen, falls Sie meinen, dass auch in Ihrer Gemeinde ein Seuchenüberwachungsprogramm eingeführt werden sollte.

Und natürlich nahmen die Einwohner von Surat 1994 präventiv das erwähnte Tetrazyclin ein, das zweifellos Leben gerettet hat – das aber nicht helfen würde, wenn es zu einem Ausbruch von Superbazillen käme. Seit Jahrzehnten ist es in Indien sehr leicht, Antibiotika rezeptfrei zu erwerben. Es ist viel zu leicht, meint der Gesundheitsforscher Dr. Philip Mathew. »Aus mehreren Teilen des Landes wird berichtet, dass die Zahl behandlungsresistenter Bakterien ständig zunimmt und herkömmliche Antibiotika damit wirkungslos werden. Dieses Problem wird wesentlich verschärft durch die allgemeine Verfügbarkeit von Antibiotika wegen der unregulierten ›freien Verkäufe‹«, schrieb Mathew 2017.[22] Aufgrund der Entdeckung multiresistenter Pest-Bakterienstämme in Madagaskar erklärte die American Society for Microbiology bereits 2006, dass die Pest »eine wiederkehrende Seuche« sei.[23]

Doch schon relativ billige und einfache Gesundheitsprogramme, die darauf zielen, die Ausbreitung von Bakterien zu unterbinden, könnten uns von der Befürchtung befreien, dass der erste Ausbruch eines Superbazillus die menschliche Zivilisation zerstören könnte – vorausgesetzt, man könnte diese Maßnahmen auch praktisch umsetzen. Solche Präventionsmaßnahmen können verschiedene Formen annehmen und wären vielleicht sogar noch unkomplizierter als das Einsammeln von Ratten.

Ein Beispiel: Sie kennen vielleicht die Warnhinweise, die manchmal auf Speisekarten von Restaurants ganz unten stehen, nämlich dass es keine besonders gute Idee wäre, halb gare Speisen zu sich zu nehmen? Diese Hinweise könnten vielleicht Ihre Aufmerksamkeit finden, wenn Antibiotika keine Option mehr darstellten, um Lebensmittelvergiftungen zu bekämpfen. Eine weitere wichtige Verbesserung der öffentlichen Gesundheit – die schon von den alten Ägyptern eingeführt wurde, um Seuchenausbrüche zu verhindern – wird als »Krankschreibung« bezeichnet. Krankschreibungen waren einstmals allgemein üblich, verschwanden dann aber für einige Jahrtausende; im Zuge der Aktivitäten der Arbeiterbewegung im frühen 20. Jahrhundert wurde diese Praxis wiederentdeckt, aber damals noch nicht verpflichtend eingeführt. Wenn sich Superbazillen zu einem festen Bestandteil des Lebens entwickeln sollten, werden wir Krankschreibungen wieder aufgreifen müssen, denn bislang wird dieses Instrument kaum angewendet. Nach einer Erhebung unter Beschäftigten im kanadischen Gesundheitswesen aus dem Jahr 2017 erschienen beispielsweise in den vorausgegangenen zwei Monaten 59 Prozent der Kinderärzte zur Arbeit, auch wenn sie erkrankt waren.[24] Diese Einstellung, dass man möglichst nie fehlen dürfe in der Arbeit, stellt ein Problem für die öffentliche Gesundheit dar und kann laut einem anderen Bericht von 2016 Menschen dem Risiko von Streptokokken-Infektionen wie zum Beispiel Halsentzündungen aussetzen.[25]

Ein weiteres Beispiel dafür, wie man durch ganz einfache Präventionsmaßnahmen Superbazillen meiden kann, sind Kondome. Unbehandelbare Gonorrhoe und Chlamydien entwickeln sich zu ernst zu nehmenden Problemen der öffentlichen Gesundheit, doch Kondome sind als Schutz vor der Übertragung solcher Krankheiten wesentlich wirkungsvoller, als man vielleicht annehmen würde.[26] Bedauerlicherweise verwendeten aber laut einer Studie von 2017 nur 18,2 Prozent der Frauen und 23,9 Prozent der Männer, die in einem Zeitraum von vier Wochen befragt wurden, während der gesamten Dauer des Geschlechtsverkehrs Kondome, was bedeutet, dass zum großen Teil auch ungeschützter Sex stattfindet.[27]

Im Hinblick auf Krankenhauskeime wie MRSA erklärte mir John Rex vom Wellcome Trust, dass die medizinische Gemeinschaft große Probleme bekommen werde, wenn die Medikamente nicht mehr wirkten. Krankheitsausbrüche werden dann zu einem hartnäckigen, quälenden Problem. Und zwar aus folgendem Grund: Nehmen wir an, eine Patientin berührt im Krankenhaus ein Geländer, auf dem sich MRSA-Keime befinden, und kratzt sich dann am Bauch. Zunächst geht es ihr weiterhin gut. Aber wenn eine Stunde später das Skalpell eines Chirurgen die Bauchdecke an der Stelle aufschneidet, an der sie sich gekratzt hat, gelangen die MRSA-Bakterien in den Körper, und die Frau hat damit eine potenziell tödliche Infektion.

»Bei den Vorbeugungsmaßnahmen gegen Infektionen geht es zum wesentlichen Teil darum, dass man viele kleine Einzelheiten genau beachtet, und es ist immer leichter, ein bisschen nachlässig zu sein«, erläuterte John Rex. Dann führte er aus, wie ein gewissenhafter, auf die öffentliche Gesundheit bedachter Chirurg vorgehen müsse:

»Ich werde mich, so gut es geht, bemühen, dass Sie nicht von einem Bakterienstamm besiedelt werden. Bevor ich Sie aufschneide, habe ich die Möglichkeit, Sie von Bakterien zu befreien. Ich kann Phisohex [ein hochwirksames Desinfektionsmittel, das MRSA töten kann, aber in den USA seit 1972 verboten ist, nachdem es für den Tod von 39 Kindern in Frankreich verantwortlich gemacht worden war[28]] und Seife einsetzen und verschiedene andere Dinge an Ihrer Körperoberfläche. Ich kann einiges tun, um während des Eingriffs Infektionen zu verhindern. Ich kann Dinge, bei denen es sich nicht um Medikamente handelt, äußerlich und nur physikalisch einsetzen. Sie halten die Luft sauber im OP.«

Rex erklärte mir auch, wie die Infektionsgefahr bei einem relativ einfachen Eingriff wie einer Hüfttransplantation durch einen »wirklich sehr guten Ablauf« wesentlich reduziert werden kann, der darauf ausgerichtet ist, »erkennbare Hinweise« zu liefern, um eine untherapierbare Infektion zu vermeiden.

Aber auch Chirurgen sind nicht perfekt, und so werden Superbazillen in unseren Körper gelangen – bis 2050 werden laut dem schon erwähnten Bericht des britischen Ökonomen Jim O'Neill jedes Jahr Millionen Menschen infiziert. Und gemäß einem Bericht der Centers for Disease Control and Provention über MRSA aus dem Jahr 2012 lag die Sterblichkeitsrate bei MRSA-Infektionen bei 27,2 Prozent.[29] Gegenwärtig stehen den Ärzten aber noch einige Medikamente zur Verfügung, die sie zur Bekämpfung von MRSA einsetzen können, gewissermaßen das »letzte Aufgebot an Antibiotika«, wie etwa Vancomycin und Daptomycin.

Doch diese Arzneistoffe werden nicht für immer bei solchen Erkrankungen wirken, und es gibt auch bereits Berichte über Resistenzen gegen diese Mittel – meist bei Krankenhausinfektionen, weil diese Medikamente gewöhnlich in Krankenhäusern verwendet werden. MRSA-Infektionen werden durch andere Infekte abgelöst werden, beispielsweise durch VRSA (Vancomycin-resistente Staphylococcus aureus)[30] und durch DRSA (Daptomycin-resistente Staphylococcus aureus)[31], und dadurch werden noch wesentlich mehr Menschen sterben – Opfer der sich global ausweitenden tödlich verlaufenden Septikämie-Erkrankungen.

Septikämie ist eine entzündliche Reaktion des menschlichen Körpers auf eine Infektion wie etwa MRSA und keine eigenständige, spezifische Infektion. Eine Septikämie kann zu einem schnellen Tod führen. Um herauszufinden, worauf sich die Menschen einstellen müssen, wenn Septikämie-Fälle weiter zunehmen, sprach ich mit einem Mann, der beinahe an einer Staphylokokken-Infektion gestorben wäre, die er sich im Krankenhaus zugezogen hatte.

Am 15. Juni 2016 verbrühte sich Christian Armstrong, ein 20 Jahre alter Bauarbeiter aus Tulsa in Oklahoma, seinen Arm durch einen grausigen Unfall beim Kochen. Doch es war nicht sein verbrannter Arm, der von Staphylokokken befallen wurde. Es war sein Oberschenkel, von dem ein großer Teil der zur Verpflanzung benötigten Haut entnommen worden war und an dem nun eine große Wunde klaffte. Insgesamt wurde die Wunde an seinem Arm mit 600 Stichen genäht und die an seinem Oberschenkel mit 170 Stichen, erzählte er mir.

»Ich habe um 10 Uhr vormittags das Krankenhaus verlassen, und mittags hatte ich 40,5 Grad Fieber«, berichtete er. Komischerweise schmerzte die Entnahmestelle am Oberschenkel stärker als der verletzte Arm. »Einmal«, so erzählte er, »sank ich in die Knie und schrie, weil ich noch nie solche Schmerzen gehabt hatte. Am ehesten kann ich die Schmerzen [durch die Infektion] beschreiben, wenn ich die Situation mit einer Zahnpastatube vergleiche, die zur Neige gegangen ist und für die man keinen Ersatz im Haus hat. Gewöhnlich rollt man diese Tube dann auf, um auch den letzten Rest herauszupressen und sich noch ein letztes Mal die Zähne putzen zu können, nicht wahr? So haben sich die Schmerzen angefühlt, es war, als würde mein Körper aufgerollt und zusammengequetscht und zerdrückt werden. Je weiter sich die Infektion ausbreitete, umso fester wurde die Tube aufgerollt.«

Nach 14 Stunden, die er »schweißtriefend und nur noch halb bei Bewusstsein« im Warteraum der Notaufnahme verbrachte, wurde er abermals auf die Verbrennungsintensivstation verlegt. In den folgenden zwei Tagen, die er in einem durch die massiven Schmerzmittel hervorgerufenen Dämmerzustand verbrachte, verlor er immer wieder das Bewusstsein, erbrach sich, kollabierte beim Gang zur Toilette und konnte sich schließlich wegen der Schmerzen überhaupt nicht mehr bewegen, aber er spürte, dass die Wunde auf seinem Oberschenkel eine intensive Hitze ausstrahlte.

Am Ende des zweiten Tages wurde Christian vom Personal in eine Badekabine geschoben, um seinen Oberschenkel zu untersuchen und zu reinigen. Als der silbergestreifte Verband abgenommen wurde, bekam Christian das Monster schließlich zu Gesicht. Er sagte mir, was er da erblickt habe, sei weit schlimmer als ein blutiges, verstümmeltes Stück Fleisch oder eine hochrote, entzündete Wunde gewesen. Vielmehr sah die Wundstelle wie ein riesiger neongrüner Schimmelfleck aus. Als auch die übrigen Anwesenden dies sahen, habe er nur gedacht, *ich hab's euch ja gesagt*.

Die Freilegung der Wunde schien wie durch Zauberhand die unmissverständlichen Anzeichen einer Sepsis hervorzurufen. Als sich Christian wieder auf der Intensivstation befand, bildete sich auf seiner Haut eine Vielzahl grüner und gelber Flecken. Seine Finger wurden blau und violett, wie in der Endphase einer Unterkühlung, denn sein Körper hatte begonnen, in den lebenswichtigen Organen Blut zu horten, sodass für die Extremitäten nicht mehr viel übrig blieb. Der Krankenhausgeistliche gab ihm die Sterbesakramente. Dann, als hätte er sich plötzlich selbstständig gemacht, sprang sein Infusionsbeutel vom Arm »wie eine Schaumstoffkanone«.

Christians Venen hatten sich verengt – ein Zeichen, dass die Nieren zu versagen begannen. Es wurden weitere Ärzte hinzugezogen. Er erinnert sich noch verschwommen daran, wie eine Krankenschwester ins Telefon rief: »Wenn Sie jetzt nicht kommen, stirbt er!«

Im Laufschritt schob das Ärzteteam ihn über den Gang in einen Operationssaal, wobei Christian rätselhafterweise bei Bewusstsein blieb. Patienten mit fortgeschrittener Sepsis verlieren normalerweise das Bewusstsein, doch Christian fragte die Anwesenden im OP: »Muss ich sterben? Muss ich sterben? Ist es wahrscheinlich, dass ich sterbe?«

Es war nicht möglich, mit operativen Maßnahmen zu beginnen, weil Christians dünne Venen keine Infusion mehr zuließen – was bedeutete: keine Medikamentengabe, keine Flüssigkeitszufuhr und keine Bluttransfusionen. Nach Christians Erinnerung versuchten sieben Personen eine Einstichstelle zu finden, und eine Krankenschwester suchte mithilfe eines Ultraschallgeräts nach einem genügend großen Blutgefäß. »Ich hörte, wie sie sagten: ›Nichts, nichts.‹« Dies war der Moment, da Christian tiefste Verzweiflung erfasste, wie er mir erzählte. »Mein Körper tat höllisch weh, aber ich konnte dennoch die kleinen Nadeln spüren.« Er bekam mit, wie sich eine Möglichkeit nach der anderen zerschlug. »Sie haben es an meinen Füßen versucht, an den Beinen, den Hüften, überall auf meinen Armen und an meinem Hals.«

Sollten Sie sich jemals in einer Situation wie Christian befinden, dann ist dies der Zeitpunkt, zu dem Sie ins Koma fallen und sterben. Eine Untersuchung globaler Daten über Sepsis, die 2012 im *Journal of Global Health* veröffentlicht wurde, ergab, dass die Sterblichkeitsrate bei schweren Fällen von Sepsis oder septischem Schock bei 50 beziehungsweise 80 Prozent liegt.[32] Mit anderen Worten, wenn sich fünf Menschen in einer Lage befänden wie Christian zu diesem Zeitpunkt, würden die anderen vier sterben. Christian hatte das Glück, dass er jener eine von fünf Betroffenen war, der überlebt – den Ärzten gelang es doch noch, ihm eine Infusion zu verabreichen, den Eingriff durchzuführen und das infizierte Gewebe sicher zu entfernen, und sie konnten ihm auch injizierbare Antibiotika geben. Wenn eine Septikämie allerdings von einem Superbazillus herrührt, scheidet diese Option aus.

Falls eines Tages die Empfehlung ausgesprochen werden sollte, auf die Anwendung der injizierbaren Antibiotika, die gegenwärtig einsetzbar sind, zu verzichten, werden sicherlich einige Ärzte wissen, wo sich nicht zugelassene intravenös anwendbare Antibiotika wie etwa Fosfomycin beschaffen lassen. Injizierbares Fosfomycin ist ein patentiertes Antibiotikum, das noch nicht für Infusionszwecke verfügbar ist, weil es bei seiner Entwicklung erhebliche Nebenwirkungen zeigte und sich auch nicht als so wirksam erwies wie andere, bereits zur intravenösen Anwendung zugelassene Medikamente.[33] Laut einem 2014 veröffentlichten Bericht aus Griechenland über problematische Substanzen wie Fosfomycin bietet »die Verfügbarkeit neuer genetischer und molekularer Modifizierungsmethoden die Hoffnung, dass die Nachteile einiger dieser Arzneistoffe hinsichtlich Toxizität und Effizienz in der Zukunft überwunden werden können«.[34]

In Universitätslaboren finden sich kleinere Mengen einiger weiterer Antibiotika für seltene Leiden. Einige davon sind mittlerweile in den Medikamentenschränken vieler Krankenhäuser gelandet, wo Menschen an Infektionen sterben, sie sind aber noch nicht zur intravenösen Anwendung zugelassen. Und wenn Bedarf besteht an Medikamenten, die noch nicht legal sind, dann werden die Märkte auch einen Weg finden, diesen Bedarf zu befriedigen. Dies läuft im Allgemeinen unter dem Begriff »Drogenhandel« und ist ein Geschäft, das seit Jahrhunderten boomt.

Sollten eines Tages auch diese zweifelhaften, nicht ganz legalen Antibiotika nicht mehr wirken, dürfte es wirklich am besten sein, die Überträger von Infektionskrankheiten wie beispielsweise der Pest einfach konsequent zu meiden.

Kapitel 10

Was wirklich passiert, wenn der letzte Fisch im Meer stirbt

Noch in diesem Jahrhundert? Vielleicht.

Plausibilität: ✲✲✲✲✲

Muss man davor Angst haben? Ja.

Sollte man deshalb seine Lebensgewohnheiten ändern? Ja.

(Mitgehört an der University of California, Irvine, Biologische Fakultät. Sprechstunde. Wir hören nur eine Seite der Konversation; es ist die Stimme eines Studenten.)

»Ich surfe, um mich einer Herausforderung zu stellen, Dr. Peters.«

»Aufrecht auf dem Brett stehen? Kinderkram. Die Welle rechtzeitig ›reiten‹? Das kann jeder Tourist ein- oder zweimal schaffen. Eine große Welle erwischen? Viele Anfänger haben Glück und erwischen eine Fünfmeterwelle – und tauchen dann für 30 Sekunden in den Strudel ein, um hernach damit zu prahlen. Das ist toll. Beneidenswert. Aber darum geht's mir nicht.«

»Ich bin erst ein richtiger Surfer geworden, nachdem ich kapiert habe, dass man sich täglich schinden muss. Man muss jeden Tag hinaus, bei jedem Wetter, auch wenn das Wasser eiskalt ist. Das empfindet man vielleicht nicht gleich so, aber man spürt es doch, gerade wenn der Anzug alt und undicht ist, man durch die Sicherheitsbrille kaum noch hindurchsehen kann oder Wasser eindringt. Wenn du dann zurückschreckst, weil du nicht mit Salzwasser in Kontakt kommen willst oder weil das Wasser so stark verschmutzt ist, dass du es sehen kannst und Angst hast, einen Ausschlag oder Durchfall zu bekommen, dann verpasst du die Welle deines Lebens – vielleicht nicht die größte, aber eine, die für dich bestimmt ist. Die Welle, die dich liebt.«

»Also bevor Sie fragen, deshalb war ich an diesem Tag draußen, obwohl das Wasser rot war. Nein, ich habe noch nie was von ›*Karlodinium veneficum*‹ gehört. Wer kennt denn schon diesen Begriff?«

»Ich war draußen, weil ich einfach irgendwo surfen wollte, verstehen Sie. Ich informiere mich ständig über die Strömungen, und es hieß, dass in dieser Woche eine gute Chance besteht, dass die Wellen mehr als 15 Meter hoch werden, und die Warnungen vor den roten Blüten klangen wie diese Sprüche, die man sonst auch immer hört: ›Oh, heute ist das Wasser wieder voller Phosphor.‹ Okay, ich weiß. Oder: ›Das Wasser ist karzinogen!‹ Ja, deshalb ist mein Schwimmanzug nach EN 61331-3 zertifiziert. Gehe niemals ohne diesen Schwimmanzug aus dem Haus, richtig? Und genau das habe ich getan.«

»Zu Ihrer Erinnerung: Vor langer Zeit gab es ja noch so was wie Haie im Meer, die ein paar Meter lang waren und den Surfern im wahrsten Sinn des Wortes die Beine abgerissen haben, aber trotzdem wollten die Leute da draußen surfen. Haha. Ich weiß nicht, ob das wirklich stimmt, aber so erzählen es die Surfer.«

»Ja, es war rot. Richtig blutrot war es da draußen. Aber nicht daran erinnere ich mich. Ich erinnere mich, dass ich auf 20 Meter hohen Wellen hockte und auf den richtigen Augenblick wartete. Und als es dann so weit war, da habe ich mich verschätzt, und wenn man auf einer solchen Welle steht, spürt man so ein komisches Kribbeln, als würde man vom Dach eines Gebäudes herabstürzen oder über den Rand der Niagarafälle springen, und dann erwischt einen der Wellenkamm, und es kommt zu einer Explosion von Wasser, die einen in alle Richtungen schleudert, und man hört, wie die Sauerstoffmaske unter dem Druck knirscht, als würde sie gleich zerbrechen. Und nebenbei gesagt, es hat Leute gegeben, die haben das ohne Sauerstoffflasche gemacht, einfach nur, indem sie unter all dem Wasser die Luft angehalten haben. Können Sie sich das vorstellen?«

»Ich befand mich also weiter in diesem Wirbel, schaute mich um und wartete darauf, dass sich das Wasser beruhigte, und da sah ich ein Stück Plastik, ein sehr eigenartiges Stück Plastik. Ich dachte zuerst, es wäre vielleicht ein toter Vogel, so etwas kriegt man ja hin und wieder zu Gesicht. Aber dann habe ich instinktiv danach gegriffen und das Ding gepackt, denn ich wusste, dass es etwas sehr Seltenes war. Und das bringe ich Ihnen hier, Dr. Peters. Ich habe es nicht umgebracht, es war schon tot, als ich es gefunden habe.«

»Sie sind anscheinend völlig sicher, dass dieses rote Zeug im Wasser – diese ›Dino-Geißeltierchen‹, wie Sie es genannt haben – es getötet hat. Aber vielleicht haben es auch die Wellen umgebracht, haha.«

»Ein Sargassofisch? Noch nie gehört. Aber er sieht cool aus! Ich wusste gar nicht, dass es Fische gibt, die so aussehen.«

»Nein, ich habe das Aquarium der Universität nicht aufgebrochen und einen Sargassofisch geklaut, damit ich in die Nachrichten komme, nein, wirklich nicht. Ich war draußen beim Surfen! Sie haben doch neulich gesagt, dass kein Leben mehr möglich ist in diesem Wasser, abgesehen von Algen, aber anscheinend war da doch noch etwas.«

»Werden Sie diesen Fisch in ein Museum geben, oder darf ich ihn behalten? Er würde einen schicken Halsschmuck abgeben.«

Als ich mit dem Paläontologen Jonathan Payne von der Stanford University über das Sterben der Fische im Meer sprach, schlug er mir vor, noch einen Schritt weiterzudenken, nämlich dass es überhaupt kein Leben mehr in den Ozeanen geben würde. »Es hätte viele interessante Auswirkungen auf die Umwelt, wenn man die Meere unfruchtbar machen würde«, erklärte Payne. »Meiner Ansicht nach gibt es keine Belege oder Hinweise dafür, dass prokaryotisches Leben – die Bakterien in den Meeren – in den letzten 500 Millionen Jahren auf einen niedrigen Stand oder in die Nähe des Aussterbens gebracht worden ist«, meinte er.

Ich hatte ihn nach einem Massenaussterben von Fischen gefragt. Warum legte er noch eine Schippe drauf und brachte den Gedanken ins Spiel, dass *alle Lebewesen* – nicht nur Fische und Meeressäuger, sondern auch Pflanzen, Algen und Bakterien – verschwänden und die Meere dadurch noch toter werden würden als ein übermäßig mit Chlor behandelter Swimmingpool? Weil nach Ansicht von Payne, der ein Experte für die Frage eines Massenaussterbens in den Ozeanen ist, die Vorstellung, dass die Fische aussterben könnten, *keineswegs eine Science-Fiction-Erzählung* darstellt. Ein derartiges Ereignis hat es bereits gegeben, und wir werden es vermutlich ein weiteres Mal erleben.

Um Paynes Einstellung zu verstehen, müssen wir zunächst zwei geschichtliche Abschnitte betrachten. Das ist zum einen die Zeit vor dem Erscheinen der Dinosaurier, in der wir einen Vorläufer für jene Form eines groß angelegten Massenaussterbens finden können, das uns jetzt wieder erwartet. Und dann müssen wir uns zweitens die vergangenen 200 Jahre ansehen, um zu verstehen, warum unsere fischlose Zukunft bald zur Gegenwart werden könnte.

Wir wissen, dass vor ungefähr 250 Millionen Jahren etwas ziemlich Schreckliches geschah, weil fast alles Leben, das es damals auf der Erde gab, sehr schnell, das heißt über einen Zeitraum von wenigen Millionen Jahren, ausgelöscht wurde.[1] (Dieses Ereignis ist nicht zu verwechseln mit dem Meteoriteneinschlag, der sich vor 65 Millionen Jahren ereignete – und der vermutlich die Dinosaurier auslöschte. Das war eigentlich gar nichts. Viele dieser Dinosaurier verschwanden auch nicht vollständig; sie werden heute als »Vögel« bezeichnet, und auch einige Säugetiere haben überlebt und sich zu Menschen entwickelt, und zwar in relativ kurzer Zeit.)

Dieses frühere Ereignis, das Perm-Trias-Massenaussterben, wird bisweilen auch als »Großes Sterben« bezeichnet von Paläontologen, denen es gefällt, wenn historische Ereignisse wie die Titel von Morrissey-Alben klingen. Danach wurde es für eine Weile recht ruhig auf der Erde – besonders in den Meeren.

Im Jahr 2017 befassten sich Payne und einige Kollegen mit den Ursachen dieses einschneidenden Ereignisses, das zum Großen Sterben führte. Sie fanden heraus, dass eine temperaturabhängige Hypoxie – das Auftreten eines Sauerstoffmangels infolge von Temperaturveränderungen – für mehr als 70 Prozent der Verluste verantwortlich war.[2] Für diese Temperaturveränderungen wurde ein wohlbekannter Schuldiger ausgemacht: eine »schnelle und starke Klimaerwärmung«. Payne und Kollegen waren nicht die Ersten, die Vergleiche anstellten zwischen den Ereignissen, die das Große Sterben nach sich zogen, und den Veränderungen, die wir heute erleben. Eine frühere Studie hatte bereits festgestellt, dass das Große Sterben auf einen Anstieg der Kohlenstoffemissionen zurückzuführen ist – der damals durch geothermische Ereignisse verursacht wurde und sich im Laufe von 60 000 Jahren ereignete,[3] mit anderen Worten, ein geologischer Wimpernschlag.

»Die relevante Erkenntnis, die wir aus diesen Ereignissen gewinnen können, besteht darin, dass die Muster der globalen Erwärmung und die Abnahme des Sauerstoffs in den Meeren, die für das Artensterben am Ende des Perm verantwortlich gemacht werden können, dieselben Merkmale zeigen, die wir heute sehen«, erläuterte Curtis Deutsch, der als chemischer Ozeanograf an der University of Washington in Seattle tätig ist und als einer von Jonathan Paynes Kollegen an der 2017 erschienenen Studie mitwirkte.

Dank der unserer Spezies eigenen gründlichen Herangehensweise kommt das heutige Projekt der »Abtötung sämtlicher Meereslebewesen« gut voran. Nachfolgend eine kleine Auflistung unserer wichtigsten Strategien:

- Wir kippen jedes Jahr mehrere Millionen Tonnen Plastikmüll in die Meere.[4]
- Die Grundschleppnetzfischerei, bei der die Schleppnetze über den Boden der Meere gezogen werden, verwandelt »große Teile

der tiefen Kontinentalabhänge in faunische Wüsten und hochgradig degradierte Meereslandschaften«, wie 2014 in einem Bericht über die langfristigen Auswirkungen dieser Fischereipraxis festgestellt wurde.[5]

- Der Planet erwärmt sich schnell, und das damit verbundene Artensterben vollzieht sich in Echtzeit. (Obgleich es, wenn es im gegenwärtigen Tempo weiterginge, noch mehrere Jahrhunderte dauern würde, bis dieser Effekt die Tiefen der Ozeane erreichte.)[6]
- Die Versauerung der Meere – der andere bedeutende Nebeneffekt der CO_2-Emissionen neben der globalen Erwärmung – bedeutet für zahllose Lebensformen den Tod, insbesondere für die Korallen, das Rückgrat der Korallenriffe, die zu den am stärksten durch Biodiversität geprägten Ökosystemen der Erde gehören.
- Düngemittel und Pestizide vergiften die Meere und tragen in Verbindung mit den bereits genannten Faktoren dazu bei, »Todeszonen« zu schaffen, nahezu sauerstofffreie Bereiche der Meere, wo praktisch kein Leben mehr möglich ist. Laut einem 2018 in der Zeitschrift *Science* veröffentlichten Bericht nehmen solche Todeszonen heute eine viermal so große Fläche ein wie 1950.[7]
- Wir verspeisen die Meereslebewesen – das ist der Hauptgrund für ihre abnehmende Zahl. Es lassen sich auch heute schon Fangquoten definieren, die als nachhaltig gelten können – sodass die Bestände erhalten bleiben –, doch die Volumina der Fischereiwirtschaft liegen derzeit häufig jenseits dieser Rate, die ein Gleichgewicht gewährleistet. (Gegenwärtig holen wir nach Angaben der UNO 90 Prozent der Fischbestände aus dem Meer.[8]) Mit anderen Worten, wir töten möglichst viele Fische als Nebenprodukt unserer Industrien, und wir essen zudem auch noch so viele, wie wir können.

Man muss darauf hinweisen, dass das Große Sterben nicht ausschließlich durch die Erwärmung hervorgerufen wurde. Doch ungeachtet der konkreten Ursachen starben damals 96 Prozent der Meereslebewesen.[9] So verschwanden zum Beispiel alle Trilobiten und Blastoiden. Allesamt! Doch niemand trauert um die Trilobiten und Blastoiden, und das kann helfen, zu veranschaulichen, warum wir gar nicht begreifen, dass wir das Leben in den Ozeanen vernichten. Für

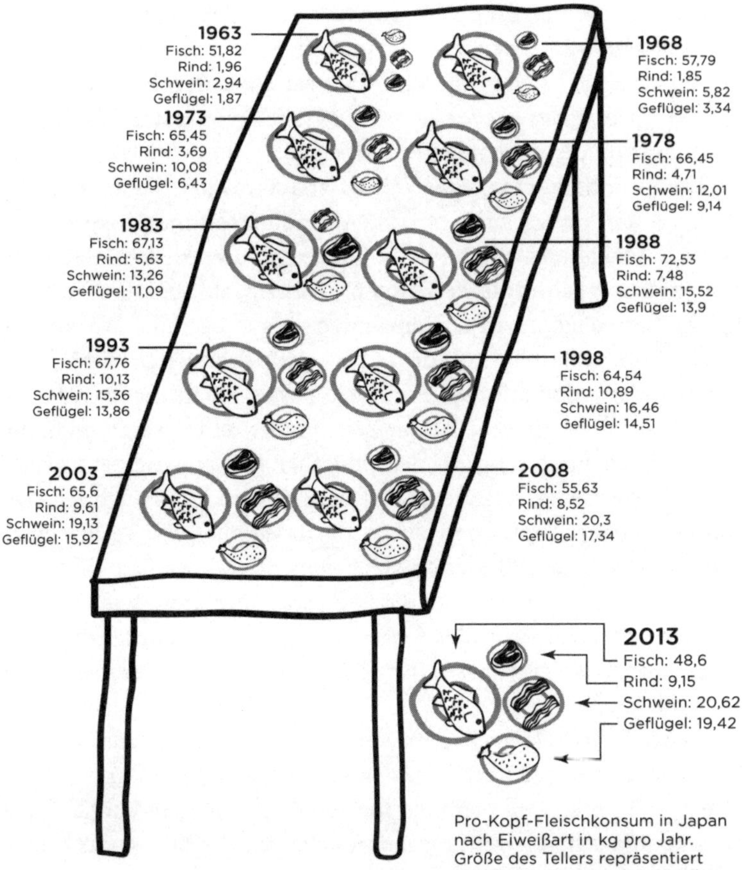

Pro-Kopf-Fleischkonsum in Japan nach Eiweißart in kg pro Jahr. Größe des Tellers repräsentiert jeweiligen prozentualen Anteil.

dieses Phänomen gibt es einen soziologischen Begriff: Man nennt es eine »sich verändernde Vergleichsbasis«.

Unsere sich verändernden Vergleichsgrundlagen sind unsere sich stetig verschlechternden Erwartungen bezüglich der Biodiversität oder schlicht der Artenvielfalt des uns umgebenden tierischen und pflanzlichen Lebens. Zur Ausgangsbasis, die Sie in Ihrer Heimatstadt zugrunde legen, gehören heute wahrscheinlich weniger Pflanzen und Tiere als für jene Menschen, die dort eine Generation früher lebten. Zudem ist zu bedenken, dass wir dazu neigen, unsere frühen

Erfahrungen mit Natur und Umwelt als normaler anzusehen als das, was wir später im Leben wahrnehmen und aus dem wir den Schluss ziehen, dass alles sich in kürzester Zeit verschlechtert habe, während solche Prozesse des Niedergangs in Wirklichkeit wesentlich längere Zeiträume in Anspruch nehmen.

Um es anhand eines Beispiels zu erläutern, das nichts mit dem Meer zu tun hat: Zu meinen frühen Kindheitserinnerungen an die Sommer im kalifornischen Inland Empire gehören kleine Gassen, die voll waren mit kalifornischen Kröten. Zwanzig Jahre später sind diese Kröten fast vollkommen verschwunden – wahrscheinlich wurden sie infolge von Infektionen mit dem Chytridpilz dezimiert.[10] Ihr Verlust vermittelt mir den falschen Eindruck, dass die natürliche Ordnung in Südkalifornien in sehr kurzer Zeit verschwunden sei, obwohl die Schäden, die durch Eingriffe des Menschen hier angerichtet wurden, schon seit wesentlich längerer Zeit wirksam sind und auch eine wesentlich größere Dimension aufweisen als lediglich den Verlust einer Krötenart. Seit Jahrhunderten vollziehen sich wesentlich einschneidendere Veränderungen der Biodiversität, aber Tiere wie den südkalifornischen Kitfuchs, der schon vor mehr als einem Jahrhundert ausgestorben ist[11], vermisse ich nicht, weil er nie zu meiner *Vergleichsbasis* gehörte.

In ähnlicher Weise werden wir uns nach Ansicht von Deutsch auch nicht über das Verschwinden sämtlicher Fische sorgen, wenn es eines Tages so weit kommen sollte, weil sich unsere Vergleichsbasis bis dahin schon so sehr verändert haben wird, dass wir das Fehlen von Fischen als normal betrachten werden.

Damit zurück zu der ersten Frage, die ich den Wissenschaftlern stellte: Wie wird das Meer ohne Fische aussehen?

In ästhetischer Hinsicht werde es nicht viel anders aussehen als heute, meinte Payne. Bei meinen Erkundungen habe ich immer wieder bemerkt, dass sich in kristallklarem blauen Wasser meist relativ wenig Leben findet. Nur selten sieht man beim Blick hinaus aufs Meer starke Anzeichen von Leben – und sei es nur pflanzliches Leben. »Das Wasser ist nicht grün bedeckt, es ist also nicht voller Zellen, die an der Fotosynthese beteiligt sind«, erklärte Payne. »Die Farbe, die man sieht, entsteht aus dem Zusammenwirken von Lichtabsorption und Wasser.« Meist wird man also beim Blick aufs Meer gar nichts sehen, so wie man bei einem Flug über die Great Plains nichts erfährt über das Verschwinden des amerikanischen Büffels.

Erst in jüngerer Zeit hat man begonnen, die unterschiedlichen Arten der Meereslebewesen ganzheitlich zu erfassen und zu zählen. Deshalb lassen sich nur schwer konkrete Zahlen nennen, doch laut einem Bericht des World Wildlife Fund aus dem Jahr 2015 haben die Ozeane im Zeitraum von 1970 bis 2012 rund 49 Prozent aller Wirbeltiere eingebüßt.[12] Daher sollten wir vielleicht versuchen, uns in die Perspektive jener Menschen einzufühlen, die die Meere gesehen haben, als diese noch voller Leben waren, und dazu empfiehlt Deutsch die Lektüre von Berichten über das Zeitalter der Forschungsreisen. Wenn Zeitreisen möglich wären, meinte Deutsch, würden die spanischen Forschungsreisenden, die als Erste die Neue Welt besucht haben, bei einem Blick in unsere heutigen Meere vielleicht ausrufen: *Mensch, da ist ja alles tot!*

»Sie würden beschreiben, wie sie mit ihren Schiffen durch das Karibische Meer fuhren und nicht an Land gehen konnten, weil die Meeresschildkröten vor dem Strand so dicht nebeneinanderlagen, dass sie mit ihren Booten nicht hindurchkamen«, meinte Deutsch. Als Kolumbus ankam, gab es dort tatsächlich so viele Schildkröten, dass diese die ganze Nacht mit einem dumpfen Geräusch gegen den Rumpf seines Schiffes schlugen und seine Mannschaft keinen Schlaf fand.[13] Heute dagegen ist es etwas Bedeutendes, wenn man eine Meeresschildkröte zu Gesicht bekommt, denn ihre Zahl im Karibischen Meer hat sich auf 3 bis 7 Prozent der Bestände in der Zeit vor der Ankunft der Europäer verringert.[14]

Ich habe in meinem gesamten bisherigen Leben nur eine einzige Meeresschildkröte gesehen, und zwar, weil ich bewusst nach einer suchte.

Damals befand ich mich vor der Nordostküste von Queensland in Australien und tauchte im Great Barrier Reef in der Hoffnung, dass ich dadurch meine eigene sich verändernde Vergleichsbasis bezüglich der Biodiversität im Meer etwas korrigieren könnte. Auch wenn Sie vielleicht noch nie das Vergnügen hatten, persönlich ein Korallenriff zu besuchen, so kennen Sie wahrscheinlich Filme wie den wundervollen Animationsfilm *Findet Nemo*, der die Geschichte eines kleinen Clownfischs erzählt, oder *Blue Planet*, eine meisterhaft fotografierte Fernsehserie der BBC, sodass Sie im Allgemeinen wissen, wie ein Korallenriff aussieht – es ist ein Ort, an dem es vor Leben wimmelt, und einer der ganz wenigen Plätze, wo dieser Ausdruck wirklich angebracht erscheint.

Aber stellen Sie sich kein in Technicolor gehaltenes Disney-Wunderland vor. Wenn Sie nicht den richtigen Objektivfilter haben und das Wetter nicht passt, sieht ein Korallenriff genauso aus, wie es ist: ein Teil des Meeres, in dem es viel Leben gibt – wie alle anderen Teile des Meeres, die Sie schon gesehen haben, auch wenn es hier mehr braune und gelbe (lebende) Dinge gibt. Wenn man näher hinschaut, sieht man beeindruckende, fotogene Tiere zwischen den Korallen und in den Anemonen. Ihr Führer wird Sie aufmerksam machen, wenn es etwas zu sehen gibt. »Will jemand Nemo sehen?«, fragt er vielleicht und zeigt auf den Clownfisch, denn Clownfische gehören zum Korallenriff wie der Eiffelturm zu Paris. Aber die Clownfische hier unten sehen blass und braun aus, wirken unglaublich winzig und haben so gar nichts von den hellroten Wesen, die Ihnen von Disney und Pixar nahegebracht wurden. (Ich möchte damit nicht sagen, dass das Great Barrier Reef nicht atemberaubend schön ist, aber wenn man es sieht, erscheint es »gewöhnlicher«, als man vielleicht erwartet hat.)

Etwas näher an der Oberfläche schwirren Tausende unscheinbare bräunliche Fische in Schulen umher, die in unruhigem Gleichklang die Richtungen wechseln. In einigen Teilen eines Korallenriffs kann man die Hand ausstrecken, sie um einen Fisch schließen, und spürt dann, wie er sich herauswindet, bevor man unmittelbar den nächsten zu fassen bekommt. Die schiere Dichte der »Biomasse« übte auf mich eine zunehmend emotionale Wirkung aus, vor allem, als ich daran dachte, wie viele von den Lebewesen unter mir bereits gestorben waren. In jüngster Zeit sind 30 Prozent der Korallenriffe in einem Jahr untergegangen,[15] und man schätzt, dass insgesamt schon ungefähr 50 Prozent der Riffe verschwunden sind.[16] Als ich das Great Barrier Reef 2018 besuchte, war die Korallenbleiche noch nicht sehr weit fortgeschritten, und es gab noch sehr viele Fische. Doch aufgrund der Entwicklungen, die in Zukunft zu erwarten sind, wird das Leben in den Korallenriffen immer weniger werden.

Nachdem man drei Stunden lang unmittelbar eingetaucht war in eine gewissermaßen abgeschottete Gedenkstätte eines lebenden Meeres, geht man wieder weg und erhält dadurch die Gelegenheit, die eigene ursprüngliche Wahrnehmung des Ozeans mit den frischen Eindrücken aus dem Meeres-Wunderland zu vergleichen. Beim Blick auf den Meeresboden vor der Küste von Kalifornien sah ich das genaue Gegenteil des Great Barrier Reef: *nichts.* Es waren keine Fische zu sehen. Nicht alle Teile eines Küstenmeeres können ein Great Barrier Reef sein, aber das heißt nicht, dass sie alle wie eine tote Wüste aussehen müssen. Anzunehmen, dass sie alle derart leblos sein müssten, ist nicht natürlich; das hat mit der eigenen Vergleichsbasis zu tun, die sich bereits verändert.

Wenn wir das Große Sterben als Modell nehmen, bedeutet dies, dass der Prozess der Umweltzerstörung nicht nur das Sterben von Meeresfischen nach sich ziehen, sondern auch zum Absterben der meisten Pflanzen und Tiere führen wird, die von Fischen gefressen werden, das heißt, von Algen und Seetang, einem Großteil des Planktons, von Krill, Würmern und allem anderen, was wir gern am »Ende der Nahrungskette« ansiedeln. Dieses Massenaussterben würde in der Folge auch alle anderen Arten vernichten, die sich von kleinen Fischen ernähren, wie einen Großteil der Wale, die Delfine, Seehunde, Pinguine und auch viele Menschen.

Hier können wir kurz innehalten und darauf hinweisen, dass einige Fischarten, wie beispielsweise der Quastenflosser, ein in der Tiefsee in Höhlen hausender »Monsterfisch«, das Große Sterben überstanden und bis heute in unveränderter Form überlebt haben. Dem Großen Sterben sind also nicht sämtliche Fische auf der Erde zum Opfer gefallen, wenngleich es zweifellos ein »großes« Ereignis war. Es war ein groß angelegtes Massenaussterben. Aber wenn wir es genau nehmen wollen, sollten wir bedenken, dass sich nicht alle Fische in taxonomische Kategorien wie Stamm, Gattung, Ordnung oder Familie einordnen lassen. Aus genetischer Perspektive verbindet einen Hai mehr mit einem kleinen, listenreichen Räuber wie dem Seepferd als mit einem Quastenflosser, und ein Quastenflosser teilt mehr Erbgut mit einem Salamander[17] als mit einem Hai.[18] Wenn ich also von »Fischen« spreche, werfe ich ein sehr weites Netz aus (das Wortspiel ist beabsichtigt), das *sämtliche meeresbewohnenden Wirbel-*

tiere mit Kiemen umfasst, die keine Landwirbeltiere sind – also auch keine Salamander. Sie werden dem vielleicht keine allzu große Bedeutung beimessen, aber wenn ein auf Fachbezeichnungen versessener Biologe dies liest, wird er erfreut zur Kenntnis nehmen, dass ich diese Unterscheidung treffe.

Wenn wir also das Große Sterben als Modell heranziehen, können wir uns darauf einstellen, dass ungefähr 96 Prozent aller Lebewesen im Meer verschwinden werden – nicht nur die Fische, sondern alles, was mit Augen ausgestattet ist (und auch die blinden Arten). Was wird dann geschehen?

Nun, für große Unternehmen wird dies in mancherlei Hinsicht zu einer enormen Verbesserung des Geschäftsumfelds führen. Aber ähnlich wie die Fülle an Meereslebewesen in den Ozeanen rund um die Neue Welt seinerzeit schlecht fürs Geschäft war, so werden auch die heutigen Schiffe Probleme bekommen.

Nehmen wir zum Beispiel global tätige Einzelhändler wie etwa Walmart, Amazon und Alibaba, die sich zunehmend mit Regulierungen und Vorschriften konfrontiert sehen, mit denen die Lebensräume der Meereslebewesen geschützt werden sollen. Die Containerschiffe – die bisweilen so groß sind wie eine kleine Stadt –, die diese Waren befördern, müssen sich neue, unattraktivere Fahrtrouten suchen[19], um bestimmte Habitate zu umfahren[20] und um eine Verschmutzung durch ihre 100 000 PS starken Dieselmotoren zu vermeiden. Und sie dürfen bei ihrer Reise keine Geräusche mehr produzieren, die zu laut sind oder die Frequenz von 100 Hertz unterschreiten,[21] denn Wale zum Beispiel kommunizieren auf diesen Frequenzen untereinander.

In einem aufgeheizten, versauerten Ozean, der alle Fische getötet hat, sind die Bartenwale wahrscheinlich schon längst ausgestorben, sodass derartige Regulierungen für die Schifffahrt überflüssig werden. Aufgrund des Aussterbens der Tiere wird man auch die Vorschriften gegen die Verklappung von Abwässern im Meer lockern können, und man wird zudem die Empörung der Öffentlichkeit über Ölkatastrophen nicht mehr allzu ernst nehmen müssen.

Das soll nicht heißen, dass die Gewinne der Unternehmen steigen werden. Die Umweltsanierung, also das Aufräumen der Umwelt, nachdem sie durch Unternehmen verunreinigt worden ist, entwickelt sich zu einem zunehmend wichtigeren Wirtschaftszweig, der nach Berechnungen mancher Marktforscher im Jahr 2022 Umsätze bis zu 123,13 Milliarden Dollar erwirtschaften könnte[22] – eine Summe, die dem Umsatz von Google im Jahr 2017 entspricht. Ein Teil dieser Erträge wird sicherlich wegfallen, wenn nicht mehr so viele Ölschäden zu beseitigen sind. Doch es ist unklar, wie lange man es zulassen wird, dass die nun toten Ozeane als freie und allgemein zugängliche Müllkippen behandelt werden.

Eine bedeutsame Auswirkung dieser Müllentsorgung kann man mit großer Sicherheit vorhersagen: Die Fischereiwirtschaft wird nichts mehr mit »Fischen« zu tun haben. Aber sie wird in Form der Fisch-Aquakulturen überleben.

Fischfarmen werden sich zu einem wachsenden Wirtschaftszweig entwickeln. Man nehme zum Beispiel den »Blauflossen-Thunfisch« – ein Marketingbegriff, der als Beschreibung für mehrere große, silberfarbene Fische verwendet wird, die allesamt bedroht sind und die wir täglich zu Tausenden aus dem Wasser ziehen, um jene 15 Dollar teuren Häppchen von fetthaltigem Thunfisch zu gewinnen, die auf Speisekarten mit dem japanischen Wort »Toro« bezeichnet werden und betuchten Einwohnern von Küstenstädten überall auf der Welt Gaumenfreuden bereiten. Diese Häppchen werden zu einem noch exklusiveren Ausweis für Wohlstand werden, wenn die drei oder vier Fischarten, von denen sie stammen, im Laufe der kommenden Jahrzehnte allmählich aussterben und ihre Preise in der Folge in die Höhe schießen werden.

Um diese Unannehmlichkeiten abzumildern, gibt es bereits heute Projekte, bei denen man versucht, Blauflossen-Thunfische in Tanks zu züchten, wie etwa im Meerestechnischen Labor von Yonathan Zohar an der University of Maryland im Baltimore County.[23] Diese Technologie ermöglicht es zum Beispiel, Fischlarven, auch von Blauflossen-Thunfischen, zusammen mit kleineren Arten wie etwa Seebarschen zu Jungfischen heranzuzüchten, die man dann von Booten aus in überfischte Blauflossen-Thunfisch-Habitate ausbringen kann, um die dezimierte Population wiederaufzustocken. Zudem könnten mit diesen Fischlarven auch Thunfische für Aquakultur-Systeme gezüchtet werden – gewissermaßen abgeschlossene Fischfarmen.

Doch ungeachtet der wirtschaftlichen Nutzung der Meere muss auch darauf hingewiesen werden, dass der vollständige Verzicht auf

Speisefische für den Großteil der Menschheit keine realistische Möglichkeit darstellt. »Das würde für viele Menschen Hunger bedeuten«, erklärte mir Jonathan Payne, der Paläontologe von Stanford. Laut einem 2016 in der Zeitschrift *Nature* erschienenen Artikel des Gesundheitsforschers Christopher Golden[24] wären 845 Millionen Menschen – ungefähr ein Zehntel der Weltbevölkerung – durch Unterernährung gefährdet, wenn in näherer Zukunft die herkömmliche Fischerei nicht mehr zur Ernährung beitragen würde, was insbesondere die ärmeren Schichten beträfe.

Es werden uns noch weitere große Veränderungen des Klimas bevorstehen, erklärte Payne. Dass die Meere als »Kohlenstoffsenken« fungieren, hängt zum Teil damit zusammen, dass Plankton Kohlenstoff im Zuge der Fotosynthese verbraucht und es in organische Materie umwandelt. Eine Verminderung der Fotosynthese bedeutet, dass mehr Kohlenstoffdioxid in der Luft verbleibt und die Erwärmung beschleunigt, vor allem in den ausgedehnten toten Zonen rund um den Äquator – was wahrscheinlich eine Ursache für die extremen Meerestemperaturen während des Großen Sterbens war; in Gebieten, die heute etwa 28 Grad Celsius warm sind, lagen die Temperaturen damals bei 40 Grad und höher. Neben der Hitze, erläuterte Payne, »würde man sehr schnell bemerken, dass sich die Auswirkung der Stürme auf die Küstenregionen verändert, denn wenn es in den Riffen kein Leben mehr gibt, werden diese zerfallen. Dadurch sinkt ihre Fähigkeit, die Küstensysteme vor den großen Sturmwellen zu schützen«. Das wird weitreichende Veränderungen des terrestrischen Klimas im Bereich dieser Küstensysteme nach sich ziehen, insbesondere in Regionen wie Australien und den Bahamas.

Aber auch wenn sich das Ökosystem der Ozeane mehr oder weniger in eine riesige Meereswüste verwandelt, ist es gut möglich, dass es weiterhin einige vom Menschen geschaffene Oasen geben wird. Nach einem Vorschlag, der 2017 von einem Konsortium der Tourismuswirtschaft und des australischen Reef and Forest Research Center vorgelegt wurde, sollen sechs besonders interessante Plätze entlang des Great Barrier Reef geschützt werden, indem man für Millionen Dollar kaltes Wasser hineinpumpt, um die Auswirkungen des Klimawandels abzumildern.[25] Diese Idee wurde von vielen Kritikern als abwegig betrachtet, die darauf hinwiesen, dass das Hineinpumpen von kaltem Wasser in einige Teilabschnitte des Riffs nichts weiter als ein Tropfen auf den heißen Stein sei und stattdessen groß angelegte Maßnahmen erforderlich seien. Doch derartige Maßnahmen gibt es bislang nicht, und so schreitet das Massenaussterben weiter voran.

Da wir anscheinend nicht den Willen aufbringen, die schlimmsten Beeinträchtigungen der Meere einzudämmen, werden wir bestenfalls auf einige kleinere, begrenzte Rettungsaktionen hoffen können.

Kapitel 11

Was wirklich passiert, wenn in den USA privater Waffenbesitz vollständig verboten wird

Noch in diesem Jahrhundert? Fraglich.

Plausibilität: ✲✲✲✲✲

Muss man davor Angst haben? Überraschenderweise, ja.

Sollte man deshalb seine Lebensgewohnheiten ändern? Ja.

Aus einem internen Vermerk der Verwaltungsstelle Western District of Pennsylvania des Justizministeriums

ANMERKUNG: Bei den Ereignissen vom 19. April nutzten die Aufständischen den Messengerdienst Signal, um sich zu koordinieren. Die Nachrichten wurden verschlüsselt und konnten nicht abgehört werden, was eine Erklärung dafür ist, dass die betreffenden Personen während der anschließenden Fahndungsaktion imstande waren, sich untereinander abzusprechen. Lediglich eine einzige Unterhaltung konnte auf einem Mobiltelefon (Beweisstück Nr. 26) rekonstruiert werden, das bei der Verhaftung des Tatverdächtigen A (Eric Matthews) sichergestellt wurde. Da später die Option aktiviert war, dass Nachrichten nach einer bestimmten Zeit verschwinden sollen, konnten keine weiteren Transkripte gesichert werden.

Das Justizministerium war anfänglich nicht imstande, Zugriff auf dieses Gerät herzustellen, doch da der Tatverdächtige A mittlerweile mit den Bundesbehörden kooperiert, hat er die zur Entsperrung erforderlichen Informationen und Passwörter preisgegeben. Die beiden anderen Teilnehmer an dem Gespräch neben dem Tatverdächtigen A waren vermutlich der mittlerweile verstorbene Bruce Edmunds und der Tatverdächtige William Graves; das Gespräch fand zwischen 9:15 Uhr und 10:21 Uhr statt. Bitte verwenden Sie diese Informationen bei Bedarf.

Glossar der Begriffe

- 10/22: Ein beliebtes kleinkalibriges halb automatisches Gewehr der Firma Ruger.
- 3-Rs: Eine Faustregel im Survivaltraining, die besagt, dass man höchstens drei Stunden ohne Schutz vor Wetterstürzen, drei Tage ohne Wasser und drei Wochen ohne Nahrung überleben kann.
- ATF: Bureau of Alcohol, Tobacco, Firearms and Explosives, eine dem US-Justizministerium unterstellte Bundespolizeibehörde.
- BOB: Bug-out Bag. Ein fertig gepackter Rucksack oder Seesack, der im Katastrophenfall sofort greifbar ist.
- EDC: Everyday Carry. Dieser Begriff wird von Waffenbesitzern oft verwendet für jene Waffen und Gegenstände (nicht nur Schusswaffen), die sie regelmäßig bei sich tragen.
- Hellfire: Ein ballistischer Luft-Boden-Flugkörper.
- Izzy: Israeli Bandage (Wundverband). Ein Notfallverband, der vom israelischen Militär entwickelt wurde, um alle Arten von blutenden Wunden durch traumatische Verletzungen zu stillen.
- KIA: Killed in action (im Einsatz getötet).

- **MilSim** oder **MS**: Ein Schießhobby, bei dem die Teilnehmer militärische Szenarien mit »Airsoft-Waffen«, meist mit Luftpistolen, möglichst originalgetreu simulieren.
- **MK-II**: Ruger Mark II, eine kleinkalibrige Handfeuerwaffe, Bestandteil der Ruger-Standardlinie. Wie die 10/22 wird diese Waffe in der Survivalszene als zuverlässige und leicht handhabbare Abwehrwaffe für Notsituationen eingestuft.
- **Molon labe**: Eine altgriechische Redewendung, die so viel wie »Komm und hol sie dir« bedeutet. Dieser Ausdruck wird von Schießaktivisten als höhnische Aufforderung verwendet und ist an Leute gerichtet, die ihnen ihre Waffen wegnehmen wollen.
- **Mozambiquen (Verb)**: Abgeleitet von »Mozambique Drill« (wahrscheinlich als Abkürzung). In rascher Folge zwei Schüsse auf den Rumpf des Gegners abfeuern sowie einen in den Kopf, um den Gegner zuverlässig zu neutralisieren.
- **POV-Kamera**: Point-of-view shot; subjektive Kamera; die optische Perspektive oder Einstellung erscheint aus dem Blickwinkel eines Akteurs.
- **Reaper**: Ein unbemanntes Fluggerät (Drohne), das zu Kampfzwecken eingesetzt werden kann.
- **SRT**: Special Response Team. Bezeichnung für eine Spezialeinheit des ATF. Entspricht den taktischen Sondereinheiten (SWAT) anderer US-Polizeibehörden.
- **Tannerit**: Ein legaler Zweikomponentensprengstoff, der in kleinen Mengen bei Schießübungen verwendet wird.

Beginn des Transkripts

Bruce Edmunds Eric, bist du noch da? Eric?

William Graves Was ist los mit Eric?

Eric Matthews Ich bin okay. Blute stark.

William Graves Was ist passiert???

Eric Matthews Hab eine verpasst gekriegt. SRTs. Es geht los. Der Krieg hat begonnen.

Bruce Edmunds Mich haben sie auch angegriffen. Aber ich hab sie erwischt. Molon labe, ihr ATF-Arschlöcher.

William Graves Verdammt. Soll ich rausgehen?

Bruce Edmunds JA, GEH SOFORT LOS.

Eric Matthews Ja, warte nicht länger. Nimm deinen BOB und geh los.

William Graves Meine AR-15 ist zu Hause im Spind.

Eric Matthews Nimm deine EDC und geh los.

William Graves Nur mit einer MK-II?

Bruce Edmunds Hast du sonst nichts mehr in deinem BOB?

William Graves Eine 10/22.

Eric Matthews Wenn du Munition hast, kannst du zuschlagen, also geh los. LOS!

William Graves Okay. Ich geh los. Melde mich später.

Eric Matthews Viel Glück! Denk an die 3-Rs.

Bruce Edmunds Eric, alles in Ordnung?

Eric Matthews Izzy ist dran. Geht ganz gut.

Bruce Edmunds Wo?

Eric Matthews Am Auge.

Bruce Edmunds Herrje.

Eric Matthews Ihr solltet den anderen sehen.

Bruce Edmunds KIA?

Eric Matthews Mozambiqued, dieser Dreckskerl vom ATF.

Bruce Edmunds Geil. Ich glaub, ich hab drei Treffer abgekriegt.

Eric Matthews Scheiße.

Bruce Edmunds Es war wie im Irak. Ich schwöre, wie eine ganze Kompanie, die hinter mir her war. Glaub, ich hab mehr als drei Schüsse abgekriegt.

Eric Matthews Du weißt es nicht genau? Sieht dir gar nicht ähnlich.

Bruce Edmunds Da war eine Menge los!

Eric Matthews Das ist nicht der Bruce, den ich von MilSim kenne.

Bruce Edmunds Ja, aber das war auch kein MilSim. Keine Genfer Konvention.

Eric Matthews Heißt das, es ist so, wie ich vermute? Bruce?

[Anmerkung: 11 Minuten vergehen]

Bruce Edmunds Bin wieder da. Dachte, ich hätte Hubschrauber gehört.

Eric Matthews Was hast du vorhin über die Genfer Konvention gesagt?

Bruce Edmunds Hatte ein paar Tannerit-Fallen im Wald aufgestellt und glaube, die haben funktioniert.

Eric Matthews Was …? Du Idiot!

Bruce Edmunds Ich höre, da kommt jemand.

Eric Matthews Wahnsinn. Du hast gerade ein ganzes SRT in die Luft gejagt.

Bruce Edmunds War dumm von mir, dass ich mich hier versteckt habe.

William Graves Versteck dich nicht auf einem Hochstand. Damit rechnen sie.

Eric Matthews Hau ab! Such dir Deckung.

William Graves Ich bin sicher in meinem Fuchsbau. Wie geht's weiter? Bruce, bist du in Ordnung?

Bruce Edmunds Verdammt, was ist das?

William Graves Was???

Bruce Edmunds Scheiße, hab noch nie 'ne Hellfire durch die POV-Kamera im Ziel gesehen. Im Irak hab ich nur einige am Bildschirm gesehen.

William Graves Reapers? Auf US-Boden?

Bruce Edmunds Sie kennen meine Verstecke.

William Graves Lauf!

Eric Matthews Hau ab!

Bruce Edmunds Bill, hol dir das Sturmgewehr, das du vergraben hast. Du wirst es brauchen können.

Eric Matthews Bruce? Alles in Ordnung?

William Graves Bruce?

[Anmerkung: 4 Minuten vergehen]

William Graves Bruce?

Eric Matthews Fürchte, sie haben ihn geschnappt.

William Graves Glaub ich auch.

Eric Matthews Mich kriegen sie nicht.

William Graves Mich auch nicht.

Eric Matthews Molon labe.
Wiliam Graves Molon labe.

Am 2. Dezember 2015 verließ ich am frühen Morgen mein Büro und fuhr von Los Angeles nach San Bernardino, um über eine Massenschießerei in einem sonderpädagogischen Schulzentrum namens Inland Regional Center zu berichten. Nie zuvor hatte mich eine Geschichte, über die ich schrieb, derart aufgewühlt. Der Vorfall ereignete sich in einer Gegend, die ich ganz gut kenne; es war der Nachbarort meiner Heimatstadt, in der ich aufgewachsen bin; ein Cousin von mir hat im Inland Regional Center einige Zeit die Schule besucht. Man munkelte, dass die Schießerei einen terroristischen Hintergrund habe, und, was das Schlimmste war, die wahnsinnigen Amokläufer befanden sich alle noch auf freiem Fuß.

Die folgenden Stunden waren hochgradig nervenaufreibend, als ich in den Straßen von San Bernardino und Redlands umherlief und mit der einen Hand meinen Artikel zu schreiben versuchte, während ich mit der anderen meinen Liebsten zu Hause mittels SMS versicherte, dass ich mich nicht in Gefahr befände. Es dauerte nicht lange, dann wurde die Zahl der Opfer des Massakers bekannt gegeben: Es waren 14 Tote. Und schließlich machte die Polizei auch den SUV ausfindig, nach dem gesucht worden war. Als die Polizei den Wagen umstellte, legten die Insassen ihre Schutzwesten an, griffen nach ihren Waffen und eröffneten auf der East San Bernardino Avenue das Feuer. Es kam zu einem längeren Schusswechsel, wie in einer militärischen Auseinandersetzung. Die Polizei brachte einen Panzerwagen in Stellung. Einer der Schützen flüchtete aus dem SUV und bekam mehrere Kugeln in die Beine und den Rücken, aber *er feuerte weiter* und verwundete einen Polizisten, bevor er starb. Seine Ehefrau schoss weiter aus dem SUV, verletzte ebenfalls einen Polizisten und wurde schließlich auch erschossen. Erst nachdem ungefähr 500 Kugeln abgefeuert worden waren, fand das Blutvergießen ein Ende. Wie sich später herausstellte, waren die Todesschützen Anhänger des Islamischen Staats (IS) gewesen, es handelte sich also tatsächlich um Terroristen. Aber ihre Schusswaffen hatten sie legal erworben.

Dies war die Tragödie und der Albtraum dieses Tages, ich wusste aber, dass es in San Bernardino schon seit geraumer Zeit gravierende Probleme mit Waffengewalt gab. San Bernardino gehört zu den Mord-Hauptstädten der USA – die Situation ist schlimmer als im wesentlich verrufeneren Chicago –, im folgenden Jahr stieg die Zahl der Morde in der Stadt um 41 Prozent[1] und übertraf damit die Opferzahl des Massakers im Regional Inland Center. In jenem Jahr wurden auch nur 44 Prozent der Mordfälle in San Bernardino aufgeklärt,[2] während im nationalen Durchschnitt in der Regel knapp zwei Drittel der Morde aufgeklärt werden.

Angesichts der langen Geschichte Amerikas mit Waffengewalt drängt sich schnell die Frage auf: *Warum zum Teufel ist nicht längst ein Waffenverbot verhängt worden?* Die Amerikaner haben erschütternde Massaker erlebt in Columbine, an der Virginia Tech, in Sandy Hook, Aurora, San Bernardino, Charleston, im Nachtklub Pulse, beim Route 91 Harvest Festival, in der Tree of Life Synagoge und im Borderline Bar & Grill. Und dies waren nur die Vorfälle in den vergangenen zwei Jahrzehnten. Doch keines dieser Ereignisse hat die Amerikaner dazu veranlasst, privaten Waffenbesitz zu verbieten. Was müsste geschehen, um dies zu erreichen?

Es müsste ein Verfassungszusatz beschlossen werden, der den Besitz und das Führen von Waffen verbietet. Doch gegenwärtig käme es in den USA politischem Selbstmord gleich, einen solchen Verfassungszusatz einzuführen, und daher müsste sich Amerika zuvor tief greifend verändern.

Die Bedeutung, die Waffen im Leben vieler amerikanischer Waffenbesitzer spielen, kann man gar nicht hoch genug einschätzen – insbesondere bei jenen 3 Prozent der Erwachsenen, auf die 50 Prozent aller Schusswaffen entfallen.[3] Laut Pew Research erklären 74 Prozent der Waffenbesitzer, dass eine Feuerwaffe »ein essenzieller Bestandteil ihres Verständnisses von Freiheit« sei[4], und die Hälfte der Schusswaffenbesitzer ist der Ansicht, dass der Besitz einer Feuerwaffe wichtig sei für ihre persönliche Identität. Darüber hinaus erklärten 2018 gemäß einer von NBC und dem *Wall Street Journal* durchgeführten Erhebung 58 Prozent der Amerikaner – Waffenbesitzer und Nichtwaffenbesitzer –, dass der Besitz einer Schusswaffe das eigene Sicherheitsgefühl stärke.[5]

Laut dem Kriminologen Jay Wachtel, der früher für das ATF arbeitete, würde ein Verbot aus diesem Grund ein absoluter Rohrkrepierer sein. »Das Problem sind nicht nur die Waffennarren. Das Problem sind nicht nur die Leute, die Schusswaffen besitzen. Ein anderes und viel schwierigeres Problem sind die Leute, die glauben, dass ein Verbot falsch wäre. Damit würde man eine massive öffentliche Reaktion hervorrufen, und das wäre sehr gefährlich für die Polizei.«

Dass ein Verbot des privaten Waffenbesitzes angesichts des starken Einflusses der Waffenliebhaber sehr unwahrscheinlich ist, stellt eine Schwierigkeit dar, wenn man über ein solches Verbot schreibt. Es wäre vielleicht vergleichbar einem Pizzaverbot; ein Politiker, der dies durchsetzen wollte, würde sich wohl bei der nächsten Wahl von seinem Posten verabschieden müssen. Dies mag manchen Linken oder Liberalen übertrieben erscheinen, aber das Amerika der Waffenbesitzer muss Leuten mit dieser politischen Einstellung eigentlich wie ein vollkommen anderes Land vorkommen.

Und wer sich für Schusswaffen zu interessieren beginnt, tut bereits unwillkürlich den ersten Schritt in dieses andere Land. Ich habe das erste Mal eine Schusswaffe abgefeuert im Los Angeles Gun Club, einer Schießanlage, die im Herzen eines der blauesten, also politisch den Demokraten zugeneigten amerikanischen Bundesstaaten liegt. Mein Betreuer sprach mich auf mein *Vice*-T-Shirt an. »Sie arbeiten für *Vice*?«, fragte er. »Ich dachte eigentlich, dort wäre man allgemein gegen Waffen?« Als ich Munition für mehrere Schießdurchgänge kaufte, empfahl er mir, ich solle mir vielleicht einen kleinen Vorrat anlegen, denn Anfang 2019 werde in Kalifornien ein Gesetz in Kraft treten, das Hintergrundüberprüfungen von Munitionskäufern vorschreibe.

Diese kulturelle Kluft wurde auch erkennbar, als ich mein erstes eigenes Gewehr erwarb. Als ich dem Verkäufer sagte, ich sei an einem Schießkurs interessiert, schlug er mir »Project Appleseed« vor, eines der preisgünstigsten und beliebtesten Kursangebote, das eine Einführung in die Grundlagen der Schießkunst bietet und auch – man kann es nicht anders sagen – die Teilnehmer zwanglos an die Denkweise der rechten nationalistischen Milizbewegung heranführt. Ich befolgte die Empfehlung des Verkäufers, und im Laufe meines »Appleseed«-Kurses lernte ich, ein Ziel im Stehen, im Knien und im Liegen zu treffen.

Überrascht stellte ich fest, dass niemals die Jagd zur Sprache kam. Uns wurde ausschließlich beigebracht, wie man potenzielle Eindringlinge abwehren kann, die uns unsere Freiheit rauben wollen. In solchen Situationen müsse man sich, so lehrte man es uns in der Ausbildung, schnell in die richtige Position begeben, zügig nachladen und schnell eine Unmenge von Schüssen abfeuern. So viele Schüsse, dass uns die Finger schmerzten vom ständigen Nachladen der Waffen (etwas, so sagte man uns, mit dem man sich beizeiten vertraut machen solle). Unsere Ziele waren rote Dreiecke, die von unseren Ausbildern als »Rotröcke« bezeichnet wurden, so wie die amerikanischen Siedler die britischen Soldaten im Unabhängigkeitskrieg nannten.

Immer mehr Amerikaner besitzen mittlerweile Feuerwaffen, die allein und explizit zu dem Zweck erworben wurden, Menschen zu töten. Nach einer 2016 veröffentlichten Studie des US Fish and Wildlife Service sind heute nur noch 5 Prozent der Amerikaner Jäger, ein Rückgang um rund 50 Prozent seit 1966.[6] Doch 2017 wurde in der Studie einer Forschungsgruppe von Harvard und drei weiteren Universitäten festgestellt, dass im Zuge der Liberalisierung der Waffengesetze in den vergangenen Jahrzehnten die Zahl der Genehmigungen, verdeckt Handfeuerwaffen zu tragen, von 2,7 Millionen im Jahr 1999 auf 14,5 Millionen im Jahr 2016 gestiegen ist.[7]

Vereinfacht gesagt, dienen Schusswaffen in den USA zum einen dazu, jeden zu töten, der in das Heim und den Privatbereich eines Waffenbesitzers eindringt, und zum anderen sind sie für den Einsatz in einem potenziellen Krieg gedacht. Feind ist dabei jeder, der den Amerikanern ihre Freiheit rauben möchte, aber da Freiheit – wie wir gesehen haben – als das Recht auf Waffenbesitz definiert wird, dreht sich die Logik im Kreis: »Verstärken Sie Ihre Bewaffnung, damit Sie Ihre Waffen verteidigen können, wenn der große Krieg gegen die Bewaffnung beginnt.«

Vergleichen wir einmal die in Amerika herrschende Einstellung gegenüber Waffen mit der Haltung australischer Waffenfans. Nachdem 1996 bei einem Amoklauf in Port Arthur auf Tasmanien 35 Menschen getötet worden waren, wurden in Australien rasch restriktive Waffengesetze erlassen, und der Großteil der in Privatbesitz befindlichen Handfeuerwaffen wurde von den Behörden im Rahmen eines Rückkaufprogramms eingezogen. In einem Bericht, der 2012 in der

American Law and Economics Review veröffentlicht wurde, hieß es: »Die Rückkaufaktion führte zu einem Rückgang der Selbstmorde durch Schusswaffen um 80 Prozent, hatte jedoch keine signifikante Auswirkung auf Tötungen durch andere Arten von Waffen.«[8] Der Rückgang der Morde durch Schusswaffen wurde auf 35 bis 50 Prozent geschätzt.

Trotz der in den USA weitverbreiteten Annahme, dass Australien mittlerweile ein waffenfreies Land sei, gibt es dort nach wie vor privaten Waffenbesitz. Ich habe einige dieser Waffen zu sehen bekommen, als ich Kingston Brothers Gunsmiths besuchte, einen Waffenladen in Brisbane. Bei meinem Besuch war jedoch niemand anwesend, der mir etwas über Feuerwaffen erzählen konnte – nur ein Schlosser. (Das Unternehmen erzielt den Großteil seiner Umsätze heute als Schlüsseldienst, der unter einem anderen Firmennamen auftritt; diese Neuausrichtung vollzog die Firma 1996 kurz nach dem Massaker in Port Arthur.) Kingston Brothers saß früher auch in einem wesentlich größeren Gebäude direkt an der Straße. Dieses Gebäude beherbergt heute Brisbanes renommiertestes Gourmetlokal, das sich Gunshop Café nennt.

Ich traf mich im Gunshop Café mit dem ortsansässigen Rechtsanwalt Oswald »Forbes« Norton, der damals 26 Jahre alt war und Waffenbesitzer ist. »Unsere Waffengesetze sind im Vergleich zu jenen anderer Länder ziemlich streng, und das halte ich auch für eine gute Sache«, erklärte mir Norton. Im Großen und Ganzen, meinte er, habe Australien die richtige Balance gefunden »zwischen den Rechten und Freiheiten verantwortungsvoller Waffenbesitzer und dem Schutz und der Sicherheit der Gesellschaft«. Norton machte mich mit den jeweiligen lokalen Regelungen vertraut. Farmer in Queensland, zu denen auch er und seine Familie gehören, können einen Waffenschein der Kategorie »C« beantragen, was bedeutet, dass sie einen plausiblen Grund haben, eine eigene Schusswaffe zu besitzen, sogar ein halb automatisches Gewehr, um verwilderte Tiere abzuschießen. Waffenbesitzer, die nicht in diese Kategorie fallen, müssen sich mit Luftgewehren begnügen oder dürfen vielleicht, nachdem sie einen umfangreichen Papierkrieg mit den Behörden erfolgreich bestanden haben, ein Repetier-Jagdgewehr besitzen. »Einen Waffenschein erhält man erst, wenn man einen Kurs absolviert hat, in dem man den sicheren Umgang mit Feuerwaffen erlernt hat«, erzählte mir Norton. Ein solcher Erlaubnisschein »ist fünf oder zehn Jahre gültig, je nach Bundesstaat«.

Die australische Regelung erscheint mir als ein sehr sinnvolles Modell, denn würde man für die USA auf einem sofortigen totalen Waffenbesitzverbot bestehen, würde ein hypothetisches waffenfreies Amerika praktisch unmöglich werden. Befassen wir uns nun damit, wie ein solches Verbot umgesetzt werden könnte, und diskutieren wir anschließend darüber, was dies für Amerikas größte Waffenfans bedeuten würde.

Die Tatsache, dass das grundlegende Rechtsdokument des Landes »den Besitz und das Tragen von Schusswaffen« garantiert, ist ein bedeutender Faktor und macht es in den USA wesentlich schwieriger als in Australien, die Waffengesetze zu ändern. Wie könnte man diesen Zusatzartikel zur Verfassung aushebeln? Indem man einen weiteren Verfassungszusatz einfügt. Diese eigenartige Praxis der Aufhebung durch Hinzufügung gibt es deshalb, weil man nicht einfach ganze Absätze der Verfassung mit einem dicken Stift durchstreichen kann, was auch in Artikel V eben dieser Verfassung festgelegt ist. Eine solche Verfassungsänderung müsste von einer Zweidrittelmehrheit in beiden Häusern des Kongresses oder von zwei Dritteln der gesetzgebenden Körperschaften der Einzelstaaten vorgeschlagen werden.

Ein solcher Verfassungszusatz könnte einfach den Zweiten Verfassungszusatz, in dem das Recht, Waffen zu besitzen und zu tragen, garantiert wird, außer Kraft setzen und es dann den Einzelstaaten überlassen, entsprechende Verbotsgesetze zu erlassen. In diesem Fall würde sich zunächst gar nichts ändern, denn in 42 der 50 US-Bundesstaaten ist das Recht, Waffen zu tragen, verfassungsmäßig verankert.[9] Ein Verbot auf Bundesebene würde die Verabschiedung einer Reihe von Vorschriften über den Besitz von Feuerwaffen erfordern, die an die australischen Regelungen angelehnt sein könnten. Hier ist der Hinweis angebracht, *dass eine solche Forderung schon höchst populär sein müsste, wenn sie jemals umgesetzt werden sollte.*

Aber wenn es eines Tages doch geschehen sollte, können die amerikanischen Linken die Sektkorken knallen lassen, denn dann würden Schusswaffen illegal sein – irgendwie jedenfalls. Wenn etwas verboten wird, heißt das jedoch nicht, dass es auch immer mit Strafe belegt wird. So ist zum Beispiel in Los Angeles der Einsatz von gasbetriebenen Laubbläsern streng genommen illegal, doch einmal in der Woche erscheint ein Gärtner in meiner Wohnanlage und erfüllt das Haus für 20 Minuten mit Lärm und Abgasen. (In solchen Augenblicken werde ich zu einem zornigen alten Mann und muss der Versuchung widerstehen, mit der örtlichen Gemeindeordnung in der Hand hinauszustürmen.)

Die meisten Leute, die ich kenne, haben keine Ahnung, dass diese Dinger verboten sind, und weil die Geräte legal verkauft werden, aber nur nicht eingesetzt werden dürfen, führt meine örtliche Home-Depot-Filiale alle Arten von gasbetriebenen Laubbläsern in ihrem Sortiment. Dies würde sich vermutlich aber ändern, wenn die Polizei von Los Angeles saftige Geldbußen gegen jeden verhängen würde, der diese Laubbläser benutzt. Ich will damit sagen, dass ein Verbot des Besitzes von Feuerwaffen zunächst noch gar kein richtiges Verbot wäre, sondern erst ab dem Tag, an dem einem uneinsichtigen Waffenbesitzer seine Waffe gewaltsam weggenommen werden würde.

Eine solche Beschlagnahmung würde es in der ersten Zeit nach der Aufnahme eines entsprechenden Verfassungszusatzes noch nicht geben. Der Kongress könnte es theoretisch auch den Einzelstaaten überlassen, ihre eigenen Verfahren und Fristen für die Abgabe beziehungsweise den Einzug der Waffen festzulegen, anstatt durch ein Bundesgesetz zu bestimmen, wie der Waffenbesitz im Einzelnen reguliert werden soll. Aber lassen wir diese Beschlagnahmungsaktionen einmal beiseite. Nach Meinung des ehemaligen ATF-Mitarbeiters Wachtel würde sich bei den Vollzugsorganen eine andere Art von Konsens herausbilden. »Nicht nur jedem ATF-Mitarbeiter, auch jedem Polizisten würde klar sein, dass es nun ernst wird«, erklärte er. »Sie sind auf den Straßen unterwegs. Sie wissen, wie die Leute reagieren werden. Sie hatten es bisher nur mit relativ geringer Waffengewalt zu tun. Sie wissen, wie die Auswirkungen aussehen werden.«

In der ersten Zeit nach dem Verbot dürfte es daher zu ähnlichen Reaktionen wie in Australien kommen: Es würden in großem Umfang und, was besonders wichtig ist, auf freiwilliger Basis Waffen abgeliefert werden, worüber die Medien ausführlich berichten würden. In einigen Verwaltungsbezirken gibt es bereits verschiedene Anreize, welche die Menschen zur Abgabe ihrer Schusswaffen bewegen sollen, und das wichtigste Mittel ist zweifellos Bargeld. Die Amerikaner konnten dieses Schauspiel schon gelegentlich in lokalen Fernsehsendern verfolgen: Fügsame Bürger stellen sich vor der Polizeistation an und liefern ihre Handfeuerwaffen ab. Die zuständige Polizei macht diese Waffen funktionsunfähig, schnürt sie mit Kabelbindern zusammen und schichtet sie zu Haufen auf – hier die Gewehre, da die Pistolen, die Schrotflinten dort drüben. Dann nehmen die ehemaligen Waffenbesitzer ihr Geld in Empfang oder lassen sich ihren Anspruch auf eine Steuergutschrift bestätigen. Die Polizisten lassen sich vor den Stapeln fotografieren. Der Polizeichef hält eine kurze Ansprache über die Verbesserung der Sicherheit in der Gemeinde oder der Stadt. Dann wird ein kleiner Imbiss gereicht.

Doch dass man *sämtliche* Schusswaffen verbieten könnte, ist eine abwegige Vorstellung. Nur sehr wenige Konsumgüter wurden jemals derart umfassend verboten, dass überhaupt keine legale Nutzung mehr stattfand. Die Firma Merck Pharmaceuticals zum Beispiel vertreibt Kokain-Hydrochlorid[10], und der dänische Medikamentenhersteller Lundbeck Pharmaceuticals erzeugt legal Methamphetamin; es trägt den Namen Desoxyn und wird zur Behandlung der Aufmerksamkeitsdefizit-Hyperaktivitätsstörung (ADHS) wie auch bei Fettleibigkeit eingesetzt.[11] Auch in der Zeit der Prohibition in den USA, als man in der Kneipe keinen Whiskey mehr bekam und es auch keinen Alkohol im Laden zu kaufen gab, konnte man sich ein Rezept dafür besorgen. Die Ärzte besaßen spezielle Verschreibungsformulare für Alkohol, auf denen »Art der Spirituose«, »Menge« und »Verabreichungsform« einzutragen waren[12] (was Letzteres betraf, so hoffte jeder Patient vermutlich, der Doktor werde »zur oralen Einnahme« angeben. Welchen Vorteil sollte auch eine alternative Verabreichungsform bieten?).

Somit würde also ein Erlaubnisverfahren nach australischem Vorbild eingeführt werden. Einige Amerikaner würden weiterhin Repetiergewehre in die Hände bekommen, und wenn es sich um Farmer handelt, auch halb automatische Waffen, sofern diese nur kleine Magazine besitzen.

Damit kommen wir zum Hauptproblem der Regierung: Was ist mit Leuten, die ihre Feuerwaffen nicht freiwillig abgeben? Wie soll man alle diese verdammten Schießprügel einsammeln?

Auch jetzt schon zieht das ATF ständig Schusswaffen ein von

Kriminellen, von Leuten, die wegen Ordnungswidrigkeiten verurteilt wurden, und von Menschen, die als geistig gestört eingestuft wurden. Nach Aussage von Thomas Faison, der ebenfalls früher beim ATF arbeitete, lamentieren die Betroffenen nur selten darüber, dass Schusswaffen ein unverzichtbarer Bestandteil ihrer gottgegebenen Freiheit seien. Und wenn doch, »dann dauert das nicht länger als 30 Sekunden«.

Wenn man den Betroffenen ein paar Monate oder vielleicht auch ein ganzes Jahr Zeit gegeben hat, ihre Feuerwaffen freiwillig abzugeben, wird dieses Thema zu einer prinzipiellen Frage. Wachtel ist überzeugt, dass er und viele andere Behördenmitarbeiter zu diesem Zeitpunkt die Segel streichen würden. »Also, ich bin ATF-Agent Jay, und dann kommt mein Vorgesetzter Jack und sagt: ›Also, Leute, wir machen's folgendermaßen: Die geben ihre Waffen nicht ab, aber die Regierung hat ein Verbot erlassen, und das setzen wir durch.‹ Da wären alle schnell draußen. So haben wir unsere Aufgabe nicht verstanden, als wir in das ATF eingetreten sind.«

Wenn diese Vermutung zutrifft, würde sich das ATF neue Leute suchen müssen. Die Behörde würde praktisch neu aufgebaut werden müssen. Ursprünglich hieß das ATF Bureau of Prohibition und wurde als eine Strafverfolgungsbehörde geschaffen, die Alkoholschmugglern das Handwerk legen sollte. (Der berühmteste Agent des Bureau of Prohibition war zweifellos Eliot Ness, den Kevin Costner in *The Untouchables – Die Unbestechlichen* darstellte, einem Spielfilm, der auf der wahren Geschichte dieser hoch motivierten Kriminalitätsbekämpfer beruhte, die als Undercoveragenten operierten und – für die damalige Zeit – sehr fortgeschrittene Überwachungstechniken einsetzten. Der Film zeigt anschaulich, wie eine groß angelegte Operation aussehen könnte, die darauf gerichtet ist, illegale Schusswaffen aufzuspüren und zu beschlagnahmen.)

ATF-Agenten sind keine Wiedergänger von Eliot Ness, aber auch ihnen geht es darum, Verbrechen zu bekämpfen und Schmuggelware aus dem Verkehr zu ziehen, manchmal mit Mitteln, die den Unbestechlichen noch nicht zur Verfügung standen. »Die Leute posten alle möglichen Bilder von sich auf Facebook, wenn sie Schusswaffen besitzen«, erklärte mir Faison. Informationen könne man auch auf sehr einfache Weise sammeln. »Man nimmt jemanden wegen eines anderen Vergehens fest, und da kommt eine Feuerwaffe zum Vorschein.« Natürlich wird auch mit Telefonüberwachung gearbeitet: »Man hört jemanden ab, der am Telefon erzählt, dass er Waffen verkauft, und der Betreffende ist ein bereits verurteilter Straftäter. Das reicht für einen Haftbefehl«, berichtete Faison.

Doch obwohl es eine zentrale Datenbank für Feuerwaffen gibt – im National Tracing Center des ATF in Martinsburg, West Virginia –, würde sich einiges ändern müssen, wenn man die in dieser Datenbank gesammelten Informationen dazu nutzen wollte, Besitzer illegaler Waffen aufzuspüren, denn *gegenwärtig ist sie nicht darauf ausgelegt, Waffenbesitzer ausfindig zu machen.* Die Datenbank dient dazu, die Waffen selbst aufzuspüren, insbesondere wenn diese zur Verübung von Verbrechen verwendet wurden. »Ich kann nicht ›Mike Pearl‹ eintippen und erfahre dann aus einer nationalen Datenbank, wie viele Feuerwaffen dieser Mann besitzt. Eine solche Datenbank gibt es nicht«, erklärte Faison. Die Idee, eine solche Datenbank zu schaffen, ist ein wiederkehrender Streitpunkt in der Debatte über das Waffenrecht. Waffenliebhaber äußern häufig die Befürchtung, dass trotz des Firearms Owners' Protection Act von 1986, der es dem ATF verwehrt, eine solche Datenbank aufzubauen, die Behörde dennoch in irgendeiner Weise ihre Waffenbestände überwache. Ich möchte dies nicht ausschließen, aber sollte es der Fall sein, dann ist es ein gut gehütetes Geheimnis der Regierung.

Es ist jedoch realistisch, anzunehmen, dass ein Waffenbesitzverbot in rechtlicher Hinsicht mit einer Aufhebung des Firearms Owners' Protection Act verbunden wäre und das National Tracing Center mehr Möglichkeiten bekommen würde. Gegenwärtig ist es einigermaßen desorganisiert und nutzlos. Wenn das ATF Herkunft und Verbleib einer Waffe ermitteln will, die zum Beispiel bei einem Anschlag verwendet wurde, muss ein Beamter einen Wust von Berichten und Dokumenten durcharbeiten, die auf unterschiedlichen Medien gespeichert sind. Eine solche Nachforschung führt nur in rund 70 Prozent der Fälle zu einem Ergebnis.[13] Bei einem umfassenden Waffenbesitzverbot würde man auch diese Datenbank neu organisieren und – zum Entsetzen der Waffenliebhaber – dahingehend umgestalten müssen, dass die Suche nach einem Waffenbesitzer in Amerika genauso einfach wird wie eine Suche auf Google.

An dieser Stelle muss darauf hingewiesen werden, dass das Risiko besteht, dass das ATF diese neuen restriktiven Regelungen auf ungleiche Weise, vielleicht sogar in rassistischer Weise umsetzen könnte. Nach Lage der Dinge erscheint es nicht ausgeschlossen, dass weiße US-Bürger, die gegen die Waffengesetze verstoßen, eher mit Milde werden rechnen können, während schwarze Rechtsverletzer die volle Härte des Gesetzes zu spüren bekommen werden. Michelle Anderson schreibt in ihrem Buch *The New Jim Crow: Mass Incarceration in the Age of Colorblindness,* dass »praktisch identische Verhaltensweisen ganz unterschiedlich interpretiert und behandelt werden können und die mediale Berichterstattung und der politische Diskurs auf diese Weise durchgehend rassifiziert werden können«.[14] Alexander zitiert anonym einen US-Staatsanwalt, der berichtete, einer seiner Untergebenen habe vorgeschlagen, die Ermittlungen gegen einen weißen Drogenhändler wegen eines Waffenvergehens einzustellen, weil »es nicht den Anschein hat, dass er ein bewaffneter Drogendealer ist« – obwohl gegen den Beschuldigten exakt dieser Vorwurf erhoben wurde, nämlich dass er ein Drogendealer sei, der Waffen einsetze.

Jemandem seine Schusswaffen abzunehmen ist kein sonderlich komplizierter Vorgang, erklärte mir Faison. »Man überprüft die Couch. Dann setzt man den Mann auf die Couch – nachdem man sich vergewissert hat, dass darunter keine Knarren versteckt sind«, und dann beginnt man mit der Durchsuchung. »Manchmal«, fuhr er fort, »sagen die Leute freiwillig, wo die Waffe ist, weil sie einen schnell wieder aus dem Haus haben wollen.« In anderen Fällen dagegen sei es notwendig, speziell ausgebildete Spürhunde einzusetzen, aber nur »wenn die Waffen im Gebüsch, im Gras oder sonst irgendwo im Freien versteckt sind«, denn »wenn es im Haus stinkt, können die Hunde leicht abgelenkt werden«.

Zurück zu den echten Waffenliebhabern: Geht man davon aus, dass jene Leute, die sich ein Leben ohne Feuerwaffen nicht vorstellen können, nicht bereit sind, freiwillig ihre Waffen abzuliefern, und sie auch nicht auf telefonische Aufforderungen oder eindringlich formulierte Anschreiben reagieren, wird das ATF mit Durchsuchungsbeschlüssen bei ihnen vorstellig werden müssen. Dann geht es hart auf hart, und das Waffenbesitzverbot ist kein höfliches Ersuchen mehr.

»Es würde in eine Katastrophe ausarten«, meint J. J. MacNab, die für die Zeitschrift *Forbes* über die amerikanische Milizbewegung schreibt und auch ausführliche Recherchen über andere Formen des Extremismus betreibt. »Sie betrachten sich als Retter der Vereinigten Staaten.«

Die amerikanischen Waffenfans nutzen den Zweiten Zusatzartikel zur Verfassung als rechtliche Grundlage zur Verteidigung ihres Hobbys, aber man sollte nicht den Fehler machen und annehmen, dass die Waffenbesitzer sich, wenn es diesen Verfassungszusatz nicht gäbe, einfach schulterzuckend in das Unvermeidliche fügen würden: *Nun, dann dürfen wir eben ab jetzt keine Waffen mehr tragen.* Im Jahr 2012 erklärte Newt Gingrich, ein konservativer politischer Kommentator und ehemaliger republikanischer Mehrheitsführer im Repräsentantenhaus, auf einer Versammlung der National Rifle Association (NFA): »Das Recht, Waffen zu tragen, kommt von unserem Schöpfer, nicht von der Regierung.« Er setzte hinzu, er wolle auch allen Menschen auf der Welt, nicht nur den Amerikanern, sagen: »Ihr habt auch dieses Recht. Es kommt von Gott.«[15] Nach der Logik von Gingrich wäre ein Verbot, Waffen zu besitzen und mit sich zu führen, ungeachtet des Zweiten Verfassungszusatzes eine Verletzung der bürgerlichen Freiheitsrechte.

Ein Verbot würde zweifellos die Möglichkeiten der Hardliner, sich weitere Waffen zu beschaffen, stark beeinträchtigen, sofern sie nicht ohnehin schon über ein ausreichendes Arsenal verfügen. Aber das würde keine allzu große Rolle spielen, wie MacNab erklärte: »Heutzutage gibt es 3-D-Drucker, und man kann sich die Waffen selbst herstellen.«

Im Jahr 2018 konnte sich Cody Wilson, Inhaber einer Firma namens Defense Distributed, nach einer jahrelangen juristischen Auseinandersetzung das Recht sichern, Waffen als »Dokumente« im Internet zu »veröffentlichen«, die dann in 3-D-Drucker eingespeist werden können und es den Nutzern ermöglichen, ihre Waffen praktisch zu Hause selbst herzustellen. Wilson gehört auch zu jenen, die meinen, dass dem Zweiten Verfassungszusatz in diesem Gesamtzusammenhang gar keine so überragende Bedeutung zukomme. Auf *Vice Motherboard* lieferte er 2013 eine ideologische Begründung seines Wirkens: »Wenn wir uns auf den Zweiten Verfassungszusatz berufen, verweisen wir nur auf die rechtliche Grundlage. Das ist sozusagen das Minimum. Aber ich möchte die Sache nicht auf den Zweiten Verfassungszusatz oder die Reglementierung des Waffenbesitzes beschränken. Wir haben eine radikalere Sicht der Dinge, uns geht es um mehr. Menschen aus allen Teilen der Welt laden unsere Dateien herunter. ›Gut‹, sagen wir, ›auch ihr sollt Zugang dazu haben.‹«[16]

»Es würde eine Art Bürgerkrieg ausbrechen«, erklärte mir Wachtel.

Wenn rechtsgerichtete patriotische Vereinigungen in den USA – die stets und ausnahmslos gut bewaffnet sind – gegen die Bundesregierung losschlagen, kann es bisweilen lustig werden (je nachdem, über welche Art von Humor man verfügt). Als zum Beispiel Ryan und Ammon Bundy zusammen mit weiteren Mitgliedern einer lockeren Gruppe von Gegnern des Bureau of Land Management, einer Bundesbehörde, die für die Verwaltung öffentlichen Landes zuständig ist, ein Besucherzentrum im Malheur National Wildlife Refuge in Oregon besetzten, wurden diese Aktivisten im Internet als Kleinspur-Terroristen verspottet.[17] Doch die Aktion fand schließlich ein blutiges Ende, als einer der Besetzer, LaVoy Finicum, von einem Polizisten erschossen wurde.[18]

Bei solchen Auseinandersetzungen geht es nur um Nebensächlichkeiten, wie etwa um Steuern oder Landnutzung. Doch für hartgesottene amerikanische Waffenfans ist der Satz »Die Bundespolizei kommt, um uns die Gewehre zu nehmen« buchstäblich ein Schlachtruf. In dem 1996 erschienenen Buch *Unintended Consequences* von John Ross, einem sehr populär gewordenen Roman, der sich für das Recht auf Waffen einsetzt, wird ein gerechter Krieg gegen das korrupte, Schusswaffen beschlagnahmende ATF geschildert, der in der Aufhebung sämtlicher Restriktionen des Waffenbesitzes gipfelt, als dem Präsidenten klar wird, wie viel Gewalt die Einschränkungen unbeabsichtigt hervorgerufen haben. Der Terrorist Timothy McVeigh, der 1995 bei einem Bombenanschlag in Oklahoma City 168 Menschen tötete, gab an, dass ihn persönlich *Unintended Consequences* wohl ähnlich stark beeinflusst habe wie die Bibel.[19]

Machen wir uns also nichts vor: Es würde Blut vergossen werden. Es fragt sich nur, wie viel. Niemand kann mit Sicherheit sagen, wie viele patriotische Gruppen es gibt, und das hat zum Teil auch damit zu tun, dass diese Gruppen, wie wir bereits festgestellt haben, ungern überwacht werden möchten. Das Southern Poverty Law Center nannte 2017 die Zahl von 689 Gruppen.[20] Nimmt man an, dass jede Gruppe 100 Mitglieder hat (was in manchen Fällen wahrscheinlich sehr großzügig geschätzt ist), kommt man überschlägig auf 69000 kriegslüstern gestimmte Waffennarren, die sich da draußen sammeln und ihre Zielfernrohre einstellen. Doch die Zahl der Waffenfreunde in diesem Konflikt dürfte noch wesentlich größer sein, denn sie umfasst nicht nur die Mitglieder der Milizen, die zum Kampf mit den Behörden bereit sind. Nahezu jeder Waffenbesitzer, mit dem ich gesprochen habe, zeigte sich bestürzt darüber, dass ich über dieses Thema schreibe, und erklärte mir, dass er sich seine Waffen nicht kampflos abnehmen lassen würde. Besonders interessant war die Reaktion eines 58 Jahre alten ehemaligen Polizisten in Arkansas. Er schrieb: »Alles in Ihrem Szenario würde wohl zu einer Art Bürgerkrieg führen.« Und er schloss seine E-Mail mit den Worten: »MOLON LABE«, in Großbuchstaben.

Vielleicht ist bei einigen dieser Leute alles nur Bluff, doch ich sehe keinen Grund, zu bezweifeln, dass es nach dem Inkrafttreten eines Waffenbesitzverbots zu einem großen, gewaltsamen Aufstand kommen würde. Auch wenn dies manchen Beobachtern übertrieben vorkommen mag – insbesondere jenen, die während der Malheur-Besetzung ihre Witze über Kleinspur-Terroristen rissen –, erscheint es durchaus realistisch, dass die regierungsfeindliche Seite einiges an Schaden würde anrichten können. Viele dieser Milizionäre, wie zum Beispiel Stewart Rhodes, der Gründer der Oath Keepers, kommen aus der Armee und waren in Übersee an Kampfeinsätzen beteiligt. Doch wenn sich die Mitglieder dieser Gruppen zu Übungen treffen, erscheinen sie oft wie ein bunt zusammengewürfelter Haufen. Einige sind sichtlich nicht besonders gut in Form, schon etwas älter und wirken auch nicht unbedingt kampfbereit. Andere aber sind jünger und körperlich fitter. Sie tragen kugelsichere Westen, Tarnanzüge und führen Kampfgewehre mit reichlich Munition mit sich.

Und sie können Blut vergießen. Ein Beispiel dafür ist Eric Frein, ein Mann aus Pennsylvania, der sich laut einem Manifest, das er 2013 verfasste, mit Ende 20 zu einem Revolutionär entwickelte, der es als seine Aufgabe ansah, die Freiheit der Amerikaner zu verteidigen.[21] Frein verfügte über keine militärische Erfahrung, hatte sich aber bei

MilSim-Übungen als geschickter und geachteter Kämpfer hervorgetan. Am Abend des 12. September 2014 feuerte er mit einem Scharfschützengewehr auf zwei amerikanische Staatspolizisten – von denen einer starb – und flüchtete in die Wälder. Es folgte eine aufreibende, 48 Tage dauernde Fahndungsaktion, an der 1000 Polizisten beteiligt waren.[22] Frein tauchte mehrmals auf, zog die Aufmerksamkeit der Verfolger auf sich und entkam dann wieder; er brach in Schutzhütten ein, und er überstand diese Wochen lebend und unversehrt, bis er schließlich gefasst wurde.[23]

Ich glaube nicht, dass ein bewaffneter Aufstand lange durchzuhalten wäre – das heißt, dass die Milizionäre die Beschlagnahmung ihrer Waffen wohl kaum verhindern könnten. Würde die Regierung sich zu der Entscheidung durchringen, die staatsfeindlichen Kräfte als militärische Ziele zu bekämpfen, sollte man sich vergegenwärtigen, dass die US-Armee nach wie vor die stärkste militärische Streitmacht der Welt ist. Ein neuerlicher Bürgerkrieg dürfte also höchst unwahrscheinlich sein. Es ist auch kaum vorstellbar, dass die Öffentlichkeit daran großen Gefallen finden würde. Ich darf darauf hinweisen, dass in einer Gallup-Umfrage von 2013 eine Mehrheit der US-Bürger Drohnenangriffe auf amerikanische Terrorverdächtige, die im Ausland leben, ablehnte.[24] Angesichts dessen steht zu vermuten, dass derartige Militäraktionen auf dem Gebiet der USA wahrscheinlich auf noch größeren Widerstand stoßen würden.

Es ist wohl unbestreitbar, dass die amerikanischen Justizbehörden und das Militär über alle notwendigen Mittel und Möglichkeiten verfügen, um ein Waffenverbot erfolgreich durchzusetzen. Die entscheidende Frage lautet daher: *Würden die Amerikaner wirklich die Bereitschaft aufbringen, Waffen zu verbieten, wenn ihnen klar wird, was dies konkret bedeutet und was dazu erforderlich ist?*

Kapitel 12

Was wirklich passiert, wenn Atombomben uns alle töten

Noch in diesem Jahrhundert? Es könnte morgen passieren – oder auch nie.

Plausibilität: ✲✲✲✲✲

Muss man davor Angst haben? Wenn man überhaupt vor etwas Angst haben muss, dann davor.

Sollte man deshalb seine Lebensgewohnheiten ändern? Unbedingt.

Als die Raketen aufstiegen, konnte man das Schauspiel am besten von der Internationalen Raumstation ISS aus beobachten. In jenen letzten Tagen der Konfrontation der Machtblöcke, als sich die politischen Führer der Atommächte unaufhaltsam einem Krieg näherten, wurde die bedrückende, angespannte Stimmung immer unerträglicher. Als es dann endlich losging, wirkte es fast wie eine Befreiung. Fast.

Als die Belegschaft der Leitzentrale auf der Erde evakuiert und der Kommunikationsverkehr eingestellt wurde, saßen die Besatzungsmitglieder der ISS nur still auf ihren Plätzen und beobachteten; sie waren sich nicht sicher, ob sie Waldbrände sahen oder Explosionen. Als sie über Astana, der Hauptstadt von Kasachstan, schwebten, wurden sie Zeugen, wie ein Atomsprengkopf detonierte. Im Bruchteil einer Sekunde tauchte ein gleißender, weiß glühender Funke einen Bereich im Umkreis von mehreren Hundert Kilometern in grelles Weiß, dann wurde es dunkel, und es wölbte sich ein kleiner Schirm auf, der sich rasch entfaltete und vergrößerte und dann verblasste. Unter dem Schirm bildete sich ein kleiner Ring aus Staub, der nach oben stieg und dann größer wurde und sich nach außen ausdehnte. Anfangs ein vollendeter Kreis, wurde er schließlich zu einer bauschigen Wolke, die angefüllt war mit winzigen Häusern, Autos, Straßen, Zügen, Bürogebäuden, Menschen, Museen, Hunden und Katzen. Von der ISS aus erschien all dies nur wie ein kleiner Punkt, und dann stieg eine lang gezogene Kette aus Rauch – länger und dünner als bei den Waldbränden, die sie von der Raumstation aus hin und wieder zu Gesicht bekamen – langsam in die Stratosphäre empor.

Die Besatzungsmitglieder waren fasziniert und entsetzt zugleich. Prokopjew, dessen Großvater aus Astana stammte, war zutiefst erschüttert. Aber damit war er nicht der Einzige. In den folgenden 48 Stunden, während die ISS weiter ihre Bahnen zog und unbehelligt blieb von der Zerstörung, die sich unter ihr vollzog, bildeten sich ähnliche Wolken über Seoul, Pjöngjang, Tokio, Honolulu, Los Angeles, Houston (was wahrscheinlich für die beiden amerikanischen Astronauten Gilford und Sanchez am schmerzlichsten war), Washington, D.C., London und vielen weiteren Städten. Und dann empfanden die Astronauten nichts mehr. Der aus Kanada stammende Kommandeur von der NASA glaubte, sein Heimatland sei von der Katastrophe verschont geblieben, doch diese Hoffnung zerschlug sich bald.

Keiner von ihnen aß oder trank noch etwas. Die Russen überprüften still ihre Selbstmordkapseln und dachten daran, die Luftschleuse zu öffnen. Sie alle starrten ungläubig auf die Erde, und sie wussten, dass ihre Familien da unten tot waren oder im Sterben lagen. Doch nach drei Tagen nahmen sie ihre Routineabläufe wieder auf. Sie nahmen regelmäßig ihre Mahlzeiten ein und machten ihre Fitnessübungen. Hin und wieder versuchten sie mit Houston oder Koroljow Kontakt aufzunehmen – vergeblich. Nach ungefähr 300 Detonationen auf der Erde hörten sie auf zu zählen.

Das Bild, das sich ihnen bot, änderte sich ständig. Die Brände waren offenbar alle außer Kontrolle geraten, denn die Rauchwolken in der Atmosphäre verbanden sich miteinander. Die Wolken erlaubten den Besatzungsmitgliedern nur gelegentlich einen Blick auf die verdunkelte Erdoberfläche, und auch den schwarzblauen Ozean bekamen sie nur hin und wieder zu sehen. Nach einer Woche verzogen sich die Wolken zum größten Teil, und an ihrer Stelle bildete sich ein graubrauner Dunstschleier, der in der Atmosphäre hing und wie ein Film alles einhüllte. Über den Horizont, wo die Besatzungsmitglieder der ISS ab und zu geisterhafte Lichter aus der Ionosphäre sehen konnten, zog sich ein Band aus Smog, in dem die Sonne eine neu entstandene Schicht Asche beleuchtete. Dann wurde der Rauch dünner, und die Astronauten konnten wieder mehr Einzelheiten erkennen, um sich zu orientieren, doch der Anblick der Erde aus dem All war alles andere als angenehm.

Am 40. Tag zogen sie Bilanz. Sie waren zu sechst in der Raumstation und würden dort vielleicht noch 88 Tage ausharren können, was davon abhängig war, wie stark verseucht die wiederaufbereiteten Flüssigkeiten waren. Allmählich stellten die Männer die düsteren Gedankenexperimente von Schiffbrüchigen an. »Wie lange würdest du brauchen, mich aufzuessen, wenn ich sterbe?« – »Wie viel Wasser würdest du aus meiner Leiche gewinnen können, wenn du mich auspresst?« Die Zeit verging.

Keiner machte sich mehr weiterführende Gedanken. Warum auch? Am 88. Tag nach dem Beginn des Countdowns waren alle noch am Leben und auch guter Dinge entsprechend den Umständen. Sie nahmen ein letztes Frühstück ein. Dann kramten die beiden ältesten Astronauten und der kommandierende Offizier ihre Selbstmordpillen. Sie verabschiedeten sich voneinander, zogen die Vorhänge ihrer Schlafkojen zu und starben, jeder für sich allein.

Die Sojus-Rettungskapsel konnte nur die restlichen drei Astronauten befördern, die nun ihr Glück auf der Erde versuchen wollten. Prokopjew, Gilford und Sanchez bestiegen sie und entschlossen sich, es in Koroljow zu probieren. Kurz vor dem Krieg hatte Roskosmos ein weiteres Startfahrzeug gebaut, und die drei Astronauten glaubten, dass ihre Überlebenschancen am besten standen, wenn sie versuchen würden, mit diesem Fahrzeug neue Vorräte auf die ISS zu schaffen. Sie rechneten sich aus, dass sie damit ein Jahr hier oben überleben könnten, wenn sie es richtig anstellten. Und sie nicht verrückt wurden.

Da es aber unten niemanden gab, der sie aus dem Wasser bergen konnte, erschien es nicht sinnvoll, im Meer zu landen. Weil aber auch die Erdoberfläche nicht zu sehen war und von Mission Control keine Informationen über einen sicheren Landeplatz zu bekommen waren, mussten sie es auf gut Glück versuchen. Nach einem relativ glatten Wiedereintritt in die Erdatmosphäre öffnete sich der Fallschirm exakt, und sie sahen, wie der Boden – alles war braun und gelb – schnell auf sie zukam.

Schon schlugen sie auf und prallten zunächst ab wie eine Blechdose an einem Zaunpfahl. Dann drehte sich ihre Kapsel. Die g-Kraft drückte ihre inneren Organe zusammen und trieb das Blut aus dem Gehirn, bis sie schließlich das Bewusstsein verloren, was gut für sie war, weil sie so nicht bemerkten, wie sie eine steile Böschung hinabrutschten, abermals zurückprallten und schließlich in einem Wald liegen blieben.

Acht Stunden später schlug Prokopjew die Augen auf. Es war stockdunkel. Gilford und Sanchez regten sich nicht.

Prokopjew zog seinen Landeanzug aus und ersetzte ihn durch seinen Raumanzug, der mit zwei vollen Sauerstofftanks ausgestattet war. Er öffnete die Luke und stieg hinaus in den frühen Abend. Er war wieder daheim in Russland, aber er hatte nicht das Gefühl, dass er nach Hause gekommen war. Am schmutzig grauen Himmel und der schwarzen Asche, die in der Luft hing, sah er, dass dies ein fremder Planet war.

Er öffnete seinen Helm, hielt einen Moment die Luft an und atmete dann ein. Es brannte in seinem Hals und seinen Lungen und stach in seinen Augen. Er klappte das Helmvisier wieder herunter und wusste, dass er ihn hier nie wieder öffnen würde. Vielleicht würde er diese Luft später wieder atmen können, wenn er ein Kopftuch oder einen Gesichtsschutz und Wasser gefunden hätte. Vielleicht würde er es dann anders empfinden.

Am Horizont konnte Prokopjew die Umrisse einer Stadt erkennen. Würde dort vielleicht noch jemand am Leben sein? Er verzog sein Gesicht bei diesem Gedanken. In Wirklichkeit hoffte er, dass dort niemand mehr lebte. Das würde kein Leben mehr sein.

Am Samstag, dem 13. Januar 2018, überkam mich der Gedanke, wie es wohl wäre, wenn wir alle durch Atombomben ausgelöscht werden würden. Ich beschäftige mich öfter mit solchen düsteren Überlegungen, meist unter der Dusche, wo mich keine Hörbücher oder Podcasts von meinen Gedanken ablenken. In diesem Fall aber kam ich auf dieses Thema, weil meine Eltern zu den Tausenden Touristen gehörten, die sich im Epizentrum jenes mittlerweile berüchtigten Fehlalarms aufhielten, wonach sich eine Rakete im Anflug auf Hawaii befände.

Die Erkenntnis, die ich aus diesem falschen Alarm ziehe, lautet: Wenn diese Bombe (warum ist die sprichwörtliche »Bombe« eigentlich mehr Angst einflößend als eine »Rakete«, die vielleicht deutlich treffgenauer ist?) in unsere Richtung unterwegs gewesen wäre, hätte praktisch niemand von uns eine Ahnung gehabt, wie wir hatten reagieren sollen, obwohl wir doch tatsächlich einiges für unsere Sicherheit tun können.

In den Nachrichten wurde an diesem Tag gemeldet, die Emergency Management Agency von Hawaii (HI-EMA) habe ihr Commercial Mobile Alert System aktiviert, das auf jedes Mobiltelefon in Hawaii eine Push-Benachrichtigung mit dem Text geschickt habe: »GEFAHR DURCH BALLISTISCHE RAKETE AUF HAWAII. SUCHEN SIE SOFORT SCHUTZ. DIES IST KEINE ÜBUNG.« Darüber hinaus verbreitete die Warnsoftware auch über Fernsehen und Radio Warnmeldungen. Die Reaktion im Internet war halb amüsiert, halb ungläubig, mit anderen Worten echt amerikanisch. Die Nutzer waren sich sofort einig, dass entweder der US-Präsident wieder eine höhnische Bemerkung (und vielleicht eine zu viel) über den nordkoreanischen Führer abgesetzt hatte oder dass irgendjemand in der Verwaltung des Mobilen Alarmsystems versehentlich einen falschen Knopf gedrückt hatte.

Wir wissen mittlerweile, dass Letzteres der Fall war. Eine Untersuchung der Federal Communications Commission (FCC) ergab, dass sich eine Komödie der Irrungen ereignet hatte.[1] In einer überraschend angesetzten, »unangekündigten« Übung hatte sich ein Beamter der Katastrophenschutzbehörde als ein in Panik geratener Offizier ausgegeben, der seine Untergebenen informierte, dass sich eine Rakete im Anflug befinde. Die Formulierung in der Anweisung lautete: »Üben, üben, üben«, darauf folgte die Warnung, und am Schluss hieß es: »Dies ist keine Übung.«

Einer der Mitarbeiter der Katastrophenschutzbehörde las nur den Satz »Dies ist keine Übung«, jedoch nicht jenen Teil der Anweisung, in dem »Üben, üben, üben« stand, löste einen echten Alarm aus und setzte dadurch eine Abfolge von Ereignissen in Gang, die die Welt für 38 Minuten an den Rand des Herzinfarkts brachte. Die Aufregung legte sich erst wieder, als eine zweite Push-Benachrichtigung herausgegeben wurde, in der es hieß, dass alles nur ein großes Versehen und ein schwerer Patzer gewesen sei. Hier war also den Einwohnern von Hawaii mehr als eine halbe Stunde lang eindringlich vor Augen geführt worden, dass sie 76 Jahre nach dem Angriff auf Pearl Harbor überhaupt keine Vorstellung davon hatten, was sie im Fall eines überraschenden militärischen Angriffs tun sollten.

Folgendermaßen könnten die Abläufe und Ereignisse aussehen an jenem Tag, an dem Ihnen mitgeteilt wird, dass Atomraketen im Anflug sind:

Meine Eltern hörten nur die Alarmmeldung im Fernsehen – sie bekamen den Text der Warnnachricht nicht zu lesen. Instinktiv wollte sich mein Vater nach dem nächstgelegenen Atomschutzbunker umsehen, aber es gab keine Hinweise, wo man einen solchen Schutzbunker finden konnte. Meine Mutter rief unterdessen meine Schwester und mich an. Sie berichtete später, dass sie in diesem Augenblick ernsthaft an das Sterben gedacht habe. »Ich habe meine Kinder angerufen, um ihnen zu sagen, dass ich sie liebe und dass ich sie vielleicht niemals wiedersehen werde«, erinnert sie sich.

Der Alarm war für alle die einzige Informationsquelle darüber, was vor sich ging und was sie tun sollten: »unverzüglich Schutz suchen«. Die Gäste im Hotel hätten wahrscheinlich sehr gern erfahren, wo der sicherste Platz war, an dem sie Schutz suchen konnten. (Ich habe bei den Betreibern dieses angesehenen Hotels mehrmals nachgefragt, ob sie mittlerweile einen Plan für solche Situationen erarbeitet haben, erhielt jedoch nie eine Antwort.) Daher verzichteten meine Eltern auf den Aufzug und eilten über die Treppe die 24 Stockwerke hinunter ins Erdgeschoss, nicht, weil sie glaubten, dass sie im Erdgeschoss bessere Überlebenschancen hätten, sondern weil ihre Freundin Lisa unten war und sie »nicht wollten, dass sie allein sterben musste«, wie meine Mutter erzählte. Unterwegs trafen sie auf einen alten Mann, der sich schwertat, die vielen Stufen nach unten zurückzulegen. Er gab schließlich auf und kauerte sich in einem Gang auf den Boden.

Als sie schließlich Lisa in der Eingangshalle des Hotels fanden, die voll war mit vor Angst zitternden Menschen – einige schienen sich sogar in einem Schockzustand zu befinden –, wichen sie ins Treppenhaus aus. Schließlich wurde über Lautsprecher Entwarnung gegeben, aber die Durchsage war auf Japanisch, nicht auf Englisch, was bedeutete, dass all jene Hotelgäste, die kein Japanisch verstanden, sich erst von den anderen aufklären lassen mussten.

Meine Mutter machte sich Gedanken darüber, warum es keinen Plan gab: »Sie dachten vielleicht, dass wir ohnehin alle verbrennen werden.« Tatsächlich wird immer wieder davon gesprochen, dass *allgemein* die Apokalypse ausbricht, wenn *irgendwo* ein atomarer Sprengkopf detoniert, doch das ist eine unsinnige Vorstellung. Und eine gefährliche dazu.

Nach Aussage von Brooke Buddemeier, einem Physiker am Lawrence Livermore National Laboratory, der sich auf Risikoabschätzung und Krisenreaktionsplanung spezialisiert hat, haben die Vertreter vieler Gemeinden auf die Frage, was sie tun würden, wenn in ihrer näheren Umgebung eine Atombombe explodierte, nur schulterzuckend geantwortet: »Dann gehen wir dem Licht entgegen.« Im Jahr 2008 testete Buddemeier in Zusammenarbeit mit dem US-Heimatschutzministerium, inwieweit die Städte und Gemeinden auf einen Atomangriff vorbereitet sind. »Praktisch keine Gemeinde verfügte über einen irgendwie koordinierten Reaktionsplan«, berichtete er 2011 auf einer Tagung und setzte hinzu: »Es fehlte auch weithin am Verständnis darüber, welche Art von Reaktionen erforderlich sind.«

Im Nachgang zum Fehlalarm von Hawaii zeigte sich, dass diese Einschätzung völlig zutreffend war, und so machte Buddemeier die Runde durch die Medien und lieferte dem Publikum einige grundlegende Informationen. Hier lesen Sie die wichtigsten davon: Ja, natürlich soll man Schutz suchen. Man soll sich zum Beispiel so weit wie möglich in den innersten Teil eines Gebäudes begeben, um sich vor Schockwellen, Splittern oder zerborstenem Glas zu schützen. Und man soll sich in ein strukturell sichereres Untergeschoss zurückziehen – oder, genau, in einen Bombenkeller –, sofern dazu die Möglichkeit besteht.

Immerhin sprechen wir hier davon, uns *vor einer Explosion* zu schützen. Wir lachen alle über die alten Sicherheitsfilmchen von 1950, in denen empfohlen wird, bei einer Atomexplosion unter einer Schulbank Schutz zu suchen, weil wir natürlich heute wissen, dass eine derartige Atomexplosion alle Kinder töten und es sie nicht retten würde, wenn sie sich unter einer Schulbank verkröchen. Aber dieser Spott ist nicht angebracht. Wenn eine Atombombe über einer großen Stadt detoniert, dann muss diese Stadt in der Tat mit ihrer weitgehenden Auslöschung rechnen, doch die zerstörerische Kraft eines Atomsprengkopfs ist nicht unbegrenzt. US-amerikanische Forscher der Atomic Bomb Casualty Commission haben bei der Untersuchung der Auswirkungen der Detonation der Hiroshima-Bombe herausgefunden, dass Menschen, die sich nahe am Boden befinden (sich hinkauern) oder sich vor herabfallendem Schutt schützen, bessere Überlebenschancen haben.[2]

In der jahrzehntelangen Berichterstattung über Atombomben erschienen diese im Laufe der Zeit nicht mehr als extrem große Bomben, sondern als die Pforten der Hölle, die sich unvermittelt auftun, wie zum Beispiel die in Zeitlupe dargestellte nukleare Zerstörung von Los Angeles in dem Film *Terminator 2: Tag der Abrechnung* zeigte. Diese Szene bringt die zerstörerische Kraft der Atombombe anschaulich zum Ausdruck, präsentiert ihre Detonation aber gewissermaßen als eine epische Büchse der Pandora, die, nachdem sie geöffnet worden ist, ein Höllenfeuer entfesselt mit einer Unmenge an kinematografischem Getöse und Gepolter. Dieses Bild hat sich mittlerweile anscheinend fest in unsere Vorstellung eingebrannt.

Es ist nicht gerade hilfreich, dass die Geräusche der Explosion, die man in den Filmdokumentationen über die Atomtests der 1950er- und 1960er-Jahre hört, fast immer von Toningenieuren aus Hollywood angefertigt wurden. Da sich praktisch niemand die Mühe machte, nach Tonaufnahmen der Atomtests in dieser Zeit zu suchen, blieb den Filmemachern gar nichts anderes übrig, als ihre eigenen Unheil verkündenden, von wuchtigen Basstönen bestimmten Klanglandschaften zu erzeugen. Doch 2017 veröffentlichte der Blog *Atom Central* lange verschollenes Filmmaterial über einen Atombombentest aus dem Jahr 1953, bei dem zufällig auch eine Tonspur aufgenommen worden war – anscheinend eine echte Rarität.[3] Da nimmt jemand das Geräusch einer Atombombenexplosion auf, und es klingt einfach nur wie »Bang«. Ja, im Epizentrum muss es höllisch laut gewesen sein – ein Donnern und Zischen und all das –, aber wer sich an diesem Platz befindet, ist wahrscheinlich so schnell tot, dass er gar nichts mehr mitbekommt. Für alle anderen klingt die Detonation einer Atombombe wie eine sehr, sehr laute Dynamitexplosion, nicht wie der Test eines Höllen-Lautsprechers.

Als die Raketenwarnung auf Hawaii noch Bestand hatte, waren mein Vater und meine Mutter davon überzeugt, dass sie zerfetzt werden würden, weil sie sich in der Nähe der Hauptziele befanden. Und für diese Befürchtung hatten sie auch einen guten Grund: Waikiki ist an der Mamala-Bucht gelegen, ebenso wie Pearl Harbor und Hickam Field, wo sich das Hauptquartier der US-Pazifikflotte befindet – das Hotel meiner Eltern lag also in einem Gebiet mit vielen wichtigen Zielen, deren Zerstörung einen US-Gegenangriff hätte abschwächen können. Es erscheint naheliegend, dass ein zweiter Angriff auf Pearl Harbor den gleichen Zweck verfolgt hätte wie der erste.

Da sich meine Eltern also in der Nähe eines wichtigen militärischen Stützpunkts aufhielten, hätte es wohl wenig zu ihrer Beruhigung beigetragen, wenn sie im Zentrum des Gebäudes, das ihnen zur Verfügung stand, Deckung und Schutz gesucht hätten, selbst wenn sie alles richtig gemacht hätten. Die Detonation, das konnten sie sich

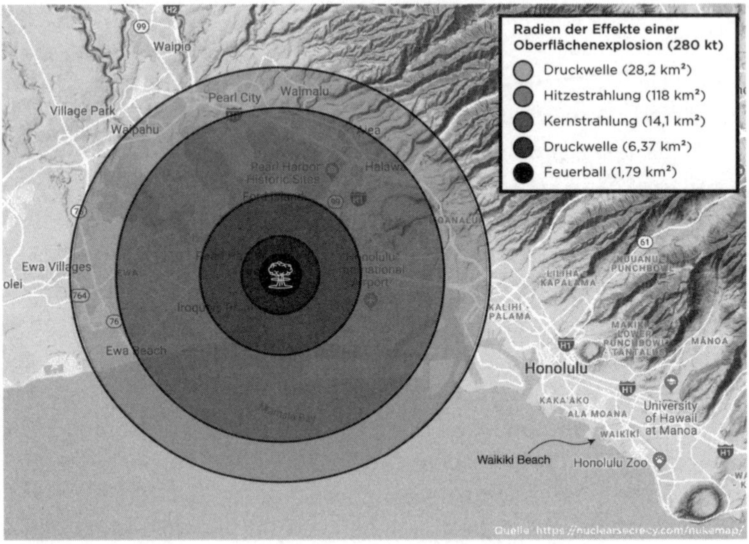

ausrechnen, würde einfach viel zu nahe bei ihnen erfolgen. Doch es gibt auch einen komischen Aspekt bei dieser Geschichte: Wenn sich an diesem Tag eine nordkoreanische Atomrakete im Anflug befunden hätte, wären meine Eltern in Waikiki ganz gut aufgehoben gewesen, selbst wenn Kim Jong-un Hickam Field ins Visier genommen und einen Volltreffer gelandet hätte.

Befassen wir uns kurz mit Kims Atomarsenal. Unter den Bloggern, die sich mit Rüstungskontrolle beschäftigen, und den Beobachtern Nordkoreas besteht Konsens darüber, dass der stärkste nordkoreanische Atomtest am 3. September 2017 stattfand, als ein 280 Kilotonnen TNT schwerer, mehrstufiger thermonuklearer Sprengkopf zur Detonation gebracht wurde.[4] Wenn also alle Voraussetzungen für einen Erstschlag Nordkoreas gegeben gewesen wären – die Trägerrakete war in gutem Zustand, der Start klappte problemlos, sie trat ohne Komplikationen aus der Erdatmosphäre aus und wieder in sie ein, das Leitsystem funktionierte wie gewünscht, und das sehr mängelbehaftete US-Raketenabwehrsystem konnte die Rakete nicht abfangen –, selbst dann wäre es gut möglich gewesen, *dass meine Eltern dennoch überlebt hätten.*

Zur Erklärung muss ich eine meiner bevorzugten Internetseiten heranziehen, *NUKEMAP*, eine Schöpfung des Nuklearhistorikers Alex Wellerstein vom Stevens Institute of Technology. *NUKEMAP* ist ein handliches und wissenschaftlich solides Werkzeug, um eines der lehrreichsten Gedankenexperimente durchzuspielen, das auf der Welt denkbar ist: *Was geschähe, wenn jemand direkt über uns eine Atombombe abwerfen würde?*

Nachdem man auf *NUKEMAP* die Detonation einer 280-Kilotonnen-TNT-Bombe mit dem Zentrum bei Hickam Field eingegeben hat, erscheinen mehrere konzentrische Kreise, die unterschiedliche Arten des Sterbens und der Zerstörung anzeigen. Der innere Kreis ist der tödlichste, und nach außen hin nimmt die zerstörerische Kraft ab. Der Feuerball, der am Anfang entsteht, würde den Militärstützpunkt größtenteils zum Verglühen bringen. Die Druckwelle und der Ring der tödlichen thermischen Strahlung würden Pearl Harbor auslöschen sowie auch die meisten anderen Militärbasen auf der Insel und würden den Flughafen von Honolulu verwüsten. Doch in den weiter entfernt liegenden Gebieten gingen die Auswirkungen nicht so weit. Eine weniger tödliche – aber dennoch verheerende – Druckwelle würde Häuser bis etwa zum Iroquois Point in Honolulu zerstören und eine große Zahl von Zivilisten das Leben kosten, doch das wäre wahrscheinlich schon das Schlimmste. Im Zentrum von Honolulu würde vielleicht kein einziges Gebäude beschädigt werden.

Was die Situation meiner Eltern in Waikiki betrifft, das auf der anderen Seite der Stadt liegt, so wäre der Ausdruck »sicher und wohlbehalten« wahrscheinlich eine etwas übertriebene Beschreibung; sie hätten sich sicherlich Sorgen machen müssen wegen der radioaktiven Strahlung, wegen eines möglichen elektromagnetischen Impulses (EMP) und wegen der Ausbreitung von Bränden (dazu später mehr), und vielleicht auch wegen möglicher Nebeneffekte der Explosion in einer Stadt, die durch massive Zerstörungen in die Knie gezwungen worden wäre. Doch wäre die Rakete auf den von mir vermuteten wahrscheinlichsten Zielpunkt gerichtet gewesen, wäre der entscheidende Aspekt, dass meine Eltern sich in genügender Entfernung vom Zentrum der Detonation befanden. Und davon kann man ausgehen. *NUKEMAP* ist ein nüchternes Instrument, und echte Atomsprengköpfe bilden keine perfekten konzentrischen Kreise –

doch die äußere Grenze des größten Kreises lag 6,4 Kilometer vom Hotel meiner Eltern entfernt. Das ist ein gutes Zeichen, und das habe ich ihnen auch gesagt.

Aber das Folgende sagte ich nicht: *Glückwunsch! Ihr seid außerhalb der Reichweite. Kein Grund zur Sorge!* Wäre die Raketenwarnung echt gewesen, wäre höchstwahrscheinlich ein heißer Krieg ausgebrochen – vielleicht sogar der gefürchtete »Dritte Weltkrieg«. Der Verlust eines großen Teils von Hawaii wäre gewiss schmerzlich gewesen und tragisch, doch was die Welt an diesem Tag in Atem gehalten hatte, auch meine Eltern und mich, war der mögliche Ausbruch eines neuartigen, schrecklichen Krieges. Ein solcher Angriff würde die Erde – so nehmen wir an – in die nukleare Katastrophe führen.

Es wäre schön, wenn ich in diesem Kapitel in Bezug auf die Vorstellung einer atomaren Apokalypse schreiben könnte, dass »der Mythos widerlegt« worden sei. Ich habe dieses Thema mit Seth Baum besprochen, dem Leiter des Global Catastrophic Risk Institute. Ich fragte ihn, ob es nicht völlig unplausibel sei, dass in einem solchen Konflikt wirklich massenhaft Atomwaffen eingesetzt werden könnten, und nannte als Beispiel die Zahl von 300 atomar bestückten Raketen. Keine Chance. Im Fall eines Atomkriegs, erwiderte Baum, sollten wir keinesfalls die Möglichkeit ausschließen, »dass eine hohe Zahl von Nuklearwaffen zum Einsatz kommt«.

Auch andere Versuche, für Entwarnung zu sorgen, sind fehlgeschlagen. Als 2017 im Rahmen der Studie »FiveThirtyEight« zahlreiche Experten aus den Naturwissenschaften, der Diplomatie und dem Bereich der Rüstungskontrolle befragt wurden, wie hoch sie die Wahrscheinlichkeit eines Atomkriegs einschätzten, variierten die Antworten zwischen 20 bis 25 Prozent und weniger als 1 Prozent.[5] Wichtig ist aber die genaue Fragestellung, denn der Gruppe wurde schlicht die Frage vorgelegt, inwieweit sie es für wahrscheinlich halte, dass irgendwann eine atomar bestückte Rakete auf ein ziviles Ziel abgefeuert würde – wobei es zum Beispiel unberücksichtigt bliebe, wenn die USA eine taktische Atomwaffe einsetzten, um eine nordkoreanische Raketenabschussbasis zu zerstören. Die Frage darauf zu verengen, ob bewusst zivile Ziele angegriffen werden, zeugt davon, dass hier irgendetwas aus dem Ruder gelaufen ist. Das bedeutet aber nicht zwangsläufig, dass wir dann alle sterben müssten.

Es würden wahrscheinlich Hunderte von Atomraketen erforderlich sein, um die gesamte Menschheit auszulöschen, und es gibt tatsächlich genügend davon, um genau dies zu bewerkstelligen. Laut Baum »kann man schlicht nicht wissen, wie viele Nuklearwaffen in einem Atomkrieg eingesetzt werden«. Es gebe ein paar formelle Pläne, und in diesen seien natürlich konkrete Zahlen zu Raketen und Bomben enthalten, erklärte Baum, und »nur die politischen und militärischen Führer, die in solche Entscheidungen einbezogen sein würden, kennen diese Zahlen.« Er setzte hinzu: »Sie werden die Entscheidung erst treffen, wenn der Krieg begonnen hat.«

Die Internationale Kampagne zur Abschaffung von Atomwaffen spricht davon, dass es insgesamt 14485 atomare Sprengköpfe auf der Erde gibt.[6] Aber auch wenn planlos Atomraketen abgefeuert werden würden, gibt es viele unterschiedliche Wege zur Apokalypse. Befassen wir uns also damit, was geschehen müsste, damit die politischen Verantwortlichen dies vermeiden können.

Wenn wir vom Armageddon sprechen und davon, dass die Hölle losbrechen wird, dann reden wir nicht davon, dass sich über jeder menschlichen Siedlung auf der Erde eine Pilzwolke bilden wird (dazu gleich mehr). Stattdessen bringen wir eine ausreichende Zahl von Bomben zum Einsatz, sodass die Folgewirkungen der Detonationen alle Menschen umbringen.

Die wichtigste und gravierendste Auswirkung einer Atomexplosion ist zweifellos der nachfolgende Feuersturm. »Feuersturm« ist ein Ausdruck, den wir häufig als Metapher verwenden; das Wort bezeichnet heute ganz unterschiedliche Ereignisse, einen öffentlichen Aufschrei über eine geopolitische Fehlentscheidung gleichermaßen wie den Ausbruch einer allgemeinen Hysterie, wenn jemand einen dummen Tweet abgesetzt hat. Laut den einschlägigen Wörterbüchern ist »Feuersturm« ursprünglich die Bezeichnung für einen sehr großen Brand. Die Feuerstürme, die durch die amerikanischen Atombombenabwürfe über Hiroshima und Nagasaki hervorgerufen wurden, waren gewaltige Brände, die Gebäude im Umkreis von bis zu vier Kilometern beschädigten oder zerstörten.[7] Solche Brände erreichen derart gewaltige Ausmaße, dass man sie mit Wetterereignissen vergleicht – daher die Verbindung mit dem Wort »Sturm«. Der Feuersturm von Hiroshima erzeugte »Pyro-Cumulonimbus«-Wolken und führte zu Regenfällen, die länger als eine Stunde dauerten.[8] Wollte man also einen Atomsprengkopf als Mahlzeit betrachten, so wäre der Feuersturm das Dessert.

Lassen wir für einen Augenblick die Feuerstürme beiseite und nehmen an, dass eine Atombombe, die über Wohngebieten zur Detonation gebracht wird, zu »massiver Vergeltung« führt – etwa derart, dass man den Gegner »in die Steinzeit zurückzubomben« versuchen würde. Doch dies ist nicht die einzige mögliche Reaktion auf einen Atomangriff. Die USA verfügen über den größten Militärapparat der Welt und könnten auch mit konventionellen Waffen auf einen Atomangriff angemessen antworten. Eine überwältigende nukleare Vergeltung wird seit vielen Jahrzehnten kritisch gesehen. Der Rüstungsforscher Michael Krepon schrieb 2009, dass die Doktrin der massiven Vergeltung ein Relikt des Denkens der 1950er-Jahre sei – einer Zeit, »in der sich die USA fast ausschließlich auf Atomwaffen stützten«[9].

Der Militärstratege Bernard Brodie meinte einmal, er bezweifle, dass die USA die »Unüberlegtheit« aufbringen würden, mit massiver Vergeltung zu operieren. In einem Papier für die RAND Corporation mit dem Titel »Strategie im Raketenzeitalter« schrieb er: »Wir stützen das Konzept der massiven Vergeltung nicht auf das militärische Erfordernis der Konzentration und auf das Übel der Weiterverbreitung, sondern auf eine optimistische Vorhersage darüber, wie sich die Russen und die Chinesen angesichts unserer Drohung verhalten werden. Dies kann uns helfen, Aufschluss darüber zu gewinnen, welchen Preis wir zu zahlen haben werden, wenn wir uns irren.«[10]

Doch nehmen wir einmal an, die USA übten nukleare Vergeltung. Beschränken wir uns dabei auf das Modell eines Atomkriegs zwischen den USA und Nordkorea.

Wir haben bereits festgestellt, dass wir nicht sicher angeben können, wie viele Atomwaffen zum Einsatz gelangen würden, aber wir kennen zumindest einige Einzelheiten. Eine frühere Version eines Plans zu einer sofortigen nuklearen Vergeltung lief unter dem Codenamen »Dropkick«, der in geänderter Form noch heute existiert. Dies kann man wahrscheinlich als einen präzisen Plan für den Fall eines Atomangriffs aus Nordkorea betrachten, der Bestandteil des Notfallarsenals des amerikanischen Präsidenten ist und auch als nuklearer »Fußball« bezeichnet wird.[11] (Sie verstehen, warum für diesen Plan eine Bezeichnung aus dem Fußball verwendet wird, warum von »Dropkick« gesprochen wird, von einem Ball, der unmittelbar nach dem Aufspringen auf dem Boden geschossen wird?) Die Einzelheiten von »Dropkick« unterliegen jedoch strenger Geheimhaltung, wir müssen also ein bisschen spekulieren, was sie wohl beinhalten.

Nehmen wir an, der Plan sieht den Abschuss von fünf Cruise-Missiles vor, die mit W80-Sprengköpfen mit variabler Sprengkraft bestückt sind (die US-Armee besitzt eine riesige Zahl davon)[12], und gehen wir davon aus, dass alle diese Sprengköpfe mit der maximalen Sprengkraft von 150 Kilotonnen TNT ausgestattet sind. Nehmen wir darüber hinaus an, dass alle diese Marschflugkörper urbane und militärische Ziele in Nordkorea treffen und Kims Vergeltungsfähigkeit stark einschränken oder unterbinden – ein wuchtiger, zerstörerischer Schlag, aber nicht der Versuch, die Zivilbevölkerung Nordkoreas auszulöschen. Die Nordkoreaner müssen kapitulieren! Doch wir sind hier keine Leisetreter und nehmen an, dass sie das nicht tun.

Das schwer angeschlagene nordkoreanische Militär gräbt sich mit seinem verbliebenen Nukleararsenal ein und reagiert mit fünf Interkontinentalraketen, die in Richtung auf das US-amerikanische Festland auf den Weg gebracht werden. Dazu werden fünf Kurzstreckenraketen auf US-Ziele in Japan, den Philippinen und auf der Insel Guam losgeschickt. Und als Zugabe wird eine Rakete nach Seoul geschickt und eine andere nach Busan, der zweitgrößten Stadt Südkoreas, und darüber hinaus werden chemische und biologische Waffen gegen den Süden eingesetzt. Nehmen wir an, dass keine dieser Raketen abgefangen wird und alle ihre Ziele präzise erreichen. Das ist einigermaßen ärgerlich, also schlagen die USA abermals zurück, diesmal mit 20 Atomraketen, in der Hoffnung, dadurch das Kim-Regime zu Fall zu bringen und Nordkoreas Fähigkeit zur Kriegsführung den Todesstoß zu versetzen (wobei die Chancen nicht sonderlich gut stehen, dass diese Ziele mit Atomwaffen allein zu erreichen sein werden).

Aber wir haben noch gar nicht über China und Russland gesprochen! Nehmen wir also an, dass diese beiden Länder, die zeitweilig als gute Freunde von Nordkorea galten, zu der Auffassung gelangen, dass Amerikas Verhalten einen Angriff auf ihre politische Position in der Region darstellt. (Sie müssen nicht zwangsläufig eine solche Haltung einnehmen, aber gehen wir einmal davon aus, dass sie es tun.) Beide Länder lassen alle Zurückhaltung fahren und schicken jeweils 20 Raketen gen USA. Nehmen wir des Weiteren an, dass sich die USA – die ebenfalls den Kopf verloren haben – dazu hinreißen lassen, als Vergeltung ebenfalls 20 Atomraketen abzufeuern; zehn in Richtung China, zehn nach Russland, in dem vollen Bewusstsein, dass diese Länder ebenfalls über gut gefüllte Atomarsenale verfügen. Mittlerweile sind also schon 97 Atomsprengköpfe detoniert. Und vergessen wir nicht, dass wir davon ausgehen, dass jede Detonation einen Feuersturm vom Ausmaß der Hiroshima-Bombe hervorruft und jeweils ungefähr 100 000 Menschen tötet.

Wir befinden uns also auf dem Weg in die Apokalypse.

Doch befassen wir uns jetzt für einen Moment mit der Mikro- statt der Makroebene. Wir wissen bereits, wie schrecklich dieser Tag sein wird für jemanden, der die Ereignisse im Zentrum des Geschehens erlebt, denn diese Schrecken haben sich tatsächlich schon ereignet, und die Medien haben darüber berichtet. Nachfolgend als Beispiel der Bericht von Akiko Takakura, die beim Angriff auf Hiroshima 20 Jahre alt war und überlebte.[13] Dabei wird deutlich, was für ein Gefühl es war, diese Hölle auf Erden persönlich zu erleben:

> *In diesem Augenblick hatte ich das Gefühl, dass Hiroshima vollständig von drei Farben bedeckt und eingehüllt war. Ich erinnere mich an Rot, Schwarz und Braun, aber an nichts anderes. Viele Menschen auf den Straßen waren sofort tot. Die Fingerspitzen der Toten fingen Feuer, und dieses Feuer breitete sich allmählich von den Fingern über ihren gesamten Körper aus. Eine hellgraue Flüssigkeit tropfte von ihren Händen und versengte ihre Finger.*

Yoshitaka Kawamoto, die damals 13 Jahre alt war, schilderte die letzten Augenblicke vor dem Tod eines der anderen Opfer:[14]

> *Ich stieß auf einen meiner Schulkameraden, der noch lebte. Ich zog ihn hoch und nahm ihn in meine Arme. Es fällt mir schwer, das zu beschreiben: Sein Schädel klaffte auf, Fleisch hing aus seinem Kopf. Er hatte nur noch ein Auge, das mich direkt anschaute. Er murmelte etwas, das*

ich nicht verstand. Dann begann er, sich einen Fingernagel abzubeißen. Ich zerrte den Finger aus seinem Mund. Ich hielt seine Hand fest, und da griff er nach dem Notizbuch in seiner Brusttasche, und ich fragte ihn: »Willst du, dass ich das mitnehme und deiner Mutter gebe?« Er nickte.

Wenn man dieses Leid mit fünf Millionen multipliziert, bekommt man eine Ahnung vom Wahnsinn eines weltumspannenden Nuklearkriegs. Die beteiligten Parteien werden das Gemetzel zweifellos in Echtzeit im Fernsehen und in den sozialen Medien mitverfolgen können. Auf dem Höhepunkt dieses spekulativen Szenarios, das ich konstruiert habe, werden zehn Millionen Menschen gestorben sein – die ungefähre Einwohnerzahl von Tokio. Es ist auch denkbar, dass sich die Nuklearmächte, nachdem sie das verheerendste Ereignis seit dem Einschlag des Chicxulub-Asteroiden auf der Erde vor rund 66 Millionen Jahren verursacht haben, zu einem Waffenstillstand bereitfinden und Verhandlungen beginnen.

Doch wäre es mittlerweile nicht schon zu spät für die Rettung der Menschheit? Schließlich würde ja die radioaktive Strahlung die Überlebenden dahinraffen, oder etwa nicht?

Glücklicherweise – oder auch bedauerlicherweise – nicht. Dr. David Denkenberger vom Global Catastrophic Institute erklärt: »Manche meinen, bei einem umfassenden Nuklearkrieg würde die Radioaktivität alle Überlebenden umbringen. Das stimmt nicht.« Die Strahlung würde im Umkreis der Detonationsorte tödlich sein und sich in benachbarte Gebiete und über Wasserwege ausbreiten. Doch Atomsprengköpfe sind ein ineffizientes System für jene Art von radioaktiven Wolken von der Größe eines Kontinents, die sich viele beim Gedanken an eine nukleare Apokalypse vorstellen.

Sehen wir es so: Die Internationale Atomenergiebehörde (IAEA) kam in einem Bericht, in dem die Katastrophe von Tschernobyl mit anderen Nukleareignissen verglichen wurde, zu folgendem Ergebnis: »Die Explosion in Tschernobyl schleuderte 400-mal so viel radioaktives Material in die Erdatmosphäre wie die Atombombe, die über Hiroshima abgeworfen wurde.«[15] Im Unterschied zu Hiroshima, wo ein großer Schwall Radioaktivität freigesetzt wurde, gab Tschernobyl über einen Zeitraum von neun Tagen nukleares Material in die Atmosphäre ab und verursachte damals dennoch nur 31 Todesfälle. Natürlich traten im weiteren Verlauf mit Tschernobyl in Zusammenhang stehende tödliche Krebserkrankungen auf, eine Geißel, die noch immer Opfer fordert.[16] Insgesamt rechnet man mit ungefähr 4000 Krebstoten – erschreckend, aber auch in gewisser Weise tröstlich, wenn man bedenkt, dass sich die Radioaktivität von Tschernobyl von der Ukraine über Weißrussland nach Österreich, Finnland und Schweden und vielleicht auch noch über weitere Länder ausbreitete. Um es klar zusammenzufassen: Tausende Menschen sind in der Folge der Bombenabwürfe auf Hiroshima und Nagasaki an Krebs gestorben, aber fast alle von ihnen befanden sich sehr nahe an den Detonationsorten.

Laut Denkenberger gibt es einen Grund, warum sich die radioaktive Strahlung nicht großflächig ausbreitet. »Der Großteil der Radioaktivität wird in der unteren Atmosphäre freigesetzt, der Troposphäre, und dann binnen weniger Tage durch Regen ausgewaschen.« Mit anderen Worten: Anders als Rußpartikel, die in die Stratosphäre aufsteigen und dort das Sonnenlicht abschirmen, gelangt der größte Teil der Radioaktivität, die sich während und nach einer Atomexplosion in der Luft befindet, nach kurzer Zeit in Form von radioaktivem Regen oder Schnee auf die Erde – was auch nicht gerade toll ist, aber zumindest das Problem begrenzt.

Doch in meinem Szenario gibt es noch weitere 100 Feuerstürme, die Anlass zur Sorge bereiten und die Angst vor einem »nuklearen Winter« oder zumindest einem »kleinen nuklearen Winter« aufkommen lassen. In einigen Klimamodellen wird angenommen, dass der Rauch und die Asche aus diesen Feuerstürmen in die obere Atmosphäre aufsteigen und das Sonnenlicht abblocken.

Was ist ein »kleiner« nuklearer Winter? Optimistisch betrachtet, könnte er in einem Rückgang der Temperatur um 1,25 Grad Celsius bestehen, der zwei bis drei Jahre andauert.[17] (Zum Vergleich: Im Zuge der globalen Erwärmung sind die globalen Durchschnittstemperaturen seit 1880 um 0,8 Grad Celsius gestiegen. Der »kleine« nukleare Winter würde somit zu katastrophalen Auswirkungen auf das Weltklima führen – die wesentlich schlimmer wären als die Auswirkungen der globalen Erwärmung.) In einer Studie, die 2014 in der Fachzeitschrift *Earth's Future* veröffentlicht wurde,[18] wird ein düsteres Bild des Winters gezeichnet, der durch jeden einzelnen dieser 100

»regionalen« Atomkriege verursacht werden würde (bei denen, um es noch einmal zu betonen, jeweils Atomwaffen mit relativ geringer Sprengkraft zum Einsatz kämen). In diesem Forschungspapier wird eine Abkühlung vorhergesagt, die sich über mehrere Jahrzehnte erstrecken würde, ein Rückgang der Ozonschicht und paradoxerweise auch eine stärkere Sonneneinstrahlung, was die negativen Auswirkungen auf die Landwirtschaft verschlimmerte.

Doch es muss abermals darauf hingewiesen werden, dass ein solcher nuklearer Winter nicht bedeuten würde, dass die Menschheit am Ende wäre und sich geschlossen ins Grab legen könnte. Vielmehr würden wir in diesem Fall wohl ein starkes Aufbäumen des Lebenswillens erleben, und es würde viel Energie darauf verwendet werden, dass wir uns weiterhin so ernähren könnten, wie wir es gewohnt sind. Nach Angaben von Denkenberger, Mitautor von *Feeding Everyone No Matter What*, einem Buch, das sich mit derartigen Situationen befasst, würden pro Jahr 1,4 Milliarden Tonnen Trockennahrung erforderlich sein, um die Weltbevölkerung zu ernähren.[19] Denkenberger weist darauf hin, dass die Menschheit nicht genügend Nahrungsreserven besitzt, um auch nur für ein einziges Jahr den Rückgang der landwirtschaftlichen Produktion im Gefolge eines nuklearen Winters zu überstehen. Schlimmer noch, weil zu wenig Sonnenlicht für die Fotosynthese auf die Erde gelangen würde und auch die Niederschläge zurückgingen, würde es zu einem Zusammenbruch der Landwirtschaft kommen. In einer 2013 veröffentlichten Studie der Forschergruppe International Physicians for the Prevention of Nuclear War (IPPNW), einem internationalen Zusammenschluss von Ärzten, wurde errechnet, dass zwei Milliarden Menschen in den Hungersnöten sterben würden, die ein Atomkrieg nach sich zöge.[20] Um konkreter zu veranschaulichen, was diese Zahlen bedeuten: Es wäre, als würde die gesamte Bevölkerung von Indien, Japan, Frankreich, den USA, Deutschland und Großbritannien sterben, der Rest der Menschheit würde hingegen überleben.

Denkenberger erklärt in *Feeding Everyone No Matter What*, dass die Menschheit einem solchen Schicksal entgehen kann, wenn wir in einer groß angelegten globalen Anstrengung jene Berge von vermoderndem organischen Material nutzbar machen, die uns nun überall auf der Welt zur Verfügung stehen – und sie in nährstoffreichen Flüssigmist umwandeln und diesen als Kompost für Speisepilze verwenden. Dies bedeutet eine Pilzerzeugung in großem Stil, bei der auch andere bekannte Verfahren zur Anwendung gelangen würden, wie etwa die Umwandlung von abgestorbenen Bäumen und Bakterien in Kalorien.[21]

Eine Zeit lang würden wir uns nur im Haus aufhalten und die Fenster abdunkeln müssen, um uns vor der verstärkten UV-Strahlung zu schützen (zumindest solange wir keine UV-Schutzfenster eingebaut hätten). Wir würden Schutzkleidung tragen müssen, wenn wir ins Freie gingen, oder täglich Sonnencreme mit Schutzfaktor 100 auftragen müssen. Wenn wir einen Blick aus dem Fenster wagten, würden wir einen düsteren Himmel über einer Landschaft aus sterbenden – und nach einiger Zeit toten – Bäumen und Wiesen sehen. In dieser Zeit würden wir die benötigten Kalorien zum größten Teil aus Blattbrei, Pilzen und einer Art grüner Algentabletten beziehen. Schließlich würde die Intensität der UV-Strahlung nachlassen. Eine schlimme Vorstellung, aber immer noch besser als der vollständige Untergang unserer Spezies.

Ein Atomkrieg mit 100 Sprengköpfen ist also wahrscheinlich nicht ausreichend, um alles Leben zu vernichten, aber wir werden damit nicht aufhören. Es gibt insgesamt 14 485 nukleare Sprengköpfe auf dem Planeten, und das heißt, in einer Situation, wie ich sie hier beschrieben habe, würde noch nicht einmal 1 Prozent des gesamten Nuklearарsenals verbraucht worden sein. Wenn also sämtliche vorhandenen Atomwaffen zum Einsatz gelangten, dann würden wir tatsächlich alle getötet werden – das steht außer Frage. Oder?

Es mag verrückt klingen, aber auch da bin ich mir nicht völlig sicher.

Sam Biddle, der früher für die Zeitschrift *Gizmodo* arbeitete, spielte diese hypothetische Annahme 2012 durch. Er fand heraus, dass 16 000 der stärksten bisher gebauten Atomsprengköpfe erforderlich sein würden, um die Landmasse der Erde vollständig zu zerstören.[22] Das heißt, es würden 16 000 Zar-Bomben erforderlich sein – eine »Zar-Bombe« oder »Superbombe« ist die in der Sowjetunion gebaute stärkste jemals gezündete Wasserstoffbombe mit einer Sprengkraft von 50 bis 60 Megatonnen, womit sie ungefähr 4000-mal so stark war wie die Hiroshima-Bombe. Als sie 1961 getestet wurde, erzeugte sie eine 55 Kilometer hohe Pilzwolke. Doch heute gibt es die Zar-Bombe nicht mehr. Auch die angegebene Zahl von 16 000 Bomben erscheint etwas anspruchsvoll. Früher einmal gab es 31 255 Atomsprengköpfe, wie ermittelt wurde, heute sind es, wie gesagt, nur noch 14 485.

Zudem handelt es sich dabei meist um sehr kleine Sprengköpfe. Der B61-Sprengkopf der Amerikaner zum Beispiel verfügt über eine Sprengkraft von 0,3 Kilotonnen.[23] Das heißt, es wären 166 666 dieser Mini-Nukes erforderlich, um die Sprengkraft einer einzigen Zar-Bombe zu erreichen – unter der Annahme, dass diese auf ihre geringste Sprengkraft eingestellt wäre. Dazu kommt, dass ungefähr 5000 der vorhandenen Atomsprengköpfe mittlerweile deaktiviert und zur Demontage vorgesehen sind,[24] was bedeutet, dass es gegenwärtig nur noch rund 9600 einsatzbereite Atomsprengköpfe gibt.

Es ist jedoch darauf hinzuweisen, dass der gegenwärtige US-Präsident, während ich dieses Buch schreibe, einen Ausbau des amerikanischen Nukleararsenals angekündigt hat, um potenzielle Gegner besser abschrecken zu können.[25] Zudem soll der New-START-Vertrag, der 2010 unterzeichnet wurde und eine Reduzierung der Nukleararsenale der USA und Russlands vorsah, 2021 auslaufen.[26] Abhängig von einer Vielzahl noch offener Fragen könnte also die Zahl der Nuklearwaffen schon wieder deutlich höher sein, wenn Sie dieses Buch lesen.

Seth Baum vom Global Catastrophic Risk Institute erklärt: »Dass eine große Zahl von Nuklearwaffen eingesetzt wird [wenn ein Atomkrieg ausgebrochen ist], hängt vor allem damit zusammen, dass man auf diese Weise die militärische Schlagkraft der Gegenseite insgesamt angreifen kann, nicht nur ihre Nuklearwaffen.« Dies ist die sogenannte »Counterforce«-Strategie, die sich unterscheidet von der »Countervalue«-Vorgehensweise. Die Angriffe in Hiroshima und Nagasaki hatten hauptsächlich Countervalue-Charakter, das heißt, sie sollten den Gegner demoralisieren, indem wichtige Ziele vernichtet wurden – Städte und die Bevölkerung, die in diesen Städten lebte –, anstatt die Fähigkeit des Gegners zu schwächen, militärische Gewalt einzusetzen.

Ein Beispiel für eine Counterforce-Strategie finden wir in Pakistan. Um sein Nukleararsenal gegen die im konventionellen Bereich überlegene indische Armee zu schützen, erhöhte Pakistan seine Bestände an kleinen Nuklearsprengköpfen, die gegen indische Truppen eingesetzt werden sollen, wenn diese pakistanische Militäranlagen zu zerstören versuchten.[27] Indien betrachtete dies jedoch als einen Bluff und erklärte, es würde erforderlichenfalls in Pakistan einmarschieren und dadurch dessen Führung zwingen, diese Atomwaffen auf eigenem Gebiet und damit gewissermaßen gegen sich selbst abzufeuern.[28]

Wenn über eine stetig steigende Zahl von atomaren Sprengköpfen auf der Welt berichtet wird, sollte man daher beachten, dass diese zu einem großen Teil Bestandteil einer Counterforce-Strategie sind. So sehr es mir widerstreben würde, als Soldat auf jener Seite im Einsatz zu sein, die das Ziel einer Counterforce-Attacke wird, so wenig gefällt mir die Vorstellung, dass mein Wohnviertel mit Atomwaffen angegriffen wird, während ich den Hund Gassi führe. Baum bezeichnete die Counterforce-Strategie als »den vielleicht bedeutsamsten Treiber des atomaren Wettrüstens«, weil sie »die eine Seite dazu veranlasst, noch mehr Waffen zu bauen, worauf die andere Seite ebenfalls mehr Waffen baut, um diese bekämpfen zu können, und immer so weiter«.

Man muss sich die Frage stellen, was es für die Aussicht einer nuklearen Vernichtung der Welt bedeuten würde, wenn allgemein begriffen wird, dass viele oder gar die meisten Sprengköpfe keine Countervalue-Ziele treffen würden. Zu berücksichtigen ist zudem, dass die Detonation dieser Sprengköpfe über ihren Counterforce-Zielen dazu führte, dass sich die Zahl jener Sprengköpfe reduzierte, die noch zur Detonation gebracht werden könnten – einer der wenigen positiven Aspekte eines Atomschlags. Doch ich will auf Folgendes hinaus: Nehmen wir an, dass die Hälfte der einsatzfähigen Atomsprengköpfe auf der Welt, also rund 4800, dazu bestimmt sind, auf Counterforce-Ziele gerichtet zu werden. Viele dieser Counterforce-Ziele würden bereits in einem frühen Stadium des Konflikts beschädigt werden, und dadurch würde die Zahl der Atomsprengköpfe vermindert werden, die noch für Countervalue-Ziele zur Verfügung stünden. Zu den Counterforce-Zielen in den USA gehören die Standorte der Atomraketen des Landes – Orte wie die Malmstrom Air Force Base in Montana, die Minot Air Force Base in North Dakota und die F. E. Warren Air Force Base in Wyoming. Dabei handelt es sich um ländliche Gegenden, was bedeutet, dass die Zahl der Todesopfer durch diese Angriffe wahrscheinlich niedriger läge als bei Countervalue-Schlägen – obgleich dichte Wälder in diesen Gebieten Brennstoff für die Feuerstürme liefern würden.

Aufgrund des globalen Verstädterungstrends können wir allerdings mit großer Sicherheit davon ausgehen, dass die Atommächte, wenn sie ihr gesamtes Arsenal zum Einsatz bringen würden, nahezu alle Menschen auslöschen könnten. Im Jahr 2016 lebten 54 Prozent der Weltbevölkerung in Städten, und diese Zahl steigt weiter an.[29] Wir befinden uns hier im Bereich der Spekulation, aber es ist zu vermuten, dass jene 4800 einsatzfähigen Sprengköpfe den größten Teil der Menschen in den am dichtesten bevölkerten Regionen der Erde töten könnten. Und die anschließenden Feuerstürme, die Strahlung und der nachfolgende nukleare Superwinter würden zweifellos auch den Überlebenden ein Ende bereiten.

Doch die Annahme erscheint einigermaßen abwegig, dass jene Menschen, die über den Einsatz dieser Waffen entscheiden, systematisch versuchen würden oder könnten, die ganze Welt in die Luft zu jagen. Verstehen Sie mich nicht falsch, es gibt eine Menge Verrückte, die Atomwaffen zur Verfügung haben (Sie können es sich selbst ausrechnen), doch wenn Armeen in den Krieg ziehen, dann beginnen sie nicht gleich, mit jedem verfügbaren Gewehr zu feuern, bis ihnen die Munition ausgeht. Es sorgt für Verwirrung, dass wir ständig auf diese Weise über einen Atomkrieg reden, wenngleich es in strategischer Hinsicht auch nicht völlig unverständlich ist.

»Kompliziert wird die Angelegenheit zudem durch den grundlegenden Konflikt zwischen der Frage, ob es moralisch vertretbar ist, immer mehr Atomraketen einzusetzen, sobald der Krieg begonnen hat, und der Frage, ob es moralisch vertretbar ist, den Einsatz dieser Waffen anzudrohen, um andere abzuschrecken und den Ausbruch eines solchen Krieges zu verhindern«, erklärte Baum. »Im besten Fall bluffen alle Beteiligten nur, und alle glauben auch an den Bluff.« Dieses Extremszenario ist sehr unwahrscheinlich, es ist aber auch auf eine törichte Weise klug. Wir alle wollen *theoretisch* die totale atomare Auslöschung vermeiden, und daher können wir sie abwenden, solange jemand, der Atomwaffen besitzt und blufft, annimmt, dass alle anderen, die auch Atomwaffen haben, nicht bluffen.

Ein entscheidender Unterschied zwischen einer atomaren und einer konventionellen Kriegsstrategie ist das Konzept der »gesicherten gegenseitigen Zerstörung«, ein Begriff, der von Donald Brennan geprägt wurde, einem Strategen des Kalten Kriegs, der am Hudson Institute arbeitete, einer konservativen militärischen Denkfabrik. Der Gedankengang, der dem Konzept einer gesicherten gegenseitigen Zerstörung zugrunde liegt, lautet ungefähr folgendermaßen: Nehmen wir an, es gibt einen Konflikt zwischen zwei Nuklearmächten, die jeweils über große Atomarsenale verfügen, und beide Seiten wissen, dass die Gegenseite entschlossen ist, im Fall eines atomaren Angriffs mit massiver Vergeltung zu reagieren – insbesondere mit Atomwaffen. Unter diesen Bedingungen sind beide Atommächte in einer Pattsituation gefangen, und durch die wechselseitige Abschreckung wird der Frieden gesichert.

Sofern nicht jemand die Nerven verliert und einen verhängnisvollen Erstschlag in die Wege leitet.

Herman Kahn, Brennans damaliger Chef am Hudson Institute, hielt die Idee einer gesicherten gegenseitigen Vernichtung für verrückt. In seinem Buch *On Thermonuclear War* stellte Kahn die Frage, warum man eigentlich – auch wenn man mit Atomraketen angegriffen werde und man zuvor dem Gegner den Untergang durch einen Gegenangriff angekündigt habe – auf diesem Weg weitermachen müsse, bis es tatsächlich zur Apokalypse komme? Zur Illustration dieser Absurdität erdachte er die Doomsday-Maschine, die Weltuntergangsmaschine[30], die später zu einem zentralen Element in dem Film *Dr. Seltsam oder: Wie ich lernte, die Bombe zu lieben* wurde.

Eine Weltuntergangsmaschine ist etwas, das es in Wirklichkeit nicht gibt, doch wenn es sie gäbe, würde sie ein automatisiertes nukleares Abschusssystem sein, das Angriffe erkennt und mittels irreversibler Auslösemechanismen Abertonnen von atomaren Sprengkörpern auf den mutmaßlichen Gegner losschickt. Wenn einmal eine solche Maschine entwickelt und installiert ist, könnte die Nuklearmacht, die darüber verfügt, das Versprechen der garantierten gegenseitigen Zerstörung wahr machen, auch wenn die Menschen, die normalerweise Vergeltungsaktionen anordnen, kalte Füße bekämen und davor zurückschreckten, alles menschliche Leben auf der Welt auszulöschen. Mit anderen Worten, *jeder Atomangriff auf mich wird dazu führen, dass alle Menschen auf der Welt getötet werden, und deshalb sollte keiner es wagen, eine Rakete auf mich abzufeuern oder sonst irgendetwas!*

In diesem Zusammenhang fällt mir die Atomkriegsuhr (»Doomsday Clock«) ein, eine symbolische Uhr der Zeitschrift *Bulletin of the Atomic Scientists*, die der Öffentlichkeit verdeutlichen soll, wie groß derzeit das Risiko eines Atomkriegs ist. Zum Zeitpunkt der Abfassung dieses Buches steht die Uhr auf zwei Minuten vor Mitternacht, und damit sei es »gefährlicher als jemals seit dem Zweiten Weltkrieg«, heißt es dazu im Berichtsblatt.[31] Vorher war 11 Uhr 57 Minuten und 30 Sekunden angezeigt worden, die Uhr bewegt sich also anscheinend in 30-Sekunden-Schritten. Doch es ist bedrückend, sich vorzustellen, was in den 90 Sekunden vor Mitternacht geschehen könnte: Wird vielleicht eine Atomrakete abgeschossen? Der Start würde noch nicht den Weltuntergang bedeuten. Um 11 Uhr 59 könnte ein Atomsprengkopf detonieren. Um 11 Uhr 59 Minuten und 30 Sekunden könnte ein Vergeltungsschlag erfolgen. Weitere Vergeltungsmaßnahmen könnten gemäß der Uhr zum Weltuntergang führen, auch wenn die Mehrheit der Erdbewohner dies noch nicht so empfinden würde.

Daher ist es gut, dass uns das Nachdenken über solche Ereignisse – auch über lokal begrenzte Fälle von nuklearer Verwüstung – dazu veranlasst, uns fest vorzunehmen, dass wir so etwas nie zulassen werden, soweit es in unserer Macht steht. Wenn wir davon ausgehen, dass dies eine allgemeine menschliche Reaktion ist und dass die Welt nicht voll ist mit Hollywoodschurken, die sie niederbrennen wollen, dann haben wir eine Chance, weiter über die Runden zu kommen.

Kapitel 13

Was wirklich passiert, wenn ein Baby auf dem Mond geboren wird

Noch in diesem Jahrhundert? Nein.

Plausibilität: ★★★★☆

Muss man davor Angst haben? Wenn die Kosten der Entbindung in der Klinik nicht sinken, wird es fürchterlich.

Sollte man deshalb seine Lebensgewohnheiten ändern? Absolut.

»Sie können den Entbindungsraum jederzeit verlassen«, erklärte ihr Krankenschwester Collins. »Das ist Ihr gutes Recht.«

Aber natürlich konnte Alexandra nicht einfach weg. Das hätte keinen Sinn ergeben. Sicher, sie konnte mühelos aufstehen. Das war das Schöne daran, dass die Schwerkraft auf dem Mond nur ein Sechstel der Schwerkraft auf der Erde beträgt. Während der Wehen vom Bett aufzustehen war hier wesentlich leichter als auf der Erde. Aber wohin sollte sie gehen?

Es würde schließlich nichts bringen, das Baby auf dem Gang des Medizinischen Zentrums der Mondbasis Hispaniola zu entbinden, da auch hier Collins zugegen sein würde mit all ihren Formularen. Alexandra könnte zusammen mit Francesco durch die automatischen Türen der Lobby nach draußen gehen, aber was dann? Sollte sie das Baby mitten in der Halle A allein auf die Welt bringen? Sollten sie mit der Tram zurück in ihren Wohnblock fahren, die Badewanne volllaufen lassen und eine Wassergeburt durchführen? Das wäre aus vielerlei Gründen eine schreckliche Idee – nicht zuletzt, weil dadurch das Wasser für eine ganze Woche verbraucht werden würde.

Nein, sie war hier gestrandet und musste sich den Vorschriften unterwerfen, die in diesen Formularen festgehalten waren. Und diese Formulare waren ziemlich lang. Laut dem Kleingedruckten im Hispaniola Residential Compact, dem grundlegenden Vertragsdokument für die Mondkolonie, war eine Entbindung eine medizinische Wahlleistung – obwohl die Entbindung bei einer Schwangerschaft natürlich keine Frage der freien Wahl ist. Eine Abtreibung freilich wäre, kaum überraschend, von der Versicherung übernommen worden.

Alexandra war natürlich krankenversichert durch ihren Arbeitgeber 3M. Auch 3M hatte niemals konkret erwähnt, dass man die Kosten einer Entbindung nicht übernehmen würde. Ihr Bruder Marco, ein Rechtsanwalt, hatte ihr versichert, dass eine Entbindung auf dem Mond rechtlich legal sei. Doch das Hispaniola Council hatte auf einer Sitzung über diese Frage diskutiert und eine rechtlich unverbindliche Entschließung gefasst, in der ihr die Abtreibung nahegelegt wurde.

Alexandra spürte, wie sich das Baby bewegte. Bald war es so weit. Sie musste all ihre Kraft zusammennehmen, um nicht instinktiv zu pressen.

»Sie möchten an uns ein Exempel statuieren«, sagte Francesco. »Sie können eine Entbindung nicht für illegal erklären, aber sie haben ein Schlupfloch entdeckt. Sie machen sie besonders teuer.«

»Das stimmt nicht«, erwiderte Marco. »Das ist schon vor Jahren festgelegt worden, bevor 3M diese Krankenversicherungspolicen in Zusammenarbeit mit Aetna eingeführt hat. Sie hätten es dir genauer erklären sollen. Du kannst sie zwingen, die Kosten zu übernehmen.«

»Was soll ich tun? Das Baby kommt!«, rief Alexandra.

Die Situation war völlig verfahren. Wie konnte man die Entstehung eines weiteren Kostgängers auf dem Mond verhindern? Bevor sie sich hierher auf den Weg gemacht hatte, hatte man ihr versichert, dass im Residential Compact dieselben Rechte verbürgt seien wie in der US-Verfassung. Doch wie es aussah, war für die Entbindung eines Kindes eine schmerzhafte Strafe vorgesehen: hohe Schulden bei der Krankenversicherung.

»Gebt mir die Formulare! Ich unterschreibe. Ich unterschreibe.«

Schwester Collins reichte Alexandra das Klemmbrett, und diese unterschrieb unten. »Und hier auch noch«, sagte Collins. Alexandra tat es. »Und hier«, fügte Collins hinzu. Sie nickte einer Gynäkologin zu, die vor der Tür stand und nun hereinkam. Ihr folgte eine Mitarbeiterin der Krankenhausverwaltung mit einer kleinen Kamera.

»Das ist für die Medien. Man will das unten auf der Erde sehen«, sagte die Verwaltungsmitarbeiterin.

»Sehr schön«, bemerkte die Ärztin. »Anscheinend schreiben wir heute Geschichte. Seid ihr aufgeregt?«

Alexandra lächelte, ohne den Mund zu öffnen.

Lange dachte ich naiv, wenn der Mond einmal besiedelt werden würde, dann würden diese Siedler wohlmeinende Pioniere sein, die sich auf eine Forschungs- und Entdeckungsmission mit dem Ziel der Verbesserung der Menschheit begäben, das von einer Gemeinschaft von Nationen gefördert werden würde. Doch Regierungsorganisationen wie die Nationale Raumfahrtbehörde Chinas und die NASA überlassen die Raumforschung zunehmend privaten Unternehmen wie der chinesischen Firma OneSpace, der Firma SpaceX[1] von Elon Musk und Bigelow Aerospace von Robert Bigelow[2], die bereits Pläne zur Errichtung dauerhafter Basen auf dem Mond noch in der ersten Hälfte dieses Jahrhunderts entwickelt haben.

Sollte es also tatsächlich einmal eine Mondbasis geben, dann werden deren Bewohner höchstwahrscheinlich nicht in das soziale Sicherungsnetz eines Landes eingebunden, gleichwohl aber Gesetzen unterworfen sein, zumindest in der Theorie. Bisher hat sich kaum jemand damit beschäftigt, wie dies im Einzelnen funktionieren würde, aber der amerikanische Raumfahrtanwalt Jim Dunstan hat darüber ein wenig nachgedacht. Seine Abhandlung »From Flag Burnings to Bearing Arms to States Rights: Will the Bill of Rights Survive a Trip to the Moon?« aus dem Jahr 1991[3] spricht die zentralen Fragen an, zumindest aus amerikanischer Perspektive. Werden zum Beispiel Amerikaner, die auf dem Mond leben, das Recht besitzen, Waffen zu tragen? Möglicherweise, meint Dunstan, aber vielleicht könnte es verboten sein, mit Schusswaffen im Halfter herumzuspazieren, solange genügend Feuerwaffen irgendwo sicher gelagert werden könnten für den Fall, dass eine Miliz gebildet werden müsse – um eine einfallende Armee von Mondmenschen abzuwehren, wer weiß?

Und wie verhält es sich mit den Fortpflanzungsrechten auf dem Mond? Untere Gerichtsinstanzen in den USA haben im Fall *Roe vs. Wade* entschieden, dass gemäß dem Neunten Zusatzartikel zur Verfassung ein Recht auf Privatheit besteht, das Frauen davor schützt, dass andere in ihre Fortpflanzung eingreifen. Dustan pflichtet dieser Auffassung bei und führt in seinem Papier aus: »Der Neunte Verfassungszusatz wurde dahingehend interpretiert, dass er ein grundlegendes Recht auf Reproduktion und auf die Freiheit der sexuellen Selbstbestimmung enthält.« Dunstan nimmt an, dass im Laufe der Zeit »der Kern der Bill of Rights infrage gestellt werden« wird, fragt aber: »Wenn man im eigenen Schlafzimmer nicht frei ist, was bleibt dann noch von der Freiheit?«

Dunstan ist heute Justiziar der neoliberal ausgerichteten Denkfabrik TechFreedom. Als ich mit ihm sprach, erklärte er mir ausführlich die rechtlichen Grundlagen einer möglichen Kolonie auf dem Mond und erläuterte, was dies für die erste Mutter dort bedeuten würde.

Wenn auf dem Mond ein Kind zur Welt gebracht wird, sagte er, »würde dies bedeuten, dass es ein Gesetz geben müsste, das es Frauen erlaubt, auf dem Mond schwanger zu werden«. Bevor Mondbewohnern das Recht zugesprochen wird, sich fortzupflanzen, müsste nach Ansicht von Dunstan entweder ein Gesetz oder ein Vertrag in Kraft gesetzt werden, in dem vorgeschrieben wird, dass jede Person, die schwanger werden kann, Verhütungsmittel nehmen oder sich im Fall einer Schwangerschaft mit einer Abtreibung des Fötus einverstanden erklären muss.

In seinem Buch *Building Habitats on the Moon: Engineering Approaches to Lunar Settlements* schreibt Haym Benaroya, Raumfahrtingenieur und Professor an der Rutgers University: »Schwangerschaften in einem Umfeld mit niedriger Schwerkraft sind eine große Herausforderung für die Frauen und ihre Föten.« Welche Auswirkungen ein langfristiger Aufenthalt unter Bedingungen niedriger Schwerkraft haben könnte, wurde an Waleri Poljakow erforscht, einem russischen Kosmonauten und Arzt, der 14 Monate im Weltraum verbrachte (bisheriger Rekord), und diese Auswirkungen erscheinen nicht gerade angenehm für jemanden, der Mutterfreuden entgegensieht. Dazu gehört zum Beispiel, dass das Blut und andere Körperflüssigkeiten nach oben steigen, was zu einem Blutdruckabfall führen, Blutverlust und das Absterben von Zellen im Gehirn nach sich ziehen und sich in Kopfschmerzen, Mattigkeit und Schlafstörungen äußern kann.

Auch andere Folgewirkungen des Aufenthalts im Weltraum werden höchstwahrscheinlich die Entwicklung eines gesunden Fötus beeinträchtigen. Nach Angaben von Benaroya nimmt die Knochendichte ab, und das biologische Wachstum der Astronauten verlangsamt sich. »Schwerelosigkeit«, schreibt er, »führt bei Astronauten zu einem jährlichen Knochenrückgang um 1 bis 2 Prozent in den gewichttragenden Teilen des Körpers, wie den Beckenknochen, dem Mondbein und dem Oberschenkelhals. Während die Knochen im Unterleib durch mangelnde Beanspruchung verkümmern, nimmt die Knochendichte der Skelettregionen im oberen Körper zu.«

Benaroya weist auch darauf hin, dass Muskeln bei niedriger Schwerkraft verkümmern. Da die Mondbewohner unvermeidlich einen großen Teil des Tages mit intensiven Muskelübungen werden zubringen müssen, so wie auch die Besatzungen der Internationalen Raumstation ISS anstrengenden Übungsprogrammen unterworfen sind, besteht die wohlbegründete Befürchtung, dass ein Kind, das unter den Bedingungen einer auf ein Sechstel reduzierten Schwerkraft geboren wird und aufwächst, niemals ausreichend Muskelmasse wird aufbauen können.[4] Dies betrifft vor allem die Beinmuskeln, die ihren Aufgaben wahrscheinlich kaum gewachsen sein werden, falls das Kind irgendwann zur Erde fliegen sollte, obgleich sie sich vielleicht mithilfe von Physiotherapie würden erholen können. Doch ohne Muskeln können wir nicht atmen (das Zwerchfell), noch würde unser Herz schlagen können (ein anderes Wort für das Herz ist »Herzmuskel«), und wir können nicht wissen, ob sich all dies auf dem Mond angemessen entwickeln würde.

Diese Sorge mag übertrieben erscheinen. Warum sollte die Entwicklung des Herz- und des Zwerchfellmuskels durch niedrige Schwerkraft beeinträchtigt werden, wenn die Herzen und Lungen der Astronauten allem Anschein nach hervorragend funktionieren? Doch die Ergebnisse der Untersuchung von Tieren, die im Weltall geboren und aufgezogen und anschließend auf die Erde gebracht wurden, rechtfertigen unsere Sorge. Nach einem 1994 erschienenen Artikel in der Zeitschrift *Advances in Space Research* entwickeln sich Tiere, deren Leben im All beginnt, manchmal normal, manchmal aber auch überhaupt nicht.[5] Trächtige Guppies (Süßwasserzierfische), die fünf Tage an Bord des russischen Raumschiffs *Cosmos 154* verbrachten, »vertrugen die Flugbedingungen sehr gut«, aber Dorothy B. Spangenberg, die Verfasserin des Artikels, berichtete auch, dass »das Weibchen, das trächtig werden durfte, 25 normale Jungen auf die Welt brachte sowie zwei anomale und unterentwickelte Embryos«. Nur 6 von 35 Eiern der Japanischen Wachtel wurden ohne Brutkasten an Bord der Raumstation Mir ausgebrütet, doch diese sechs geschlüpften Küken wirkten vollkommen normal. In Fruchtfliegen stellten die Forscher »eine abnehmende [Eierproduktion] bei den weiblichen Exemplaren und eine Verkürzung der Lebensdauer der männlichen Tiere« fest.

Spangenberg experimentierte auch mit Quallenpolypen, die die Möglichkeit erhielten, sich im All fortzupflanzen.[6] Die Ergebnisse waren durchwachsen. Einige der im All geborenen Polypen zeigten Defekte, die von einer »unnormalen Entwicklung der Gravizeptoren, des neuromuskulären Systems oder einer fehlerhaften Integration dieser Systeme in Tieren mit anscheinend hoher Schwerelosigkeitssensitivität« herrührten. Falls Sie diesem wissenschaftlichen Jargon nicht ganz folgen können: Sie kamen mit der Schwerkraft schlecht zurecht und hatten Mühe, sich zu bewegen.

Heißt das, dass eine Mutter im Weltraum kein gesundes Kind zur Welt bringen kann? Nein. Es bedeutet nur, dass wir Grund zu der Sorge haben, dass sie vielleicht kein gesundes Kind zur Welt bringen *würde.*

Sehr wahrscheinlich würde die Mutter bis zum Entbindungstermin eine Reihe von Schwerkraftsimulationen absolvieren in der Hoffnung, dass sich dadurch die Chancen auf einen optimalen Geburtsverlauf verbessern ließen. »Es wurden bereits Untersuchungen angestellt, inwieweit Hypergravitation hilfreich ist, um diesen Effekten entgegenzuwirken«, schrieb Benaroya in *Building Habitats on the Moon.* Er glaubt aber auch, dass wir im Laufe der Zeit die Geister auf diesem Gebiet verscheuchen und es zulassen werden, dass wir zu Geschöpfen des Mondes werden und keine Erdlinge mehr sind. Er schrieb: »Wir werden unser Leben auf dem Mond und anderen Himmelskörpern verbringen. Wir müssen uns darauf vorbereiten, dass wir es mit künftigen Generationen zu tun bekommen werden, die im unteren Bereich ihres Körpers weniger entwickelt sind.«

Das heißt, es dürfte wahrscheinlich geraume Zeit dauern, bis es die Gemeinschaft auf dem Mond für vertretbar erachten wird, dass es dort zu einer Geburt kommt. Auch wenn es problematisch erscheinen mag, die Mondbewohner – männliche und weibliche gleichermaßen – vertraglich zu verpflichten, sich nicht fortzupflanzen, mag dies doch eine kluge Lösung sein, zumindest für die ersten Jahrzehnte, in denen die Mondbasis ein eher ärmlicher Außenposten sein wird.

Es erscheint vernünftig, dass die erste Geburt auf dem Mond erst erfolgen wird, wenn sich die »Basis« zu einer richtigen Mondgemeinschaft entwickelt hat, die auch über gewisse zivilisatorische Bequemlichkeiten und medizinische Einrichtungen verfügt. Aber auch dann werden Entbindungen weiter mit einem Risiko behaftet sein, das den Herren der großen Konzerne, die diesen Außenposten wahrscheinlich betreiben werden, Sorgen bereiten dürfte. Dunstan erklärte mir, dass er sich vorstellen könne, dass zuvor einige Tierexperimente durchgeführt werden würden. Aber die Menschen wollen sich reproduzieren, und daher ist es durchaus denkbar, dass eine Frau, wie ich es am Anfang dieses Kapitels dargestellt habe, schwanger wird, obwohl sich das gesamte Mondunternehmen noch in einer unvollkommenen, »suboptimalen« Entwicklungsphase befindet.

Dann werden vor allem Fragen bürokratischer Natur aufgeworfen: Wird für das Mondbaby in den amtlichen Formularen die Nationalität »Mond« eingetragen? Dunstan meint, nein. Es ist wesentlich wahrscheinlicher, dass jenes Land, dem die Mutter entstammt, »den Anspruch erheben würde, dieses Kind als Bürger dieses Staates zu registrieren, denn andernfalls würde man anfangen, die eigenen Staatsbürger zu verlieren, und dadurch auch die Möglichkeit einbüßen, sie zu besteuern«.

Wenn die Eltern des Babys Amerikaner sind, wäre es kein Problem, ihm eine Sozialversicherungsnummer zuzuteilen, da dieser Prozess ohnehin elektronisch erfolgt. Für die Angabe des Geburtszeitpunkts müsste man wohl die Mondzeit nehmen. Doch wird es dann auf dem Mond Uhren und Kalender geben, welche die Zeiteinheiten der Mondzeit darstellen? Nun, ein »Tag« auf dem Mond wäre ungefähr 27 Erdentage lang oder vielleicht auch – aufgrund der Komplexität des Verhältnisses zwischen Mond, Erde und Sonne – ungefähr 29 Tage, je nachdem, welche Berechnungsgrundlagen man verwendet. Doch da wir die Angewohnheit haben, das Leben in 24-Stunden-Zyklen einzuteilen, würden die Mondbewohner sehr wahrscheinlich die Dinge etwas vereinfachen, indem sie sich der Erdzeit anpassten. »Wenn zum ersten Mal ein Computer auf der Mondbasis hochgefahren wird«, meinte Dunstan, »und dieser mit einer Uhr auf der Erde synchronisiert wird – würde das dann die neue Zeitzone sein.«

Aber hier noch eine weitere knifflige Frage: Angenommen, die Eltern des Babys hätten eine Postanschrift auf dem Mond, dann würden sie diese Adresse wohl auch auf der Geburtsurkunde angeben. Das wäre aber wahrscheinlich keine gute Idee, falls das Baby später einmal auf die Erde umsiedeln möchte, denn dadurch würde das Problem entstehen, die Staatsangehörigkeit nachzuweisen. Wenn die Eltern über eine zusätzliche Adresse in ihrem Herkunftsland verfügten, wäre es klüger, diese für das Kind zu verwenden.

Doch zurück zum Entbindungsraum auf dem Mond. Warum sind astronomische Gebühren für seine Nutzung fällig? Das ergebe durchaus einen Sinn, meinte Dunstan. Aus heutiger Sicht können wir mit großer Sicherheit davon ausgehen, dass der Mond dem amerikanischen Wirtschaftsmodell folgen wird, was dann auch in der wirtschaftlichen Ausgestaltung des Gesundheitswesens zum Tragen käme. Und das bedeute, so erklärte Dunstan, dass jemand zahlen müsse für »die vermutlich teuersten Geburtszangen der Galaxie«.

Kapitel 14

Was wirklich passiert, wenn das Internet zusammenbricht

Noch in diesem Jahrhundert? Ja.

Plausibilität: ✲✲✲✲✲

Muss man davor Angst haben? Ja, allerdings.

Sollte man deshalb seine Lebensgewohnheiten ändern?
Es wäre eine Katastrophe. Wie gut sind Sie auf eine solche Katastrophe vorbereitet?

Anmerkung: *Diese Polizeiberichte werden normalerweise über eine webbasierte Applikation zur Speicherung in der Cloud erfasst. Aufgrund des Ausfalls werden sie heute handschriftlich angefertigt.*

5:30 Uhr, Manhattan, 111 Eight Avenue: Im Gebäude des Datencenters fallen Schüsse. Möglicherweise ist auch Sprengstoff versteckt. Tatort wird gesichert. Lage unklar.

8:58 Uhr, Brooklyn Marcy Avenue/Broadway: Es fallen Schüsse. Das New Yorker Polizeipräsidium ruft die Mobilisierungsstufe I aus, als ein Taxifahrer gewaltsam gegen einen Fahrgast vorgeht, der nicht bezahlt, und eröffnet das Feuer. (Anscheinend gibt es stadtweit Probleme mit der Abwicklung von Zahlungen. Mehrere Anrufe wegen Beeinträchtigungen beziehen sich auf dasselbe Thema.) Bislang keine Verletzten gemeldet.

9:00 Uhr, stadtweit: Die Polizei bittet sämtliche Zeitungsredaktionen und Fernsehsender, eine Erklärung des Bürgermeisters zu verlesen, in der die Einwohner von New York City aufgefordert werden, »zu Hause zu bleiben und Ruhe zu bewahren«. Der Bürgermeister erklärt zudem: »Wir werden dies alles überstehen. Es geht nur um das Internet. Wir haben schon Schlimmeres durchgemacht.«

9:10 Uhr, Manhattan, 11 Wall Street: Die New Yorker Börse ersucht um Polizeipräsenz, da aufgrund des Internetausfalls kein Börsenhandel möglich ist. Die Polizei sieht sich außerstande, auf nicht dringliche Notrufe zu reagieren. Berichte über kleinere Zusammenstöße. New Yorker Polizei will die Lage aufmerksam beobachten.

10:45 Uhr, Brooklyn, 669 Lefferts Avenue: Polizisten unterstützen Mitarbeiter der New Yorker Feuerwehr bei der Bekämpfung eines Rohrbruchs in einer Hauptwasserleitung. New Yorker Umweltschutzbehörde meldet systemweiten Notstand. Sämtliche automatisierten Dienste werden auf manuelle Steuerung umgestellt; Umweltschutzbehörde erklärt sich für personell unterbesetzt. Polizeibeamte leisten Unterstützung.

11:15 Uhr, Queens, JFK-Flughafen: New Yorker Polizei zieht Einsatzkräfte zusammen, während sämtliche Flüge abgesagt werden. Reisende werden aufgefordert, sich vom Flughafengelände fernzuhalten.

11:45 Uhr, Brooklyn, 132 S. Oxford Street: New Yorker Polizei ruft Mobilisierungsstufe I aus, nachdem sich eine große Menschenansammlung gebildet hat. Aktivisten fordern politisches Vorgehen gegen unbekannt. New Yorker Polizei nimmt mehrere Personen fest, die gegen Ausgangssperre verstoßen. Unveränderte Lage.

12:20 Uhr, Brooklyn, Stillwell Avenue/Boardwalk: New Yorker Polizei ruft Mobilisierungsstufe I aus, nachdem im Zuge von Ausschreitungen ein Verizon-Fahrzeug umgekippt worden ist.

12:55 Uhr, Brooklyn, Broadway/Gerry Street: Fußgänger wird von Auto angefahren. Beamte leisten Erste Hilfe und führen Herz-Lungen-Wiederbelebung durch. Andere Hilfskräfte berichten von Problemen aufgrund einer hohen Zahl von eingehenden Notrufen (Anmerkung: Dies ist auch in meiner Wohngegend der Fall) und von zusätzlichen Kommunikationsproblemen aufgrund des Internetausfalls. Rettungsdienste melden, dass sie das hohe Notrufaufkommen nicht mehr bewältigen können, und bitten um Unterstützung durch die Polizei.

13:20 Uhr, Manhattan, 125 E. 54th Street: Mobilisierungsstufe I ausgerufen nach Überfall auf eine geräumte Bankfiliale – alle Mitarbeiter waren nach Hause geschickt und privater Sicherheitsdienst war für anderen Noteinsatz abgezogen worden. Lediglich ein Polizeibeamter konnte aufgrund der hohen Zahl von Anrufen für den Fall abgestellt werden.

14:10 Uhr, Brooklyn, 132 S. Oxford Street: Weitere Protestaktionen. Nach mehreren Festnahmen ist die Menschenmenge beträchtlich angewachsen. New Yorker Polizei erbittet Unterstützung durch Staats- und Bundesbehörden. Diese melden, dass sie gegenwärtig solchen Bitten nicht nachkommen können. (Anscheinend gibt es in sämtlichen Verwaltungsbezirken internetbezogene Probleme.)

14:45 Uhr, Brooklyn, 132 S. Oxford Street: Benachbarte Straßenkreuzung ist zu stadtweitem Zentrum der Protestaktivitäten geworden. New Yorker Polizei bittet Demonstranten, friedlich zu bleiben, und reduziert Polizeipräsenz.

15:35 Uhr, Manhattan, Freiheitsstatue: New Yorker Hafenpolizei reagiert auf Proteste. Innerhalb der Statue hat sich eine Menschenmenge versammelt, obwohl das Gebäude geschlossen wurde. Berichte über Schießereien mit der Polizei.

16:10 Uhr, stadtweit: Bürgermeister verkündet Wiederherstellung von 80 Prozent der Internetdienste.

16:55 Uhr, Manhattan, Freiheitsstatue: Staats- und Bundesbehörden melden mehrere Todesopfer aufgrund der Unruhen in der Statue.

Anmerkung: *Die webbasierten Dokumentationssysteme sind wiederhergestellt. Der handschriftliche Bericht wird später digitalisiert. Für weitere Berichte zum heutigen Tag siehe die digitalen Aufzeichnungen.*

Was Sie gerade gelesen haben, mag ziemlich dramatisch und überzogen klingen, aber ich kann Ihnen versichern, das ist es nicht. Ein Ausfall des Internets wäre eine sehr, sehr ernste Sache.

Ich kenne das Klischee: »Die Kinder heutzutage ... Sie haben nichts anderes mehr im Sinn als ihr Snapchat und ihr Fortnite. Sie sollten sich lieber entspannen und mal ein Buch lesen oder draußen spielen.« Zweifellos würden viele Leute jenen Tag, an dem das Internet ausfällt, schlicht als eine Art »Internetfasten« betrachten, als eine groß angelegte Variante jenes Selbsthilfetrends, der darin besteht, sich einen Tag zu gönnen, an dem man das Smartphone ausschaltet, die Wi-Fi-Verbindung kappt und die Zeit für ein Schaumbad oder für Gartenarbeit nutzt oder etwas mit den Kindern unternimmt. Das ist gut und schön, aber auch hochgradig naiv.

Die Welt würde ruckartig zum Stillstand kommen, wenn das Internet komplett zusammenbräche – vor allem bei in hohem Maß vom Internet abhängigen Ländern wie China, Indien, Großbritannien und den USA.

Fangen wir mit Ihrem Job an. Man kann nicht exakt messen, inwieweit das Internet die Arbeitswelt in den einzelnen Ländern mittlerweile durchdrungen hat, aber ich möchte Ihnen eine Frage stellen: Würden Sie Ihren Job ohne das Internet weiterhin ausüben können? Dazu habe ich meine eigenen bisherigen Tätigkeiten kurz Revue passieren lassen:

Ich habe in einer Videothek gearbeitet, und diese ganze Branche gibt es nicht mehr, weil ihr Geschäftsmodell durch das Internet zerstört wurde. Es ist nicht von Bedeutung, dass dies schlichter Einzelhandel war, aber solche Geschäfte benötigen Point-of-Sale-Systeme (POS). Moderne POS-Systeme wie Hospitality Simphony von Oracle sind cloud-basiert, und wenn sie vom Internet abgeschnitten werden, können die Unternehmen, die sich auf sie stützen, nicht mehr arbeiten. (Im Jahr 2015 brach das Oracle-System bei Starbucks zusammen, worauf alle Läden schließen oder die Getränke kostenlos abgeben mussten.[1])

Ich habe als Aushilfslehrer gearbeitet, und obwohl eine erneute Tätigkeit in der Schule durchaus reizvoll wäre – keine Kinder, die an ihren verdammten Smartphones hängen –, bin ich mir nicht sicher, ob ich einen solchen Job bekommen würde, denn ohne Zugriff auf Onlineportale wie ReadySub würden die meisten Schulen, die ich kenne, nicht in der Lage sein, Vertretungslehrkräfte zu rekrutieren. Sie würden ad hoc auf telefonbasierte Systeme umsteigen müssen, und sowohl Mobiltelefone als auch Internettelefonie (VoIP) würden entweder nur punktuell funktionieren oder nutzlos sein. Zudem hätten die Schulleitungen, da bin ich mir sicher, am Blackout-Tag ohnehin alle Hände voll zu tun.

Ich war als privater ESL-Tutor (Lehrer für Englisch als Zweitsprache) tätig und habe Smartphone-Apps und aus dem Internet herunterladbares Material für den Unterricht verwendet, aber ich könnte wahrscheinlich auch ohne diese Hilfsmittel auskommen, wenn die Stunden, die ich an diesem Tag gäbe, im Vorhinein vereinbart wären und an bekannten Adressen stattfinden würden. Für die Fahrten zu meinen Schülern habe ich immer GPS-Apps benutzt, und im Unterschied zu reinen Satellitennavigationssystemen funktionieren GPS-Apps ohne das Internet nicht.

Ich habe in einem Ebay-Laden gearbeitet sowie bei einer Firma, die im Online-Marketing tätig war, und es ist völlig klar, dass diese Unternehmen bei einem Internetausfall in jeder Hinsicht lahmgelegt wären. Alle Beschäftigten könnten nach Hause gehen.

Schließlich habe ich noch bei einem internationalen Medienunternehmen gearbeitet, und hier könnte ich zwar theoretisch Artikel auch offline schreiben, aber dies stellte nur einen kleinen Teil meiner Tätigkeit dar. Ohne das Internet wäre es sehr schwer, Ideen und Anregungen für Artikel zu bekommen – ich fand schätzungsweise 75 Prozent meiner Titelgeschichten über das Internet –, und es wäre praktisch unmöglich, an Quellen heranzukommen. Auch wäre es nicht mehr möglich, Artikel zu erfassen oder zu veröffentlichen, weil der weit überwiegende Teil meiner Texte ausschließlich online publiziert wurde.

Doch als Angehöriger der Westküstenelite, dachte ich, war ich vielleicht etwas betriebsblind, was die Auswirkungen eines Internet-Blackouts auf die Arbeitswelt betrifft, und daher begann ich nach Tätigkeiten zu suchen, die von meiner persönlichen Erfahrung am weitesten entfernt waren, und kam dabei auf die Lkw-Fahrer. Nach meiner Vorstellung befördern sie Frachtladungen von Punkt A nach Punkt B, und zur Kommunikation verwenden sie den CB-Funk. Welchen Nutzen kann ihnen das Internet bieten, außer vielleicht ein auf Mobilfunk gestütztes GPS?

»Ich würde fast sagen, wir wären aufgeschmissen«, erklärte mir Jim March-Simpson, ein 52 Jahre alter Fernfahrer aus Alabama. »Ich bekomme meine Einsätze über das Internet mitgeteilt. Das kann über E-Mail sein, aber auch über Google Hangouts laufen, das ist abhängig von der jeweiligen Firma.« Er erzählte, andere Fernfahrer seien selbstständige Fuhrunternehmer, die die Internetseiten, die sie »Ladebords« nennen würden, dazu nutzten, Aufträge zu akquirieren und Fahrten zu planen und zu koordinieren.

Tatsächlich werden heute fast sämtliche Aspekte des Speditionswesens von der Verbindung zum Internet bestimmt. Wenn er eine Ladung übernommen habe, erklärte mir March-Simpson, »kriege ich ein Blatt Papier in die Hand. Ich lege es auf mein Lenkrad, fotografiere es mit meinem Smartphone und schicke das Bild an meine Heimatbasis, damit wir die Bezahlung erhalten.« Wenn er das per E-Mail macht, könnte er bei einem Internetausfall auf Textnachrichten umsteigen, um das Bild zu schicken, aber damit würden seine Probleme erst beginnen.

March-Simpson nutzt das Internet auch für die Verwaltung seiner Ausgaben. »Es gibt Finanzinstrumente, die wir im Speditionswesen verwenden, mit denen man sonst nirgendwo auf der Welt in Kontakt kommt.« Dazu gehören Karten einer Firma namens Electronic Funds Source, die ausschließlich zur Begleichung speditionsbezogener Ausgaben verwendet werden können, wie zum Beispiel Auftanken des Lkw oder Reparaturen, die unterwegs durchgeführt werden müssen. Wenn er diese Karte nutze, erklärte March-Simpson, »kriege ich ein Angebot. Das teile ich dem Chef mit. ›Okay, 237 Dollar für die Reifenreparatur.‹ Er schickt mir per E-Mail einen ›Geld-Code‹, wie wir das nennen. Das ist eine lange Reihe von Zahlen. Damit wird der betreffende Geldbetrag angewiesen.«

Wenn March-Simpson nun einen Tankstopp einlegen müsste, stünde er vor einem fast unüberwindlichen Problem. »Könnte ich mein eigenes Geld verwenden, um die Tankfüllung zu bezahlen? Ja, das ginge. Aber würde ich es auch tun …?«, sagte er und brach ab. Als Fernfahrer mehrere Hundert Dollar für den Treibstoff auszugeben ist ein beträchtliches Risiko, wenn völlig unklar ist, ob einem das Geld später erstattet wird. Wahrscheinlich würden dann Tausende Fernfahrer an der Straße liegen bleiben. »Dann müsste man sämtliche Greyhound-Busse des Landes anfordern, um die Trucker nach Hause zu bringen«, meinte March-Simpson.

Aber das ist leichter gesagt als getan, denn das Problem beschränkt sich nicht auf Fernfahrer. Busunternehmen wie Greyhound, aber auch Flugzeuge, Züge und Autos – insbesondere App-basierte Firmen wie Uber, Lyft und Gett – würden in Warteschleife gehen. Dies zöge in vielerlei Fällen fatale Folgen nach sich – die Betreiber von öffentlichen Versorgungsbetrieben und von Rettungsdiensten können nicht einfach einen Tag freinehmen, weil es kein Internet mehr gibt (mehr zu diesen Bereichen gleich), und dasselbe gilt für Firmen, die Zahlungen abwickeln. Die Börsen würden komplett zum Stillstand gebracht werden, worauf die Märkte verrückt spielten. Wahrscheinlich ließen sich jene Bereiche der Wirtschaft schneller aufzählen, die in einer solchen Situation noch funktionierten, als jene Sektoren, die dadurch massiv beeinträchtigt oder in die Knie gezwungen werden würden.

Die meisten Jobs, die mit Pflanzen zu tun haben, wie zum Beispiel Landschaftsbau, Gärtnerei und Kleinlandwirtschaft, blieben wahrscheinlich unbeeinträchtigt. Für Betriebe, die mit Nahrungsmitteln arbeiten, wie etwa Restaurants, würde sich die Situation differenziert darstellen, weil Küchen nicht digital sind, die Kassen- und Verwaltungssysteme aber schon. Nahezu alles andere ist in der industrialisierten Welt zu sehr mit digitaler Information durchtränkt, als dass es bei einem Internetausfall noch ohne Komplikationen funktionieren könnte.

Milliarden Menschen würden also plötzlich nicht mehr imstande sein, auf Informationen zuzugreifen, sie zu übermitteln und zu speichern, wie sie es gewohnt sind.

Aber betrachten wir es nicht nur von der konkreten oder praktischen Seite. Das Internet ist mehr als nur Ihr Job. Es ist Ihr Leben. Keiner denkt daran, dass er die Zahlen 1 und 0 hin und her bewegt, wenn er das Internet nutzt. Die Älteren erinnern sich vielleicht noch an die Zeit – war es um 1997? –, als man den Rechner hochfuhr und sich sagte: »Also, jetzt ist es an der Zeit, mich ins Netz einzuwählen, damit ich auf Daten zugreifen und sie übermitteln kann!«, aber diese Zeiten sind lange vorbei. Das Internet abzuschalten bedeutet heute, eine Supermacht lahmzulegen, die Milliarden von Menschen für selbstverständlich betrachten. Mit einem Schlag würde jeder Mensch auf der Erde von einem Zauberer zu einem Muggel werden. Die tatsächlichen Auswirkungen sind nur schwer vorstellbar.

Das einzige einigermaßen vergleichbare Ereignis fand 1998 statt, als der Satellit *Galaxy IV* der PanAm Sat Corporation außer Kontrolle geriet und die meisten Funkrufempfänger (Pager) in den USA funktionsunfähig machte.[2] Das Netzwerk der Funkrufmelder ist allerdings Kleinkram im Vergleich zum Internet. Doch damals verwendeten Millionen Amerikaner, auch viele Ärzte, diese Pager als preisgünstiges, einfaches und vor allem zuverlässiges Mittel zur Kommunikation mit ihren Familien und Arbeitgebern. Die Menschen reagierten auf den Ausfall meist eher gelassen, viele waren sogar froh, einmal für eine Weile von diesen lästigen Piepsern verschont zu bleiben. »Welch eine Wonne!«, schrieb damals der Kolumnist Shawn Hubler in der *Los Angeles Times*.[3]

Diese Reaktion wurde hervorgerufen von kleinen Funkrufempfängern, die ein paar Zahlen auf einem sperrigen Gerät anzeigten, das man in der Hosentasche trug. Wenn man schon dies für schlimm hält, dann stelle man sich vor, was geschieht, wenn vier Milliarden Menschen plötzlich von ihrer firmeninternen Kommunikation abgeschnitten werden, keine Sicherheits-Updates mehr vornehmen können und keinen Zugang mehr haben zu Terminkalendern, Wettervorhersagen, medizinischen Berichten, Fahranweisungen, zu einem Großteil des Mobilfunks, zu Filmen, zu Recherchen im Internet und zu Studienmaterial, zu Musik, zu Währungstransfers, Eilmeldungen, Spielen, Foto- und Dokumentenspeichern, zu Gedankenstützen und auch – um die Liste zu vervollständigen – zu Zerstreuung, dummen Witzen und Pornos.

Könnte der Verlust von alldem tatsächlich derart drastische und einschneidende Folgen nach sich ziehen, wie im Vorspann dieses Kapitels dargestellt?

Ja, durchaus.

Während meiner Zeit bei *Vice* recherchierte ich nach den Gründen, die theoretisch dazu führen könnten, dass das gesamte Internet zusammenbricht. Als zwei der wichtigsten Einflussfaktoren stellten sich Sonneneruptionen und elektromagnetische Impulse (EMP) heraus. In beiden Fällen handelt es sich um gewaltige Ströme von Elektromagnetismus, die das Potenzial haben, elektronische Geräte außer Betrieb zu setzen und letztlich die Gesellschaft in die Knie zu zwingen – das Internet, die Stromnetze, die Verteidigungsinfrastruktur eines Landes und dergleichen. Doch am Ende konnte ich zumindest teilweise Entwarnung geben. Sehr heftige Sonnenstürme können zweifellos den Funkempfang und die GPS-Systeme stören und haben auch schon lokale Schäden verursacht – etwa als 1989 die Stromversorgung in Quebec lahmgelegt wurde.[4] Aber da die Erde durch ein magnetisches Feld und eine erfreulich dicke Atmosphäre abgeschirmt wird, sind Sonnenstürme schlicht nicht stark genug, um der Infrastruktur des Internets einen vernichtenden Schlag zu versetzen (obwohl wir wahrscheinlich eines Tages unsere Telekommunikationsinfrastruktur ins All verlagern werden, und dann wird das Wetter auf der Sonne viel stärker zu einer Frage von Leben oder Tod werden). Bislang jedoch stellen die EMP in ihrer gegenwärtigen Intensität keine allzu große Gefahr dar, denn mit der heutigen Technologie können nur kleine Impulse erzeugt werden; um das Internet durch elektromagnetische Impulse zum Zusammenbruch zu bringen, bräuchte es die Unterstützung durch Dutzende von Atombomben. Falls eine derartige Katastrophe über uns hereinbrechen sollte – ein rekordverdächtiger Sonnensturm oder ein gewaltiger EMP –, werden wir wesentlich größere Probleme haben als lediglich den Ausfall des Internets.

Doch als ich über dieses Thema eine Korrespondenz mit Stuart Schechter führte, einem Sicherheitsforscher, der heute als Unternehmer in Seoul tätig ist, meinte er scherzhaft, dass alles zusammenkrachen würde, »wenn auf einem Video OK Go und Psy [eine amerikanische Rockband und ein südkoreanischer Sänger] zusammen auftreten würden«. Das war aber mehr als nur ein Witz. So entsteht die Vorstellung, dass man das Internet »zum Absturz bringen« könnte. Ein Stück Content, das international Aufmerksamkeit findet und sich viral verbreitet, kann zum Zusammenbruch einer großen Website führen – und deshalb hat zum Beispiel die Zeitschrift *PAPER* ihre Server-Infrastruktur aufgerüstet und sie in die Lage versetzt, bis maximal 8000 Anfragen pro Sekunde zu verarbeiten, statt der vorher maximal üblichen 2000 Anfragen – bevor sie dann das berühmt gewordene Bild des eingeölten Hinterns von Kim Kardashian veröffentlichte.[5] Dieser Effekt kann auch mittels einer DDoS-Attacke (Distributed-Denial-of-Server-Angriff) simuliert werden, bei dem Anfragen von einer Vielzahl von Rechnern durchgeführt werden, um die betreffende Internetseite dadurch zu überlasten.

Nehmen wir also diesen Faden auf: Kann das Internet durch Überlastung zum Kollaps gebracht werden?

Es würde eines gigantischen DDoS-Angriffs bedürfen und (das ist meine eigene Mutmaßung) vielleicht Millionen von menschlichen Teilnehmern erfordern, um auch nur eine der zehn größten Websites der Welt vorübergehend zum Zusammenbruch zu bringen: Google, YouTube, Facebook, Baidu, Wikipedia, Yahoo, QQ, Taobao, Amazon und Twitter. Jede dieser Seiten ist darauf ausgelegt, mehrere Hundert Millionen Anfragen pro Tag zu bewältigen. Allein *Google.com* verarbeitet Millionen Suchanfragen *in der Minute.* Sie also zu überlasten würde ein unvorstellbares Maß an Rechnerleistung erfordern.

Doch Cyberwaffen können zeitweilig auch einer Website von der Größe Googles gefährlich werden, wie wir 2016 erlebt haben, als Hacker das Bot-Netz Mirai – eine Sammlung von Schadsoftware, die am »Internet der Dinge« ansetzte und überall auf der Welt Alltagsgegenstände mit Malware infizierte, deren Besitzer nichts davon wussten – dazu benutzten, um Server anzugreifen, die Menschen mit Twitter, Reddit, Spotify und CNN verbinden, und dadurch viele Nutzer stundenlang am Zugang hinderten.[6] Dabei ist allerdings darauf hinzuweisen, dass dieser Vergleich etwas hinkt, weil das Bot-Netz Mirai nicht gezielt populäre Netzseiten angriff; es attackierte Server, welche die Nutzer mit diesen Seiten verbinden.

Doch in meinem Szenario bezüglich der Top Ten des Internets gibt es auch Alternativen zu den wichtigsten Seiten, und dies könnte dafür sorgen, dass die Funktionsfähigkeit des Internets erhalten bleibt. Selbst wenn Baidu, Google und Yahoo ausfallen, würden Sogou, Bing und DuckDuckGo die Suche im Internet im Großen und Ganzen weiterhin ermöglichen. Auch wenn Twitter und Facebook zusammenbrechen sollten, würden wir weiterhin auf Instagram posten können (vorausgesetzt, dieses Unternehmen muss nicht einen zu großen Teil seiner Serverkapazität an seine Muttergesellschaft Facebook abtreten). Wikipedia könnte ebenfalls in die Knie gehen, aber Wikipedia ist ein Open-Source-Projekt, und daher würden genügend autorisierte Kopien der kompletten Seite, wie etwa jene von TheFreeDictionary, verfügbar sein. Und Leute, die auf Taobao oder Amazon Einkäufe tätigen wollen, nun, die könnten auch in ein Ladengeschäft gehen.

Ich will die Auswirkungen, die diese Angriffe auf das Alltagsleben der Menschen hätten, nicht kleinreden – zweifellos gäbe es höchstwahrscheinlich unvorhersehbare und ernst zu nehmende Probleme –, doch nach meinem Kenntnisstand würde selbst die schlimmste DDoS-Attacke für die meisten Menschen wohl einfach nur ärgerlich sein. Ein DDoS-Superangriff – oder wahrscheinlich auch jeder andere softwarebasierte Angriff – könnte nur ein kleiner Teil einer mehrgleisigen Strategie sein, die darauf zielen würde, das gesamte Internet zum Zusammenbruch zu bringen.

Gleichwohl ist das System, das unsere Einsen und Nullen zum Fließen bringt, in mannigfacher Hinsicht verwundbar.

Das weltweite Internet, wie wir es kennen, beruht auf einer simplen, einfachen Technik, nämlich einem Netzwerk transnationaler Kommunikationskabel – im Grunde noch immer fast das gleiche System, das wir seit den Tagen der Erfindung des Telegrafen verwenden. Gegenwärtig, im Jahr 2018, erstrecken sich knapp 400 solcher Kabel über den Boden der Ozeane, wie damals die Telegrafenkabel.[7] Wenn man per E-Mail ein Foto verschickt, könnte man meinen, die Daten würden durch die Luft reisen – in Wirklichkeit aber fließen sie durch Kabel, ähnlich wie der elektrische Strom zu Ihnen nach Hause kommt. Wenn man diese Daten nach Übersee verschickt, schießen sie in Form eines Laserstrahls durch ein Glasfaserkabel. So funktioniert der »weltweite« Teil des World Wide Web.

Diese unterseeischen Internetkabel bestehen aus mehreren Schutzschichten, welche die hauchdünnen Glasfasern im Kern umhüllen. Einige der äußeren Schichten isolieren das Signal gegenüber den Naturelementen, die übrigen sind reine Panzerung, um die Glasfaserkabel vor Beschädigungen durch mannigfaltige unterseeische Schlingen und Pfeile zu schützen. Das Kabel ist ungefähr so dick wie ein Gartenschlauch, aber weniger biegsam, denn es muss auch fest sein, um äußeren Einwirkungen zu widerstehen. Bis 2006 wurde laut Angaben der International Cable Protection Commission (ICPC) weniger als 1 Prozent der Ausfälle von Unterseekabeln durch Bisse von Haien verursacht.[8] Doch wenn man dieses Memo aufmerksam liest, besagt es eben, dass für einige Ausfälle tatsächlich Bisse von Haien verantwortlich waren. (Nur zur Klarstellung: Die ICPC hat erklärt, dass sie das Problem mit Haien vollständig unter Kontrolle habe.)

Doch im Unterschied zu einem Hai kann ein Mensch ein Unterseekabel ohne große Schwierigkeiten zerstören. Das hat schon einmal jemand gemacht. Im Jahr 2011 suchte die 75-jährige Hajastan Schakarjan in ihrem Dorf in der Nähe von Tiflis in Georgien nach Metallschrott und durchtrennte dabei versehentlich ein Glasfaserkabel, wodurch in 90 Prozent des Territoriums von Armenien und in weiten Teilen von Georgien fünf Stunden lang das Internet lahmgelegt war.[9] Pressefotos zeigen Frau Schakarjan, wie sie eine Handsäge hochhält – ein ziemlich einfaches Werkzeug für eine solche Hightech-Sabotage. Das heißt, die Frau vollbrachte ihre Tat zufällig und ohne moderne Hilfsmittel.

Aber was wäre, wenn ein Mensch, der dazu entschlossen ist, oder vielleicht auch eine Terrorgruppe, die von einem Staat unterstützt wird, absichtlich eine solche Such- und Zerstörungsaktion starten würden?

Zunächst einmal dürfte die Suche nach den Kabeln keine nennenswerten Probleme bereiten. Nein, es gibt zwar keine großen Hinweisschilder, die Passanten anzeigen, wo die Kabel liegen (andererseits gibt es aber auch keine Sicherheitskräfte, die sie schützen), doch Informationen über die Lage und den Verlauf der Kabel sind öffentlich zugänglich, und die Bereiche, wo sie aus dem Meer an Land kommen, wurden von Organisationen wie TeleGeography umfassend kartografiert. Somit würde es relativ einfach sein, ihre ungefähre Lage zu ermitteln und sie zu suchen. Einige dieser Kabel, wie auch jenes, auf das ich in Singapur stieß, sind ohne Tauchausrüstung nur schwer zu entdecken, weil sie in eingezäunten Anlagen am Meer ihren Anfang nehmen und unter geschäftigen Häfen hinausführen in trübe Tiefen; andere aber wurden von öffentlichen Stränden aus ins Meer verlegt, wobei sich die Techniker keine große Mühe machten, sie zu verbergen, sondern sie nur mit etwas Sand bedeckten[10], was die Firmen, welche die Kabel verlegen, in ihrem Werbematerial auch gar nicht verheimlichen.[11]

Auch wenn ein Kabel an seiner Anlandungsstelle mehrere Meter tief am Meeresboden liegt, ist es mit entsprechenden Geräten leicht aufzuspüren. Und wenn jemand ein solches Kabel findet, kann diese Person es mit einem scharfen Gegenstand bearbeiten, bis es reißt – wie es Frau Schakarjan getan hat –, oder diese Person kann sich auch, wenn sie über mehr Mittel verfügt, einen hydraulischen Kabelschneider der Spitzenklasse zulegen, der ein geschütztes Glasfaserkabel in ungefähr drei Sekunden durchtrennen kann.[12]

Falls es also noch nicht deutlich geworden sein sollte: Das globale Internet ist ein großes, verworrenes Netz, das sich ausbreitet wie die Kudzu-Pflanze. Und wie bei der Kudzu-Pflanze braucht es nur ein paar kleine, gut platzierte Schnitte, um einen großen Teil davon abzutöten. Doch genau jene Kabel herauszufinden und zu durchtrennen, die für einen globalen Ausfall des Internets sorgen, würde schon etwas schwieriger zu bewerkstelligen sein, nicht zuletzt deshalb, weil das Internet sehr stark verzweigt ist. Es hängt natürlich davon ab, wo Sie leben, aber wahrscheinlich ist Ihr Internet Service Provider (ISP) nicht völlig von einem einzigen transnationalen Kabel abhängig wie jenem in Georgien, und selbst wenn dies der Fall ist, sind Ihre Daten nicht alle an einem Standort gebündelt.

Wenn Sie zum Beispiel Google-Produkte nutzen, teilt Ihnen die Hilfeseite der Google-Cloud-Plattform mit, dass Ihre Nutzerdaten zwischen deren zahlreichen Datenzentren aufgeteilt werden, »um einzelne Fehlerstellen zu eliminieren und die Auswirkungen von Geräteausfällen und Umweltrisiken zu minimieren«.[13] Google betreibt nach eigener Aussage 16 solcher Server, die international verteilt sind, darunter acht in den USA und zwei auf dem asiatischen Kontinent.[14] Diese Art der Verteilung von Ressourcen ist die Stärke des Internets – aber auch eine seiner Schwächen, weil wir wissen, dass die Brücken zwischen diesen Datenzentren in hohem Maße durch einen gezielten Angriff verwundbar sind.

Ein solcher Angriff müsste die Verbindungen durchtrennen, die einige der Kernbestandteile des Internets ausmachen, und 2012 berichtete Sam Biddle in *Gizmodo*, dass es elf solcher entscheidenden Anlandungsstellen von Kabeln gibt.[15] Sie liegen in Singapur, im Südwesten von Großbritannien, in Tokio, Hongkong, Südflorida, Frankreich und Sizilien, außerdem gibt es zwei Stellen in Indien und zwei in Ägypten. 2017 fragte ich Andrew Blum, den Autor von *Tubes: A Journey to the Center of the Internet* und Biddles technischer Berater bei seinem Artikel, ob diese zentralen Punkte, die Biddle 2012 genannt hatte, auch die interessantesten Ziele wären, und er bestätigte mir, dass die Aussagen in diesem Artikel nach wie vor Gültigkeit besäßen.

Wären diese Verbindungsstellen von einer internationalen Kabelschneider-Truppe ausgeschaltet worden, würden sich die meisten Internetfunktionen lokal auf das jeweilige Land beschränken – es gäbe kein World Wide Web mehr. Die internationalen Kabel zu kappen würde also nicht reichen, denn die lokalen Daten wären nach wie vor zugänglich. Um sicherzustellen, dass es wirklich kein funktionsfähiges Internet mehr gäbe, müssten die Anti-Internet-Terroristen das Domain Name System (DNS) angreifen. Ohne das DNS, das Anfragen zum richtigen Rechner lenkt, haben wir nicht die Möglichkeit, im Internet zu »navigieren«. Wenn Sie ein echter Computerfreak sind und wissen, dass die IP-Adresse 216.239.32.10 für *Google.com* steht, sind Sie gut dran; dann können Sie diese Seite nach wie vor laden. Allerdings werden, auch wenn Sie das wissen, ohne das Domain Name System sämtliche Links auf dieser Seite, die zu anderen Websites führen, wertlos sein.

Das DNS wird nicht von einer staatlichen Stelle betrieben, sondern von einer gemeinnützigen Einrichtung, der Internet Corporation for Assigned Names and Numbers (ICANN). Die Maßnahmen zur Absicherung des DNS sind höchst komplex – sie wirken fast, als wären sie von Filmen der Reihe *Mission: Impossible* inspiriert worden. Vierzehn Personen in verschiedenen Ländern und verschiedenen Teilen der Welt verfügen über physische Kartenschlüssel, mit denen sich eine von zwei physischen Boxen öffnen lässt – eine an der Ostküste der USA, die andere an der Westküste –, die einen digitalen »Generalschlüssel« für das DNS-System enthalten. Die sieben Inhaber eines Generalschlüssels treffen sich alle drei Monate zu einer Art Überprüfungs- und Rückversicherungszeremonie, bei der sie sich umfangreichen Sicherheitsüberprüfungen einschließlich Netzhautscans unterziehen müssen, wie der *Guardian* 2014 berichtete.[16] Wenn ihre Identität bestätigt ist, versammeln sich die Schlüsselinhaber in einem kleinen Raum und bezeugen, dass die IP-Adressen und die entsprechenden Namen noch übereinstimmen.

Ob diese komplexen Sicherheitsabläufe Sie zu beruhigen vermögen, müssen Sie selbst entscheiden, ich kann mir jedenfalls nicht vorstellen, wie man von außen in dieses System eindringen könnte, aber ich bin ja auch kein Spezialist auf diesem Gebiet.

Dennoch ist auch mir klar, dass das DNS-System an einigen Stellen angreifbar ist, was allerdings nicht unbedingt gleich Anlass zu höchster Besorgnis geben muss. Die zahlreichen Name-Server, die für die Verarbeitung der Milliarden Suchanfragen zuständig sind, die täglich eingehen, sind Maschinen aus Silikon und stehen in gewöhnlichen Gebäuden aus Steinen und Mörtel, und das macht sie unvermeidlich verwundbar durch Angriffe. Zudem werden diese Standorte nicht besonders geschützt, ebenso wenig wie die Unterseekabel. Doch die Mitarbeiter in den Gebäuden, in denen die Server stehen, sind sich durchaus deren großer Bedeutung bewusst; sie sind weniger mit den Sicherheitsverantwortlichen bei ICANN vergleichbar, sondern eher mit Wachleuten, die eine Luxuswohnanlage schützen.

Man muss aber auch betonen, dass ein Angriff auf diese Server nur unter Gewaltausübung gegen Menschen durchführbar wäre, und nachdem ich Ihnen dargestellt habe, inwiefern die Unterseekabel verwundbar sind, können Sie Ihrer Fantasie freien Lauf lassen und sich ausmalen, wie eine Gruppe von Übeltätern eines dieser Gebäude attackieren könnte. Es gibt 13 solcher Root-Name-Server sowie eine große Zahl redundanter Back-up-Systeme. Zum Zeitpunkt der Abfassung dieses Buches gab es 948 »Exemplare« dieser 13 Name-Server – womit nach Angaben von *root-server.org* sowohl die ursprünglichen Name-Server als auch die Back-ups jedes dieser Server gemeint sind.[17] Wir wissen, dass die Ausschaltung eines einzelnen Servers noch keinen Schaden anrichten würde, die Ausschaltung aller 948 jedoch wäre der Overkill. Dies ist zwar keine exakte naturwissenschaftliche Aussage, aber nachdem ich einige IT-Fachleute dazu befragt habe, würde ich vermuten, dass die Nutzbarkeit des ohnehin etwas holprigen Internets ernsthaft beeinträchtigt werden würde, wenn es jemandem gelänge, etwa 40 dieser Root-Server lahmzulegen.

Stellen wir uns also vor, Terroristen, Saboteure, Angreifer, die im Auftrag eines Staates handeln, neuzeitliche Maschinenstürmer oder eine Kombination aus allen würden gleichzeitig Attacken etwa auf die zehn wichtigsten Super-Datenzentren verüben. Dann würden Dienste, denen wir alle vertrauen, offline gehen, und dort gespeicherte Daten würden zerstört werden. Nach Biddles Erkenntnissen liegen die besonders verwundbaren Gebäude in den folgenden fünf Städten: Miami, London, Paris, New York und Los Angeles.

Wie ich bereits erwähnte, wäre ein solch brachiales Vorgehen vielleicht aber gar nicht notwendig, wenn ein Angreifer einfach nur lange genug den Servern zusetzen würde, vermutet Schechter. Soweit wir wissen, gibt es seit Längerem eine »katastrophale Sicherheitslücke«, die bislang jedoch nicht ausgenutzt worden ist. Schechter verwies darauf, dass auch Server nur Computer sind und sie oft Stück für Stück aus Einzelhandelshardware zusammengebaut werden. Um absolut sicher sein zu können, dass unsere Daten geschützt seien, meinte er, müsse man »sich davon überzeugen, dass kein staatlicher Akteur jemals Zugriff auf den BIOS-Code in der Hardware hatte, bevor man sie erworben hat«. Bei der Einrichtung von DNS-Servern werden diese Sicherheitsüberlegungen zweifellos sehr ernst genommen, doch 2018 hat ein Forscherteam, an dem auch der Kryptograf Paul Kocher beteiligt war, in 20 Jahre alten Mikroprozessoren von Intel eine verwundbare Stelle entdeckt und zudem enthüllt, dass die meisten Server auf der Welt jahrelang schutzlos diesem Sicherheitsrisiko ausgesetzt waren.[18] Das zeigt, dass es auch in besonders sensiblen Bereichen erhebliche Schwachstellen geben kann, die zu verheerenden Schäden führen könnten, wenn die falschen Leute sie entdeckten und ausnutzten. Wenn eine solche Schwachstelle absichtlich in einen Serverbestandteil eingebaut werden würde, könnte sie dort lange Zeit unentdeckt bleiben und schließlich im Rahmen eines globalen koordinierten Angriffs aktiviert werden.

Nehmen wir einmal an, es hat tatsächlich einen solchen Angriff gegeben. Wichtige Datenzentren sind vom Netz abgetrennt worden, das DNS-System ist angeschlagen, und eine große Zahl von Routern, die von bekannten Firmen wie Linksys hergestellt wurden, sind durch eine Schadsoftware, die niemand erkannte, bevor es zu spät war, lahmgelegt worden. Zusätzlich wurden die wichtigsten Unterseekabel gekappt. Das Internet ist praktisch tot.

Ich möchte betonen: Dazu würde es einer enormen Anstrengung

bedürfen, und nicht alle IT-Experten, mit denen ich sprach, wollten mir bei dieser hypothetischen Annahme folgen. Einige meinten, es sei schlicht unmöglich, dass das Internet jemals vollständig zusammenbrechen könnte, auch wenn ein umfassender, konzertierter Angriff erfolgen würde. Andere bezweifelten, dass eine solche Attacke, wie ich sie dargestellt habe, überhaupt durchführbar wäre. Wenn Sie wollen, können Sie dies gewissermaßen als Entwarnung verstehen.

Auch das US-Heimatschutzministerium wollte sich nicht auf diese Diskussion einlassen. Ich wandte mich mehrmals an das Ministerium, und man teilte mir mit, dass meine E-Mails an den zuständigen Mitarbeiter weitergeleitet werden würden, aber schließlich brach der Mailverkehr ab, und meine weiteren Nachfragen wurden ignoriert. Es ist natürlich ein großes und gut gehütetes Geheimnis, inwieweit die US-Behörden die Daten, die wir im Netz bewegen, kontrollieren und überwachen und ob die amerikanische Regierung wirklich sozusagen per Knopfdruck das Internet abwürgen könnte.[19]

Doch auf der Internetseite des US-Heimatschutzministeriums findet sich zu diesem Thema ein 18 Seiten umfassender Bericht.[20] Er trägt den Titel »Risk Management Strategy – Internet Routing, Access and Connection Services«, der von den beiden mit IT-Sicherheit befassten »Koordinierungsbeiräten« des Ministeriums erstellt wurde, bei denen es sich um unabhängige Organisationen handelt, welche die Regierung in Fragen der Sicherheit beraten. Dazu gehören laut Angaben auf der Internetseite des Ministeriums Vertreter von Hardware-Herstellern und der großen US-amerikanischen Telekomunternehmen.[21] Laut diesem Bericht »ist ein umfassender Plan für ein Störfallmanagement erforderlich, der in derartigen Fällen umgesetzt werden kann, auch wenn unvorhersehbare Ereignisse oder Umstände die Reaktion auf einen solchen Störfall verzögern oder blockieren sollten«. Aber da das Ministerium meine Anfragen ignorierte, weiß ich nicht, ob es tatsächlich einen solchen Plan gibt.

Es ist zwar nicht bekannt, wie das konkrete Verfahren in den USA aussieht, mit dem man die Welt wieder ins Internet zurückbringen würde, aber es erscheint mir schwer vorstellbar, dass ein Internet-Blackout längere Zeit andauern würde. Bei den Recherchen zu diesem Thema habe ich gelernt, dass schon die Vorstellung, das Internet könnte komplett zusammenbrechen, irreal ist – und auch inkohärent –, doch durch ein Zusammenwirken unterschiedlicher Störungen könnte der *Eindruck* entstehen, dass das Netz zusammengebrochen sei. Jede Störung würde schnell entdeckt werden, und unverzüglich würden intensive weltweite Anstrengungen unternommen werden, den Schaden zu beheben. Dabei würden Unternehmen wie Orange Marine tätig werden und die Unterseekabel reparieren,[22] was bis zu 16 Stunden dauern könnte.[23] Firmen, die Notfallreparaturen an Servern durchführen und hier das große Geld wittern, würden an die Orte eilen, wo die größten potenziellen Probleme aufträten, und ihre Dienste anbieten. In vielen Fällen käme es zu Datenverlusten. Manche Kabel würden vielleicht schwieriger zu reparieren sein als andere, was bedeutete, dass einige Regionen wahrscheinlich ein paar Wochen oder auch länger vom Internet abgeschnitten blieben, doch es gibt kaum Zweifel, dass nach einer gewissen Zeit das Internet im Großen und Ganzen wieder funktionieren würde.

Ich sage »kaum Zweifel«, weil der Blackout selbst das größte Hindernis sein würde bei der Behebung des Blackouts. Da die meisten Telekommunikationsarten zumindest teilweise auf das Internet angewiesen sind, würden viele der Störungen eine kumulative Wirkung entfalten, die den Schaden vergrößerten und das Chaos verlängerten.

Sie entgegnen vielleicht: »Aber die meisten Firmen verwenden doch auch Festnetztelefone.« Fragen Sie einmal das IT-Team in Ihrer Firma, ob diese Geräte auch ohne Internet funktionieren. Wahrscheinlich nicht, denn es handelt sich meist um Voice-over-IP-Anlagen (VoIP), was bedeutet, dass die Daten über Internetdienst-Anbieter übermittelt werden und nicht mehr über das herkömmliche auf Schaltkreisen basierende Verfahren.

Noch gravierender ist, dass auch der Mobilfunk Schwierigkeiten bekommen würde. Während einerseits »das Netzwerk Nullen und Einsen übermittelt, welche diese analogen Signale repräsentieren«, erklärte mir Murat Torlak, Professor für Elektroingenieurwesen an der University of Texas at Dallas, müsse ein Mobilfunk-Provider nicht von vornherein einen bestimmten Übertragungsweg nutzen. Die Mobilfunk-Unternehmen berechnen zwar Daten und Sprache getrennt, in der Praxis aber läuft heute alles unter Daten. Die Firmen übermitteln das Datenpaket, das Ihrer Stimme entspricht, nach der Methode, die sie für am geeignetsten halten, und da das Internet ein schneller Weg ist, Daten zu bewegen, wird diese Option für sie zunehmend preisgünstiger. »In der Praxis sind alle diese Basisstationen – im Grunde Funkstationen –, die drahtlose Verbindungen zu Mobiltelefonen herstellen, untereinander über einen Netzanschluss-Schalter verbunden und in manchen Fällen durch das Internet«, erklärte Torlak. »Es findet eine Umstellung statt.« Per E-Mail erläuterte er mir: »Die Backbone-Verbindungen zwischen den Sendemasten sind überwiegend IP-basiert, stützen sich also hauptsächlich auf das Internetprotokoll. Der Trend geht zum vollständigen IP-Netzwerk.«

Wenn Sie vor 1980 geboren sind, mag es Ihnen vielleicht schlimmer erscheinen, wenn Sie nicht mehr telefonieren können, als wenn Ihnen die Möglichkeit genommen wird, ins Internet zu gehen. Doch laut einem 2017 in Großbritannien veröffentlichten Bericht der Wirtschaftsprüfungsgesellschaft Deloitte nutzen Sie das Telefon wahrscheinlich seltener, als Ihnen bewusst ist. Nur 32 Prozent der Befragten verwendeten laut dieser Erhebung ihre Telefone für geschäftliche Kontakte, während es 2016 noch 33 Prozent gewesen waren, und in einer früheren Studie von Deloitte war sogar festgestellt worden, dass ein Viertel der britischen Smartphone-Besitzer in der Befragungswoche überhaupt nicht telefoniert hatte.[24] Dennoch bleibt Telefonieren das Mittel der Wahl in dringenden Situationen: wenn man eine Autopanne hat, ein Familienangehöriger im Krankenhaus ist oder der Vermieter wissen möchte, woher der Gestank im Haus kommt.

Schwerwiegender als der Verlust der Fähigkeit, telefonieren zu können, wäre allerdings der Verlust der intelligenten Infrastruktur. Gegenwärtig lässt sich die internetbasierte Automatisierungstechnik, die die Versorgungswirtschaft steuert, zum größten Teil noch in den manuellen Modus umschalten, wenn das Internet ausfallen sollte, und Mitarbeiter können eingesetzt werden, um entstehende Versorgungslücken zu schließen. So verfügt zum Beispiel ein kleiner Wasserversorger in Südkalifornien höchstwahrscheinlich über ein internetbasiertes Telemetriesystem. Wenn das Internet zusammenbräche, »würden Arbeiter die Pumpen betreiben und die Speicherreservoire auffüllen müssen«, wie der frühere Generalmanager des Mesa Consolidated Water District (und mein Vater) Lee Pearl erklärte. In einem Worst-Case-Szenario würden sich die Wasserspeicherreservoire leeren, wenn die Pumpen nicht mehr funktionierten, und die Leitungsrohre würden trocken werden, erläuterte er mir, aber die Versorger verfügen über »redundante Systeme«, weshalb solche Notsituationen sehr unwahrscheinlich sind.

Doch die Versorger setzen, auch bei den Stromnetzen, zunehmend auf eine Automatisierung, um einen reibungslosen Betrieb zu gewährleisten. Großstädte wie Chicago bedienen sich internetgestützter intelligenter Stromnetze, um die Stromversorgung sicherzustellen,[25] und das US-Energieministerium drängt die Versorgungsunternehmen, die Automatisierung noch weiter voranzutreiben.[26] Zum gegenwärtigen Zeitpunkt sind diese Systeme noch relativ neu, und die Beschäftigten in diesen Einrichtungen besitzen aufgrund ihrer Ausbildung wahrscheinlich noch genügend berufliches Wissen, um im Bedarfsfall auf manuellen Betrieb zurückschalten zu können. In ein paar Jahrzehnten aber wird das nicht mehr möglich sein – die Beschäftigten werden nur noch mit den automatisierten Systemen umgehen können und nicht mehr mit den manuell gesteuerten, die noch ausschließlich als Back-ups vorgehalten werden. Die Unterbindung der automatisierten Prozesse infolge eines Internetausfalls würde die Versorger daher nicht notwendigerweise in existenzielle Schwierigkeiten stürzen, doch es gäbe Betriebsstörungen, die weitere Betriebsstörungen nach sich zögen. Ein Wasserversorger würde von Stromlieferungen abgeschnitten werden und auf Reservestrom aus Back-up-Systemen umschalten, zugleich würden seine automatisierten Abläufe außer Kraft gesetzt werden, und die Beschäftigten könnten nicht mehr miteinander kommunizieren.

Dies erscheint noch beunruhigender, wenn man berücksichtigt, wie viele andere Bereiche ebenfalls vom Prozess der Umstellung auf intelligente Systeme betroffen sind. Dazu gehören Verkehrsampeln,[27] Rettungsleitstellen, die schon häufiger durch Internetstörungen beeinträchtigt wurden,[28] Systeme zur Überwachung von Waldbränden[29] und die »Triage«, das Verfahren der Priorisierung von Verletztengruppen bei Massenunfällen und Katastrophen.[30] Kurz gesagt, viele der Prozesse, die Städte am Laufen halten und verhindern, dass Menschen sterben, werden an Maschinen übertragen, die mit dem Internet verbunden sind. Wenn die manuellen Back-ups auch nur für einige dieser Systeme funktionsunfähig sind, dann besteht die ernst zu nehmende Gefahr, dass sich eine Kettenreaktion entwickelt, und es ist sehr wahrscheinlich, dass dies zu vielen kleinen Katastrophen führen wird.

Doch es gibt wenigstens die gute Nachricht, dass einige Menschen und Orte diese Situation wahrscheinlich relativ unbeschadet überstehen werden. Als Ägypten 2011, zu Anfang des später sogenannten »Arabischen Frühlings«, absichtlich sein Internet abstellte, erklärte der Dokumentarfilmer Parvez Sharma auf CNN, dass dies keine großen Auswirkungen auf die Unterschicht des Landes haben werde, da diese Menschen »nicht twittern, Facebook nutzen oder E-Mails verschicken. Sie haben sogar noch nie etwas gehört von diesem verdammten Internet, jedenfalls die meisten von ihnen.«[31] Der Internet-Blackout kostete die nationale Wirtschaft nach Angaben von *Forbes* 18 Millionen Dollar pro Tag[32] – Kleingeld im Vergleich zu den Kosten, die ein Internetausfall in den USA verursachen würde. Bis heute hat Ägypten seine Integration in das Internet kaum vorangetrieben – laut einem Bericht der Northwestern University in Katar hatte 2017 nur die Hälfte der Ägypter einen Internetzugang, und von jenen Einwohnern, die Zugang zum Netz haben, wird das Internet wesentlich weniger genutzt als in den anderen Ländern des Nahen Ostens.[33]

Ein Land wird sich besonders glücklich schätzen können an dem Tag, an dem das Internet zusammenbricht, nämlich Nordkorea, wo es laut der kolumbianischen Marktforschungsseite *Internet World Stats* im Jahr 2017 nur rund 14 000 Internetnutzer gab – ein Anteil von 0,05 Prozent an der Gesamtbevölkerung des Landes.[34] Zudem konzentriert sich die Internetnutzung in Nordkorea zum größten Teil auf den berüchtigten und international sehr effektiven Hacker-Sektor, der 2014 durch sein Eindringen in den E-Mail-Server von Sony Pictures Schlagzeilen machte.[35] So könnte Nordkorea allerdings eines seiner bedeutendsten Exportprodukte einbüßen.

Kapitel 15

Was wirklich passiert, wenn das letzte Schlachthaus geschlossen wird

Noch in diesem Jahrhundert? Sicher nicht.

Plausibilität: ✲✲✲✲✲

Muss man davor Angst haben? Nein.

Sollte man deshalb seine Lebensgewohnheiten ändern?
Haben Sie auch schon gehört, dass man weniger Fleisch essen sollte? Vielleicht keine schlechte Idee.

Moongchi ist vier Monate alt. Sein weiches, flauschiges Fell ist überwiegend weiß, sein Gesicht braun und um das Maul herum schwarz. Er war der letzte Hund, der aus der Hundefleischfabrik Namgu in Gwangju in Südkorea herausgeschmuggelt werden konnte, und er sucht jetzt ein neues Zuhause, wo er gut aufgehoben ist.

Moongchi gilt als der letzte Überlebende eines Schlachthofs in den entwickelten Ländern.

Es mag manche überraschen, dass in Südkorea überhaupt noch ein derartiges Schlachthaus betrieben wurde. Schon seit Jahrzehnten verzehren die Menschen in den Industrieländern kein Fleisch mehr oder, wie es auch genannt wird, kein »totes Fleisch«, das aus einem Schlachthof stammt, abgesehen davon, dass bisweilen der Küchenchef eines neu eröffneten Restaurants, der Aufsehen erregen will, das Publikum mit totem Fleisch schockiert – und dabei gewöhnlich auf dessen ausgezeichneten Geschmack hinweist. Doch heute kann man in jedem Supermarkt vollkommene, in Fabriken hergestellte Imitationen von Rindfleischmedaillons vom Kobe-Rind und australischen Lammkoteletts preisgünstig kaufen, und sie schmecken genauso wie die aus totem Fleisch hergestellten Versionen dieser Produkte, die von denselben Fleischunternehmen vertrieben werden.

Appelle, vollständig auf den Konsum von Fleisch zu verzichten, kommen heute nicht mehr von Tierrechtsaktivisten, sondern von Ärzten.

Und gerade dieser allmähliche Paradigmenwechsel sorgte dafür, dass sich die im Verborgenen tätige Hundefleischindustrie in Südkorea so lange halten konnte – die etablierte Lieferkette für Fleisch hatte schlicht Hundefleisch nicht im Sortiment. Es war durch die Maschen gerutscht.

Koreanische Nahrungsmittelproduzenten wie Pulmuone begannen zunächst, technische Ausrüstung für die Erzeugung von künstlichem Fleisch von amerikanischen Firmen wie Tyson zu erwerben, die auf die fabrikmäßige Produktion der drei Hauptarten von amerikanischem Fleisch ausgelegt waren: Rind, Schwein und Geflügel. Die koreanischen Superkonglomerate, die sogenannten »Chaebol«, entwickelten im Laufe der folgenden Jahre ihre eigenen Fleischvarianten und konzentrierten sich darauf, neue und verbesserte Versionen der Technologie in die USA zurückzuverkaufen, während sie zugleich die koreanischen Haushalte mit kultiviertem Fleisch belieferten.

Zwar zogen sich die koreanischen Hundefleischhersteller im Laufe der 1980er-Jahre in den Untergrund zurück, doch in den meisten koreanischen Städten war es ein offenes Geheimnis, dass weiterhin *bosintang* – Hundesuppe – hergestellt und auch gegessen wurde, wenngleich die Zahl der Konsumenten stetig zurückging. Die Schlachtungen bewegten sich in kleinem Rahmen, und da die Suppe eigentlich nur im Sommer gefragt war, produzierten die Firmen meist nur ein halbes Jahr. Die meisten dieser Hundefleischmärkte – die eigentlich illegal waren, aber toleriert wurden –, wie etwa der kleine Laden Namgu, konnten sich den neugierigen Blicken der Behörden weitgehend entziehen.

Gwangju, wo Namgu während all dieser Jahre ansässig war, liegt etwas abgelegen in der südwestlichen Ecke des Landes und belieferte die lokale Nahrungsmittelindustrie jährlich mit 3000 Hunden, die für eine Handvoll örtlicher Restaurants bestimmt waren – auch noch, nachdem sich die übrige südkoreanische Fleischwirtschaft vom Schlachthofmodell abgewandt hatte. Koreanische Tierrechtsaktivisten wurden in dieser Zeit hin und wieder auf die Hundefleischproduzenten aufmerksam und schlugen in den sozialen Medien Alarm, doch durch die Schließung des einen oder anderen Schlachthofs konnte das Hundefleisch nicht von den *bosintang*-Tellern verbannt werden, weil viele der Restaurants dann einen eigenen Schlachtbetrieb einrichteten.

Es erschien daher sehr naheliegend, dass ein Betrieb, der künstliches Hundefleisch herstellte, auf dem koreanischen Markt erfolgreich Fuß würde fassen können, doch wie sich die angestrebten strengen Regulierungen auswirken würden, war weniger vorhersagbar. Das Verbot der Hundeschlachtung im 20. Jahrhundert war als ein notwendiger Schritt betrachtet worden, um das Land zu einer modernen Gesellschaft zu entwickeln, weshalb ältere Mitglieder der politischen Führung fürchteten, dass eine Wiederbelebung der Hundefleischbranche in gewisser Weise als ein Rückschritt empfunden werden könnte. Glücklicherweise scheiterten die Regulierungsbemühungen, und kultiviertes Hundefleisch wurde zu einer Sensation. Die meisten Koreaner hatten zuvor noch nie Hundefleisch gegessen und erhielten nun – wie auch unzählige neugierige Touristen – eine Gelegenheit, es zu probieren.

Dies hätte eigentlich das Aus für Namgu bedeuten müssen, aber wie so häufig hielten Anhänger der traditionellen Medizin eine alte Legende am Leben: Man könne sich einen wahren Energieschub verschaffen, wenn man am heißesten Tag des Jahres Hundefleisch verzehre, so lautete die Geschichte, allerdings müsse der Hund zu dem Zeitpunkt, an dem er gestorben sei, wütend und aufgebracht gewesen sein. Seit undenklichen Zeiten war es eine verbreitete – wenn auch nicht allgemein übliche – Praxis in einigen ländlichen Gegenden Koreas, gefangene Hunde zu quälen und zu schlagen, bevor sie geschlachtet wurden, ihnen das Fell zu versengen und sie so vor ihrem Tod in einen erregten Zustand zu treiben. Die behauptete energiesteigernde Wirkung könne man nicht mit künstlichem Fleisch erzielen, hieß es.

Namgu hielt also eine alte Tradition aufrecht, die die meisten Koreaner schon vergessen hatten. Moongchi, der in dieser Hölle auf Erden geboren wurde, wurde entdeckt, als Mitglieder der koreanischen Tierrechtsbewegung in das Gebäude eindrangen, Videoaufnahmen machten und ihn befreiten. Doch die Tierrechtsbewegung forderte nicht einfach die Schließung von Namgu.

Das Video der Tierschützer wurde von Moongchi »präsentiert« (dem der bekannteste Darsteller in einer besonders beliebten aktuellen Fernsehserie seine Stimme »lieh«), und es verwendete nicht ausschließlich Aufnahmen aus dem Schlachthaus. Vielmehr war es eine intelligente, fröhliche, familienfreundliche und fernsehtaugliche Produktion, in der einem Geschmackstest ein »Energietest« folgte. Eine Gruppe treuer Kunden von Namgu probierte vor der Kamera unwissentlich künstliches Hundefleisch in dem Glauben, es handele sich um das Fleisch eines wütenden, geschundenen Hundes. Sie bestätigten, dass das Fleisch *mashita* – köstlich – sei und berichteten, sie hätten noch niemals einen solch enormen Energieschub erlebt. Das Video wurde ein Publikumshit, und der anschließende öffentliche Druck führte dazu, dass Namgu freiwillig die Fabrik dichtmachte.

Moongchi verträgt noch immer keine lauten Geräusche, er schnappt nach den Fingern der Menschen, wenn sie ihm ohne Vorwarnung zu nahe kommen, und daher werden nur kinderlose Paare ermutigt, sich um seine Adoption zu bewerben. Er ist noch immer ein sehr guter Hund – ein Held sogar –, und er ist kastriert und geimpft.

Die meisten Menschen, die ich kenne, können sich – ganz unabhängig davon, wie sie zur Frage des Tierwohls stehen – ziemlich genau vorstellen, wie »intensive Tierhaltung« oder ein »Massentierhaltungsbetrieb« aussieht. Einige können sogar durchaus die Schrecken des Schlachtprozesses in einer modernen fleischverarbeitenden Fabrik beschreiben, aber das tun sie natürlich nicht, wenn sie selbst Fleisch essen. Es hat den Anschein, dass die schweigende Mehrheit der Nahrungskonsumenten nicht gerade begeistert ist von den Methoden, die eingesetzt werden, um das Fleisch auf ihren Teller zu bringen, aber es ist eben schwierig, seine Ernährungsgewohnheiten umzustellen. Diese »ambivalenten Allesesser« sind, wenn vielleicht auch nicht die schweigende Mehrheit der Bevölkerung, so doch eine schweigende Vielzahl von Nahrungskonsumenten.

Der niederländische Philosoph Cor van der Weele schrieb dazu 2013: »Ambivalenz ist unangenehm und bringt verschiedene (unterbewusste) Mechanismen hervor, um sie zu vermindern, wie etwa strategische Ignoranz. Dies führt im Ergebnis dazu, dass die Einstellung gegenüber Fleisch eindeutiger erscheint, als sie in Wirklichkeit ist.«[1] Kurz gesagt, Fleischesser und Nichtfleischesser haben mehr gemeinsam, als sie zugeben würden: Fleischesser sind durchaus dazu fähig, Mitgefühl mit Tieren zu empfinden, während sich andererseits 86 Prozent der tierliebenden Vegetarier hin und wieder zum Verzehr eines Burgers verleiten lassen.[2] Nach meiner Erfahrung versuchen beide Seiten ihr Verhalten zu rationalisieren, zum Beispiel mit Sätzen wie »Mein Arzt hat es mir empfohlen«. (Ich sehe aktuell keine Studien, die als Beleg für die Auffassung herangezogen werden könnten, dass eine Ernährung, bei der keine Art von Nahrungsmitteln ausgeschlossen wird, gesünder wäre als eine Ernährung, die sich allein auf pflanzliche Nahrungsmittel stützt. Der Schlüssel zu gesunder Ernährung ist wohl in erster Linie Ausgewogenheit und Vielfältigkeit, nicht aber die Frage, ob man Fleisch isst oder nicht.)

Wir alle wissen, warum Menschen in Bezug auf den Fleischverzehr eine ambivalente Einstellung entwickeln können: Nutztiere haben große, feuchte Augen und ein flauschiges Fell; der Gedanke, dass sie aufgeschlitzt und zu Sandwiches verarbeitet werden, ist eher unangenehm. Diese Bedenken als überzogen oder als kindisch abzutun erscheint objektiv unangebracht. Mehrere psychologische Studien, die an der Universität Oslo durchgeführt wurden, bemühten sich, das Offenkundige zu beweisen: Es stellte sich heraus, dass Menschen – große Überraschung –, denen man Bilder von Tieren zeigte, die für bestimmte Nahrungsmittel sterben mussten, vorübergehend eine gewisse Abneigung gegen diese Nahrungsmittel entwickelten. Wichtig ist hier das Wort »vorübergehend«, denn laut dieser Osloer Studie »stützen kulturell verankerte Dissoziationsprozesse bezüglich der Art und Weise, wie wir Fleisch produzieren, zubereiten und darüber sprechen, die Bereitschaft der Menschen, Fleisch zu verzehren, weil sie es erleichtern, die Verbindung zwischen Fleisch und Tier zu ignorieren«.[3]

Diese Fähigkeit zur Empathie erzeugt bei ambivalenten Allesessern wahrscheinlich ein unterschwelliges Verlangen, ihre eigenen Essgewohnheiten im Interesse des Tierwohls zu hinterfragen. Eine 2018 von der Oklahoma State University durchgeführte Verbraucheruntersuchung, die zum Teil vom US-Landwirtschaftsministerium finanziell unterstützt wurde, ergab, dass zwar 90 Prozent der Befragten »regelmäßig« Fleisch aßen, aber dennoch 47 Prozent der scheinbar gegensätzlichen Aussage zustimmten: »Ich bin für ein Verbot von Schlachthäusern.«[4] Diese Fleischesser sind also allem Anschein nach bereit, sich in eine fleischlose Welt einzufinden, in der sie ihre Ernährungsgewohnheiten wahrscheinlich grundlegend würden umstellen müssen – oder sie haben schlicht keine Vorstellung davon, wie das Fleisch auf ihre Teller kommt.

Nehmen wir an, dass sich diese Ambivalenz zu einer globalen Bewegung ausweitet, in deren Gefolge eine größere Zahl von Regierungen die überraschend populäre Entscheidung trifft, Schlachthäuser zu verbieten, dann würde unsere Welt regelrecht kopfstehen. »Normale« Menschen – aus heutiger Sicht – würden als fremdartige Rohlinge betrachtet werden. Man würde sie des »Karnismus« bezichtigen, um einen Begriff aufzugreifen, den die Psychologin und Veganaktivistin

Melanie Joy geprägt hat. Fleisch würde selten werden (was Ökonomen »ein knappes Gut« nennen), oder man würde es überhaupt nicht mehr bekommen. Klingt ziemlich unvorstellbar, nicht wahr?

Ich bin schon einmal in einer solchen Welt gewesen – zumindest in einer bestimmten Variante davon.

Die Stadt Pushkar im indischen Bundesstaat Rajasthan ist höchstwahrscheinlich das globale Zentrum des Vegetarismus, weil 100 Prozent der ungefähr 21 000 Einwohner Vegetarier sind. Alle Restaurants in Pushkar bezeichnen sich als »rein vegetarisch«, und in keinem Lebensmittelladen findet sich eine Fleischtheke.

Pushkar ist durch behördliche Verordnung zur fleischlosen Stadt geworden, denn es ist eine wichtige Pilgerstätte für Hindus, insbesondere für Anhänger der Sekte des Shakismus, deren Mitglieder sich zu lebenslangem Vegetarismus verpflichten. Die Stadt liegt an einem heiligen See, an dessen Ufern Hunderte von geistlichen Lehrern, die Gurus, in kleinen Tempeln und Hütten leben und wo Besucher an einer *puja* teilnehmen können, einem Ritual der Ehrerweisung für das Göttliche, das mit kleinen Opfergaben verbunden ist.

Macht die Verbannung von Fleisch eine städtische Gemeinschaft also zu einer Art Hippieparadies voller gefühlsduseliger Menschen, die sich an Patschuli und Gras berauschen?

Ich weiß nicht genau, wann sich dieser Wandel in Pushkar vollzogen hat, aber ja, es sieht ganz so aus. Mehr als in jedem anderen Touristenort in Indien, den ich besucht habe, wimmelt es in Pushkar von bekifften, ungewaschenen Hippies mit Rastalocken. Diese Ausländer – viele kommen eigenartigerweise aus Israel – geben sich tagsüber der Meditation hin, verzichten bei den Mahlzeiten auf jegliches Fleisch und versammeln sich am Abend in großen Trommelkreisen zum Tanzen, sie spielen mit Poi, jonglieren mit Devilsticks und praktizieren noch allerlei andere Formen der Selbstdarstellung.

Pushkar taugt wahrscheinlich nicht als Mikromodell einer fleischlosen globalen Zukunft, sondern stellt viel eher jene fiktive fleischlose Welt dar, über die sich der britische Komiker und Filmemacher Simon Amstell 2017 in seiner Dokumentation *Carnage: Swallowing the Past* lustig machte. In diesem Film ist die Welt zu der Erkenntnis gelangt, dass das Schlachten von Tieren grundsätzlich abzulehnen ist, und alle Menschen sind Veganer geworden. Das Leben in dieser satirisch gezeichneten fleischlosen Welt sieht ganz ähnlich aus wie das in Pushkar: Die Welt ist voller friedlicher, lächelnder junger Menschen, die sich auf Wiesen versammeln, um Pflanzen zu verzehren und sich gegenseitig zu streicheln. Im Film ist Fleisch ein Bestandteil der grausamen Geschichte der Menschheit, und die Darsteller mühen sich nach Kräften, diese Geschichte mit der Gegenwart in Einklang zu bringen. »Warum verspeist jemand ein Baby? Ein kleines Baby. Ein kleines Lämmchen-Baby?«, fragt einer der unschuldigen Bewohner dieser Film-Welt.

Sollte sich in Pushkar ein Fall von Karnismus ereignen, würden die Folgen ganz und gar nicht dem Ethos eines Trommelkreises entsprechen. »Gegen den Betreffenden würde die Prügelstrafe verhängt werden«, sagte Kamal Pathak, der Vorsitzende des Stadtrats – gewissermaßen der Bürgermeister –, als ich ihn fragte, was dann geschähe. Er schlug in die Luft, um anzudeuten, dass man die Schläge nicht mit einer Fliegenklatsche ausführen würde (Fliegenklatschen werden toleriert in Pushkar). »Anschließend würde er ein halbes Jahr im Krankenhaus sein. Hundertprozentig.«

Zwischen 2015 und 2017 gab es in Indien mehr als ein Dutzend Tötungen durch Lynchmobs, die meinten, Leute aufgespürt zu haben, die Rindfleisch besaßen oder verkauften. In dieser Zeit vollzog sich auch der politische Aufstieg des gegenwärtigen indischen Ministerpräsidenten Narendra Modi und der hinduistisch-nationalistischen Bharatiya-Janata-Partei. Modi tolerierte diese Angriffe anscheinend mehrere Jahre lang, ehe er sie 2017 verurteilte und öffentlich erklärte: »Gewalt ist keine Lösung für die Probleme.«[5]

Es erstaunte mich, dass die Verteidiger scheinbar auf Mitgefühl und Barmherzigkeit beruhender Traditionen so gewalttätig auftraten, aber laut Suryakant Waghmore, Soziologe am Tata Institute of Social Sciences in Mumbai, »unterscheidet sich die im Westen verbreitete Auffassung von Vegetarismus stark von jener in Indien. Im indischen Vegetarismus geht es nicht um Mitgefühl mit den Tieren«, erklärte Waghmore, der die Machtdynamik im indischen Kastenwesen erforscht. »Es geht mehr darum, sich dadurch von anderen Menschen abzuheben, die Fleisch essen, um für sich selbst eine moralische Reinheit oder Überlegenheit in Anspruch nehmen und diese anderen als Unberührbare einstufen zu können.« Häufig, so erläuterte mir Waghmore, sei das harte Vorgehen gegen das Fleischessen lediglich eine kaum verhüllte Form von religiöser Intoleranz gegenüber den Muslimen.

Ich unterhielt mich auch mit einem Arbeiter eines von Muslimen betriebenen Schlachthauses, der mir erzählte, dass er Angst vor Angriffen der hinduistischen Mehrheit habe. Shiv Sinha, ein hinduistischer Immobilienmakler in der konservativen Hindu-Stadt Jaipur, erklärte mir, dass seine muslimischen Kunden bei der Wohnungssuche immer wieder Diskriminierung erlebten. »Es gibt Leute, die ihr Eigentum nur an Vegetarier vermieten wollen«, erläuterte Sinha.

Wie würde man in einer Welt ohne Schlachthäuser mit anderen Formen des Schlachtens umgehen – vor allem, wenn diese in irgendeiner Weise mit Religionsausübung in Zusammenhang stünden? Gäbe es in einer utopischen Welt, in der die Tierrechte geachtet würden, Ausnahmeregelungen für Muslime, die das islamische Opferfest begingen, bei dem ein Tieropfer dargebracht würde? Wie erginge es den Anhängern des Santeria-Kults in der Karibik? Blieben diese Kulte oder Praktiken zwar weiterhin erlaubt, würde man aber zugleich jene, die sie ausüben, zu Ausgestoßenen erklären?

Lassen Sie es mich etwas schärfer formulieren: Wenn Sie ein militanter Veganer sind, missfällt es Ihnen wahrscheinlich, wenn Ihre Bewegung von hippiemäßigen, in Sandalen herumlaufenden Gestalten unterwandert wird. Doch wenn sich der Veganismus durchzusetzen beginnt, sollten Sie mehr darauf achten, ob er nicht von islamfeindlichen Neofaschisten oder anderen Leuten unterwandert wird, die nach einem neuen Vorwand suchen, um Gruppen zu diskriminieren, die sie nicht mögen.

Rücken wir nun für einen Moment die Vorstellung in den Hintergrund, dass die ganze Welt vegetarisch werden würde, denn ich bin nicht davon überzeugt, dass alle Menschen Vegetarier werden müssen, damit auch der letzte Schlachthof geschlossen wird.

Nach Ansicht von Joshua Tetrick, dem Vorstandschef des veganen Start-up-Unternehmens JUST – das früher unter dem Namen Hampton Creek firmierte –, der auch selbst Veganer ist, sollten Veganer nicht glauben, dass sich ihre Weltsicht durchsetzen werde, weil Supermärkte und Restaurants im Westen Alternativen zu Fleisch anzubieten begännen. »In der heutigen Welt gibt es infolge steigender

Pro-Kopf-Einkommen und der Urbanisierung eine Fleischrevolution, keine auf pflanzlicher Nahrung beruhende Revolution«, erklärte mir Tetrick.

Aus einem 2017 erschienenen Bericht von *Our World in Data* – einer Onlinepublikation von Forschern der Universität Oxford – geht hervor, dass der Fleischkonsum seit 1961 in die Höhe geschossen ist. »Die Zunahme des Fleischverbrauchs war besonders markant in Ländern, die tief greifende wirtschaftliche Umwälzungen durchlaufen haben«, heißt es in dem Bericht;[6] so hat sich der Fleischkonsum in China verfünfzehnfacht und in Brasilien vervierfacht. Während also die Amerikaner seit 2005 ihren Konsum von Rindfleisch reduziert haben, schlachten die Menschen heute mehr als doppelt so viele Rinder wie 1961. Zudem schlachten wir vier- bis fünfmal so viele Schweine und zwölfmal so viel Geflügel.

Aufgrund dieses enormen Anstiegs ist eine rasche Abkehr vom Fleisch – also von einem Tag zum anderen – völlig unmöglich und unvorstellbar, und daher sprechen wir nicht von einem einzigen, großen globalen Moment der Umkehr, in dem die Welt völlig auf Fleisch verzichtet. Über eine solche Veränderung wurde bereits ausgiebig spekuliert in Artikeln mit dem Tenor »Was wäre, wenn wir alle schlagartig Vegetarier werden würden?«.

So befragte zum Beispiel die BBC im Jahr 2016 den Agrarzoologen Ben Phalan nach einem derartigen Szenario, in dem gewissermaßen ein Zauberstab zum Einsatz käme, und der Experte antwortete – nicht gerade überraschend –, dass dies wirklich eine sehr schlimme Sache für die Menschheit wäre.[7] Die dreieinhalb Milliarden Weidetiere auf der Welt würden plötzlich zu toxischen Gütern werden, und eine wohl ähnlich gigantische Zahl von Schweinen und Geflügel würde wirtschaftlich bedeutungslos werden. Wir erlitten schlagartig einen finanziellen Verlust von mehr als einer Billion Dollar, ein todsicheres Rezept für eine globale Rezession, die durch das nachfolgende Chaos verschärft werden würde, wenn alle diese Tiere in Massen getötet und verbrannt werden müssten oder frei im Land umherstreiften, Nahrung suchten, wo sich etwas fände, Straßen verstopften und sich ohne Rücksicht auf die lokalen ökologischen Gegebenheiten vermehrten, bis sie schließlich umkämen und an ungeeigneten Orten verrotteten.

Würde die Fantasievorstellung »Alle treten gleichzeitig PETA bei« Wirklichkeit werden, würden zudem riesige Flächen Weideland in den Entwicklungsländern praktisch wertlos werden, denn ein großer Teil davon ließe sich nicht ohne Weiteres in Ackerland umwandeln. Nomadische Viehzüchterkulturen wie jene in der Sahelzone in Westafrika würden ihre Lebensgrundlagen verlieren.[8] Und praktisch alle Einwohner von Ländern wie der Mongolei, wo Fleisch und Milcherzeugnisse die wichtigsten Kalorienlieferanten sind – weil sich dort schlicht nichts anbauen lässt –, würden dem Hungertod ausgeliefert werden.

Doch trotz aller mittlerweile bekannten Argumente dafür, dass Fleisch, so unerfreulich dies auch sein mag, der zentrale Baustein ist, dessen Entfernung das gesamte Gebäude der globalen Zivilisation zum Einsturz bringen würde, wächst auch das Bewusstsein dafür, welches Leid den Tieren zugefügt wird. Das Problem lässt sich nicht auf die einfache Formel bringen »Fleisch ist gleich Tod«, sondern wurzelt vielmehr in den sich allmählich häufenden Belegen, dass die Art und Weise, wie die Tiere getötet werden, den Wertvorstellungen einer wachsenden Zahl von Menschen widerspricht. Bestseller wie *Fast Food Gesellschaft* von Eric Schlosser und *Das Omnivoren-Dilemma* von Michael Pollan sind keine veganismusverherrlichenden Schriften, sondern sprechen die Mängel und Unzulänglichkeiten der heutigen Fleischwirtschaft an, von der Haltung der Tiere auf engem Raum bis zu ihrem schrecklichen und qualvollen industriellen Sterben.

Auf Anregung von Aktivisten, die sich für das Tierwohl einsetzen, wie Temple Grandin – einer Dozentin für Tierwissenschaften an der Colorado State University, die mit der Viehwirtschaft zusammenarbeitet, anstatt sie zu bekämpfen –, haben viele Schlachthöfe Maßnahmen eingeführt, um die Bedingungen für die Tiere erträglicher zu gestalten, und zum Beispiel komfortablere Konstruktionen zum Fixieren der Tiere und zuverlässigere Betäubungsgeräte angeschafft.[9] Kühe, so erklärt Grandin, sollten eigentlich nicht aus Angst schreien, stürzen oder Schmerzreaktionen zeigen, wenn die Beschäftigten des Schlachthofs ihre Arbeit korrekt ausführen.

Doch laut einem 2013 erschienenen Artikel in der Fachzeitschrift *Modern Farmer*, die der Viehwirtschaft eher wohlgesonnen ist, sind die Tiere auch in Anlagen, die Grandins Empfehlungen folgen, erheblichem Stress ausgesetzt und schreien qualvoll, bevor Metallbolzen ihre Schädel zertrümmern.[10] Anschließend wird das Tier mit einer Winde an den Hinterbeinen hochgezogen, damit es aufgeschlitzt werden und das Blut abfließen kann; man kann nur hoffen, dass der Bolzenschussapparat das Tier wirklich getötet hat, bevor es dazu kommt.

Doch wie in dem Buch *Slaughterhouse* von Gail Eisnitz dokumentiert wurde, liegt hier vieles im Argen. Grandin räumt ein, dass die Bolzenschussgeräte schwierig zu bedienen und fehleranfällig sind, wenn sie nicht ordnungsgemäß gewartet werden. Es ist unklar, wie häufig diese Apparate versagen, doch selbst wenn dies nur in einem Zehntel Prozent der Fälle vorkommt, würde es bedeuten, dass jeden Tag Tausende Tiere einen qualvollen Tod erleiden.

In Europa wurden in der Fleischbranche ähnliche, jedoch wesentlich weiter reichende Reformen eingeführt. In der Schweiz wurde es zum Beispiel verboten, Hummer bei lebendigem Leib zu kochen. In anderen Ländern, wie in Dänemark und Belgien, wurden das Schächten und Schlachten nach muslimischen Regeln gesetzlich untersagt[11] (was auch mit Auswirkungen auf die bürgerlichen Rechte verbunden ist) und festgelegt, dass die Tiere vor der Schlachtung ausreichend betäubt werden müssen. Doch in einem Video der schweizerischen Tierrechtsorganisation Pour l'Égalité Animale wurde auch das Schlachten nach den neuen Vorschriften als brutaler und grausamer Vorgang dargestellt.[12] Der Bericht zeigte Schlachthofmitarbeiter, die verängstigte Rinder und Schafe mit Elektroschockern und Bolzenschussapparaten herumscheuchen, er zeigte auch, dass die Tiere oftmals nur unvollständig betäubt sind und manchen Tieren der Hals aufgeschlitzt wird, während sie noch leben und auch schmerzempfindlich sind.

Das düstere Bild der Fleischwirtschaft, das Upton Sinclair vor mehr als 100 Jahren in seinem Roman *Der Dschungel* zeichnete, hat sich in einigen Bereichen deutlich verändert; die Zustände in den Schlachthöfen sind heute wesentlich hygienischer, und auch die Arbeitsbedingungen der Beschäftigten haben sich verbessert, doch die Situation der Tiere hat sich kaum verändert. (Entgegen der landläufigen Meinung war Sinclair kein Vegetarier, wie aus seinem Buch *The Fasting Cure* hervorgeht, sondern ein ambivalenter Allesesser.)

Damit können wir wieder auf Joshua Tetrick zurückkommen, den

Chef von JUST, der vegane Lebensmittel herstellt und vertreibt und damit seinen Lebensunterhalt verdient. Tetrick rechnet nicht damit, dass sich in den entwickelten Ländern eine umfassende Abkehr vom Fleisch vollziehen wird, nur weil die Produktionsbedingungen vielfach als beunruhigend oder verstörend empfunden werden. »Meiner Ansicht nach liegt die Wahrscheinlichkeit, dass es in den nächsten 100 Jahren dazu kommen wird, bei weniger als einem Prozent«, erklärte er. Eines der Haupthindernisse bestehe darin, dass sich die Menschen nur ungern mit Etiketten wie »Vegetarier« oder »Veganer« belegen lassen wollten, obwohl sie im Grunde nichts gegen die Nahrungsmittel hätten, die von Leuten verzehrt würden, die sich selbst in diese Kategorien einordneten.

»Es geht um mehr als nur die Auswahl der Nahrung. Es wird zu einem Ausdruck der eigenen Identität«, meinte Tetrick. »Es bedeutet, dass man jammert. Dass man sich beklagt. Es bedeutet, dass man die anderen gegen sich aufbringt. Dass man andere mit Blut bespritzt. Das ergibt kein schönes Bild.«

Doch auch unabhängig davon, wie man zur Tötung von Tieren steht, ist die Fleischwirtschaft schädlich für den Planeten Erde. Die Viehhaltung erzeugt mehr Treibhausgase als das Autofahren, wie in einem Bericht der Vereinten Nationen aus dem Jahr 2006 festgestellt wurde.[13] Rinder zum Beispiel beziehen ihre Energie aus einem Stoffwechselprozess, der ähnlich kompliziert ist wie die Prozesse in einer Fabrik und zusätzlich auch noch mehr Abgase ausstößt. Der bekanntlich in vier Kammern gegliederte Magen der Rinder ist nur der Anfang. Kühe fressen ausschließlich Gras, und nachdem sie diese zähe, schwer verdauliche Zellulose gekaut und hinuntergewürgt haben, wird sie in den Vormägen mit Speichel und Mikroorganismen vermischt, den Methanogenen, die im Verdauungstrakt der Rinder leben. Durch periodisches Hochwürgen und erneutes Kauen wird die Nahrung für den mikrobiellen Abbau zerkleinert.

Doch im Zuge dieses Verdauungsprozesses bildet sich aus den Methanogenen Methangas. Auf Rinder und andere Wiederkäuer entfallen ungefähr 37 Prozent der globalen Methanemissionen,[14] und Methan wird ein 25-mal so hohes Treibhauspotenzial zugeschrieben wie dem Kohlendioxid.[15] Weiden mit friedlich grasenden Kühen mögen einen natürlichen und pittoresken Anblick bieten, doch in größerem Rahmen (und 3,5 Milliarden Wiederkäuer, die es auf der Erde gibt, sind schon eine stattliche Zahl) sind sie Bestandteil einer gigantischen Konversion, bei der Gras in Methan umgewandelt wird, das wesentlich zur Erderwärmung beiträgt. Die amerikanische Union of Concerned Scientists weist zudem darauf hin, dass die Rinderzucht auch eine der Hauptursachen für Abholzungen darstellt.[16]

Auch wenn solche Berichte Sie vielleicht ermüden mögen, zeigt sich immer deutlicher: Die Beendigung der Viehzucht wird eine große Entlastung für die Umwelt darstellen. Aber das wird nicht einfach zu bewerkstelligen sein. Auch wenn die überproportional schädlichen Folgewirkungen der Rinderzucht entfallen sollten, gibt es immer noch die Schweine- und die Geflügelhaltung, die ebenfalls ökologisch schädlich sind im Vergleich zum Gemüseanbau, wie es in einer Studie der Environmental Working Group von 2011 dargestellt wird.[17] Hier nur einige Beispiele daraus: Ein Kilogramm Truthahn emittiert im Laufe seines »Lebenszyklus« 10,9 Kilogramm Kohlendioxid, während ein Kilogramm Brokkoli nur 2 Kilogramm CO_2 freisetzt. Auf ein Kilogramm Schwein entfallen 12,1 Kilogramm Kohlendioxid, auf 1 Kilogramm Linsen lediglich 0,9 Kilogramm.

Doch die Fleischwirtschaft ist kein riesiger, einheitlicher Monolith. Wenn er untergeht, werden nicht jene Menschen ihre Arbeitsplätze verlieren, an die man als Erstes denkt. Was ich als »Fleischwirtschaft« bezeichne, lässt sich grob in zwei Branchen einteilen, die sich teilweise überlappen. Auf der einen Seite steht die Branche A; das sind eine Handvoll großer Konzerne wie etwa Hormel in den USA, JBS in Brasilien und die WH Group in China, die Fleischhandel betreiben. Vereinfacht gesagt, besteht ihr Geschäftsmodell darin, »Tiere in essbare Produkte umzuwandeln und zu verkaufen«. Auf der anderen Seite steht die Branche B; das sind Unternehmen, die Land und Tierfutter in Tiere umwandeln und diese Tiere an Branche A verkaufen. Dies bedeutet, dass Branche B ein weitgehend unabhängiger und deutlich weniger gewinnträchtiger Geschäftszweig ist. Branche A bezieht ihre Rohstoffe von Branche B – oder auch von jemand anderem, wenn es ein besseres Angebot gibt.

Die Schlachthöfe werden vielleicht verschwinden, aber nach Ansicht von Tetrick »sind auch die Firmen, die mit Fleisch handeln, von dieser Umwälzung wesentlich stärker betroffen, als viele denken«.

Die herkömmliche »Geschichte vom Fleisch«, wenn man so will, beginnt auf einer saftigen grünen Weide, setzt sich fort in einer Mastanlage, führt dann zu einem Schlachthof, anschließend zu einem verarbeitenden Betrieb und endet in einem Einkaufsmarkt. Die neue Geschichte wird folgendermaßen aussehen: Sie beginnt in einem produzierenden Betrieb, in dem Fleischzellen herangezogen und verpackt und dann an den Einzelhandel geliefert werden. Damit endet die Geschichte auch schon. Das fertige Fleischprodukt ist theoretisch das gleiche, aber der Tod gehört nicht mehr dazu. PETA unterstützt diese Entwicklung nicht nur, sondern steckt schon seit Jahren Geld in diesen Prozess.[18]

Die weitläufige, mehrstöckige Firmenzentrale von JUST in San Francisco umfasst auch ein Labor, in dem – jedenfalls als ich die Zentrale besuchte – auch Hühnchenzellen kultiviert werden; dabei werden mit einer rötlichen Flüssigkeit gefüllte Erlenmeyerkolben geschüttelt, um die Teilung dieser Zellen anzuregen, die sich schließlich zu den gewünschten McNuggets entwickeln sollen, die nicht erst getötet werden müssen. Laut dem Pressematerial von JUST haben Vertreter der Firma auf einer Farm ein besonders gelungenes Exemplar eines Hühnchens erworben und dem Tier eine außerordentlich schöne Feder ausgerupft. Nach eigenen Angaben hat JUST aus dieser Feder bereits eine Hühnchen-Mahlzeit produziert, die von Mitarbeitern der Firma unter freiem Himmel verzehrt wurde, während das Hühnchen, von dem das Fleisch ursprünglich stammte, neben ihrem Tisch fröhlich und unbeschwert im Sand scharrte.

Und so begann der Prozess, der, wie Tetrick hofft, eines der ersten marktfähigen kultivierten Fleischprodukte der Welt hervorbringen wird, ein Produkt, für das auch die Bezeichnungen »In-vitro-Fleisch«, »im Labor erzeugtes Fleisch«, »sauberes Fleisch«, »Reagenzglas-Fleisch«, »Kunstfleisch« oder »Technofleisch« verwendet werden. Wenn es irgendwann allgemeine Akzeptanz erlangt hat, werden wir es schlicht als »Fleisch« bezeichnen, meinte Tetrick. »Ich glaube nicht, dass man es zum Beispiel einen ›sauberen *Rohling*‹ oder ›veganen *Rohling*‹ nennen würde. Man wird es einfach als das bezeichnen, was es ist.« Er verglich es mit einem Smartphone. »Wir sagen nicht: ›Ich habe mein Smartphone im Auto liegen lassen.‹ Wir sagen: ›Ich habe mein Handy im Auto liegen lassen.‹« Wie man es auch nennen mag, jedenfalls haben laut einer 2017 von der University of Queensland durchgeführten Erhebung 65,3 Prozent der amerikanischen Verbraucher angegeben, dass sie sicher oder wahrscheinlich das Produkt probieren würden.[19]

Während sich die Giganten der Fleischindustrie wie Hormel am Ende wohl mit dieser Idee werden anfreunden können, dürfte sie bei den Farmern, die ein berechtigtes Interesse daran haben, dass das Wort »Fleisch« weiterhin ein Synonym für »totes Tier« bleibt, auf wenig Begeisterung stoßen. Im Februar 2018 hat die amerikanische National Cattlemen's Beef Association, der Rinderzüchterverband, der die amerikanischen Rancher vertritt, dem kultivierten Fleisch den Kampf angesagt, indem er in einer Petition das US-Landwirtschaftsministerium aufforderte, »sämtlichen Erzeugnissen, die nicht unmittelbar von Tieren herrühren, die aufgezogen und geschlachtet wurden, die Bezeichnungen ›Rind‹ und ›Fleisch‹ zu verweigern«.[20]

Tetrick hat sich jedoch anscheinend mit Branche A, also mit der Seite von *Big Meat*, verbündet und stellt sich damit potenziell gegen die Rancher. »Ich habe ausführliche Gespräche mit den größten Fleischkonzernen der Welt geführt«, erzählte er mir. Die Fleischindustrie und ein veganer Nahrungsmittelhersteller mögen als seltsame Verbündete anmuten, doch nach Ansicht von Tetrick »beschäftigen sich beide damit, tierisches Eiweiß zu verkaufen, und nicht damit, Tiere zu schlachten«.

Mit anderen Worten, Unternehmen wie JUST und sein wichtigster Mitbewerber, Memphis Meats, verfolgen die Absicht, die Fleischproduzenten der Zukunft zu werden. Wenn es ihnen gelingt, Fleisch in ausreichend großer Menge und zu akzeptablen Preisen zu produzieren, können sie es an Firmen wie Hormel liefern, die es entsprechend den Wünschen des Unternehmens zu unterschiedlichen Produkten weiterverarbeiten können, von Hotdogs bis zum Schinkenaufschnitt. Und wenn es preisgünstig ist, kann man es vielleicht auch mit Schlachtfleisch mischen, wenn es gewünscht wird. Wenn es sich gleichermaßen für die Käufer und die Verkäufer auszahlt, warum nicht?

Nun, die Verbraucher jedenfalls dürfte es interessieren. Kultiviertes Fleisch kommt in Gestalt von Muskelfasersträngen aus den Laboren und wird zu pinkfarbenen Klumpen zusammengedrückt, die dann wie durch Zauberei in der Küche in herkömmliche Nahrungsmittel verwandelt werden können. Diese Gestaltung werden die Verbraucher akzeptieren, solange mageres Fleisch verlangt wird. Beim Kochen muss dann aber Fett hinzugefügt werden – vorerst jedenfalls. Das Unternehmen Tyson Food investierte 2018 2,2 Millionen Dollar in eine israelische Biotechnologiefirma namens Future Meat Technologies, die nach eigenen Angaben an der Erzeugung von kultiviertem tierischen Fett als Muskelergänzung arbeitet,[21] sodass wir, wenn wir Glück haben, eines Tages künstliches Fleisch werden essen können, das nicht so schmeckt, als stammte es von Tieren, die man verhungern ließ.

Später wird man die Kunstfleischklumpen dann auch so gestalten und formen, dass sie aussehen, als kämen sie aus einer Metzgerei, sofern der Wunsch besteht, dass auch kultiviertes Fleisch möglichst einem »Steak« ähnlich sehen soll. Zum Zeitpunkt der Abfassung dieses Buchs ist noch kein Laborfleisch als Dosenfleisch abgepackt worden, und wir dürfen davon ausgehen, dass es noch lange dauern wird, bis es mit Beschreibungen vermarktet werden wird wie zum Beispiel »mit Wildgeschmack«, »grasgefüttert« oder »marmoriert«. Auch wenn kultiviertes Rindfleisch eines Tages geschmacklich nicht mehr von echtem Fleisch zu unterscheiden sein wird, dürfte es bei manchen Verbrauchern weiterhin auf Ablehnung stoßen, wenn es nicht wie der klassische Sonntagsbraten daherkommt, sondern vielleicht einer Tube oder einem Fleischspender entnommen wird.

Man sollte sich aber auch nicht zu sehr auf die »Fleischlabore« versteifen. Ich erinnere mich, als dieses Thema um das Jahr 2006 aufkam, dass in den Berichten über künstliches Fleisch die Moderatoren ihren Zuschauern mit skeptischem Blick die Frage stellten, ob sie bereit seien, »Fleisch zu essen, das aus dem Labor stammt«. Doch kultiviertes Fleisch in Verbrauchsqualität käme nicht direkt aus einem Labor. Wie bei den meisten industriell hergestellten Nahrungsmitteln gäbe es zunächst eine Laborphase, dann würde man beginnen, das Produkt in Fabriken herzustellen, und schließlich würde es zur Weiterverarbeitung an andere Fertigungsbetriebe verkauft werden – ein ganz ähnlicher Ablauf wie bei dem Schlachtfleisch, das wir heute konsumieren.

Es gibt noch einen weiteren Aspekt, warum kultiviertes Fleisch nicht wesentlich anders wäre: Sie kennen sicherlich die Bilder einer idyllischen Landwirtschaft, die man auf den Verpackungen vieler Nahrungsmittel zu sehen bekommt: saftige Weiden, Scheunen und liebenswerte Bauern – Bilder, die in Wirklichkeit nicht das Geringste mit der Scheibe Speck zu tun haben, die vor Ihnen liegt. Gehen Sie davon aus, dass auch künstliches Fleisch mit solchen Bildern beworben werden wird. Zumindest ein Teil dieser Produkte wird von kleineren Familienbetrieben hergestellt werden und harmlose oder blumige Namen erhalten wie »Farmer John's Sunshine Sausages«. Von einer »Erzeugung im Labor« wird bei der Vermarktung nicht die Rede sein. Vielmehr werden die Produkte mit wohlklingenden und beruhigenden Etikettierungen versehen werden wie etwa »nachhaltiges Fleisch« oder mit dem Aufkleber »zertifiziertes schlachtfreies Fleisch« ausgestattet werden. Und wie bei den herkömmlichen Fleischprodukten werden auch hier die Verbraucher nicht allzu lange darüber nachdenken, wie das Produkt in die Verpackung gelangt ist, solange der Geschmack stimmt.

Obgleich die Übernahme und Implementierung eines neuartigen Verfahrens für die Unternehmen teurer sein dürfte als die Beibehaltung des Status quo, ist darauf hinzuweisen, dass es auch zunehmend kostspieliger wird, die ambivalenten Allesesser zufriedenzustellen und ruhig zu halten. So gab zum Beispiel McDonald's 2017 bekannt, dass man das bisherige Standardverfahren der Hähnchenschlachtung aufgeben werde: Bisher wurden die Tiere durch Strom betäubt, danach wurden sie an den Beinen mit dem Kopf nach unten über einer Förderanlage aufgehängt, wobei sie noch lebten, dann wurde ihnen der Kopf abgeschnitten, und sie wurden zerteilt. In dem neuen Verfahren werden die künftigen McNuggets mehrere Minuten in einer mit Edelgas gefüllten Gaskammer eingeschlossen, bis sie das Bewusstsein verlieren und sterben. Erst dann können sie zerteilt und zu Essensportionen verarbeitet werden.[22] Die Umstellung auf ein solches neues System kostet pro Anlage nach Angaben der *New York Times* drei Millionen Dollar, ist mit zusätzlichen Instandhaltungskosten verbunden, verlangsamt offenkundig den Schlachtprozess und vermindert die Produktivität.[23]

Riesenunternehmen wie McDonald's, die sich scheinbar überhaupt nicht mit Tierrechten befassen, beginnen sich also viel schneller für künstliches Fleisch zu interessieren, als man vermuten würde. Vor dem Ausbruch des Handelskonflikts zwischen China und den USA 2018 – in dem die Volksrepublik die Zölle auf amerikanisches Rindfleisch erhöhte – vereinbarten China und Israel ein Handelsabkommen im Volumen von 300 Millionen Dollar, das die Übernahme der in Israel entwickelten Kunstfleischtechnologie durch China so bald wie möglich vorsieht, wie die *Times of Israel* meldete.[24]

Wir können also annehmen, dass Schlachthäuser noch geraume Zeit das langsame Förderband betreiben werden, bis auch ihnen selbst eines Tages gewissermaßen der Bolzenschuss verpasst werden wird, aber sicher ist auch, dass künftig weniger Tiere werden sterben müssen, was die Frage aufwirft, wie sich dies auf die Menschen auswirkt – abgesehen davon, dass man Nutztiere wie Kühe, Schweine und Geflügel künftig vielleicht in Zoos wird züchten müssen, um zu verhindern, dass diese Tiere aussterben.

Zum einen wird dieser Übergang Millionen Viehzüchtern und Landwirten ihre Geschäftsgrundlage entziehen. Nach Angaben der National Cattlemen's Beef Association gibt es in den USA 662 394 kleine landwirtschaftliche Familienbetriebe, die Rinderzucht betreiben und durchschnittlich 40 Tiere halten.[25] Das ist also jener Teil der amerikanischen Fleischwirtschaft, der dem gängigen Mythos entspricht – ja, die amerikanischen Rinder ermöglichen einer großen Zahl von Viehzüchtern ihr Auskommen, die gern auf Pferden reiten und Cowboyhüte tragen.

Es sind zwar weniger als eine Million Betriebe, aber wie sehr ihr Verschwinden die Landschaft in den sogenannten »Flyover-States«, dem amerikanischen Hinterland, verändern würde, sollte man nicht unterschätzen, denn wenn man auf einem Flug von New York nach Los Angeles aus dem Fenster schaut, ist das, was man unten sieht, schlicht die amerikanische Fleischindustrie. Das ist nicht übertrieben. Laut einer 2018 durchgeführten Erhebung von Bloomberg über die Landnutzung in den USA nimmt Weideland eine Fläche von 264 664 410 Hektar ein – ein Gebiet, das etwas größer ist als Mexiko.[26] Mit anderen Worten: Die Viehzucht und andere damit in Zusammenhang stehende Nutzungsformen wie die Erzeugung von Futtermitteln für die Tierhaltung belegen insgesamt eine Fläche von 41 Prozent in diesen Gebieten.

Ich glaube allerdings nicht, dass eine weltweite Schließung aller Schlachthöfe für die große Mehrheit der Viehzüchter allzu viel ändern würde. Der Großteil der Viehzüchter auf der Welt gehört zu den zwei Milliarden Subsistenzbauern, den Kleinbauern, die ihre Tiere zur Eigennutzung halten,[27] und auch wenn diese Tiere irgendwann geschlachtet werden, geschieht das fast nie in einem Schlachthof. (Allerdings erwirtschaften diese Bauern meist ein Zusatzeinkommen durch die Aufzucht weiterer Tiere, sodass sie letztlich diese Einnahmen verlieren würden.)

Der Niedergang der Nutztierhaltung in großem Stil würde auch noch zu anderen wirtschaftlichen Problemen führen, denn durch den Wegfall von Fleisch würden nicht automatisch auch die mit der Viehhaltung verbundenen Nebenprodukte aus den scheinbar tierfreien Bereichen der Wirtschaft verschwinden.

Schließlich haben wir Menschen auch noch viele weitere Verwendungsarten für tote Tiere als nur ihren Verzehr.

Michael Pollan beschrieb in *Das Omnivoren-Dilemma,* dass eine umfassende Politik des Vegetarismus auch für Gemüseliebhaber Nachteile mit sich bringen würde, weil es »zweifelhaft ist, ob man eine wirklich nachhaltige Landwirtschaft aufbauen kann ohne Tiere, die den Nährstoffzyklus anregen und die lokale Nahrungsmittelproduktion unterstützen«[28]. Damit bezog er sich natürlich auf die Gülle, die wir von den Rindern erhalten, die zur Schlachtung vorgesehen sind. Würde das Schlachten entfallen, ginge die Nahrungserzeugung auf unserem Planeten deutlich zurück. Wir können Gülle durch eine Mischung aus synthetischem Stickstoffdünger und menschlichen Fäkalien (auch als »Abtrittsdünger« bekannt) ersetzen. Das wäre nichts Neues, es wäre jedoch mit ökologischen und gesundheitlichen Risiken verbunden.[29] Unsere eigenen Ausscheidungen wiederzuverwerten und unsere Fäkalien in der Nähe unserer Nahrung zu lagern oder auszubringen gilt als ein zivilisatorisches Tabu, das durch die Redensart *»Spuck nicht auf den Teller, von dem du isst«* anschaulich zum Ausdruck gebracht wird.

Doch die Abkehr vom Schlachten würde auch die Versorgung mit den dadurch verbundenen Nebenerzeugnissen beeinträchtigen, die sich über eine Vielzahl von Wirtschaftssektoren verteilen. Da nur die Hälfte der Nutztiere in der Fleischindustrie Verwendung findet, landet der Rest bei den Abdeckerbetrieben – ungefähr 27 Milliarden Kilogramm überschüssige tierische Körperteile pro Jahr laut Angaben der National Renderers Association, der Vereinigung der amerikanischen Abdeckerunternehmen.[30] Tierkadaverbeseitigungsanlagen verarbeiten Berge von übel riechenden Tierkadavern zu anderen, nur geringfügig weniger übel riechenden nutzbaren Erzeugnissen. Einige davon, wie etwa Talg, sind essbar, meist aber handelt es sich um industrielle Produkte wie Glyzerin – das in vielen Seifen und Shampoos enthalten ist – und den allgegenwärtigen Zusatzstoff Stearinsäure, der auch in Kosmetika und bei unzähligen industriellen Fertigungsverfahren verwendet wird. (Stearinsäure findet sich praktisch in allem, was durch moderne Produktionsverfahren hergestellt wird, von Laptops bis zu Plastiktüten. Hartgesottenen Veganern, die jegliche Nebenprodukte der Fleischwirtschaft meiden wollen, wünsche ich viel Spaß bei der eigenhändigen Herstellung ihrer Textilien und beim Versuch, ausschließlich von selbst gesammelten Beeren zu leben.)

Wenn das bestehende System der landwirtschaftlichen Tierhaltung wegbricht, werden auch Produkte wie Düngemittel oder Stearinsäure verschwinden oder nur noch schwer erhältlich sein. Doch das bedeutet nicht das Ende der Welt. Auch die Nebenprodukte des Walfangs sind verschwunden, als in den 1980er-Jahren der kommerzielle Walfang verboten wurde. In der heutigen Wirtschaftswelt kann zwar der Rückruf einer Ware, die Erschöpfung einer Mine oder eine Produktionsunterbrechung eine Lieferkette stark beeinträchtigen. Wir haben es aber bisher noch immer geschafft, damit zurechtzukommen.

Einige der Nebenerzeugnisse der Tierschlachtung können ohne Weiteres durch synthetische oder pflanzenbasierte Alternativen ersetzt werden, aber nicht alle. Zuverlässiges synthetisches Kollagen beispielsweise wurde erst 2011 erfunden und ist noch immer nicht völlig ausgereift; Kollagen ist ein unverzichtbarer Bestandteil für Erzeugnisse wie etwa organische Herzklappen. Der Prozess der Entwicklung eines Herstellungsverfahrens für Kollagen in Massenproduktion müsste dazu massiv beschleunigt werden. Dauerhaft nutzbare (synthetische) Ersatzherzklappen können zwar ohne Kollagen hergestellt werden, funktionieren aber nicht so gut wie Herzklappen von Schweinen. Verzweifelte Herzpatienten, die nicht mehr mit frischem Nachschub von Schweineherzen versorgt werden könnten, würden möglicherweise Wildschweine zu jagen beginnen, um ihnen ihre Herzklappen zu rauben.

Ohne tierisches Kollagen müssten wir auch einen der vielseitigsten Werkstoffe der Welt ersetzen: Leder. Leder besteht zum größten Teil aus tierischem Kollagen und findet sich praktisch überall: nicht nur in Gürteln, Schuhen, Geldbeuteln und Handtaschen. Haben Sie sich schon einmal die Griffe an den Werkzeugen in Ihrer Werkzeugkiste angeschaut? Sie sind meist mit Tierhaut überzogen. Haben Sie sich schon einmal gefragt, was dieses billige, vinylartige Material, das als »Lederfaserstoff« bezeichnet wird, eigentlich ist? Auch das ist echte Tierhaut. Das plastikartige Lackleder? Ebenfalls echte Tierhaut. Die billigen Uhrenarmbänder mit der Aufschrift »Echtes Leder«? Schweinsleder. Dank der Nahrungsmittelindustrie ist Leder ein billiger, sehr preisgünstiger Stoff. Das wird sich jedoch grundlegend ändern, wenn es keine Schlachthöfe mehr gibt.

Doch Nebenprodukte der Tierschlachtung wie Leder und Kollagen müssen nicht unbedingt auf chemischem Weg hergestellt werden. Vielleicht kann man sie auch ähnlich wie Fleisch kultivieren. Im Jahr 2017 gab die New Yorker Firma Modern Meadow bekannt, dass sie begonnen habe, Leder im Labor »biotechnisch herzustellen« durch die Kultivierung eines speziellen Stamms gentechnisch veränderter Hefesporen, die einen Kollagenfilm erzeugten, der sich zu Kollagenfasern ausbilde. Die Firma nennt ihr Produkt »Zoa«.[31] Auf der Website, auf der Zoa vorgestellt wird, heißt es, bei dem Produkt sei »die Materialdicke frei wählbar. Ebenso die Dehnbarkeit und die Form.« Auch könne es jede gewünschte Textur annehmen und lasse sich mit allen anderen Materialien verbinden. Es könne in jeder Größe erzeugt werden, nahtlos und als Flüssigkeit, aber auch als Feststoff.[32] Offen gesagt, ich wüsste nicht, warum mein Leder flüssig sein soll, aber vielleicht kann es dann in der Form einer Herzklappe gestaltet werden.

Wenn ein Gürtel aus Zoa-Leder als eine aufregende Neuheit erscheint, dann habe ich noch weitere gute Nachrichten für abenteuerlustige Leute wie Sie: Das Zeitalter des künstlichen Fleisches wird auch ein Zeitalter wirklich aufregender – wenn auch leicht makabrer – kulinarischer Experimente einläuten. Ich meine damit natürlich, dass man dann jene beliebten oder geschätzten Tiere wird essen können, die wir gewöhnlich nicht verspeisen, weil wir davor zurückschrecken, sie zu schlachten. In der erwähnten Untersuchung der University of Queensland war keine der befragten Personen bereit, das Fleisch eines geschlachteten Pferdes zu essen, aber 5 Prozent konnten sich vorstellen, Pferdefleisch zu probieren, wenn dieses aus einem Labor käme. Zudem erklärten sich 3 Prozent bereit, kultiviertes Hunde- oder Katzenfleisch zu essen. (Nur eine der befragten Personen zeigte sich willens, das Fleisch eines geschlachteten Hundes oder einer geschlachteten Katze zu verzehren.)

Doch im Labor gezüchtete Zellen ermöglichen es uns, ohne Schuldgefühle Tiere zu verspeisen, welche die meisten Menschen niemals unter diesem Gesichtspunkt betrachten würden – und dies öffnet die Tür zu Geschmackserfahrungen und Sinnesempfindungen, von denen wir gar nicht wussten, dass wir uns vielleicht einmal danach sehnen würden. Vielleicht ist Pandaleber wirklich köstlicher und saftiger als die feinste Gänsestopfleber. Vielleicht schreien Filets vom Klammeraffen danach, für Reuben-Grillsandwiches verwendet zu werden. Da es tabu ist, solche Tiere zu schlachten, werden wir erst erfahren, welche Rezepte sich zu probieren lohnen, wenn Ernährungs-Gentechniker das Fleisch dieser Tiere in ihren Laboren zu kultivieren beginnen und es anschließend in die Hände der Molekulargastronomen geben.

Wenn wir aber schon Tabus brechen, warum sollte man dann bei bedrohten Tierarten haltmachen? Wenn das Verhalten jenes Mannes, der 2016 seine Freunde dazu einlud, Tacos zu essen, die aus seinem amputierten Bein hergestellt worden waren,[33] in gewisser Weise als Indikator dienen kann, dann gibt es auch einen Markt für schlachtungsfreien Kannibalismus. Eine niederländische Infotainment-Website namens *Bistro In Vitro* schlägt scherzhaft vor, Gästen das kultivierte Fleisch von Berühmtheiten zu kredenzen.[34] Aber egal, ob es ein Witz ist oder nicht, ich möchte Ihnen nicht verhehlen, dass ich sicherlich kultiviertes Fleisch aus menschlichen Zellen probieren werde, sollte es dieses irgendwann einmal geben.

Schließlich noch eine kleine Nebensächlichkeit zum Thema des Verschwindens der Schlachthäuser: Laut der Studie der University of Queensland sind sich amerikanische Veganer und Vegetarier der Vorteile von kultiviertem Fleisch wohl bewusst, eigenartigerweise aber sind sie weniger als alle übrigen Teilnehmergruppen der Untersuchung daran interessiert, dieses künstliche Fleisch auch zu probieren, wenn es dereinst verfügbar sein sollte. Vielleicht wollten diese Befragten damit schlicht eine Haltung moralischer Überlegenheit und auf Pflanzenkost beruhender Reinheit demonstrieren. Denn wenn man das Fleisch ohnehin hinter sich gelassen hat, verliert es wahrscheinlich seinen Reiz.

Wenn Sie allerdings zu jenen Leuten gehören, für die aus welchen Gründen auch immer synthetisch hergestelltes Fleisch nicht infrage kommt, dann würde mir an Ihrer Stelle eine schlachthoffreie Zukunft keine allzu großen Sorgen bereiten. Zum einen sind Sie wahrscheinlich ohnehin schon mehr Vegetarier, als Sie denken, was Ihnen beim Umstieg behilflich sein dürfte. Die Amerikaner zum Beispiel – die bekannt sind für ihren reichlichen Fleischkonsum – beziehen nur ungefähr 30 Prozent ihrer Kalorien aus tierischen Nahrungsmitteln. Man vergleiche dies mit den 36 Prozent der Nahrungskalorien, die gegenwärtig von den Landwirten produziert werden und die unmittelbar in den Mägen der Nutztiere landen. Das bedeutet, dass wir in Bezug auf die Kalorienmenge schon jetzt genügend Pflanzen produzieren, um den Verlust der zum Verzehr bestimmten Nutztiere zu verkraften – auch falls Sie meinen, dass sich synthetisches Fleisch niemals auf dem Markt durchsetzen wird.

Daher könnte es durchaus einmal so weit kommen, und das sollte es auch. Aber dass sich die Menschheit einhellig dazu entschließt, das Schlachten von Tieren abzuschaffen, ist eines der *am wenigsten* plausiblen Szenarien, mit denen ich mich befasst habe. Das liegt schlicht daran, dass wir es trotz allem *einfach nicht wollen.*

Kapitel 16

Was wirklich passiert, wenn die Menschen ein bestätigtes Signal von intelligenten Außerirdischen erhalten

Noch in diesem Jahrhundert? Vielleicht.

Plausibilität: ✲✲✲✲✲

Muss man davor Angst haben? Nur wenn die Außerirdischen furchterregend sind, was durchaus möglich wäre.

Sollte man deshalb seine Lebensgewohnheiten ändern? Nein.

Tweets Tweets und Antworten Medien

ThomasLuvr69 @RachelRogan1998 · Jun 28
Ja, ich gebe zu, ich fühle mich hingezogen Thomas the Tank Engine. Aber ich halte mich zurück, denn ich bin in einer festen Beziehung mit Lightning McQueen

1 1

The AP @AP · Jun 28
EILMELDUNG: Gruppe von Wissenschaftlern bestätigt, dass Signal von Anfang des Monats außerirdischen Ursprungs ist, Beweis für außerirdisches Leben

14K 9.2K 10K

Jasonnnnnn @JasonJWurster · Jun 28
@NYTimes, Karotten gehören NIEMALS in Guacamole, kann's nicht glauben, dass ich darauf hinweisen muss

Leon S. @LeonSchwarts · Jun 28
Was, echt?

> **The AP** @AP · Jun 28
> EILMELDUNG: Gruppe von Wissenschaftlern bestätigt, dass Signal von Anfang des Monats außerirdischen Ursprungs ist, Beweis für außerirdisches Leben

14 1 7

The New York Times @nytmes · Jun 28
Laut wissenschaftlich überprüftem Bericht stammt Signal von einer knapp 13.000 Lichtjahre entfernten „intelligenten außerirdischen Spezies"; Feststellung kann mit „hohem Maß an Sicherheit" getroffen werden

8K 12.4K 14K

Heatherly @HeatherDaly21 · Jun 28
Im Ernst?

> **The AP** @AP · Jun 28
> EILMELDUNG: Gruppe von Wissenschaftlern bestätigt, dass Signal von Anfang des Monats außerirdischen Ursprungs ist, Beweis für außerirdisches Leben

Neil deGrasse Tyson @neiltyson · Jun 28
Wahrscheinlich die tollste Geschichte meines Leben. Vermutlich auch für jeden anderen

> **The AP** @AP · Jun 28
> EILMELDUNG: Gruppe von Wissenschaftlern bestätigt, dass Signal von Anfang des Monats außerirdischen Ursprungs ist, Beweis für außerirdisches Leben

8K 2K 6K

BBC Breaking News @BBCNews · Jun 28
Intelligente Außerirdische. Wo sind sie? Woher wissen wir das? Was kommt als nächstes?

> **First Contact**
> Alles was wir bisher über die Entdeckung von Aliens wissen, die 13.000 Lichtjahre entfernt sind

11K 1.5K 7K

CNN @CNN · Jun 28
Sehen Sie Kathryn Anderson, die Astronomin von der UC Berkeley, die die Entdeckung mit dem Radioteleskop am Arecibo-Observatorium in Puerto Rico machte.

5K 9.2K 10K

The Battle Info News Network @BattleInfoNews · Jun 28
EILMELDUNG. Gobalistische Medien liefern „Beweis" für außerirdisches Leben, um abzulenken von Forderung der Linken nach Waffenverbot, möglicherweise Vorbereitungen zur Verhängung des Kriegsrechts. Story folgt …

644 967 1K

Leon S. @LeonSchwartz · Jun 28
Sollen wir einen riesigen Weltall-Laser bauen? Ich meine … die Aliens wollen uns doch bestimmt töten, oder?
1 2 10

Kat JK Anderson, Ph.D. @KathrynJKAnderson · Jun 28
Zur Klarstellung: Wir hier in Berkeley glauben nicht, dass es ein Kommunikationssignal war. In unserem Papier heißt es, dass dieses Signal sehr wahrscheinlich zufällig erzeugt wurde durch eine bedeutende und machtvolle außerirdische Technologie
7K 11.2K 19K

Annie @TheAnnie_Gray · Jun 28
Was diese „bedeutende und machtvolle Technologie" betrifft – wann muss ich damit rechnen, dass sie über mich herfällt?
1 3

Jefffffff @JeffMartin8850 · Jun 28
Haben wir den Aliens mitgeteilt, dass wir Atomwaffen haben? Ich will nicht, dass sie angreifen, weil sie glauben, sie können die Oberhand gewinnen. Im Ernst. Wir müssen jetzt schnell handeln. #GalacticShowOfForce
1

Casey Swain @CaseySwainLester · Jun 28
Bis später, Leute. Bin unterwegs zu OGLE-2016-BLG-1195Lb, um Botschafter der Menschheit zu werden bei unseren außerirdischen Oberherrn. Freu mich schon, in den Zinkminen auf der Erde schufen zu dürfen

Sarah tweets @sarahcruddas · Jun 28
Anscheinend gibt es viele Missverständnisse bezüglich der Knüllermeldung von heute:
– Signal der Aliens war kein absichtliches „Hallo"
– Wir werden es wahrscheinlich nie entschlüsseln können
– 13.000 Lichtjahre sind eine hübsche Strecke
455 1.3K 3K

Frank @FrankHatesFakeNews · Jun 28
@KathrynJKAnderson, ich soll also Ihrer „Bekanntmachung" Glauben schenken, ohne dass Sie Beweise vorlegen? Netter Versuch
2 9 22

NASA @NASA· Jun 28
Eine Einführung zu OGLE-2016-BLG-1195Lb, dem einzigen Stern (außer der Sonne), von dem man weiß, dass er intelligente Lebensformen hervorbringen kann

Lernen Sie unsere neuen Nachbarn kennen, die Lebewesen im Sonnensystem OGLE-2016-BLG-1195Lb

1.2K 2.4K 8.3K

Leon S. @LeonSchwartz · Jun 28
Wenn ich es richtig verstehe, wurde das Signal vor 13.000 Jahren ausgesandt, also geht's wohl wirklich um solche Geschöpfe:

14 115 223

Kat JK Anderson, Ph.D. @KathrynJKAnderson · Jun 28
@FrankHatesFakeNews, meine Kollegen und ich haben unser Papier nach bestem Wissen erstellt. Und unsere Kollegen bei ASU haben in einem weiteren Papier das Überprüfungsverfahren dargestellt. Stellen Sie Ihre eigenen Überprüfungen an, wenn Sie möchten

234 101 503

JJ Wurster @JasonJWurster · Jun 28
Aufpassen, wer heute zum Supermarkt geht. Hamsterkäufer sind schon überall unterwegs. Kann mir lebhaft vorstellen, wie es vor den Waffenläden aussieht ...

3 9 10

Frank @FrankHatesFakeNews · Jun 28
@KathrynJKAnderson, richtig, ich bin überzeugt, dass Sie Ihr Papier genauso sorgfältig ausgearbeitet haben wie Ihren letzten Förderantrag

4 7

Elon Musk @ElonMusk · Jun 28
Bin froh, dass ich in einen 2500 Kilowatt starken Funksender investiert habe. Ich schicke im Lauf des Tages ein Funksignal auf der Frequenz 1420 Megahertz zum Sonnensystem OGLE-2016-BLG-1195Lb. Verfolgen Sie live, wie ich unsere außerirdischen Freunde mit „wubba lubba dub dub" begrüße

14K 9.2K 10K

Sarah tweets @sarahcruddas · Jun 28
Noch einige zusätzliche Klarstellungen:

– Es gibt keinen „außerirdischen Funk"

– Es ist eine Reihe von elektromagnetischen Impulsen entsprechend dem Muster einer Programmiersprache

– Wir können nicht übersetzen, so lange wir kein Alien-Rosetta-Stone-Handy haben

141 233 982

La Luke @LucasTReines · Jun 28
@Fox News, es ist keine „Behauptung". Wir sind nicht allein. Das ist jetzt Tatsache. Falls Sie wissen, was eine „Tatsache" ist

GlenS @GlenSalsbury · Jun 28
@sarahcruddas, irgendeine Idee, wie das Signal gesandt wurde? Welche Technik wurde dazu eingesetzt? cc:@KathrynJKAnderson

33 29 103

Kat JK Anderson, Ph.D. @KathrynJKAnderson · Jun 28
@FrankHatesFakeNews, ich finde es sehr traurig, dass Sie die Welt – pardon, die WELTEN (Plural) – nur aus Ihrem beschränkten egoistischen Blickwinkel sehen können. Sie tun mir leid.

199 348 633

Sarah tweets @sarahcruddas · Jun 28
@GlenSalsbury, leider noch nicht sehr weit. Wir werden es nicht herausbekommen. Keine entschlüsselbaren Informationen in dem Signal

74 9 109

Kat JK Anderson, Ph.D. @KathrynJKAnderson · Jun 28
@GlenSalsbury, wir haben sämtliche Daten zugänglich gemacht, aber wie @sarahcruddas schon sagte, werden wir wahrscheinlich nie etwas erfahren über die Technik, die zur Übermittlung eingesetzt wurde. Nur dass so etwas wie eine Computersprache verwendet worden ist

32 92 138

Katie Mack @AstroKatie · Jun 28
@ElonMusk, NEEEIN, bitte tun Sie das nicht! Wir Erdlinge müssen unsere nächsten Schritte sehr sorgfältig überlegen und demokratisch abstimmen

122 77 430

The Guardian @guardian · Jun 28
EILMELDUNG: Mindestens 300 Tote in Sektenzentrum in der Nähe von Okuyama, Japan. Behörden halten Massenselbstmord für „wahrscheinlich", aber Untersuchungen laufen

1.3K 3.2K 13K

GlenS @GlenSalsbury · Jun 28
@sarahcruddas, also, wir werden nie dorthin reisen können, wir werden nie erfahren, was das Signal bedeutet, und wir haben keine Anhaltspunkte, wie sie aussehen und ob sie wissen, dass es uns gibt?
1 · 2 · 7

AFP news agency @AFP · Jun 28
Internationale Astronomische Vereinigung appelliert dringend an Elon Musk: „Bitte stellen Sie unverzüglich Ihre Versuche ein, mit diesen Wesen in Kontakt zu treten. Unser Überleben als menschliche Gattung hängt vielleicht davon ab!"
331 · 292 · 1.2K

Sarah tweets @sarahcruddas · Jun 28
@GlenSalsbury, das stimmt, ja
23 · 12 · 93

Elon Musk @ElonMusk· Jun 28
Viele Menschen sind anscheinend besorgt darüber, dass ich den Aliens ein Signal senden möchte. Wacht auf! Ich werde erst in 30.000 Jahren dort ankommen. Abgesehen davon habe ich bereits ein Testmuster geschickt. Whoops! LOL
801 · 452 · 1.3K

Kat JK Anderson, Ph.D. @KathrynJKAnderson · Jun 28
Ich stimme abermals @sarahcruddas zu, aber sie werden dank @ElonMusk in 13.000 Jahren (nicht 30.000 Jahren) wissen, dass wir hier sind. Ich hoffe, sie sind uns wohlgesonnen!
66 · 98 · 209

Erstaunlicherweise ist ein möglicher Kontakt mit Außerirdischen eines der plausibelsten Themen in diesem Buch. Wer bekennt, dass er an Aliens im All glaubt, wird gewöhnlich für verrückt gehalten, dabei ist es heute überhaupt nicht mehr riskant, so etwas zu behaupten.

Wahrscheinlich wäre es eher verrückt, *nicht* zu glauben, dass es solche Außerirdischen gibt. Nach Angaben der NASA besitzt einer von sechs Sternen einen Planeten von der Größe der Erde, der ihn umkreist.[1] Aber nicht alle Planeten haben Wasser, Magnetfelder, eine Atmosphäre oder angenehme Temperaturen – geschweige denn dies alles zusammen –, doch 2016 wurde in einer in Princeton erstellten Studie untersucht, inwieweit die Planeten außerhalb unseres Sonnensystems habitabel, also bewohnbar sein könnten.[2] Eric Berger, ein Raumfahrtjournalist bei der Zeitschrift *Ars Technica,* fand heraus, dass es wahrscheinlich Abermilliarden habitable Planeten gibt.[3]

Je mehr wir über das Universum in Erfahrung bringen, umso größer wird diese Zahl. So versuchten einige Monate nach dieser Princeton-Studie Physiker der britischen Universität Nottingham anhand vorliegender Daten wie der Zahl der bekannten Galaxien und des Alters des Universums die Gesamtzahl der Galaxien »als Funktion von

Masse und Massengrenze« zu ermitteln und kamen dabei auf rund zwei Billionen Galaxien – zehnmal mehr, als man zuvor vermutet hatte.[4]

Eine abgewogene, auf dem neuesten Wissensstand beruhende Schätzung dürfte also ergeben, dass es Hunderte Milliarden von habitablen Planeten gibt, aber schätzen wir ruhig konservativ und gehen von »nur« 100 Milliarden habitablen Planeten aus. (Zum Vergleich: Wenn wir annehmen, dass 120 Reiskörner zusammen die Masse von zehn Gramm ergeben, dann befinden sich 120 000 Reiskörner in einem zehn Kilogramm schweren Sack. Wenn jedes Reiskorn ein habitabler Planet wäre, müsste man jedes einzelne Reiskorn in 833 333 Säcken überprüfen, um eindeutig festzustellen, ob wir allein im Universum sind.) Ich sage daher: Es gibt wahrscheinlich sehr wohl Aliens.

Vergessen wir nicht, dass das All wirklich gigantisch ist. Ein potenziell habitabler Exoplanet befindet sich gewissermaßen in unserem Hinterhof und umkreist Proxima Centauri, der »nur« vier Lichtjahre entfernt ist.[5] Doch Außerirdische von Proxima Centauri müssten vier Jahre mit Lichtgeschwindigkeit reisen, um einen einsam und isoliert auf unserem Planeten lebenden Farmer zu entführen und mit ihm Experimente durchzuführen, was den Aufwand wohl kaum rechtfertigen dürfte. Der nächstnähere potenziell habitable Exoplanet umkreist Tau Ceti, der zwölf Lichtjahre entfernt ist.[6] Kurz gesagt, die Entfernungen – und die entsprechenden Reisezeiten – werden immer gewaltiger. Kämen die Aliens nicht aus unserer Milchstraße, würde das bedeuten, dass sie mindestens 2,537 Millionen Jahre reisen müssten, um zum Beispiel von Andromeda zu uns zu gelangen. Wenn sie aus anderen Galaxien kämen, würden sie Milliarden Jahre oder noch länger unterwegs sein.

Lassen wir die Entfernungen einmal beiseite, aber wie Sie wahrscheinlich wissen, vor allem, wenn Sie täglich fernsehen, gibt es Leute, die in absolut ernsthaftem Ton über Aliens sprechen und dies als die »Suche nach außerirdischer Intelligenz« (»Search for Extraterrestrial Intelligence«, SETI) bezeichnen. Chris Impey zum Beispiel, ein britischer Astronom an der University of Arizona, dessen Hauptforschungsgebiet eigentlich die Kosmologie ist, fühlt sich stark zu SETI hingezogen. Er findet dieses Gebiet allerdings etwas zu wenig ergiebig, um sich ihm ausschließlich zu widmen, und meint, dass

»ich wahrscheinlich nicht meine gesamte wissenschaftliche Karriere darauf aufbauen könnte«. Doch auch wenn die Suche nach außerirdischer Intelligenz eher »eine kleine Nebenwette mit geringer Eintrittswahrscheinlichkeit« ist, meint Impey, sei »es die Sache doch wert, falls man bei diesen von vornherein geringen Erfolgsaussichten dennoch Glück haben sollte«.

Ich habe mir Impey ausgesucht, weil er im Vergleich zu anderen Leuten, die sich mit SETI-Forschung beschäftigen, die Sache etwas unverkrampfter sieht, und mir scheint, wenn eines Tages ein hochinteressantes Signal hereinkommen sollte, das von intelligentem außerirdischen Leben stammen könnte, dann werden die hauptberuflichen SETI-Forscher ihren Enthusiasmus wohl ein wenig zügeln müssen. Impey ist ebenfalls dieser Meinung. »Wenn jemand – zum Beispiel ein Radioastronom – etwas sieht, das er für ein künstliches Signal halten könnte, lauten die beiden wahrscheinlichsten Erklärungen dennoch, dass es sich entweder um ein natürliches Phänomen im Universum handelt, das wir nicht vorhersagen konnten oder nicht verstanden haben – oder dass es eine Fälschung ist«, erklärte er.

Dan Werthimer, der Direktor des SETI-Programms an der University of California in Berkeley, gehört zu diesen Radioastronomen, die – obwohl sie fest auf dem Boden der Rationalität stehen – gern Science-Fiction-Romane anführen, um ihre Argumente zu untermauern. Er erklärte mir, dass wir in den nächsten paar Jahren wohl primitive Lebensformen finden werden – vielleicht organischen Schlamm, der an einem Felsen klebt –, »aber wenn wir fortgeschrittenes Leben finden wollen, dann sind wir auf unsere technologischen Möglichkeiten angewiesen«.

Unsere gegenwärtigen Instrumente zur Suche nach außerirdischer Kommunikation entsprechen im Wesentlichen dem, was man in dem Buch beziehungsweise dem Film *Contact* sehen kann: Es sind riesige Radioteleskope wie etwa jenes am Arecibo-Observatorium in Puerto Rico. Bei diesen Teleskopen handelt es sich im Grunde um große Antennen, die imstande sind, gleichzeitig Milliarden von Frequenzen zu überwachen, und die den Himmel entweder abschnittsweise absuchen können oder einen besonders interessanten Teil der Galaxie ins Visier nehmen. Als die Astronomen 2017 TRAPPIST-1 entdeckten, einen Stern mit sieben potenziell habitablen Planeten,[7] wurde das Interesse von Werthimer und seines Teams geweckt. Sie hätten dieses neu entdeckte Sonnensystem bereits zielgerichtet abgesucht, ohne allerdings etwas zu finden, erzählte er mir.

Wonach genau sie gesucht haben, bleibt unklar. Radiowellen »mag vielleicht ein wenig zu anthropozentrisch erscheinen«, meinte Werthimer, denn »einige Zivilisationen könnten uns vielleicht eine oder zwei Milliarden Jahre voraus sein«. Wir operieren auf der Grundlage dessen, was wir kennen: mit Signalen, die mit Lichtgeschwindigkeit reisen; doch was letztlich dann auf die Erde gelangt, hat vielleicht keinerlei Ähnlichkeit mit unserer Kommunikationstechnologie. »Wir wissen, dass es da eine Physik gibt, die wir nicht verstehen«, bemerkte Werthimer. »Wir haben keine Ahnung, was die dunkle Energie ist. Vielleicht gibt es also etwas Besseres als elektromagnetische Kommunikation.«

Was immer dies sein mag, es müsste, um unsere Aufmerksamkeit zu erregen, entweder als sichtbares Licht in Erscheinung treten oder Signale aussenden, die als Radiowellen aufgefangen werden können, und es muss so fremdartig sein und so eindeutig künstlich, dass es nur von Außerirdischen stammen kann. Werthimer erklärte mir, dass die normalen Gesetze und Verfahren der Wissenschaft auch bei einer SETI-Entdeckung gelten: Es findet eine Peer Review statt, eine Begutachtung durch Kollegen. »Die Prüfer kommen und sagen ›Oh, das habt ihr aber anscheinend nicht verstanden‹ oder ›Was ihr da habt, ist eine Fälschung‹. Vielleicht aber sagen sie auch: ›Das ist toll. Veröffentlicht es.‹« Er fuhr fort: »Wir könnten diese Schritte überspringen – denn sie nehmen sehr viel Zeit in Anspruch –, wenn wir sehr sicher wären.« (»Ich glaube nicht, dass es dazu kommen wird«, meinte Impey, »denn die Gefahr, dass man dumm dasteht, wenn man sich irrt, ist zu groß, und die Risiken sind einfach zu hoch.«)

Wenn der SETI-Abteilung von Berkeley die große Entdeckung gelingen sollte – und diese Vermutung ist durchaus begründet, denn es ist eine große Einrichtung, die über nicht weniger als 18 Wissenschaftler verfügt[8] und über ein Heer von ehrenamtlichen Mitarbeitern, das in die Millionen geht[9] –, dann muss ein Regelwerk von neun Protokollen befolgt werden.[10] Bei den beiden ersten Protokollen geht es darum, das Material für eine gründliche Peer Review vorzulegen. Das heißt, dass die beteiligten Wissenschaftler zu der sicheren Überzeugung gelangen müssen, dass es sich tatsächlich um intelligente Außerirdische handelt; dann schreiben sie einen entsprechenden Artikel und warten, bis ihre Erkenntnisse in einer Fachzeitschrift veröffentlicht werden, wobei sie hoffen, dass nichts vorzeitig durchsickert. Wenn es dann so weit ist und die Entdeckung bekannt gegeben werden soll, geht alles sehr schnell. Gemäß dem Protokoll Nr. 3 müssen die Entdecker ihre Erkenntnisse der International Astronomical Union sowie einigen weiteren einschlägigen Organisationen vorlegen und auch »den Generalsekretär der Vereinten Nationen informieren in Übereinstimmung mit Artikel XI des Vertrags über die Grundsätze zur Regelung der Tätigkeiten von Staaten bei der Erforschung und Nutzung des Weltraums einschließlich des Mondes und anderer Himmelskörper«. Danach ist es an der Zeit, die Medien zu informieren. Falls die Entdeckung in Berkeley gemacht wurde, erwartet Werthimer, dass die Pressemitteilung von einer ganz bestimmten Person geschrieben werden wird: dem Wissenschaftsjournalisten Robert Sanders.

Der nächste Schritt ist logischerweise eine Pressekonferenz, und gemäß dem protokollarischen Ablauf von Berkeley werden die Entdecker im Fernsehen präsentiert. Wenn Sie eine Vorstellung bekommen wollen, wie eine Pressekonferenz in der Welt der Wissenschaft aussieht, drängt sich die Bezeichnung »stinklangweilig« auf. Als der Europäischen Weltraumorganisation 2014 die Landung einer Sonde auf einem Asteroiden gelungen war – eine bahnbrechende Leistung –, wurde die Bekanntgabe völlig dominiert von dem knalligen Hemd, das Matt Smith, der wissenschaftliche Leiter der Mission, trug. Das Hemd war übersät mit Bildern leicht bekleideter Frauen, wodurch ein Fauxpas Nachrichtenwert erhielt, der im besten Fall einen Mangel an Sensibilität, im schlimmsten Fall Frauenfeindlichkeit zum Ausdruck brachte. Es schien plötzlich so, als wäre die Erwähnung dieses Hemds eine ebenso wichtige Meldung wie die Landung der Sonde auf dem Asteroiden.

Die Berichte in den Fernsehnachrichten werden wohl lebendiger sein, und nach Meinung von Impey könnte dadurch einiges in Bewegung geraten. »Es wird großen Spaß machen, zu verfolgen, wie die Welt für kurze Zeit ausflippt, wenn ein Wissenschaftler oder Astronom eine solche Entdeckung bekannt gibt«, erklärte er mir. »Auch wenn wir darüber lachen möchten, sollten wir doch ernsthaft besorgt sein. Es ist möglich, dass der Taumel und die Aufregung und die Unruhe, die diese Nachricht in den Massenmedien auslösen wird, zu großen, weltverändernden Ereignissen führen könnten.« Er fügte hinzu, dass »unsere immer noch auf Stammesdenken beruhende Weltkultur ohnehin schon etwas instabil ist, und dies wird nur ein weiteres destabilisierendes Element darstellen, das aus der Wissenschaft kommt, etwas, das wir überhaupt nicht brauchen können«.

Es ist also durchaus vernünftig, an die mögliche Entdeckung von Aliens zu glauben. Im Jahr 2018 fragten der Psychologe Martin Varnum und sein Team an der Arizona State University 501 Menschen, wie sie wohl reagieren würden, wenn die Entdeckung von Außerirdischen gemeldet würde, und wie die Menschheit insgesamt wohl reagieren würde.[11] Dann wertete Varnium den emotionalen Inhalt der Antworten mit mathematischen Methoden aus. Im Begleitpapier zur Studie heißt es, »dass ein überwältigender Teil der Befragten glaubt, dass sie positiv auf die Entdeckung außerirdischen mikrobischen Lebens reagieren würden und dass dies auch für die Menschheit insgesamt gelte«, zugleich aber wird darauf hingewiesen, »dass die Menschen annehmen, dass ihre eigene Reaktion positiver sein werde als jene der Menschheit insgesamt«.

Und die Leute wären auch gut beraten, nicht gleich auszuflippen. Laut Werthimer und Impey würde der Reiz ziemlich schnell verfliegen, denn dass es tatsächlich zu Interaktionen mit Außerirdischen kommen könnte, ist mit sehr hoher Sicherheit ausgeschlossen.

Ein Signal zum Beispiel aus dem Sonnensystem TRAPPIST-1 würde schon sehr nahe herankommen an das bestmögliche Szenario im Hinblick auf die Herstellung von Kommunikation. »Radiowellen oder Lichtwellen können in 70 Jahren dorthin gelangen«, erklärte mir Werthimer. Das heißt, setzte er erläuternd hinzu, »man könnte Botschaften senden, aber man wäre schon gestorben, wenn die Antwort zurückkommt«.

»So etwas wäre in keiner Weise aktuell«, stellte auch Impey fest. Höchstwahrscheinlich »würde das Signal schon jahrhundertealt sein, wenn wir es empfangen«. Wenn wir tatsächlich eine Antwort senden wollten, müssten wir unser Signal über Hunderte, Tausende oder auch Hunderttausende Lichtjahre schicken, was laut Impey bedeutet, dass wir uns auf eine »sich über Jahrtausende erstreckende Konversation« einlassen müssten, bei der eine Generation nach der anderen auf eine Antwort warten würde. »Damit würde gleich viel heiße Luft herausgenommen aus der Sache«, meinte er.

Es ist vorstellbar, dass es in diesem Signal einen in gewisser Weise lesbaren Inhalt geben könnte. »Wenn die Nachricht für uns bestimmt ist, denke ich, würden sie eine kryptografische Darstellungsweise mit vielen Bildern und Sprachlektionen verwenden. Und dann, glaube ich, könnten wir Erdlinge ziemlich sicher sein, dass wir ein bewusstes Signal aufgefangen haben«, erklärte Werthimer. Dieses Signal könnte »die Form von Primzahlen oder einer Fibonacci-Folge aufweisen oder von etwas Ähnlichem.«

Das Signal könnte aber auch, wie Werthimer vermutet, »eine Information darstellen, die künstlich erzeugt worden ist durch irgendeine Art von Technologie«, die »jedoch nicht für uns bestimmt war«. Das Signal könnte die Form von Wellen oder von Photonen haben, die eine unbekannte Information über die Infrastruktur des Raums enthalten. Derartige Vorstellungen beflügelten die Fantasie, als 2015 das Weltraumteleskop *Kepler* einen anscheinend unerklärbaren Helligkeitsabfall entdeckte, als dessen Ursache man einen fernen Stern vermutete, der vielleicht von einer gigantischen, Energie anziehenden Megastruktur umhüllt war.[12] Ich sage »vermutete«, weil derartige Vorstellungen zum größten Teil den fiebrigen Fantasien von Science-Fiction-Fans entsprangen.[13] Später wurde diese Idee fallen gelassen, aber wenn eine außerirdische Gesellschaft uns in der Entwicklung Millionen oder Milliarden Jahre voraus ist, dann wird sie wahrscheinlich auch in der Lage sein, Riesenprojekte umzusetzen, die zufällig auch zu Funkwellen führen, die unsere Erde erreichen.

Es ist vorstellbar, dass wir vielleicht eines Tages eindeutig beweisen können, dass ein solches Signal von Außerirdischen stammt, meinte Werthimer, »aber wir werden es nicht entschlüsseln können«.

Am Ende des ersten Tages nach einer solchen Entdeckung könnte die Euphorie der Menschheit schon wieder in sich zusammengefallen sein. Impey forderte mich auf, mir vorzustellen, ich sei ein Europäer im Mittelalter, und eines Tages würden am Strand einige Dinge angeschwemmt werden, die zu belegen schienen, dass es eine andere, eine fortschrittlichere Zivilisation auf einem anderen Kontinent gebe, doch in Europa beschäftige man sich allgemein noch mit dem Anbau von Karotten, um nicht zu verhungern. Dieses andere Land, führte er aus, werde zu »diesem riesigen Kontinent der unbekannten Möglichkeiten und unbekannten Lebewesen und Rohstoffe und so weiter, aber man weiß nicht, wie man ein Schiff bauen könnte, um dorthin zu gelangen«. Diese Zivilisation, erklärte er, »wird sehr schnell zu diesem kleinen, abstrakten, aber scheinwahren Faktum, das sich im Kopf festsetzt, weil es keinen Sinn hat«.

Die ersten sieben Protokolle des wissenschaftlichen Regelwerks beziehen sich hauptsächlich darauf, das außerirdische Signal zu bestätigen und die Nachricht von seiner Existenz in geregelter, rationaler und verantwortungsvoller Weise in der Welt zu verbreiten. Und damit kommen wir zum achten Protokoll: »Auf ein Signal oder andere Belege für außerirdische Intelligenz soll erst nach ausführlichen internationalen Konsultationen reagiert werden. Die Verfahren für derartige Konsultationen werden durch ein separates Abkommen, eine Erklärung oder Vereinbarungen geregelt.«

Das Problem, das durch eine Antwort aufgeworfen wird, besteht schlicht darin, dass die Aliens uns vielleicht umbringen könnten, wenn sie erfahren, dass wir da sind. Indem wir ihnen sagen, dass es uns gibt, teilen wir ihnen auch mit, dass wir über die Ressourcen verfügen, um Leben zu ermöglichen, und dann könnten sie möglicherweise etwas von uns wollen – sei es Wasser, Luft oder die Mineralien in unserer Rückenmarksflüssigkeit. »Ich glaube, sie würden uns gewissermaßen als Ameisen betrachten«, erklärte mir Werthimer. »Wenn uns Ameisen im Weg sind, töten wir sie. Ich kann mir vorstellen, dass es Zivilisationen gibt, die uns Milliarden Jahre voraus sind, und wenn die etwas wollen von unserem Planeten, können sie es sich einfach holen, ohne lange darüber nachzudenken, ob wir intelligent sind oder nicht.«

Doch den Außerirdischen eine Antwort zu schicken, ohne dass zuvor ein internationaler Konsens hergestellt werden würde, wäre kein Verstoß gegen irgendein internationales Abkommen. Schwache Signale lassen sich relativ leicht ins All schießen, und jemand, der genügend Geld hat, um eine Sendeanlage zu bauen, könnte, ohne dass reale Konsequenzen zu erwarten wären, die Aliens einladen, uns zu besuchen und gemeinsam mit uns zu frühstücken. Es wäre sinnvoll, wenn es für solche Situationen gewisse internationale Vereinbarungen gäbe, aber das ist bislang nicht der Fall.

»Ich denke, dass jetzt wirklich ein guter Zeitpunkt wäre, um über diese Konsequenzen nachzudenken und eine Zusammenarbeit der Weltgemeinschaft herbeizuführen«, erklärte mir Werthimer. »Das könnte die Länder zusammenbringen, wenn sie sich gemeinsam Gedanken machen über solche großen Probleme, die sich uns vielleicht eines Tages stellen werden.«

Kapitel 17

Was wirklich passiert, wenn der nächste Supervulkan ausbricht

Noch in diesem Jahrhundert? Nein.

Plausibilität: ✲✲✲✲✲

Muss man davor Angst haben? Ja, sehr.

Sollte man deshalb seine Lebensgewohnheiten ändern?
Wir sollten vielleicht darüber nachdenken, große nationale Lebensmittellager aufzubauen.

Sie befinden sich in Billings in Montana, ungefähr 200 Kilometer vom nördlichen Eingang des Yellowstone-Nationalparks entfernt. Achtundachtzig Jahre, sieben Monate und sechs Tage nach dem letzten Vulkanausbruch im Yellowstone. Vom klapprigen Balkon im ersten Stock der Harry's Cabin sehen Sie das Schild, das aus Anlass des zehnten Jahrestags des Ausbruchs angebracht wurde. »Willkommen in Billings, Ja, es steht noch!« Und dahinter sehen Sie den Aschekegel.

Die Evakuierungsanordnung kam einige Wochen nach dem Beginn der Erdbebenserie. Dann gab es mehrere Explosionen, aber wie alle anderen Leute in Billings haben Sie dies als ein gutes Zeichen betrachtet, dass es niemals diesen »großen Knall« geben würde, der nach allgemeiner Meinung den Ausbruch eines Supervulkans ankündigt. Jetzt aber beginnen Sie sich doch Sorgen zu machen. Hört dieser Ascheregen auch wirklich gleich wieder auf?

Die Explosionen der letzten Tage klingen Ihnen noch in den Ohren, und Sie bitten Ihren Freund Harry, Ihnen die Geschichte des damaligen Vulkanausbruchs noch einmal zu erzählen. Harry geht auf die 100 zu und erzählt gern Geschichten.

»Der letzte Ausbruch war genau wie dieser«, sagt er, »und ich will verdammt sein, wenn ich jetzt weggehe, nur weil die Polizei es verlangt.«

Er erzählt Ihnen abermals von dieser kalten Januarnacht vor 88 Jahren, als es Explosionen in der Nähe des Canyon Village drüben in Wyoming gab. »All die Reichen in Jackson Hole verließen ihre Skihütten. Sogar Leute in Los Angeles machten sich auf den Weg nach Süden. Zur mexikanischen Grenze. Diese Idioten.

Die Asche regnete herab, mehrere Zentimeter dick, alles über Billings«, erzählt Harry weiter. Dann kam der »Basalt«, wie sie es nannten. Rote und schwarze Lava begann hervorzuquellen und hörte nicht auf. Dieser Basaltstrom ist allgemein bekannt. Er dauerte acht Jahre. Er zerstörte Wälder und löschte Städte aus, allerdings im Zeitlupentempo. Bis Billings schaffte er es nicht. »Billings wird es auch in 1000 Jahren noch geben«, erklärt Harry. »Bleibt ruhig.«

Sie treten abermals auf den Balkon hinaus und halten sich dabei ein Taschentuch vors Gesicht. Noch einmal wollen Sie einen Blick riskieren und stellen überrascht fest, dass Sie in eine Schicht Asche treten, in der Ihr gesamter Fuß versinkt. Es ist 10 Uhr am Vormittag, aber der Himmel ist dunkel. Der Ascheregen wird jetzt dichter, er bedeckt den Boden mit einer dicken Schicht und nimmt Ihnen die Sicht wie ein Blizzard. Den vielen Autos nach zu schließen, sieht es aus, als würde praktisch niemand daran denken, die Stadt zu verlassen.

Der Holzbalkon knirscht bedrohlich. Liegt das an Ihrem Körpergewicht, oder ist die herabregnende Asche so schwer?

»Wie lange hat es das letzte Mal gedauert?«, fragen Sie Harry.

»Bis zum Morgen«, antwortet er. »Dein Bier wird warm«, setzt er hinzu und lacht. »Trink aus.« Das Knirschen des Balkons wird lauter.

»Das geht schon fast den ganzen Tag«, erwidern Sie. »Und es will anscheinend nicht aufhören. In den Nachrichten wurde gemeldet, dass in Big Springs in Idaho eine ganze Familie durch das Einatmen von Aschepartikeln gestorben ist.«

»Willst du mir Angst machen?«, fragt Harry, der noch immer lachen kann über das Knirschen anscheinend altersschwacher Holzbalken. »Das geht vorbei. Das geht immer vorbei.«

Harry macht sich ein neues Bier auf, aber er kommt nicht dazu, einen Schluck zu trinken. Zuerst spüren Sie, dass das Dach herabkommt, dann hören Sie das Geräusch des Einsturzes, als 100 Holzbalken gleichzeitig bersten, wie bei einem großen Feuerwerk. Dann sind Sie für eine Sekunde geblendet und taub, als die Asche die Sinne überwältigt. Alles ist nur noch Asche. Sie keuchen, dadurch dringt die Asche in die Lunge. Es brennt. Sie versuchen zu husten, aber das ist eher ein spuckendes Würgen. Sie holen tief Luft und wischen sich das Gesicht mit der Hand ab, dann mit dem Ärmel, aber das bringt nichts. Sie versuchen, es mit einem Hemdzipfel abzuwischen, und das klappt schließlich. Sie sehen Licht. Sie halten Ihr Hemd hochgeschoben. Es ist jetzt Ihre Gasmaske.

»Harry, bist du in Ordnung?«, würgen Sie hervor und tasten ins Dunkle.

Sie finden ihn. Er hat den ärgsten Teil des Dacheinsturzes abbekommen. Ein Balken ist auf seiner Schulter gelandet und hat ihn auf den Boden geworfen. »Harry, lebst du noch?«, fragen Sie, aber er reagiert nicht. Seine Brust hebt und senkt sich.

Sie wissen, dass keine Hilfe kommen wird. Ein Räumwagen kommt hier nicht durch. Aber Sie wissen auch, dass das St. Vincent Hospital am Fuß des Hügels liegt, der hinter Ihnen abfällt. Sie binden sich Ihr Taschentuch vors Gesicht und umwickeln Harrys Kopf mit Ihrer Jacke. »Was machst du?«, fragt er, als Sie ihn hochheben – die gesamten 90 Pfund – und ihn sich über die Schulter legen.

Nach einem ewig langen Marsch, schneeblind durch die Asche – oder besser *aschenblind* –, haben Sie es geschafft. »Wir sind da«, sagen Sie zu Harry. Aber er reagiert nicht mehr.

Schließlich bemerken Sie die Blinklichter und die Sirenen einer Vielzahl von Rettungsfahrzeugen. Und dann kommen Sie näher an das Gebäude heran und sehen den Grund dafür. St. Vincent ist nur noch ein Haufen Schrott. Sie sehen vor sich einen Feuerwehrmann herankommen und können durch das Schutzglas auf seiner Gesichtsmaske sein Gesicht erkennen.

Er schüttelt einfach nur den Kopf. Sie wissen, was er damit meint.

Sie lassen Harry auf den Boden gleiten und setzen sich. Durch eine Lücke in der Aschewolke können Sie den Wald erkennen: keine Blätter und keine Rinde mehr. Nur noch kahle Äste. Dahinter sehen Sie etwas, das noch schlimmer ist: Es gibt auch kein Billings mehr.

Wenn Sie an den Yellowstone-Nationalpark denken, wird Ihnen wahrscheinlich nicht gerade als Erstes das Wort »Supervulkan« in den Sinn kommen. Bisons und Geysire, klar – aber massive seismische Objekte, die Lava und Asche spucken? Eher weniger.

Vielleicht muss nicht besonders erwähnt werden, dass die Begriffe, die wir für Supervulkane verwenden, verwirrend sein können. Vielleicht werden Sie erstaunt sein, wenn Sie zum ersten Mal hören, dass sich unter dem Yellowstone-Nationalpark ein riesiges Netzwerk von unter Hochdruck stehenden Magmakammern erstreckt, ein Wunderland geothermaler Anomalien nordwestlich der Great Plains der Vereinigten Staaten, oder gar, dass diese Magmakammern das Potenzial haben, sich in eine unvorstellbare vulkanische Naturkatastrophe zu verwandeln. Manche Berichte über den Vulkan, der als »Yellowstone-Caldera« bezeichnet wird, verwenden dafür nicht den Begriff »Vulkan«, sondern sprechen vielmehr von einem »Hotspot«. Entsprechend könnte man statt von einem »Ausbruch« von einer »Aschpokalypse« sprechen.

Wie immer Sie das Ding auch nennen wollen – »Yellowstone-Caldera«, »Yellowstone-Hotspot« oder »Yellowstone-Supervulkan« –, es ist jedenfalls kolossal groß. Es gibt eine Skala, den sogenannten »Vulkanexplosivitätsindex« (VEI), und jeder Vulkan mit dem Höchstwert 8 – auch die Yellowstone-Caldera – wird als »Supervulkan« bezeichnet, was bedeutet, dass er über 1000 Kubikkilometer an Ablagerungen ausspucken kann.

Doch unter dieser abstrakten Zahl kann man sich ja nicht allzu viel vorstellen, also wollen wir sie mit anderen Vulkanen vergleichen.

Vielleicht erinnern Sie sich, dass 2010 der Ausbruch eines solchen Kraterbergs, nämlich des isländischen Eyjafjallajökull, fast eine Woche lang den Flugverkehr lahmlegte? Und das, obwohl dieser Ausbruch nicht annähernd die Kapazität der Yellowstone-Caldera erreichte. Vielleicht haben Sie im Schulunterricht gelernt, dass 1883 der Krakatau ausbrach, der im heutigen Indonesien liegt und dafür bekannt ist, das lauteste Geräusch erzeugt zu haben, das jemals dokumentiert wurde (tatsächlich waren es mehrere Geräusche, weil es etliche Explosionen waren). Es ist überliefert, dass durch den Ausbruch des Krakatau im Umkreis von bis zu 16 Kilometern unzählige Menschen taub wurden. Doch im Vergleich zum Yellowstone war das Kinderkram.

Lassen Sie mich stattdessen Ihre Aufmerksamkeit auf den Tambora lenken, der noch größer ist als der Krakatau und ebenfalls in Indonesien liegt. Er brach 1815 aus und spuckte so viel Asche und Sulfate aus, dass der Himmel sich verdunkelte und länger als ein Jahr ein hartnäckiger Schleier in der Stratosphäre hing, durch den es auf der ganzen Welt kühler wurde und der selbst in weit entfernten Regionen wie den Vereinigten Staaten Nahrungsmittelknappheiten verursachte. Es wird berichtet, dass in den Monaten nach dem Tambora-Ausbruch der Himmel so dunkel war, dass in der dadurch erzeugten düsteren Stimmung die Schriftstellerin Mary Shelley sich zu Hause einigelte und *Frankenstein* schrieb, während ihr Freund Lord Byron die Kurzgeschichte *Dracula* verfasste, der wir die heutigen Vampirlegenden verdanken.[1] Aber selbst das war nichts im Vergleich zu dem immensen Schaden, den ein Yellowstone-Ausbruch anrichten wird.

Yellowstone-Krater, vor 2 Mio. Jahren, 600 Kubikmeilen

Yellowstone-Krater, vor 630 000 Jahren, 240 Kubikmeilen

Island Park Krater, vor 1,3 Mio. Jahren, 67 Kubikmeilen

Tambora, 1815, 36 Kubikmeilen

Mount Mazama, vor ~7600 Jahren, 18 Kubikmeilen

Krakatau, 1883, 4,3 Kubikmeilen

Mount Pinatubo, 1991, 2,4 Kubikmeilen

Mount St. Helens, 1980, 0,24 Kubikmeilen

Verstehen Sie jetzt, wie unglaublich groß Yellowstone ist?

Eine Caldera wie die in Yellowstone ist flach. Statt eines Strato- oder Schichtvulkans, der geformt ist wie beispielsweise der japanische Fuji und an den Sie sich vielleicht aus Naturkundeprojekten in der Grundschule erinnern, stellen Sie sich einen gigantischen Krater ohne bestimmte Form vor. Wenn Sie sich in der Mitte der Yellowstone-Caldera mit ihrem Durchmesser von 72 Kilometern auf einen Hügel stellen, werden Sie wahrscheinlich nicht bis zum äußeren Rand des Kraters sehen können, weil die Caldera so groß ist, dass ihr Rand hinter dem Horizont liegt. Obwohl sie ein Vulkan ist, sieht sie einfach nur wie ein großes flaches Gebiet im Nationalpark aus, denn wenn Sie sie von der Oberfläche aus betrachten, ist sie nichts anderes als das.

Aber wenn wir einmal annehmen, dass Sie immer noch auf jenem kleinen Hügel in Yellowstone stehen und sich irgendwie ein paar Dutzend Kilometer senkrecht nach unten bohren könnten, wäre es eine ganz andere Geschichte. Als Erstes würden Sie verbrennen, weil

Sie gerade die Magmakammern des Vulkans gefunden hätten, zwei riesige Massen aus geschmolzenem Gestein.[2] Die obere Magmakammer ist etwa 90 Kilometer lang und 40 Kilometer breit. Die untere Kammer enthält viel weniger geschmolzenes Gestein – und ist daher weniger aktiv –, doch es wird vermutet, dass sie etwa viereinhalbmal so groß ist wie die obere Kammer.

Wir brauchen keinen Vulkanausbruch, um zu wissen, dass da unten Magma ist. Ständig werden heiße Gase ausgestoßen, und dabei schießen aus den berühmten Geysiren überall im Yellowstone-Nationalpark Fontänen aus Wasser und Dampf in die Luft.

Aber diese unterirdischen Strukturen verändern sich im Laufe der Zeit, wodurch das Magma in Bewegung gerät. Wenn das heiße Magma eine geringere Dichte hat als der umgebende Fels und es Platz zum Fließen hat, wird es das tun. Laut David Rothery, einem Geowissenschaftler an der Open University und Autor des Buchs *Volcanoes, Earthquakes and Tsunamis: A Complete Introduction*, wird es zum Worst-Case-Szenario kommen, wenn das, was er die »Ringverwerfung« nennt, komplett bricht, weil Lava wie gegen einen Deckel nach oben drückt – was in Form einer Explosion stattfinden wird. Und dadurch wiederum wird sich der Boden selbst in ein gigantisches Schluckloch verwandeln, weil riesige Gesteinsmengen in die plötzlich leere obere Magmakammer hineinstürzen.

Wenn das passiert, so Rothery, »werden wir zwar nicht alle sterben, aber 20 bis 50 Prozent der Bevölkerung könnten dadurch umkommen«. Er meint die Bevölkerung der gesamten *Erde*.

Warum wäre ein solches Ereignis dermaßen katastrophal? Wie Sie den Tag des Superausbruchs erleben würden, hinge stark davon ab, wie weit entfernt von der Caldera Sie sich befänden. Wenn Sie ein paar Bundesstaaten weiter wären, müssten Sie Ihr Leben an die anhaltenden Umweltschäden anpassen – von denen einige auf Jahre hinaus verheerend wären. Wenn Sie sich dagegen in einem Umkreis von einigen Hundert Kilometern aufhalten würden, wären Sie in unmittelbarer Lebensgefahr.

Um ein Gefühl dafür zu bekommen, wie sich das alles abspielen würde, habe ich Rothery gebeten, mir den Ablauf des unvermeidlich schlimmsten Tages in der Karriere eines Yellowstone-Geologen zu jenem Zeitpunkt zu schildern.

Zum Auftakt beschrieb er mir, wie es wäre, dort zu sein, während eine Supereruption sich zusammenbraute. Nachdem Sie bedrohliche seismische Signale und Veränderungen des Terrains – etwa ein Anschwellen des Bodens, das sich über Jahrhunderte hinzöge – bemerkt hätten, würden Sie diverse größere geologische Dramen zu sehen bekommen, verursacht durch aus dem Boden austretende Gase. Rothery erklärte: »Da im Magma gelöstes Kohlendioxid aus größerer Tiefe freigesetzt wird als Schwefeldioxid«, wäre ein plötzliches Austreten großer Mengen von Kohlendioxid relativ gutartig und würde vielleicht darauf hindeuten, dass sich 20 Kilometer unter der Oberfläche ein Lavaklumpen gebildet hat. Das wäre zwar feststellbar, würde aber wahrscheinlich viele Male passieren, ohne dass darauf etwas Katastrophales folgte.

Aber dann, so Rothery weiter, »wenn Sie feststellen, dass kein Kohlendioxid mehr kommt, sondern *Schwefeldioxid*, das bei niedrigerem Druck entweicht, wenn eine Magmablase dicht unter der Oberfläche ist, dann würden Sie denken, *o nein!* [tatsächlich hat er an dieser Stelle einige etwas stärkere Ausdrücke gebraucht]. *Das Magma ist jetzt viel dichter unter der Oberfläche, da Schwefeldioxid entweicht!*«

Szenenwechsel nach Billings, Montana, der nächsten größeren Stadt in der Nähe der Caldera. Dort würde man wahrscheinlich ziemlich gelangweilt auf all das Gerede über einen bevorstehenden Ausbruch reagieren, da es in dieser Gegend, bevor ein Superausbruch unmittelbar bevorstünde, bereits eine Historie vulkanischer Aktivitäten gegeben haben müsste, welche die Anwohner überlebt hätten. Wenn Schwefeldioxid entweichen sollte, »wären Sie alarmiert – ›Mensch, kann gut sein, dass bald der große Ausbruch kommt!‹ –, aber meist legt sich das dann wieder, ohne dass sich eine katastrophale Eruption aufgebaut hätte«, erklärte Rothery.

Und sobald es schon einige Fehlalarme gegeben hat, wird es zu einer riskanten Gewissensentscheidung, den Weltuntergang vorherzusagen, da laut Rothery »die wirtschaftlichen Verluste und gesellschaftlichen Folgen, die durch die Evakuierung zahlreicher Menschen entstehen, ziemlich katastrophal sind«. Und selbst wenn der Boden grummelt und das Magma immer näher an die Oberfläche steigt, »besteht wohl eine 50-zu-50-Chance, dass die Lage sich wieder beruhigt, ohne dass es zu einem größeren Ausbruch kommt«.

Laut der Website des United States Geological Survey (USGS), des US-Instituts für Kartografie, besteht das Risiko, dass wir die Möglichkeit anderer Arten von Katastrophen übersehen, wenn wir uns nur auf eine mögliche Supereruption fixieren.[3] Wahrscheinlich wird es in Yellowstone zunächst zu anderen Arten von vulkanischen Aktivitäten kommen, etwa einer »Geysir-Eruption mit Gesteinsbrocken-Auswurf« oder »einem Lavastrom«. Also werden Geologen sich mit apokalyptischen Vorhersagen eher zurückhalten. Wenn zu sehr Panik geschürt wird, dass die zu erwartende Katastrophe unmittelbar bevorsteht, schafft das nur zusätzliche Probleme für das spätere Nothilfemanagement.

Vielleicht würden Beamte des USGS oder der Federal Emergency Management Agency (FEMA), der US-Bundesbehörde für Katastrophenschutz, die Bevölkerung auffordern, nicht nur die Stadt Billings zu verlassen, sondern auch den ganzen Bundesstaat Montana evakuieren, und vielleicht auch noch Idaho und Wyoming. Die Menschen würden dann in Lager in Utah, Colorado sowie North und South Dakota dirigiert werden. Doch da sie schon etliche Erdbeben und kleinere Ausbrüche überstanden hätten, würden vermutlich viele Einwohner von Billings nur wenig Neigung zeigen, die Stadt zu verlassen. Wenn man frühere Ereignisse ohne Schaden überstanden hat, ist es nur allzu menschlich, davon auszugehen, dass es auch in Zukunft so laufen wird.

Inwieweit also werden die Menschen in der Umgebung von Yellowstone ein falsches Gefühl der Sicherheit entwickeln? Nun, vielleicht kann man es sich so vorstellen: Laut einer Studie, die 2018 von den Geologen Haley Cabaniss, Patricia Gregg und Eric Grosfils an der University of Illinois durchgeführt wurde, wird die Eruption sich schon seit Ewigkeiten angekündigt haben. Wenn das vulkanische System neuen Nachschub an Magma erhält, wird es zu großen Veränderungen der seismischen Aktivitäten kommen, die nicht unbemerkt bleiben und sich »über einen Zeitraum von Jahrhunderten oder gar Jahrtausenden« hinziehen werden.[4]

Das ist der Grund, warum die künftigen Einwohner von Billings, die den Ausbruch tatsächlich erleben werden, mit dem Grundverständnis aufgewachsen sein werden, dass der Vulkan zwar im Supereruptions-Modus ist, es jedoch bislang nie so weit kam. Und den Geologen wird es ähnlich ergehen: Sie werden alle möglichen rot blinkenden Alarmsignale sehen, bedrohliche Piepser und Warnschüsse hören, wenn der große Tag schließlich gekommen ist, aber sie werden immer noch nicht absolut sicher sein können, dass es tatsächlich der große Tag ist, bevor sie den endgültigen Beweis in Form von vielen Hundert Kubikkilometern Vulkanasche haben.

Falls Sie also ein Evakuierungsverweigerer in Billings sind, werden Sie Folgendes erleben, bevor die Supereruption Sie ins Jenseits befördert:

Am Himmel werden Sie etwas aufsteigen sehen, was Rothery eine »60 Kilometer hohe Aschesäule« nennt – am Ende wird die Asche in Höhen jenseits der Stratosphäre aufsteigen. »Okay. Dann haben Sie eine Supereruption, die voll im Gang ist«, so Rothery. Diese Aschesäule wird über kurz oder lang in sich zusammenfallen. Die daraus entstehende Wolke wird als »pyroklastischer Strom« bezeichnet, der wiederum das gesamte Gebiet in ein Inferno aus heißen, grauen Stücken verbackener Asche – sogenannten »Ignimbriten« – verwandeln wird, die mit etlichen Hundert Stundenkilometern vom Vulkan fortgeschleudert werden. Laut Rothery wird dadurch alles, was sich im Umkreis von »etwa einigen Dutzend, vielleicht sogar bis zu einigen Hundert Kilometern« befindet, vernichtet werden.

Nehmen wir an, Sie befinden sich innerhalb dieser paar Hundert Kilometer, und der Ignimbritensturm rast auf Sie zu.

Wenn ein pyroklastischer Strom »Sie unter freiem Himmel erwischt, sind Sie tot«, hat Rothery mir erzählt. Aber Sie können Glück haben. Ein pyroklastischer Strom sieht ungefähr aus wie eine Lawine oder eine Kumuluswolke, die sich über den Boden wälzt, und wenn Sie so etwas kommen sehen und zufällig ein abgedichteter Keller oder ein Katastrophenschutzraum in der Nähe ist, können Sie vielleicht dort Schutz finden. In manchen Fällen ist es Betroffenen gelungen, einen pyroklastischen Strom zu überleben, indem sie einfach hinter einer soliden Mauer in Deckung gingen. Aber andererseits kann der Strom »viele Meter dick sein, und dann werden Sie zu Tode gekocht«. Das Wichtigste ist, dass Sie versuchen, den Strom über sich hinwegziehen zu lassen, und dass Sie »nicht atmen, während die heiße Luft vorbeirast« – dann können Sie diese Phase vielleicht überleben.

Ihr nächstes Problem ist, zu überleben, während die dichte Asche in der Luft hängt und sämtliche Oberflächen bedeckt. Bedenken Sie, dass der Eyjafjallajökull bei seinem Ausbruch 2010 sechs volle Tage lang Asche spuckte, und dieses Mal wird es sehr viel schlimmer sein als damals.[5] Also können Sie sich auf einen Aschesturm einstellen, der wohl mehrere Wochen anhalten wird.

Vulkanasche ist etwas anderes als der Ruß, den Sie sich nach einem Lagerfeuer im Sommer aus der Kleidung klopfen. Eigentlich ist »Asche« wohl gar nicht das richtige Wort, weil das Material eher wie feinkörniger Sand beschaffen ist. Laut einer 2017 im *Journal of Geophysical Research* veröffentlichten Studie produziert jeder Vulkan eine andere Art von Asche, aber sie alle »bestehen aus glasigen, juvenilen Komponenten, aus Kristallen verschiedener mineralischer Phasen«.[6] Anders ausgedrückt: Vulkanasche ist ein feinkörniges Pulver voller winziger Glassplitter, die sich in Ihre Augen, Lungen und Haut bohren. Und die Splitter in der Asche sind nicht die einzige Gefahr für die Atemwege. Vulkanische Emissionen enthalten auch Gase und Aerosole, was bedeutet, dass jeder Mensch, der nicht schon von Ignimbriten gebraten oder einfach von den ersten Schockwellen in Stücke gerissen wurde, sich auch um akute Atemprobleme sorgen muss.

Also können Sie weder atmen noch etwas sehen, wenn Sie nach draußen gehen, was Sie daher tunlichst vermeiden sollten. Aber auch in den eigenen vier Wänden sind Sie nicht unbedingt sicher, erklärt Rothery: Unter dem Gewicht der Asche kann das Dach Ihres Hauses einstürzen, wenn Sie sie nicht vom Dach fegen. Wenn es also im Haus fast so gefährlich ist wie draußen, scheint Flucht die einzig logische Konsequenz zu sein. Aber laut Rothery ist auch das keine Option – versuchen Sie mal, sich in Sicherheit zu bringen, wenn der Motor Ihres Autos nicht anspringt.

Und da wir vom Eyjafjallajökull gelernt haben, dass Flugzeuge und Hubschrauber nicht durch Vulkanaschewolken fliegen können, werden Such- und Bergungsaktionen schwierig, falls sie überhaupt möglich sind. Aber wenn Sie gut vorbereitet sind – womit ich meine, dass Sie genug Proviant und Wasser für ein paar Wochen gebunkert, ein gutes Luftfiltersystem und ein sehr tragfähiges Dach haben –, werden Sie vielleicht in der Lage sein, sich zu verschanzen und die Sache zu überleben. Aber natürlich ist es sehr viel wahrscheinlicher, dass Sie, wenn Sie sich im Umkreis von einigen Hundert Kilometern vom Yellowstone befinden, ganz einfach sterben werden. Tja, Pech gehabt.

Aber es gibt noch viel mehr, worum man sich Sorgen machen muss, als nur das, was in dem Gebiet rings um den Vulkan passieren wird. Da der Yellowstone-Nationalpark etwa 1000 Kilometer vom Pazifik und ungefähr 3000 Kilometer vom Atlantik entfernt liegt, wird nur sehr wenig Vulkanasche in die Ozeane wehen – etwa so viel wie beim nächsten Ausbruch des Supervulkans am Tobasee in Indonesien –, sondern vielmehr einen breiten Streifen Land bedecken. Da in den Vereinigten Staaten das Wetter normalerweise von West nach Ost zieht, haben wir allen Grund zu befürchten, dass geografisch gesehen der größte Teil der USA und Kanadas durch den nachfolgenden Ascheregen gelähmt wird.

Im Jahr 2014 veröffentlichte das USGS einen Bericht, um das Ausmaß der »Aschpokalypse« vor Augen zu führen. Darin wurde festgestellt, dass der »Mangel an zuverlässigen Informationen viel Raum für Spekulation und fantasievolle Szenarien über die Folgen einer Supereruption lässt, die im Internet leicht zu finden sind«[7]. Laut USGS wird die »Ascheakkumulation zwar flächendeckend und beträchtlich sein, aber doch deutlich geringer als in solchen ›Weltuntergangsszenarien‹«. Dennoch war auch die vom USGS präsentierte Worst-Case-Version – die Aschedecke nach einer vier Wochen andauernden Supereruption – immer noch ziemlich apokalyptisch:

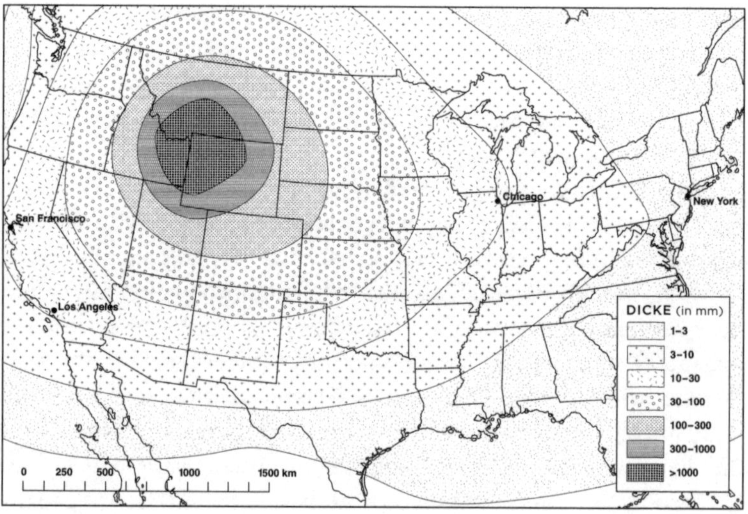

Wie Sie sehen, wird jeder Flecken der Stadt Billings von einer meterdicken Ascheschicht bedeckt werden. Aber auch alle anderen großen US-Städte – außer Miami – werden zumindest eine ansehnliche Staubdecke abbekommen.

Durch die letzten drei Supereruptionen im Yellowstone in den vergangenen 2,1 Millionen Jahren wurden anscheinend weite Teile der heutigen USA mit einer Ascheschicht bedeckt. Zum Vergleich: Durch den Ausbruch des Mount St. Helens 1980 im US-Bundesstaat Washington wurden Montana, Idaho, Wyoming, North Dakota, South Dakota, Colorado und Oklahoma mit einer beträchtlichen, aber nicht lebensgefährlichen Ascheschicht bedeckt.[8] Nach Schätzungen des USGS hat eine einzige Yellowstone-Supereruption etwa das 2500-Fache dieser Aschemenge produziert.[9]

Ein Aschesturm sollte aber nicht unsere größte Sorge sein, da die Menschen, die davon eingehüllt werden, sich die Asche einfach von der Kleidung bürsten können. Der Ärger geht erst richtig los, wenn all die vulkanischen Ablagerungen anfangen, die Lichtdurchlässigkeit der Atmosphäre zu reduzieren. In einem Artikel, der 1992 in der Zeitschrift *Nature* erschien, haben der Geologe Michael R. Rampino und der Vulkanologe Stephen Self darauf hingewiesen, dass der Supervulkan-Ausbruch des Toba vor etwa 73 500 Jahren einen »vulkanischen Winter« bewirkte, der einem nuklearen Winter vergleichbar ist und »zu einigen Jahren mit Reduzierungen der geschätzten jährlichen Hemisphären-Maximaltemperaturen um 3 bis 5 °C« führte.[10] Was wiederum zu massiven Veränderungen der natürlichen Umwelt, zu Vegetationsverlusten und generellem Chaos für Lebewesen geführt haben dürfte. Eine Zeit lang wurde angenommen, dass diese Ära eines verfinsterten Himmels und niedrigerer Temperaturen unsere frühmenschlichen Vorfahren beinahe ausgelöscht hätte, doch mittlerweile besteht unter Wissenschaftlern Einigkeit darüber, dass dem nicht so war. Eine 2018 veröffentlichte Studie über geologische Anzeichen für einen vulkanischen Winter kam zu dem Ergebnis, dass das Leben der Frühmenschen in Ostafrika sehr wahrscheinlich kaum oder gar nicht beeinträchtigt wurde.[11] Und eine 2018 in Südafrika vorgelegte Studie fand Belege, dass es den dortigen Menschen in den Jahren nach dem Ausbruch sehr gut erging – vielleicht, weil sie in einer fruchtbaren Region lebten oder weil sie technisch fortgeschritten genug waren, um Überlebenswerkzeuge zu entwickeln.[12]

Aber heute leben wesentlich mehr Menschen auf der Erde, und auch wenn viele von uns den Tag der Supereruption auf jeden Fall überleben werden, wird er zu Nahrungsmittelknappheiten führen – vor allem in der von Asche bedeckten Kornkammer der Vereinigten Staaten – und wirtschaftliche Schocks verursachen. Und darüber hinaus werden wir nichts dagegen tun können, da die Asche immer weiter herabrieseln wird. »Wir können nicht mehr tun, als uns möglichst gut darauf vorzubereiten, die Folgen zu überleben, und das wird ziemlich schwierig werden«, sagt Rothery.

Kapitel 18

Was wirklich passiert, wenn der letzte Sklave freigelassen wird

Noch in diesem Jahrhundert? Ich bin optimistisch.

Plausibilität: ★★★★☆

Muss man davor Angst haben? Nein.

Sollte man deshalb seine Lebensgewohnheiten ändern?
Je eher wir alle lernen, Sklaverei zu erkennen, desto besser.

An einem sonnigen Frühlingsmorgen in Lusaka, der Hauptstadt von Sambia, stellen sich die Staatsoberhäupter von Angola, Namibia, Ruanda, Uganda, Sambia und Simbabwe für ein Foto mit ganz besonderen Gästen in Positur: dem Präsidenten von China, dem Generalsekretär der Vereinten Nationen und dem neu gewählten Präsidenten der Demokratischen Republik Kongo (DRC), nebst Repräsentanten von Nationen, die Krieg gegeneinander führten. Der jahrzehntelang sich hinziehende Friedensprozess in der Region hat endlich zu diesem Treffen geführt.

Auf jedem der Fotos ist im Hintergrund Sifa Okitundu zu erkennen, eine Frau, die Anerkennung dafür verdient, der Sklaverei den Todesstoß versetzt zu haben. Doch den Anwesenden geht es nicht um Sklaverei, sondern um den Friedensvertrag. Anstatt also mit den Honoratioren am selben Tisch zu sitzen, hat Sifa an einer Seite Platz genommen, zusammen mit einer Gruppe kurz zuvor befreiter Sklaven, denen sie dabei hilft, das ihnen fremde Ritual zu absolvieren, an einem Tisch zu sitzen und ein richtiges Mahl zu sich zu nehmen. Zwei von ihnen fehlt eine Hand, und kein Mitglied der Gruppe hat vor der Einladung zu diesem Anlass schon einmal mit Messer und Gabel gegessen.

Sifa, die heute Mitte 60 ist, hat im Jahr 2021 ihre Laufbahn als Vorsitzende der Ortsgruppe von Break the Chains begonnen, einer multinationalen NGO, die dafür gekämpft hat, die moderne Sklaverei zu beenden, seit dieses Thema in den 2000er-Jahren ins öffentliche Bewusstsein gedrungen war.

Der ursprüngliche Plan der Vereinten Nationen, die Sklaverei bis 2030 zu beenden, hat nicht so recht funktioniert, aber besser spät als nie.

Als in den vergangenen paar Jahren die Kriege allmählich zu Ende gingen, sah Sifa das als Chance. Sie nahm Kontakt zu UN-Friedenstruppen auf und informierte sie, dass eine Gruppe von Warlords im Begriff stand, als Gegenleistung für das Beenden der Feindseligkeiten Bergbaurechte zu erhalten, obwohl diese Leute dafür bekannt waren, Sklavenarbeit zu nutzen. Einige Wochen darauf wurde die Lusaka Conference angekündigt – und auf der Tagesordnung stand ein Angebot über zwölf Millionen Dollar Entwicklungshilfe, die dafür eingesetzt werden sollten, die Zwangsarbeit durch Lohnarbeit zu ersetzen. Dieser Punkt stand zwar ziemlich weit unten auf der Tagesordnung, aber immerhin war er da.

Jetzt, bei der Zusammenkunft in Lusaka, gehen die Warlord-Generäle Sifa aus dem Weg. Schließlich hat sie sich ja zeit ihres Lebens dafür eingesetzt, dass diese Gestalten festgenommen und in Den Haag vor Gericht gestellt werden, wegen Verbrechen gegen die Menschlichkeit. Doch als die Kameras zu klicken beginnen, schütteln auch sie ihr die Hand. Man unterhält sich kurz, und dann wird das Lusaka Agreement präsentiert, das – neben anderen Vereinbarungen – die regionalen Bergbaurechte aufteilt, in groben Zügen Lohnstrukturen für die Bergleute skizziert und ihnen auf Jahre hinaus Arbeitsverträge sichert. Diese Vereinbarungen sollen unverzüglich ausgesetzt werden, sobald festgestellt wird, dass einer der Unterzeichner Sklaven einsetzt. Alle unterschreiben.

Dann posieren sie alle für eine zweite Runde Fotos. Sifa besteht darauf, dass die Warlords auch ihren neuen Freunden die Hände schütteln: den befreiten Sklaven. Es entstehen einige peinliche Momente, als die Warlords nicht so recht wissen, wie sie Menschen die Hand geben sollen, die nur noch Stümpfe an den Armen haben. Zwar werden die Warlords nicht nach Den Haag gebracht, aber Sifa lacht als Letzte.

Was jetzt kommt, wird Ihnen ein bisschen vorkommen wie ein Eimer Eiswasser über den Kopf. Es ist eigentlich unmöglich, es zu sagen, ohne scheinheilig zu wirken, aber ich werde es jetzt einfach sagen und Sie können mich ruhig scheinheilig nennen: Sklaverei könnte leicht beendet werden, wenn wir nur plötzlich alle ein bisschen Interesse zeigen würden, aber sie kann auch noch jahrhundertelang weitergehen, wenn wir das Thema weiterhin ignorieren. So gut wie jeder Sklave auf der Welt muss individuell befreit werden, und jede Situation ist anders. Aber dieses Problem ist keines wie der Klimawandel, bei dem die mächtigsten Menschen der Welt sich mit Händen und Füßen und bis zum bitteren Ende dagegen wehren, dass es gelöst wird. Die Nutznießer von Sklaverei sind relativ einfach zu bezwingen; sie sind nur schwer zu finden.

Zunächst einmal müssen wir uns den Umfang des Problems eingestehen – hier kommt also das Eiswasser: Nach seriösen Schätzungen sind fünf von 1000 Menschen auf der Erde versklavt. Laut Zoe Trodd, der Direktorin des Rights Lab (sinngemäß: Labor für Menschenrechte) an der Universität Nottingham, waren die historischen Sklavenbefreiungen auf der Welt allesamt »verpfuschte Befreiungen«. Daher hofft sie, dass »an dem Tag, an dem wir endlich sagen können, dass wir in einer von Sklaverei befreiten Welt leben, es eine dauerhafte und wirkungsvoll abgesicherte Freiheit sein wird«.

Als die Abschaffung der Sklaverei en vogue war, im 18. und 19. Jahrhundert, wurden die Praktiken dennoch einfach fortgesetzt, häufig in Form von Schuldknechtschaft, und auf wundersame Weise in ihre wohl hässlichste Form verwandelt – die *moderne globale Sklaverei.* Sie tritt vor allem in zwei Formen auf: als konventionelle Zwangsarbeit und als Zwangsprostitution.

Die Sklaven dieser Welt lassen sich laut jüngsten Schätzungen der International Labour Organization (ILO), der Internationalen Arbeitsorganisation, im Wesentlichen in zwei Kategorien einordnen: etwa 25 Millionen Menschen, die gezwungen werden, ohne Bezahlung schwere körperliche Arbeit zu verrichten, und etwa 15 Millionen Menschen, die in irgendeiner Form von Zwangsehe leben – was ungefähr so ist, als würde die Betroffene zugleich als Sexsklavin und als unbezahlte Hausangestellte gehalten.[1] Daher sind 71 Prozent aller versklavten Menschen weiblich. (Dem ILO-Bericht zufolge sind nur 0,0004 Prozent aller männlichen Sklaven Sexsklaven.) Etwa ein Viertel aller versklavten Menschen sind Kinder. Es ist bequem, sich moderne Sklaverei als etwas vorzustellen, dass nur weit entfernte, relativ gering entwickelte Gesellschaften plagt – aber Sie sollten sich klarmachen, dass es wahrscheinlich auch in Ihrer Stadt passiert.

Obwohl laut Schätzungen der ILO in den vergangenen fünf Jahren weit über 40 Millionen Menschen in irgendeine Form von Sklaverei gezwungen waren (es können auch mehr als doppelt so viele sein), besteht doch Hoffnung, dass die Lage sich bald verbessern könnte. Laut Kevin Bales, Soziologieprofessor mit dem Schwerpunkt zeitgenössische Sklaverei an der Universität Nottingham, »ist Sklaverei in diesem historischen Moment in einer merkwürdigen Situation; sie steht so kurz davor, ausgemerzt oder potenziell ausgemerzt zu werden wie noch nie zuvor in der Menschheitsgeschichte«. Im Jahr 2015 war das Beenden von Sklaverei eines der Ziele für nachhaltige Entwicklung der Vereinten Nationen, das bis 2030 erreicht werden soll, was aber wohl eher symbolisch als effektiv ist, doch zumindest sprechen die Menschen über das Problem.[2] Obwohl 40 Millionen natürlich eine riesige Menge an Sklaven ist – einer verbreiteten und etwas zweifelhaften Behauptung zufolge gibt es derzeit »mehr Sklaven als jemals zuvor« –, legt Bales Wert auf die Feststellung, dass heute »ein weit geringerer Anteil der Weltbevölkerung in Sklaverei lebt als jemals zuvor«.

Laut Zoe Trodd, die ebenfalls an der Universität Nottingham lehrt und forscht, besteht die beste Strategie, um dieses Problem an der

Wurzel zu packen, darin, einzelne Menschen für den Kampf zu begeistern und sie zu Aktivisten der Anti-Sklaverei-Bewegung zu machen. »Die Menschen an vorderster Front müssen geschult werden«, so Trodd. »Dabei ist es nicht immer offensichtlich, wer die geeignetsten Kandidaten sind. Manchmal sind es alle Taxifahrer, denen man zeigen muss, wie sie etwas Verdächtiges bemerken und anzeigen können. Manchmal sind es die Stromableser, die von Haus zu Haus gehen und vielleicht entdecken, dass zwölf Polen in einem Keller eingesperrt sind.« Und wenn man Menschen für den Kampf gegen Sklaverei rekrutieren will, muss man ihnen auch hin und wieder etwas abfordern. »Ich glaube, dass es heute in Nottingham und anderen Städten nötig ist, dass jede Person, die einen Taxiführerschein machen oder ihn vorschriftsgemäß verlängern will, einen Tag Schulung zu diesem Thema absolvieren muss«, sagt Trodd.

Aktivisten entwickeln Strategien, die Trodd »lokale Anti-Sklaverei-Modelle für sklavereifreie Städte« nennt. Nottingham in Großbritannien und Austin im US-Bundesstaat Texas haben Initiativen angekündigt, jeweils die ganze Stadt von Sklaverei zu befreien. »Sobald wir wissen, welche Städte offiziell von Sklaverei befreit wurden«, so Trodd, »werden wir das auch auf internationaler Ebene machen.«

Das mag sich ja für amerikanische und britische Städte einigermaßen einfach anhören, aber dieser Prozess ist wesentlich schwieriger in Ländern wie Indien umzusetzen, wo laut jüngsten Schätzungen des Global Slavery Index bis zu acht Millionen Menschen versklavt sind.[3] Trodd sagte mir, dass in Indien »ganze Gemeinden, ganze Dörfer, ganze Regionen« von Sklaverei geplagt seien. Das Leben dieser Menschen besteht darin, an Ziegelbrennöfen und in Steinbrüchen zu schuften – die körperlich anstrengendsten Arbeiten, die ich mir vorstellen kann –, und zwar nur, weil ihre Familien »seit Generationen in Schuldknechtschaft leben«.

Solche Umstände werden – natürlich von den Sklavenhaltern – durch Argumente gerechtfertigt, die einer wirren inneren Logik folgen. Bales zufolge behaupten Sklavenhalter, sie würden ihre Sklaven mit allem Lebensnotwendigen versorgen, »weil man ihnen eigentlich kein Geld anvertrauen kann, damit sie sich selbst etwas kaufen können«, und »wenn sie Geld zwischen die Finger bekommen, kaufen sie dafür nur Alkohol, und dann kommen sie in Schwierigkeiten«.

Nach dieser Logik behauptet der Sklavenhalter also, aus Mitgefühl zu handeln. Das eigentliche Problem besteht aber darin, dass den versklavten Menschen einfach das Bezugssystem fehlt, das ihnen sagen könnte, dass diese Argumentation einfach nur – nun ja, ein Haufen Scheiße ist.

Das Bekämpfen solcher kriminellen Praktiken ähnelt den Aktionen von Gewerkschaften, um ausbeuterische Arbeitsbedingungen in Fabriken zu verbessern, deren Eigner ihre bezahlten Arbeiter misshandeln. Laut Bales läuft dieser Prozess in Nordindien ungefähr so ab:

Eine NGO schickt einen Aktivisten – häufig einen ehemaligen Sklaven – von Haus zu Haus, der zum Abendessen an der Haustür auftaucht, mit einem leckeren lokalen Essen für die ganze Familie. »Sie hängen einfach nur herum, helfen beim Kochen und plaudern über dies und das«, so Bales. Wenn die Familie sich an den Aktivisten gewöhnt hat, beginnt er behutsam Fragen zu stellen, um eventuelle Probleme unauffällig ans Licht zu bringen. »Seit wann lebt ihr denn schon hier? Ach, das wisst ihr gar nicht? Welche verschiedenen Jobs habt ihr denn? Ach so, ihr arbeitet alle für denselben Mann? Interessant. Wo ist denn die Schule? Aha, eine Schule gibt's gar nicht.« Menschen, die unter solchen Bedingungen leben, sind sich dieser alltäglichen Lebensumstände wahrscheinlich gar nicht bewusst, bis ein Mensch zu ihnen kommt, der die richtigen Fragen stellt.

Es hört sich vielleicht mühsam und entmutigend an, dieses Problem ein Dorf nach dem anderen anzugehen, aber das ist nur die Spitze des Eisbergs. Es ist eine denkbar schwierige Detektivarbeit, Sklaverei aufzuspüren, doch inzwischen wird ein Teil dieser Ermittlungen von Computern unterstützt. Das an der Universität Nottingham unter Federführung von Bales und Trodd vorangetriebene Projekt »Slavery from Space« ist eine faszinierende, außerordentlich nützliche und extrem zeitraubende Arbeit, bei der riesige Datenmengen in Form von Satellitenfotos in ein System für maschinelles Lernen – die bereits in Kapitel 2 angesprochene »Künstliche Intelligenz« – eingespeist werden. Diesem System wird dann beigebracht, die verräterischen Muster – buchstäblich Muster auf dem Boden – zu erkennen, die den Betrieb eines Sklavenhalters aufdecken.[4] Aber ein KI-System kann diese Arbeit nicht allein leisten, und deswegen muss eine haarsträubende Zahl solcher Satellitenbilder zunächst von Menschen analysiert werden. »Durch diese von Menschen geleistete Auswertung … konnten wir in ganz Indien 55 000 Ziegelbrennöfen lokalisieren, was Menschen allein nicht hätten schaffen können«, erzählt Trodd.

Obwohl Indien ein immenses Sklavereiproblem hat, ist es doch ein relativ entwickeltes Land, und in gewissem Maße kooperiert die indische Regierung bereitwillig mit Anti-Sklaverei-NGOs. In dem langfristigen Kampf gegen Sklaverei werden die größten Herausforderungen jene von Kriegen zerrissenen Länder sein, in denen staatliche Akteure nicht die Macht – und schon gar nicht die Legitimation – haben, gegen Sklavenhalter vorzugehen. Das letzte Gefecht gegen Sklaverei wird daher in einer dieser Regionen stattfinden. Vielleicht wird es im Kongogebiet sein, sagt Bales, oder in Nordkorea oder Myanmar – in irgendeinem Gebiet, das kurz davor ist, »im Chaos zu versinken«, wie er es ausdrückt.

Wenn es so weit ist, werden Aktivisten, Einheimische und Polizeikräfte diese Sklaverei-Tatorte finden, einen nach dem anderen, und die versklavten Menschen davon überzeugen, dass sie ein besseres Leben verdienen. Und nachdem sie aus der Gefangenschaft befreit wurden, können einfach alle nach Hause gehen, sich auf die Schultern klopfen und sagen »gute Arbeit, Leute«? Wohl kaum. Austin Choi-Fitzpatrick hat es in seinem Buch *What Slaveholders Think: How Contemporary Perpetrators Rationalize What They Do* (Was Sklavenhalter denken: Wie heutige Täter rechtfertigen, was sie tun) so beschrieben: »Nachmittags einen Menschen zu retten und dann Feierabend zu machen ist keine Freiheit. Eine dauerhafte Befreiung erfordert einen Wandel der übergeordneten Systeme und Strukturen, die das politische, wirtschaftliche und soziale Leben der betroffenen Person bestimmen. Das ist keine einfache Aufgabe.«[5]

Wenn sie frei sind, tauchen vormals versklavte Menschen in eine Welt ein, die grausam und bedrohlich sein kann. Bales hat mir die Geschichte einer Frau erzählt, die in einem französischen Haushalt als Sklavin gehalten wurde und die er kennenlernte, nachdem sie befreit worden war. Bales erinnert sich, dass er sie fragte: »Ist es nicht schön, dass Sie jetzt Ihre eigenen Entscheidungen treffen können?« Als Antwort kam nur ein Achselzucken. »Na ja, alle Leute erzählen mir von diesen Dingen, die ›Entscheidungen‹ genannt werden, aber niemand will mir so ein Ding zeigen«, sagte die frühere Sklavin. »Ich weiß, dass ich sie mögen soll, aber ich weiß nicht, was sie sind, und ich weiß nicht, ob ich sie essen soll oder mit mir herumtragen.«

Sklaverei hat Auswirkungen auf die Kognition eines Menschen, die anscheinend noch nicht hinreichend erforscht wurden. Bales hat mir von einem Phänomen bei kurz zuvor befreiten Menschen erzählt, das er »aspaciality« (etwa: »Nichträumlichkeit«) nennt. Da es versklavten Menschen in extremen Fällen verboten ist, ohne ausdrückliche Erlaubnis den Raum zu verlassen, der ihnen zugewiesen wurde, kann jegliche Bewegungsfreiheit sie zutiefst verwirren. »Sie löschen einfach die Vorstellung aus ihrem Kopf, dass sie sich selbstständig in irgendeiner Richtung bewegen können«, so Bales. Von einer Person, die so etwas erlebt hat – so intelligent sie auch sein mag –, ist nicht zu erwarten, dass sie ihre Gefangenschaft einfach abschüttelt und sich entscheiden kann, welches Waschmittel sie kaufen soll – oder gar, welchen Beruf sie ergreifen oder wo sie leben möchte.

In Nordkorea, dem Land mit dem weitaus höchsten Anteil an Sklaverei, ist jeder zehnte Mensch ein Sklave.[6] Es ist aufschlussreich, sich anzusehen, was passiert, wenn ein Nordkoreaner nach Südkorea überläuft und sich in der dortigen, extrem kapitalistischen Gesellschaft zurechtfinden muss. Im Jahr 2017 untersuchte das *Wall Street Journal*, welche Erfahrungen Überläufer in Südkorea gemacht hatten, und die Ergebnisse sind erstaunlich: Das südkoreanische System ist abweisend gegenüber Nordkoreanern, und laut Aussage eines Überläufers enden Flüchtlinge aus Nordkorea typischerweise in der städtischen Armutsbevölkerung.[7] Die Überläufer haben keine Ahnung, wie man mit Geld umgeht – dieser Punkt scheint das *Wall Street Journal* am meisten zu interessieren –, aber darüber hinaus ist das gesamte Finanzsystem im Süden völlig verwirrend für sie, voller unerwarteter und grausamer Überraschungen wie etwa Betrugsmaschen, auf die ein Ex-Nordkoreaner in keiner Weise vorbereitet ist.

Doch es gibt noch eine weitere hohe Hürde, die in Angriff genommen werden muss, bevor wir das Kapitel »Sklaverei« der Menschheitsgeschichte endgültig schließen können: Wir müssen Häftlingsarbeit beenden – oder zumindest jene Formen, die als Sklaverei zu betrachten sind. Laut Bales wird die Aufgabe selbst in den USA nie ganz erledigt sein, solange noch ein US-Bundesstaat »seine Gefängnisse nutzt, um Menschen zu versklaven und von ihrer Arbeit zu profitieren«.

Im Jahr 2018 schrieb der amerikanische Häftling und Aktivist Kevin Rashid Johnson im *Guardian*, dass Häftlingsarbeit, wie wir sie kennen, eine Form von Sklaverei sei.[8] In manchen Bundesstaaten würden Häftlinge, so berichtete er, »gezwungen, unbezahlte Feldarbeit zu leisten, ohne jeden Lohn«. Er schrieb, sie würden »in ›chain gangs‹ [Gruppen aneinandergeketteter Häftlinge] zusammengezwungen und hinaus auf die Felder gebracht, wo sie all die Nahrungsmittel anbauen müssen, die die Gefängnisinsassen essen«, und zwar unter Verwendung von »Werkzeugen wie Holzstöcken und Hacken«. Solche Arbeitsbedingungen hören sich in meinen Ohren auf jeden Fall nach der altbekannten Sklaverei an.

Dies wird in den Vereinigten Staaten toleriert, weil es, nun ja, in unserer Verfassung steht. Mit dem 13. Verfassungszusatz wurde Zwangsarbeit abgeschafft, »außer als Strafe für ein Verbrechen, dessen die betreffende Person in einem ordentlichen Verfahren für schuldig befunden worden ist«.

Bales stellt fest, dass das *möglicherweise* gerecht sein könnte, wenn das US-Justizsystem perfekt wäre. Aber er weist darauf hin, dass es in den Vereinigten Staaten eine »systemische Diskriminierung gibt, dass erzwungene ›plea bargains‹ [Geständnis als Gegenleistung für mildere Bestrafung] eingesetzt werden, um Beschuldigten ein ordentliches Verfahren zu verwehren, und dass privatisierte Gefängnisse weder untersucht noch geprüft werden können«. Und es gebe auch noch andere Faktoren, die – gelinde gesagt – kaum mit dem in der US-Verfassung geforderten »ordentlichen Verfahren« in Einklang zu bringen seien.

Wir können nur annehmen, dass in einer Post-Sklaverei-Welt keine systemische Ungerechtigkeit, durch die unschuldige Menschen – oder solche, die mit erfundenen Anschuldigungen konfrontiert sind – in unbezahlte Arbeit gezwungen werden, mehr stattfindet. In den USA ist das zugegebenermaßen ein bisschen viel verlangt – es würde eine massive und gezielte Anstrengung erfordern, um zu beweisen, dass dieses System nicht nur gleichbedeutend ist mit Sklaverei, sondern tatsächlich Sklaverei *ist* und von Gesetzes wegen abgeschafft werden muss. »Ich bin davon überzeugt, dass wir ein erstklassiges Team von investigativen Journalisten brauchen werden, um diese Nuss zu knacken«, erzählte mir Bales. Ich drücke beide Daumen, dass es so kommen wird.

Paradoxerweise, so Bales, führt die Patina ordentlicher Gerichtsverfahren, welche sich die USA erfolgreich bewahren, dazu, dass diese Form von *potenzieller* Sklaverei schwieriger zu bekämpfen ist als die Sklaverei in Ländern, in denen Menschen direkt inhaftiert und zu Häftlingsarbeit gezwungen werden. »China ist ein perfektes Beispiel«, sagte er mir. »Immer wieder werden Menschen einfach auf der Straße eingesammelt, ohne jedoch tatsächlich verhaftet, beschuldigt, angeklagt oder verurteilt zu werden, und landen dann für zehn Jahre in einer Gefängnisfabrik.« Laut Amnesty International genügt es in China, der religiösen Minderheit der Falun Gong anzugehören, um »willkürlich inhaftiert« zu werden.[9]

Also könnte der letzte Sklave aufgrund eines Friedensvertrags in einer Konfliktregion freikommen oder dann, wenn das letzte ungerechte Strafvollzugssystem endlich seine schlimmsten Praktiken beendet. In beiden Fällen wird es wahrscheinlich nicht das Ende der Sklaverei sein, das an diesem Tag Schlagzeilen macht. Der schwierigste Teil in Bezug auf das Ende der Sklaverei besteht darin, Gesellschaften zu schaffen, in denen ehemalige Sklaven sich entfalten können. Wie Choi-Fitzpatrick schreibt: »Der Mensch lebt nicht isoliert, sondern eingebunden in soziale Normen, übergeordnete gesellschaftliche Dynamiken und seit langer Zeit bestehende Gemeinschaften.«

Es ist die Aufgabe derjenigen, die Sklaverei nie kennenlernen mussten, zum Aufbau von Gemeinschaften beizutragen, in denen ehemalige Sklaven die Fülle eines Lebens in Freiheit entdecken können. Sehen Sie? Ich habe Ihnen doch gesagt, dass ich mich scheinheilig anhören werde.

Kapitel 19

Was wirklich passiert, wenn der letzte Friedhof voll belegt ist

Noch in diesem Jahrhundert? Ja.

Plausibilität: ✲✲✲✲✲

Muss man davor Angst haben? Ja, aber nur wegen all der gruseligen Skelette.

Sollte man deshalb seine Lebensgewohnheiten ändern? Nein.

Hinweistafel am Eingang des St.-Michael-Friedhofs in Boston, Massachusetts

Exhumierung von Gräbern

Die Frist zum Stellen von Anträgen endet am 30. September.

Nachdem alle Anträge registriert wurden, wird die Exhumierung von Gräbern beginnen. Jeder Antragsteller wird zu einem späteren Zeitpunkt über die Exhumierung in Kenntnis gesetzt.

- Exhumierung, Einäscherung und Bestattung/Seebestattung eingeäscherter Überreste durch das Umweltschutzministerium (EPA).
- Die Exhumierung wird durch das von der EPA beauftragte Bestattungsunternehmen durchgeführt.

- Jede Grabstelle wird einzeln exhumiert, unter strenger Aufsicht der EPA.
- Angehörige und Verwandte dürfen auf Wunsch der Exhumierung beiwohnen.
- Nach der Exhumierung werden die sterblichen Überreste im Krematorium des St.-Michael-Friedhofs eingeäschert.
- Den Angehörigen ist es freigestellt, ob die eingeäscherten Überreste durch das von der EPA beauftragte Bestattungsunternehmen in einer staatlichen Urnenhalle oder auf See bestattet werden sollen. Im ersteren Fall werden die eingeäscherten Überreste aus jeder betroffenen Grabstelle in eine Urne gegeben und in einer von der EPA zugewiesenen Standardnische in einer nahe gelegenen staatlichen Urnenhalle bestattet werden, soweit verfügbar – nach Maßgabe der Angehörigen. Sollten die Angehörigen den Ort der Nische selbst zu wählen wünschen, wird ihnen das nach Zahlung einer Gebühr von 250 Dollar pro Urnennische gestattet.
- Die Kosten der Exhumierung, Einäscherung in einem staatlichen Krematorium und Bestattung der eingeäscherten Überreste in der zugewiesenen Standardnische mit einer Gedenktafel aus Marmor in einer staatlichen Urnenhalle oder der Bestattung auf See werden von der EPA getragen.
- An der Urnennische wird eine Gedenktafel aus Marmor mit dem Namen der verstorbenen Person und ihrem Sterbedatum angebracht.
- Antragstellern, die an der Gedenktafel aus Marmor eine Fotografie der verstorbenen Person anzubringen wünschen, wird das auf eigene Kosten gestattet.
- Angehörigen, die selbst ein Bestattungsunternehmen beauftragen möchten, um die Grabstelle zu exhumieren, die eingeäscherten Überreste in einer privaten Urnenhalle zu bestatten oder eine Seebestattung zu arrangieren, wird das auf eigene Kosten gestattet.

Allen Angehörigen wird nahegelegt, das Antragsformular frühzeitig einzureichen. Sobald der Antrag registriert wurde, wird die EPA das Datum der Exhumierung festlegen und den Antragsteller zu einem späteren Zeitpunkt über die Exhumierung durch die EPA in Kenntnis setzen. (Alle Grabstellen, für die kein Antrag gestellt wurde, werden exhumiert, die sterblichen Überreste werden eingeäschert und für drei Jahre aufbewahrt, um dann auf See bestattet zu werden.)

Falls der Text dieser fiktiven Hinweistafel, den Sie gerade gelesen haben, Ihnen irgendwie bizarr oder seltsam vorkommt, können Sie nicht aus Singapur sein. Tatsächlich wurde dieser fiktive Text beinahe wörtlich von einem sehr realen Schild abgeschrieben, das ich in Singapur gesehen habe, im Choa Chu Kang Cemetery – dem größten öffentlichen Friedhof Singapurs, und damals der einzige, der noch in Betrieb war. Ich habe dabei nur ein paar Worte geändert, um das Schild an die Umstände in Boston anzupassen, aber die Vorschriften über Exhumierung (Randbemerkung: Ich hätte statt »Exhumierung« einen tröstlichen Euphemismus erwartet, etwa »Unterbrechung der letzten Ruhe«, aber dankenswerterweise wurde darauf verzichtet), Einäscherung und Bestattung auf See oder in einer »Urnenhalle« – einer Art Bibliothek mit Regalen für Graburnen mit menschlicher Asche – sind alle völlig real. Während ich dies schreibe, wird ein Drittel aller Grabstellen im Choa Chu Kang Cemetery exhumiert, da die singapurische Regierung entschieden hat, dass Friedhöfe eine Platzverschwendung seien.

Die Menschen in Singapur, mit denen ich gesprochen habe, erwarten, dass das in den nächsten Jahren mit allen Friedhöfen in Singapur geschieht, obwohl Singapurs Bevölkerung seit 2017 nicht mehr wächst.[1] Dennoch ist der erklärte Grund für die Auflösung von Friedhöfen fast ausnahmslos, dass zusätzlicher Platz für Wohnraum geschaffen werden soll. Mit anderen Worten: Zu solchen Projekten kommt es nicht etwa, weil die Bevölkerung es fordert, sondern weil, während ich dies schreibe, die Immobilienpreise in Singapur explodieren, laut Bloomberg durch Nachfrage von Käufern aus

China, Taiwan und Südkorea, und dadurch den mächtigsten Bürgern des Landes zusätzliche Erlöse einbringen: den Immobilienbaronen.[2]

Singapur ist ein wohlhabender und religiös vielfältiger Stadtstaat, dessen Wirtschaft von der Regierung strikt kontrolliert wird, und zwar vor allem, wenn es um die Nutzung von Grund und Boden geht. Und es ist auch das am zweitdichtesten bevölkerte unabhängige Land der Welt, mit fast sechs Millionen Einwohnern, die sich auf einer Fläche von etwa 720 Quadratkilometern drängen. Das macht das Land zu einer faszinierenden Fallstudie zum Thema Bestattungen.

Manche Religionen, etwa der Islam, schreiben vor, dass ihre Anhänger begraben werden. Und das können sie auch, denn obwohl sie voll belegt sind, ermöglichen einige Friedhöfe in Singapur nach wie vor Beerdigungen – sehr, sehr teure Beerdigungen. Aber die Sache hat einen Haken: Die Regierung schreibt vor, dass die Verstorbenen nach 15 Jahren exhumiert werden müssen, wie es auf dem Schild oben beschrieben ist.

Mein Freund He Shuming, der einfach nur »Shu« genannt wird, ist Filmemacher in Singapur. Er hat mir erzählt, wie es war, als die sterblichen Überreste seines Großvaters von dem einstmals großen, parkartigen Full-Service-Friedhof Mount Vernon in eine öffentliche Urnenhalle namens Mandai – eine ausgedehnte, mehrstöckige Anlage in einem abgelegeneren Teil der Stadt – überführt wurden. Die Verlegung hat durchaus Vorteile gebracht, erzählte mir Shu. Zum Beispiel wurden auch seine anderen Familienmitglieder dort bestattet, sodass die Verwandtschaft bei einem Besuch sämtliche Grabstätten aufsuchen kann, ohne zu verschiedenen Friedhöfen fahren zu müssen. Außerdem gibt es in Mandai »Airconditioning« – eine Klimaanlage.

Aber Shu, der unweit von Mount Vernon zur Schule gegangen ist, vermisst den historischen Friedhof. »Früher sind wir immer um den Friedhof gejoggt, das war schön. Es waren Grabsteine aus dem frühen 20. Jahrhundert zu sehen. Dort lagen Menschen, die im frühen 19. Jahrhundert geboren waren. Es ist wirklich erstaunlich; als Kind habe ich nicht gedacht, dass jemand so alt werden könnte.«

Wenn Sie heute Mount Vernon besuchen, werden Sie das, was vom Friedhof übrig geblieben ist, eingezwängt zwischen lärmenden

Baustellen vorfinden. Fast alle Gräber des alten Friedhofs, der heute »Bidadari Park« genannt wird, wurden exhumiert, und an ihrer Stelle werden Hochhäuser mit 11 000 neuen Wohnungen gebaut.[3] Es gibt auch – das klingt wie ein Witz, ist aber keiner – eine kleine *Gedenkstätte für den Friedhof, der sich einst dort befand.* Dort liegen einige Grabstätten prominenter Verstorbener mit Gedenktafeln, die ihre Lebensgeschichten erzählen. Auf einer dieser Tafeln ist zu lesen: »Koona Vayloo Pillay wurde in Singapur geboren und von einem unehrenhaften Mann um sein Erbe gebracht, hat aber dann als Milchmann hart gearbeitet, um wieder wohlhabend zu werden.« Ein Informationsschild ließ mich wissen, dass einst auf diesem Friedhof 58 200 Christen, 68 000 Muslime und zahlreiche Hindus bestattet waren. Heute sind es nach meiner Zählung insgesamt nur noch etwa 15 Gräber.

Bidadari wurde im Rahmen eines Projekts geräumt, das 2001 in Angriff genommen wurde. Damals drehte Tan Pin Pin die fesselnde Kurzdokumentation *Moving House*, die zeigt, wie sich das abspielt: Nachdem der Familie Chew mitgeteilt worden war, dass ihre verstorbenen Eltern verlegt werden müssten, hielt sie eine traditionelle chinesische Zeremonie ab, bei der sie für die Störung der Totenruhe um Vergebung bat.[4] Dann entschieden sie sich, der Exhumierung beizuwohnen, während ein Team von Totengräbern mit Werkzeugen die Särge ihrer Eltern ausgrub, vorsichtig mit einer Kettensäge die Sargdeckel öffnete, die Gebeine, Kleidungsreste und Zahnprothesen heraussammelte und den Rest für die Reise zum Krematorium in Einkaufstüten verpackte. »Ich persönlich«, sagte ein Mitglied der Familie Chew, »lehne die Exhumierung ab. Wenn unsere Vorfahren sterben, werden sie an einer Glück verheißenden Stelle beerdigt, damit ihre Geister die guten Feng-Shui-Elemente an diesem Ort aufnehmen können.«

Nachdem eine Familie wie die Chews ihre Vorfahren in die dicht belegte Urnenhalle Mandai verlegt hat, so erzählte mir Shu, ändern sich für Menschen traditionellen chinesischen Glaubens die Trauerrituale total. »Ich weiß nicht genau, wie es funktioniert, aber deine Seele ist losgelöst von deiner Asche«, sagte er mir. »So wurde es mir zumindest erklärt.«

Und so ist es nicht nur in Singapur. Da 0,8 Prozent der gesamten Weltbevölkerung jedes Jahr sterben und wegen des Babybooms zwischen den späten 1940er- und den späten 1950er-Jahren zu erwarten ist, dass Bestattungsunternehmen im Laufe der nächsten 20 Jahre sehr viel zu tun bekommen werden, bestehen kaum noch Zweifel, dass die ökonomischen Realitäten einer permanenten Beerdigung sterblicher Überreste sich sehr bald radikal verändern und dadurch in vielen Gesellschaften seit Jahrhunderten überkommene Bestattungsgebräuche stören werden. Andere Gesellschaften haben diese Probleme schon vor langer Zeit gelöst.

In Deutschland zum Beispiel werden Grabstätten für etwa 20 Jahre verpachtet.[5] Wenn Sie ein toter Deutscher sind und der Pachtvertrag für Ihr Grab ausläuft, kann Ihre Familie die Pacht verlängern, falls ihr noch etwas daran liegt, Sie zu besuchen. Falls nicht, werden Ihre Gebeine in ein, nun ja, Massengrab verlegt. In Österreich ist es ähnlich; dort machte es Schlagzeilen, als 2012 die sterblichen Überreste der Eltern Hitlers verlegt wurden, um zu verhindern, dass in der kleinen Stadt Leonding Neonazis auftauchen, um ihren Respekt zu erweisen.[6] In Japan werden dagegen praktisch 100 Prozent aller Verstorbenen eingeäschert.[7]

Die wesentlich aufwendigeren Gebräuche, die vor allem – aber nicht nur – in den englischsprachigen Ländern vorherrschen, erfordern einen Sarg. Das ist ein luftdichter Holzkasten, der etwas über zwei Meter lang ist, 70 Zentimeter breit, 60 Zentimeter hoch und etwa 70 Kilogramm sterbliche Überreste enthält sowie ein Kilogramm Kleidung und zehn Kilogramm Balsamierflüssigkeit. Meist wird dieser Sarg in eine »Gruft« eingelassen – einen anderthalb Tonnen schweren Zementkasten, der etwa 230 Zentimeter lang, 90 Zentimeter breit und 90 Zentimeter hoch ist. Das alles wird in ein 180 Zentimeter tiefes Loch versenkt und theoretisch auf alle Ewigkeit dort belassen. Als dieses Verfahren aufkam, sollte es wohl – nehme ich an – jedes Mal wiederholt werden, wenn jemand gestorben war, für alle Zeiten.

Die kommende Sterbewelle wird zahlreiche Friedhöfe überfordern, vor allem in dicht bevölkerten Städten. In London wird laut einem Artikel im *Guardian* erwartet, dass bis spätestens 2045 der Platz auf den Friedhöfen ausgeht.[8] Hongkong hat schon jetzt keinen Platz mehr auf Friedhöfen, und in Urnenhallen[9], außer zu extrem hohen Preisen, und auch in Festlandchina ist es fast so weit.[10] In Cardiff waren 2018 die Menschen beunruhigt, weil ihnen womöglich nur noch zwei Jahre blieben, bis ihnen der Platz ausgehen würde; aber nicht überall in Wales ist die Lage so angespannt.[11] In der ländlichen Gemeinde Rhondda Cynon Taf heißt es zum Beispiel, dass bis 2118 genug Platz vorhanden sei, um alle Toten unter die Erde zu bringen.[12]

Bis jetzt haben sich zahlreiche panische Vorhersagen in aller Welt, dass bald der Platz ausgehen werde, nicht bewahrheitet, weil viele Friedhofsbetreiber Innovationen eingeführt haben.

»Je knapper das Land wird, desto teurer wird es auch, und daher sind Grabstätten in den vergangenen 50 Jahren teurer geworden – wesentlich teurer«, erläutert David Charles Sloane, Professor für Stadtplanung an der University of Southern California und Autor des Buches *The Last Great Necessity: Cemeteries in American History* (Die letzte große Notwendigkeit: Friedhöfe in der amerikanischen Geschichte). Sloane sagt, schon in den 1970er-Jahren habe ihm ein Friedhofsbetreiber erzählt: »Wir haben höchstens noch 15 Jahre. Wir sind erledigt. Wir sind voll.« Aber dieser Friedhof, so Sloane, »hat einen Unternehmensberater engagiert, und zwei Jahre später hatten sie genug Grabstätten für weitere 50 Jahre gefunden«.

Derartige »Optimierungsmethoden« der Flächennutzungsberater werden dazu führen, dass der letzte Friedhof, dem der Platz ausgeht, ein chaotischer Friedhof sein wird. Sloane beschreibt die Maßnahmen, die von den Beratern in die Wege geleitet wurden: »Sie haben Durchfahrtsstraßen geschlossen und daraus Grabstätten gemacht. Sie haben Fußwege geschlossen und daraus Grabstätten gemacht.« Bald wird es Ihnen nicht mehr gelingen, ein bestimmtes Grab auf einem dicht belegten Friedhof zu finden, ohne sich von dem GPS-Navi Ihres Telefons leiten zu lassen. »Dafür wird es eine App geben müssen, und es *wird* eine App geben«, sagte Sloane mir im Vertrauen.

Er fügte hinzu, dass an Friedhöfen wie dem Arlington National Cemetery, dem bekanntesten Friedhof der USA, das Management mit Versuchen experimentiert, »die Kapazität dramatisch zu erhöhen«, indem die Leichname von Familien in immer tieferen Gräbern übereinandergestapelt werden. »Bei zwei Eltern und ihrem Einzelkind werden sie die Grube drei Meter, vier Meter oder noch tiefer ausheben.«

Arlington, wo etliche US-Präsidenten bestattet sind, ist ein besonders krasses Beispiel für die Kosten, die entstehen, wenn Friedhöfe geschlossen werden. Karen Durham-Aguilera, die ehemalige geschäftsführende Direktorin der Army National Military Cemeteries, sagte 2017, dass Arlington, wenn nicht neue (und unfaire) Zugangsvoraussetzungen für Grabstätten eingeführt werden würden, »den Angehörigen der Streitkräfte, die im Golfkrieg oder einem späteren Konflikt gedient haben, nicht mehr als letzte Ruhestätte zur Verfügung stehen wird«[13]. Obwohl ein Erweiterungsplan umgesetzt wird, ist zu erwarten, dass auf diesem Friedhof Mitte des 21. Jahrhunderts keine einzige Grabstätte mehr frei sein wird.

Laut Sloane gibt es auf der ganzen Welt keinen besseren Ort, um die »schöne neue Welt« der amerikanischen Friedhöfe zu erleben, als Los Angeles. Der führende zukunftsorientierte Friedhof der kalifornischen Metropole heißt – passenderweise – Hollywood Forever Cemetery. Er ist ein bekanntes Wahrzeichen der Stadt und ein ausgefallener kultureller Wallfahrtsort. Laut Sloane »versuchen sie dort, den Friedhof wieder zu einem öffentlichen Raum zu machen«. Ich habe im Hollywood Forever viel Zeit verbracht, und zwar zum einen, weil dort meine Urgroßeltern in einem Mausoleum beerdigt sind, und zum anderen, weil ich mehrfach zu Open-Air-Filmvorführungen gegangen bin, die der Friedhof in den Sommermonaten veranstaltet, und auch zu einem Konzert des schwedischen Singer-Songwriters Jens Lekman.

Der Hollywood Forever Cemetery ist ein absolutes Muss, wenn Sie als Tourist nach L. A. kommen. Dort finden Sie eine üppige und bunte Parklandschaft vor, was durchaus passend ist, wenn man bedenkt, dass sich hier die letzte Ruhestätte von Hollywoodlegenden wie Judy Garland, Cecil B. deMille und Rudolph Valentino befindet. Doch die überwältigende Vielfalt dessen, was dort zu sehen ist, wird durch einige der seltsameren Friedhöfe von New Orleans noch in den Schatten gestellt. Ich beziehe mich hier auf die Friedhöfe von New Orleans, weil ihre Mischung aus gotischem und kolonialistischem künstlerischen Ausdruck, dichter Belegung und der Notwendigkeit, wegen Überflutungsgefahr die Toten in Grabmälern zu bestatten statt unter der Erde, zu den schauerlich-charmantesten – und oftmals regelrecht hinreißenden – Friedhöfen der Welt geführt hat. Für den Hollywood Forever Cemetery, der mitten in Los Angeles liegt, ist es eine beachtliche Leistung, einem so hohen Niveau an Seltsamkeit nahezukommen.

Auf dem Hollywood Forever Cemetery gibt es an vielen Stellen keine klar abgegrenzten »Reihen« oder überhaupt irgendwelche festgelegten ästhetischen Regeln, wodurch eine breite Vielfalt an kulturellen Ausdrucksformen und ein integrierter Ansatz für die Mischung verschiedener Religionen – den Toten wird es vermutlich nichts ausmachen – ermöglicht wird, der zu einem Meer von rötlich-braunen, schwarzen und grau gefleckten Grabsteinen und -skulpturen geführt hat, mit oder ohne Foto des Verstorbenen, neben relativ bescheidenen Grabmälern zu ebener Erde und enormen Mausoleen für einen einzigen Verstorbenen, mit eigenem Wassergraben und glitzerndem Zierteich. Das surreale Ambiente wird noch verstärkt durch eine Gruppe von Pfauen, die nach Belieben zwischen den Grabsteinen umherstolzieren können. Derzeit wird das ganze Chaos vom einem Netz von Asphaltstraßen durchbrochen, die breit genug sind, um auf beiden Seiten parkenden Autos Platz zu bieten. Die Straßen machen es einfach, sich auf dem Friedhof zurechtzufinden, aber in Anbetracht der Tatsache, dass eine Grabstätte dort bis zu 242 000 Dollar kostet, ist abzusehen, dass sich das alles ändern wird.[14]

»Dort sind sie enorme Risiken eingegangen und haben viel Geld verdient«, erzählte mir Sloane. Aber irgendwann wird auch dem Hollywood Forever Cemetery der Platz ausgehen, und das kommende Ende der Ära von Friedhöfen wird von immer mehr Exhumierungen gekennzeichnet sein – die hoffentlich alle nach Plan durchgeführt werden, im Gegensatz zu dem Malheur, zu dem es 2001 kam, als Friedhofsgärtner des Menorah Gardens Cemetery an der Stadtgrenze von Fort Lauderdale, Florida, sich daranmachten, die Grabstätten auf raffinierte Weise à la Hollywood Forever umzugestalten, und dabei versehentlich Dutzende von Leichnamen mit dem Schaufelbagger exhumierten.[15] Als die werten Dahingeschiedenen in Erdhaufen auftauchten, von denen die Arbeiter dachten, sie seien einfach nur Füllmaterial, siebten sie die Knochen aus und deponierten sie in der Wildnis, bevor sie mit ihrem Projekt weitermachten.

Nachdem der Skandal aufgedeckt worden war, wurde die Muttergesellschaft des Friedhofs (eine Holdinggesellschaft namens SCI) mit einer Sammelklage und Geldstrafen des Bundesstaates Florida überzogen – Forderungen, die sich auf insgesamt 100 Millionen Dollar beliefen. SCI musste sich außerdem bereit erklären, alles wieder »in

Ordnung zu bringen«, womit gemeint war, dass einige Umbettungen rückgängig gemacht werden mussten, durch die Familiengräber auseinandergerissen worden waren, sodass Ehemann und Ehefrau an entgegengesetzten Enden des Friedhofs zu liegen gekommen waren.[16]

Dabei hatten die Betreiber des Menorah Gardens Cemetery nur das gleiche, unmöglich zu haltende Versprechen gemacht wie *jeder* Friedhof: ewige Ruhe. Tatsächlich nehmen viele Friedhöfe dieses Versprechen sogar in ihren Namen auf: So gibt es zum Beispiel in Houston eine berühmte Leichenhalle mit angeschlossenem Friedhof, die Chapel of Eternal Rest at Forest Park (Kapelle der ewigen Ruhe am Waldpark). Und Wyatt Earp, der legendäre Sheriff des Wilden Westens, ist in der kalifornischen Stadt Colma begraben, im Little Hills of Eternity Memorial Park (Friedhof an den Kleinen Hügeln der Ewigkeit). Und zählt nicht auch Hollywood *Forever* zu dieser Kategorie?

Dieses auf Dauer völlig unhaltbare Konzept ist ziemlich neu. Im größten Teil der Menschheitsgeschichte war es gang und gäbe, Gräber zu »recyceln«, wenn man so will, und das war sehr vernünftig. Sicher, seit undenklichen Zeiten wurden vermeintlich permanente und sehr teure Grabmale errichtet, für Menschen wie die Pharaonen Ägyptens oder die Ehefrauen der Großmoguln Indiens, aber sie waren immer die Ausnahme. Im Laufe der Geschichte bekam die weitaus überwiegende Mehrheit einfacher Menschen nicht einmal einen Grabstein.

Wie es die Gebräuche in den deutschsprachigen Ländern vermuten lassen, haben die Europäer ein System feierlicher Begräbnisse perfektioniert, auf die nach einigen Jahren eine Exhumierung folgt. Wenn die richtigen Bedingungen geschaffen werden, wird ein auf dem Friedhof beerdigter Leichnam nach etwa zehn Jahren zersetzt sein – was bedeutet, dass diese Europäer noch effizienter arbeiten als die Totengräber im hypermodernen Singapur.[17] In diesem kurzen Zeitraum zersetzen sich Organe, Haut und Haare vollständig zu Humus; es bleiben nur die ausgetrockneten Knochen übrig und – zum Glück – kein entsetzlicher Verwesungsgeruch. Die anonymen Knochen werden dann exhumiert. Im Mittelalter wurden sie in Ossarien – Beinhäusern – gesammelt, wo sie sich zum großen Teil auch heute noch befinden.

Also sollten wir die grimmigen Kunstwerke im Sedletz-Ossarium, der berühmten Prager »Gebeinkirche«, oder das makabre Totenlabyrinth in den Pariser Katakomben nicht als die Werke gotischer Wunderlinge der Geschichte betrachten, sondern vielmehr als die am wenigsten verstörende Antwort auf die Frage: »Hey, was sollen wir eigentlich mit den ganzen Knochen machen?«

Aber bevor Sie denken, dass es in diesem Kapitel ausschließlich um künftige Innovationen geht, möchte ich deutlich machen, dass temporäre Beerdigungen schon ihr Comeback begonnen haben – und das nicht nur in Singapur und Hongkong. Diese Idee ist inzwischen auch in dem Land mit der weltweit zehntgrößten Bevölkerung wiederaufgetaucht – nämlich in Mexiko. Der Mangel an Grabstätten in Mexico City wuchs sich 2014 zu einer solchen Krise aus, dass ein Gesetz über zeitlich begrenzte Beerdigungen nach dem Muster Singapurs vorgeschlagen wurde. Was bedeutet, dass Verblichene, deren Angehörige sich die höheren Kosten leisten können, unter der Erde bleiben, während alle anderen, die nicht zahlen können, sich für eine andere Option entscheiden müssen.[18]

Aber Mexiko ist auch noch aus einem anderen Grunde interessant. Während US-Amerikanern häufig vorgeworfen wird, sie würden die Existenz des Todes völlig verdrängen, ist für Mexikaner der Tod buchstäblich ein Bestandteil des Lebens – die *Calavera*, ein stilisierter Totenkopf, ist eines der meistverehrten Symbole der mexikanischen Kultur. Alljährlich am 1. November feiern die Mexikaner den *Día de Muertos*, den Tag der Toten – häufig mit ausgelassenen Feiern, die auf Friedhöfen stattfinden.

Da der Tod ein so zentraler Bestandteil der mexikanischen Weltanschauung ist, vertritt Jesus Guzman, der in Mexico City als Aktivist für die Unión Autónoma de Pueblos y Barrios Originarios del Distrito Federal, der Autonomen Union indigener Städte und Nachbarschaften im Bundesbezirk, arbeitet, den Standpunkt, dass die Beamten der Stadtverwaltung die Kultur der Urbevölkerung auslöschen würden, wenn sie indigenen Mexikanern verböten, ihre Toten zu begraben. »Sie haben eine andere Weltanschauung als wir«, sagte er 2014 in einem Interview auf NBC News.[19] »Können Sie sich das vorstellen, dass sie mit einem Federstrich Allerheiligen und den *Día de Muertos* abgeschafft haben? Sie haben keine Ahnung, was sie tun.« Seine

Gruppe protestierte vehement gegen das vorgeschlagene Friedhofsgesetz und blockierte einen großen Boulevard. Bis jetzt ist in Mexico City keine Exhumierungsvorschrift erlassen worden, wodurch Grabstätten nur noch knapper geworden sind.

Unterdessen sind in Städten wie London andere Friedhofsinnovationen erkundet worden. Im Jahr 2004 wurden dort »Doppeldecker-Gräber« vorgeschlagen, wobei den Inschriften auf alten Grabsteinen neue Namen hinzugefügt werden sollten.[20] Doch laut einem 2017 veröffentlichten Bericht des Unterhauses wurde das nicht umgesetzt. Seither blieb diese Praxis, die als »heben und vertiefen« bezeichnet wird, unter jeder nachfolgenden Regierung »im Prüfverfahren«, was bedeutet, dass dieses Problem einfach nur auf die lange Bank geschoben wird.[21]

Machen wir uns nichts vor: Grabstätten auf Friedhöfen sind ein irrsinniger Luxus. Die riesigen Flächen, die Friedhöfe mitten in unseren Städten belegen, verbrauchen eine Menge Platz. Daher ist abzusehen, dass die Lebenden über kurz oder lang gegen diese Praxis rebellieren werden. Man sehe sich nur New York City an: Laut einem Bericht der Zeitschrift *New York* wurden 2015 die letzten beiden Grabstätten in Manhattan zum Kauf angeboten, zu einem Stückpreis von 350 000 Dollar.[22] Das ist also ein Stadtteil, wo Sie sich einfach nicht mehr begraben lassen können. Falls Sie es nicht in den ersten 400 Jahren der Existenz Manhattans durch das Tor am Friedhofseingang geschafft haben, wird der Pförtner Sie heute nicht mehr einlassen.

Im Rahmen der wachsenden Verbreitung generell umweltfreundlicherer Lebensweisen hat sich auch ein Trend zu ökologischen Biogräbern entwickelt für Menschen, die Schuldgefühle plagen, wenn sie nach ihrem Tod so viel Platz in Beschlag nehmen würden. So bietet zum Beispiel der Hillside Memorial Park and Mortuary in Culver City, Kalifornien – die letzte Ruhestätte von Stars wie Leonard Nimoy – die umweltfreundliche Option »Gan Eden« an, die David Charles Sloane von der University of Southern California ein »durchaus ansprechend gestaltetes, winzig kleines Scheibchen einer Sektion« nennt. Dort gibt es keine Zementgruft, und die Verblichenen werden nicht in einem großen, schweren Sarg begraben, sondern ganz schlicht in einem Leichentuch.

Ich habe Gan Eden besucht, und, wie Sloane sagt, der Friedhof ist tatsächlich winzig. In seiner jetzigen Form bietet er Platz für vielleicht 50 Gräber, und dank seines üppig sprießenden grünen Rasens und anderer, sorgsam gepflegter Landschaftsgestaltungsmerkmale wirkt er nicht wirklich »natürlich«. Für Ökopuristen wie mich empfiehlt Sloane den Ramsey Creek Preserve, ein rustikal mit Bäumen bewachsenes, naturbelassenes Gelände in Westminster, South Carolina, wo die Bestatteten wirklich der Natur zurückgegeben werden. Ramsey Creeke ist eigentlich nur ein Stück Wildnis, die Grabsteine sind unbehauene Natursteine. Ein Spaziergang zwischen den Gräbern unterscheidet sich durch nichts von einer idyllischen Wanderung. Ein Besucher des Friedhofs ist von welkem Laub, scheuen Rehen und zwitschernden Vögeln umgeben – doch es gibt kaum offenkundige Zeichen, dass unter dem Mutterboden verstorbene Menschen begraben liegen.

Vielleicht wird die Verfügbarkeit solcher Optionen den Übergang vom verschwenderischen Flächenverbrauch herkömmlicher Friedhöfe erleichtern. Als ein Mensch, der schon oft gesagt hat, »werft mich einfach in den Wald, wenn ich sterbe«, bin ich ein typischer Vertreter der Zielgruppe, die Friedhofsbetreiber wie Ramsey Creek ansprechen wollen – oder zumindest war ich das für den größten Teil meines Lebens.

Ich habe Beerdigungen schon immer für eine eitle Verschwendung gehalten, da hier in Südkalifornien die Friedhöfe aus riesigen grünen Rasenflächen bestehen, die ständig nach Wasser gieren – einer Ressource, die hier knapp ist. Im Gegensatz zu anderen Ländern mit ähnlichem Klima, etwa Spanien oder Israel, wo die meisten Begräbnisstätten nur mit genügsamer lokaler Vegetation oder gar nicht bepflanzt werden, sind fast alle hiesigen Friedhöfe grellgrüne Werbetafeln für endlose, die jahreszeitlich bedingten Dürren verschärfende Umweltsünden.

Meine Einstellung zu Beerdigungen hat sich geändert, als ich in Singapur war, vor allem, als ich mich einer Führung über den Bukit Brown Cemetery anschloss, der 1973 geschlossen wurde. Er galt früher als der größte chinesische Friedhof außerhalb Chinas und ist heute für eines der Exhumieren-und-Bauen-Projekte Singapurs eingeplant – durch dieses Projekt soll Platz geschaffen werden für einen neuen Highway, der nach mehreren finanziellen und logistischen

Rückschlägen nun endlich 2019 fertiggestellt werden soll.[23] Darüber hinaus gibt es Pläne, so wurde mir gesagt, auf dem restlichen Friedhofsgelände Hochhäuser mit Wohnungen zu errichten, wenn der Highway fertig ist.

Einstweilen ist Bukit Brown sowohl Naturschutzgebiet als auch Freiluftmuseum. Einerseits ist der Friedhof voller verborgener Grandeur; das Grabmal des 1918 verstorbenen singapurischen Wirtschaftsmagnaten Ong Sam Leong ist mit einer Fläche von 600 Quadratmetern größer als mein Haus. Ja, Ongs Grab ist eine absolute Platzverschwendung, aber vielleicht können Sie ihm das für einen Moment verzeihen. Sein scheinbar in Vergessenheit geratenes Grabmal oben auf einem grasbewachsenen Hügel mit einem spektakulären Blick über die Stadt ist das Meisterwerk eines Landschaftsgestalters, mit Wassergraben, chinesischen Wasserspeiern und anderen in Stein gehauenen Figuren, welche die Tugenden des Konfuzianismus symbolisieren und verschiedene chinesische Fabeln darstellen.

Andererseits ist Bukit Brown ein öffentlicher Friedhof, der dicht belegt ist mit den Gräbern ganz normaler Bürger Singapurs. Jede Grabstätte ist eine Art Schrein, der in eine Bodenerhebung hineingebaut ist, mit rund geschwungenen, gemauerten Einfassungen und einem freien Bereich, wo mehrere Menschen gleichzeitig stehen oder knien können, sodass trauernde Angehörige motiviert sind, das Grab häufig zu besuchen. Die Gräber sind nicht in platzsparenden Reihen angeordnet, sondern – wie es Familie Chew in *Moving House* berichtet hat – nach Feng-Shui-Regeln. Abgesehen davon, dass es enorm aufwendig ist, ein solches Grabmal zu errichten, ist Bukit Brown das genaue Gegenteil eines kalifornischen Rasenfriedhofs. Anstatt eine künstliche Ordnung durchzusetzen, harmoniert Bukit Brown mit der Schönheit der Natur, von der er umgeben ist. Die Wirkung ist nicht friedhofsartig in dem Sinne, wie ich »Friedhof« verstehe, nämlich als einen ernsten und friedlichen Ort. Dort ist es eher so, als wäre ich an jener Stelle im Hinterhof meiner Eltern begraben, wo ich immer mit meinen Spielzeugen spielte – ein Ort, wo ich mich nicht *nur* friedlich fühlte, sondern auch *wirklich* glücklich und sicher.

Meine Reiseführerin in Bukit Brown war Claire Leow, eine ehemalige Journalistin, die zu den Mitgründern einer losen Gruppierung von Ehrenamtlichen zählt, unter dem Motto »In jeder Hinsicht Bukit

Brown«. Sie leitet eine kleine Gemeinschaft von Taphophilen (nein, das Wort für Menschen, die sich für Friedhöfe interessieren, ist *nicht* »nekrophil«). Sie wollen ein öffentliches Bewusstsein dafür schaffen, dass *dieser Friedhof echt cool ist, die Regierung jedoch plant, ihn zu zerstören*. Und wenn Sie sich etwas länger mit Claire unterhalten, werden Sie leicht erkennen, warum Friedhöfe ihr so viel bedeuten.

Wie bei Shu wurden die sterblichen Überreste von Claires Angehörigen von Bidadari in eine öffentliche Urnenhalle verlegt, doch sie zeigt sich unbeeindruckt von den praktischen Vorteilen. Vor zwei Jahren hat sie die Urne mit der Asche ihres Bruders in der Urnenhalle besucht, erzählt sie mir. Die Gedenktafel an dem Fach mit der Urne ist hoch oben an einer Wand angebracht. »Nur wenn ich weit genug zurücktrete, kann ich gerade eben den Rand der Urne sehen.« Statt eines ruhigen und abgeschiedenen Ortes zum Trauern, erzählt Claire, »gibt es dort nur ein winziges Loch, in das ich den Stiel einer Plastikblume stecken kann, und da habe ich mir gedacht: *Das ist Quatsch! Das ist absoluter Quatsch! Hier kann ich nicht an ihn denken, hier werden höchstens meine ganzen Erinnerungen an ihn zerstört!*«

Interessanterweise wurden Claires Erinnerungen an ihn überhaupt erst durch den Friedhof ermöglicht, da ihr Bruder schon vor ihrer Geburt gestorben war. Gemeinsam mit ihrer Mutter besuchte sie ihn jede zweite Woche, obwohl ihre Mutter es nie über sich bringen konnte, ihr zu sagen, wie er gestorben war. Claire fährt fort: »Wir waren arm. Er hatte eigentlich kein richtiges Grab, und dann brach es ein, und niemand hatte das Geld, es reparieren zu lassen, aber wir haben ihn trotzdem weiter besucht. Es waren Sprünge im Marmor, und wir haben jedes Mal versucht, es wieder zusammenzusetzen, und haben das Gras gekürzt. Ich fühlte mich ihm sehr nahe, verstehen Sie?«

Eines Tages sprach Claires Mutter am Grab ihres Bruders direkt zu ihm. Claire erinnert sich, was ihre Mutter damals sagte: »Ich hätte an dem Morgen damals nicht weggehen dürfen. Du warst immer ein so guter Schüler, und dann bist du gelaufen, um den Schulbus noch zu kriegen.« Nur durch diese Reuebekundung ihrer Mutter am Grab ihres Bruders konnte Claire sich zusammenreimen, dass ihr Bruder von einem Auto überfahren worden war, als er dem Schulbus hinterherlief.

Das ist es, was wir laut Claire verlieren werden, wenn wir aufhören, unsere Angehörigen zu beerdigen: »Den Friedhof als Rückzugsraum zu haben«, um es mit ihren Worten zu sagen. Sie vergleicht das Entstehen von Erinnerungen auf einem Friedhof mit einem persönlichen Gespräch mit dem verstorbenen Menschen, was etwas anderes sei als am Telefon. »Er kann mein Gesicht sehen. Er kann meine Mimik sehen, meine Gesten. All das trägt ja auch etwas zu dem Gespräch bei, ist doch klar. Und ich glaube, dafür sind Friedhöfe da.«

Epilog

Es kann gut sein, dass viele meiner Szenarien Ihnen Angst gemacht haben – und dass es eine zermürbende Prüfung Ihres Durchhaltevermögens war, sie zu lesen. Aber wenn Sie es bis hierher geschafft haben, hoffe ich, dass zumindest einige Ihrer Zukunftsängste zerstreut wurden. Ja, Naturkatastrophen und Artensterben sind furchtbar, und manche scheinbar positiven künftigen Entwicklungen bringen düstere Begleiterscheinungen mit sich, aber hoffentlich konnte ich, indem ich sie Ihnen vor Augen geführt habe, einen Teil ihres bösen Zaubers verjagen.

Vor diesem Hintergrund möchte ich Sie, bevor ich mich von Ihnen verabschiede, auf eine Reise mitnehmen durch das, was zweifellos der finsterste von allen künftigen Tagen sein wird: der Tag, an dem alles endet.

Als ich mich darauf vorbereitete, über dieses letzte Szenario zu schreiben, habe ich »Mr. Optimism« persönlich gefragt, den in der Einleitung erwähnten Bestsellerautor Steven Pinker, wie er denn mit der Vorstellung klarkomme, dass eines Tages die Existenz von allem und jedem enden werde. Er hat mir per E-Mail geantwortet, dass er darüber *nicht* nachdenke. »Ich neige dazu, so zu handeln, als würde ›in einer Milliarde Jahre‹ das Gleiche bedeuten wie ›nie‹ – ich weigere mich einfach, mir über Zeiträume dieser Größenordnung Gedanken zu machen«, schrieb er mir. »Es gibt viel zu viele Unwägbarkeiten, die zwischen jetzt und dann passieren werden.«

Nun ja, ich kann nicht anders, Dr. Pinker, und deswegen möchte ich zum Schluss einen Moment innehalten und zurückblicken auf Zeiten, in denen einige dieser »Unwägbarkeiten« tatsächlich passiert sind und alles zu nichts wurde. Ich will es wissen: Was genau ist der Weltuntergang, und ist er wirklich unabwendbar?

Falls Sie ein Intellektueller sind, der wissenschaftliche Bücher liest, werden Sie das wahrscheinlich als gegeben hinnehmen. Falls Sie dagegen ein Wissenschaftler sind, kann es gut sein, dass Sie ein Problem damit haben, etwas für »unabwendbar« zu halten. Daniel Whiteson, ein Physiker an der University of California in Irvine und Autor des Buches *No idea – was wir noch nicht wissen: vorletzte Antworten auf die letzten Fragen des Universums,* sagte mir: »Es ist unmöglich, zuverlässige Prognosen abzugeben über das, was in Tausenden oder Milliarden von Jahren passieren wird, weil uns jedes Jahr klarer wird, wie ahnungslos wir eigentlich sind.«

Aber ein bestimmter Typ von Wissenschaftsfreak scheint die Vorstellung von einer endgültigen und unabwendbaren Apokalypse sogar tröstlich zu finden – und wenn schon nicht tröstlich, dann doch auf eine schadenfrohe und misanthropische Weise befriedigend. Die besten Beispiele für diesen perversen apokalyptischen Eifer sind die ultraviralen YouTube-Videos des deutschen Designstudios »Kurzgesagt – In a Nutshell«. In diesen Videos werden natürliche Phänomene auf eine witzige, leicht verständliche Art erklärt, und dazwischen, lieber Zuschauer, sind immer wieder Pausen, in denen fröhlich auf Ihren unvermeidlichen Tod hingewiesen wird, ganz zu schweigen vom Aussterben Ihrer gesamten Art. In einem ihrer Videos erklären sie diese Perspektive, die sie »optimistischen Nihilismus« nennen – ein Begriff, den sie selbst geprägt haben. Ihre Erklärung, was dieser optimistische Nihilismus denn nun eigentlich ist, klingt wie eine Rede von Ayn Rand, kurz bevor sie Sie umbringt:

> *[Dann] wird jede Erniedrigung, die du erleiden musstest, ausgelöscht. Keiner deiner Fehler zählt am Ende noch. Jede schlechte Tat wird nichtig. Wenn dieses Leben das einzige ist, das wir erleben, dann ist es auch das einzige, was zählt. Wenn das Universum keine Regeln hat, dann können wir entscheiden, was wichtig ist. Wenn das Universum keinen Sinn hat, dann können wir ihm einen geben.*

Ich verstehe das so, dass die Leute von »Kurzgesagt« eine Weltanschauung vermitteln wollen, die nur auf Fakten basiert und in der das Selbst keine Rolle spielt, eine Weltanschauung, die nicht »anthropozentrisch« ist, also keine promenschliche Voreingenommenheit zeigt. Das ist in gewisser Weise bewundernswert. Ich weiß auch viele der moralischen und philosophischen Schlussfolgerungen des »optimistischen Nihilismus« durchaus zu würdigen, und mir ist klar, dass mein Wunsch, meine Art möge für immer existieren – oder zumindest keines grausamen Todes sterben müssen –, per definitionem anthropozentrisch ist.

Aber diese Voreingenommenheit hat ihren Ursprung in existenziellen Ängsten, die ich nicht abschütteln kann, und ich gebe zu, dass ich daher das Leben immer aus dieser Perspektive angehe. Davon abgesehen, glaube ich aber auch, dass Anthropozentrismus durchaus seine Berechtigung hat. Mich überkommt ein extrem starker Widerwille, wenn ich mir vorstelle, dass die gesamte Menschheit buchstäblich aussterben könnte. Geht es Ihnen nicht auch so? Falls nicht, bin ich nicht ganz sicher, ob wir miteinander auskommen könnten, weil Sie sich wie ein Bösewicht aus einem Hollywoodthriller anhören, dem Gott weiß was zuzutrauen ist, wenn ich Ihnen den Rücken zukehre.

Ausgehend von der Annahme, dass Sie *sehr wohl* für die fortbestehende Existenz der Menschheit sind, ist hier mein …

Versuch Nr. 1, Sie zu beruhigen: *Die Menschheit, wie wir sie kennen, wird nicht ewig die gleiche bleiben, aber das würden wir auch nicht wollen.*

Die schlechte Nachricht zuerst: Es sieht ganz so aus, als ob so gut wie jede heute existierende Art über kurz oder lang aussterben wird, ganz gleich, was kommt. Leigh Van Valen, ein Pionier der Evolutionsbiologie, hat 1973 die These aufgestellt, dass »jede Gruppe [von Organismen], für die Daten existieren, mit einer Rate aussterben wird, die für eine gegebene Gruppe konstant ist«, was ich etwas beunruhigend finde.[1] Aber es kommt noch schlimmer: »Es sind keine definitiven Ausnahmen bekannt, obwohl einige wenige möglich sind.«

Aber dennoch würde ich da nicht allzu viel hineinlesen, da ja nicht alles auf einmal passiert. Übrigens werden alte Spezies durch neue Arten »ersetzt«: Spatzen stammen von Dinosauriern ab; ihre Art tauchte etwa in der Mitte der Dinosaurierepoche auf, und es gibt sie heute immer noch.[2]

Während diverse Arten kommen und gehen, wird in etwa einer Million Jahre die CO_2-Konzentration in der Erdatmosphäre durch die

Sonneneinstrahlung so weit reduziert worden sein, dass die meisten Varianten von Fotosynthese unmöglich werden. Ein 1982 in der Zeitschrift *Nature* erschienener Artikel kam zu dem Ergebnis, dass das so ziemlich das Ende des Lebens auf der Erde, wie wir es kennen, bedeuten wird.[3] Aber lassen Sie sich davon nicht allzu sehr deprimieren, denn laut einer 1992 veröffentlichten Antwort der Wissenschaftler Ken Caldeira und James F. Kasting bedeutet das Ende irdischen Lebens, *wie wir es kennen*, keineswegs das Ende des Lebens *überhaupt*. Sie postulieren einen Übergang auf eine andere Art von Fotosynthese, die sogenannte »C_4-Fotosynthese« – die schon heute vom Mais genutzt wird –, durch die das Leben auf der Erde für viele Hundert Jahrmillionen weitergehen kann.[4]

Das führt uns zu der Vorstellung, dass viele Tiere – der Mensch eingeschlossen – sich neben all diesen maisbasierten Pflanzen weiterentwickeln werden. In dieser Analogie sind wir die Dinosaurier, und die Spatzen sind menschenähnliche, aber besser angepasste Lebensformen, die überleben werden, wenn wir schon verschwunden sind. Es könnte auch helfen, sich vorzustellen, dass Hunde Nachkommen produzieren, die besser an eine solche Zukunft angepasst sind, und dass sich durch diesen evolutionären Prozess eine ebenso zukunftsresistente hundeähnliche Art entwickeln könnte. Der heutige Mensch und die Arten, mit denen wir die Erde teilen, könnten zwar, formal gesehen, alle aussterben, aber das schafft nur mehr Raum für unsere Nachkommen.

Darüber hinaus werden vielleicht die Organismen, die an unsere Stelle treten, solche primitiven Ideen wie das Streben nach Unsterblichkeit hinter sich lassen und stattdessen ihrem Niedergang freudig entgegensehen – wie eine Art, die ausschließlich aus erleuchteten Zenbuddhisten besteht. Denn letzten Endes ist ja unser Planet selbst eine endliche Ressource. Und seine Endlichkeit könnte dazu führen, dass unsere Nachkommen eines Tages keinen Platz mehr haben werden, wo sie leben können. Wenn wir also weiterhin beharrlich um unser Überleben kämpfen, dann sollten *sie* besser ihren Frieden schließen mit dem Tod, nicht wahr? Denn auch der Planet ist nicht für die Ewigkeit gemacht.

Versuch Nr. 2, Sie zu beruhigen: *Vielleicht brauchen wir die Erde nicht.*

An dieser Stelle werden die Dinge sehr verstörend, aber es wird wieder besser werden, also schnallen Sie sich an:

Aus statistischer Sicht ist zu erwarten, dass die Erde irgendwann im Verlauf der kommenden 600 000 Jahre mit einem Asteroiden kollidiert, der einen Durchmesser von mindestens einem Kilometer hat.[5] Laut dem Rechner auf einer meiner Lieblings-Websites, dem *Earth Impact Effects Program*, würde das der Sprengkraft von etwa 47 000 Megatonnen TNT[6] entsprechen – genug, um ebenso viel Zerstörung der Umwelt anzurichten wie ein regionaler Atomkrieg. Aber es kann gut sein, dass der Mensch – oder eine andere Art von Erdling, die dann existiert – bis zu diesem Zeitpunkt eine Art Photonentorpedo entwickelt hat, mit dem sich eine solche Kollision verhindern lässt. Andererseits haben wir ja schon in dem Kapitel über Vulkane festgestellt, dass die Erdlinge vermutlich im Laufe der nächsten paar Millionen Jahre mit einem katastrophalen supervulkanischen Ereignis fertigwerden müssen. Das könnte potenziell sogar noch schlimmer sein als ein Asteroideneinschlag.

Aber es ist durchaus *möglich*, dass die Menschheit immer weiter überlebt, und zwar nicht nur, indem sie immer besser darin wird, Katastrophen auf der Erde zu bekämpfen, sondern indem sie der Schwerkraft unseres Heimatplaneten ganz entflieht. Jetzt sind wir im Bereich der reinen, nicht von Daten gestützten Theorien angekommen, doch im Jahr 1964 hat der sowjetische Astrophysiker Nikolai Kardaschow postuliert, dass die Menschheit eines Tages in der Lage sein könnte, sich zu einer Entwicklungsstufe aufzuschwingen, die er als »Typ-III-Zivilisation« bezeichnete. Damit ist gemeint, dass die Menschheit technologisch weit genug vorangeschritten sein könnte, um die Energie der gesamten Galaxie zu nutzen.[7] Bleibt nur zu hoffen, dass der Mensch bis dahin einen Lebensstil entwickelt hat, mit dem er weniger Energie pro Kopf der Bevölkerung verbraucht, aber ich glaube, darauf kam es Kardaschow nicht an.

Kardaschow war keineswegs nur ein blauäugiger Science-Fiction-Tagträumer. In seinem 1985 erschienenen Artikel »On the Inevitability and the Possible Structures of Supercivilizations« (Über Unausweichlichkeit und mögliche Strukturen von Super-Zivilisationen) erklärt er detailliert, wie eine hinreichend hoch entwickelte Zivilisation – von Menschen oder anderen intelligenten Lebensformen – in der Lage sein könnte, so riesige und komplexe Werkzeuge zum Vorantreiben des technologischen Fortschritts zu entwickeln, dass sie Energiequellen wie supermassereiche Schwarze Löcher, die im Zentrum von Galaxien wie der Milchstraße zu finden sind, wird anzapfen können.[8] Der Futurologe und studierte Physiker Michio Kaku meint, dass es von der Erde aus wohl zwischen 100 000 und einer Million Erdjahre dauern würde, um dorthin zu reisen.[9]

Wenn wir diesen Punkt erreicht haben, werden wir eine »galaktische Zivilisation« sein, die zum Zentrum unserer Galaxie und wieder zurück reist, um Energie zu sammeln auf Reisen, die mehrere Generationen und Jahrtausende dauern. Immerhin ist das Schwarze Loch unserer Galaxie etwa 26 000 Lichtjahre von der Erde entfernt, und wahrscheinlich werden wir nie in der Lage sein, Raumschiffe zu bauen, die schneller reisen können als das Licht. Um also unsere Energie-Infrastruktur aufzubauen, müssen wir ganze Gesellschaften bilden, die durch den Weltraum schweben und aus Menschen bestehen, die nie einen Fuß auf die Erde setzen werden. Und womöglich ist das auch ganz gut so, denn wenn es erst einmal so weit ist, werden wir die Erde vielleicht überhaupt nicht mehr brauchen.

Stattdessen werden wir vielleicht in O'Neill-Kolonien leben, bislang nur theoretisch existierenden, zylindrischen und rotierenden Raumschiffen, ausgestattet mit kompletten lebenserhaltenden Ökosystemen, die alle aus der Heimat gewohnten Bequemlichkeiten bieten.[10] (Und mit »Heimat« meine ich »Heimatplanet«.) In solchen Zylindern wird es nicht nur Schwerkraft geben, sondern auch simuliertes Wetter, Topografie und eine natürliche Umgebung – tauglänzende Wiesen am Morgen und heulende Eulen in der Nacht. Es wird Städte geben, Vororte, Campingtouren, Seen, Salzwassermeere im Miniaturformat und goldgelb wogende Weizenfelder. Und das alles werden wir erleben, während wir wie der sprichwörtliche Major Tom in unseren Blechbüchsen durch den Weltraum schweben – obwohl wir dank der künstlichen Schwerkraft das eigentliche Schweben in unseren Astro-Swimmingpools erledigen werden.

Es ist zu erwarten, dass die Sonne den Planeten Erde in etwa 7,6 Milliarden Jahren verschluckt, und niemand kann wissen, ob das passieren wird, bevor oder nachdem diese gemütlichen Zylinder in Betrieb genommen wurden. Wenn es so weit ist, wird die Erde glücklicherweise nicht mehr der Planet sein, als den wir alle sie kennengelernt haben, sondern eine unbelebte, von Wüsten bedeckte Hülle, die schon vor Äonen vom Menschen (oder menschenartigen Wesen) aufgegeben wurde. Es kann sehr gut sein, dass wir Menschen an dem Tag, an dem schließlich die Sonne unseren Heimatplaneten verschluckt, das Feuerwerk aus der Ferne beobachten werden, während wir längst in der komfortablen Umgebung unserer O'Neill-Zylinder leben oder in Bergbaukolonien auf Asteroiden, die durch Terraforming bewohnbar gemacht wurden. Oder sogar in komplett funktionsfähigen Zivilisationen auf bewohnbaren Planeten, die andere Sonnen mit einer Lebenserwartung von mehreren Billionen Jahren umkreisen, im Gegensatz zu unserer eher kurzlebigen Sonne.

Wie immer es auch kommen mag an jenem fernen Tag, hier ist das Szenario, das unsere Nachfahren dann möglicherweise beobachten – auch dieses Mal *aus sicherer Entfernung*. (Ich sage »möglicherweise« und drücke die Daumen, dass wir bis dahin einen Weg gefunden haben, fern von der Erde weiterzuleben.) Die Sonne wird eine (aus menschlicher Sicht) langsame Expansion zu einem Roten Riesen hinter sich haben, und die mittlerweile völlig ausgebrannte, trockene und leblose Erde wird auf ihrer gewohnten Umlaufbahn ein letztes Mal versuchen, die Sonne zu umkreisen, stattdessen jedoch von ihrer Bahn abkommen und sich auf einer spiralförmigen Bahn der Sonne immer weiter nähern wie – es gibt keine nette Art, das auszudrücken – eine Wurst, die in der Toilettenschüssel um den Abfluss kreist.[11] Laut einem 2015 erschienenen Artikel von David Rothstein, einem Postgraduate-Forscher an der Cornell University, wird das vielleicht zwei Monate so gehen. Währenddessen wird es auf der Erde ziemlich ungemütlich sein, da sie immer heißer wird und die Sonne tagsüber einen immer größeren Teil des Himmels einnimmt, bis der ganze Himmel nur noch aus Sonne besteht. Dann wird eines Tages die Erde verschluckt sein.[12] Das wird sehr schnell passieren, wie zum Beispiel 2012, als der Stern BD+48 740 vermutlich einen seiner unbenannten Planeten verschluckte.[13] Eines Tages in jenem Jahr stellten Wissenschaftler fest, dass der Stern plötzlich viel mehr Lithium hatte als zuvor, und schlossen dann aus der Präsenz eines nahen lithiumreichen Planeten, dass der Stern seinen Nachbarn plötzlich verschluckt hatte, was dazu führte, dass all dieses Lithium an ihm klebte wie Schokolade am Kinn eines Babys. Also wird die Sonne an jenem Tag, an dem sie sich die Erde einverleibt, eine kleine Extraportion Eisen, Sauerstoff und Silikon in ihren solaren Magen bekommen. Aber hoffentlich nicht allzu viel zusätzlichen Kohlenstoff, da unsere hauptsächlich aus Kohlenstoff bestehenden Nachfahren dann schon viele Tausend Jahre zuvor geflohen sind.

Aber Moment mal – müssen wir uns nicht auch um den Tod des Universums Sorgen machen?

Versuch Nr. 3, Sie zu beruhigen: *Wir wissen weniger über die ferne Zukunft, als wir manchmal glauben wollen.*

Daniel Whiteson, der Physiker an der University of California in Irvine, hat mir erzählt, dass der »Hitzetod« des Universums eigentlich nicht wirklich gesichert ist. Vielmehr kann man ihn eher als die beste Antwort sehen, die Physiker derzeit auf die Frage haben, wo denn all die auf unserem Wissen über Physik beruhenden Trends hinführen, wenn wir sie möglichst weit in die Zukunft verlängern. Wenn wir uns nicht mit mathematischen Gleichungen aufhalten wollen, können wir einfach sagen, dass das Universum sich ausdehnt und die Entropie zunimmt, und falls sich das nicht ändert, gibt es einen theoretischen Endpunkt, an dem alle Dinge völlig frei von Energie sind, auch Atome und subatomare Teilchen, die dann zerfallen. Und das bedeutet im Endeffekt, dass nirgends mehr Materie oder Energie vorhanden sein wird.

»Es sieht so aus, als ob wir in diese Richtung gingen«, sagt Whiteson. »Aber das ist im Grunde genommen das Ergebnis einer linearen Extrapolation. *Wenn diese Dinge so weiterlaufen wie jetzt, was würde dann passieren?* Ja, dann wäre das Universum sehr ausgedehnt und kalt.«

Wieder werde ich Ihnen zuerst die schlechte Nachricht präsentieren und dann eine gute: Vielleicht wird der Hitzetod des Universums sich gar nicht so abspielen können, weil alles schon vorher enden könnte an dem Tag, an dem der böse Bruder des Big Bang auftaucht – der Big Crunch.

Hier brauchen wir von Whiteson eine schnelle Lektion über die Geschichte des Universums: In dem allerersten Mikromoment – »den ersten 10^{-35} Sekunden«, um genau zu sein – entstand das Universum mit einem Urknall aus dem Nichts. Aber das hörte dann auf, und das Universum fing an, »allmählich und sehr langsam zu expandieren«, etwa zehn Milliarden Jahre lang.

Hier kommt jetzt der beunruhigende Teil: Vor etwa fünf Milliarden Jahren begann aus Gründen, die wir noch nicht verstehen, eine mysteriöse Kraft, die »Dunkle Energie« genannt wird, »das Universum auseinanderzudrücken, und das ging wohl ungefähr fünf Milliarden Jahre lang immer so weiter. Wir haben keine Theorie, um diesen Prozess zu erklären, und keinen Mechanismus, den wir verwenden könnten, um ihn zu beschreiben.« Das ist deswegen so beängstigend, weil es aufgrund dessen, was wir *tatsächlich* über diese sich beschleunigende Expansion wissen, durchaus möglich ist, so hat Whiteson es mir erklärt, dass die Dunkle Energie »sich umkehrt und beginnt, das expandierende Universum zu verlangsamen und es dann einwärts zu beschleunigen, bis zu einem extremen Big Crunch«. Der würde das Universum zu einem winzigen, unvorstellbar dichten Kügelchen zusammendrücken, auf dem es – vermute ich mal – ein bisschen zu eng wäre, um zu überleben.

Das könnte passieren, sagt Whiteson, aber es gibt noch eine andere Erkenntnis, die viel wichtiger ist: Die Physiker »haben eigentlich überhaupt keine Ahnung, warum das Universum expandiert, und deswegen können wir auch keinerlei realistische Extrapolationen machen«.

Das liegt nicht etwa daran, dass die Wissenschaftler nur raten und Sie nicht auf sie hören sollten – mitnichten, Sie sollten *definitiv* auf Wissenschaftler hören. Es ist nur einfach so, dass dieses wissenschaftliche Neuland noch völlig unerforscht ist. Whiteson hat mir erklärt, dass die Dunkle Energie erst 1998 entdeckt wurde, also erst nach der Erfindung des Pokémon-Videospiels. Und diese Theorie über das Ende des Universums bekam erst 2002 einen wissenschaftlichen Namen, als der Astronomieforscher Milan Ćirković am Astronomischen Observatorium in Belgrad einen »Resource Letter« verfasste, in dem er für dieses neu aufkommende Forschungsgebiet die Bezeichnung »physikalische Eschatologie« prägte. »Eschatologie« ist die Lehre vom Ende der Welt, ein Begriff, der normalerweise nur in theologischen Zusammenhängen verwendet wird.[14] In seinem Brief fasste Ćirković diesen Begriff aber so weit, dass er nicht nur das Ende des Universums umfasst, sondern auch »die künftige Entwicklung von astrophysikalischen Objekten«.

Ein großer Teil unserer Vorstellungen über etwas, das wahrscheinlich erst in *Billionen von Jahren* passieren wird, wurde aus Erkenntnissen zusammengestückelt, die wir erst in den vergangenen paar Jahrzehnten gewonnen haben. »Wissenschaftler in irrsinnig vielen Jahrmillionen könnten zurückschauen und unsere ganze Ära so behandeln, [wie die heutigen Wissenschaftler] den Big Bang behandeln. Vielleicht sind dies nur die ersten Aufwärmübungen des Universums«, meint Whiteson.

Der springende Punkt ist aber, dass in Anbetracht dessen, was wir alles nicht wissen, so Whiteson, »das Universum für immer existieren könnte«.

Ich bin sicher, dass es Menschen gibt, die mich für naiv halten, weil ich so viel Zeit damit verbringe, meine Leser davon zu überzeugen, dass das Leben ewig weitergehen kann. Aber damit verfolge ich ein geheimes Ziel: Ich möchte Sie davon überzeugen, dass *es sich lohnt, an die Zukunft zu glauben*. Einige der Schrecken, die ich beschrieben habe, werden wir nicht verhindern können, andere dagegen schon. Einige der wunderbaren Dinge, die ich vorhersage, werden nicht passieren, aber andere schon. Ich kann nicht vorhersehen, wie die Zukunft sich entwickeln wird. Aber wenn wir von vornherein nicht an die Zukunft glauben, bin ich mir einer Sache ziemlich sicher: dass sie uns mehr Schrecken als Wunderbares bringt.

Seltsamerweise ist »Untergang« ein viel cooleres Konzept als »Hoffnung« (zumindest in manchen Gruppen), und ich vermute, dass ich deswegen heutzutage so häufig Menschen sehe, die mit glänzenden Augen erzählen, dass der Klimawandel eine nicht aufzuhaltende Kraft sei, die uns eines Tages alle umbringen wird. Das stimmt aus drei Gründen nicht. Der Klimawandel ist, da er von Menschen gemacht wurde, sehr wohl aufzuhalten, und er wird mit Sicherheit nicht alle von uns umbringen. Noch wichtiger: Während ich diese Worte schreibe, sind durch die verheerendsten Waldbrände in der Geschichte Kaliforniens – die durch den Klimawandel noch verschlimmert wurden –, mindestens 100 Menschen ums Leben gekommen. Die Klimaveränderung wird sich keineswegs eines fernen Tages in der Zukunft abspielen; sie ist schon jetzt in vollem Gang, und wir selbst haben sie uns eingebrockt, weil wir nicht geglaubt haben, dass die Zukunft real ist.

Solange wir glauben, dass wir unweigerlich dem Untergang geweiht sind, werden wir es nicht schaffen, uns eine lebenswerte Zukunft aufzubauen. Wie wir eben erfahren haben, besteht das Problem darin, dass die Zukunft kein großes Finale ist, kein Schlusspunkt und kein verträumtes, von erhabener Musik begleitetes Abgleiten in schwarze Finsternis; sie ist vielmehr eine Reihe von Tagen. Und wenn wir erreichen wollen, dass diese Zukunft überhaupt irgendetwas Gutes bringen kann, müssen wir uns diese Tage so vorstellen, wie wir sie haben wollen – und daran glauben, dass wir sie wirklich erleben *können*, und versuchen, sie herbeizuführen.

Danksagung

Bevor ich ein Buch schrieb, habe ich immer angenommen, dass die Danksagung am Ende lediglich eine höfliche Geste gegenüber den Menschen sei, die den Autor ermutigt haben. Inzwischen weiß ich es besser. Die folgenden Menschen haben nicht nur an mich geglaubt, sondern mir mit ihrem unermüdlichen Einsatz geholfen, *Was wirklich passiert, wenn …* zusammenzustellen, und eigentlich ist es lachhaft, dass mein Name als einziger auf dem Umschlag steht, nur weil ich derjenige bin, der sich hingesetzt und den Text aufgeschrieben hat.

Vor allem hat Paige Pearl (geb. Devitt) mich ermutigt, dieses Projekt in Angriff zu nehmen. Sie hat mir geholfen, das Exposé zu konzipieren, dafür gesorgt, dass ich auf meinen Rechercheреisen wirklich etwas erreichte, hat einige meiner Interviews arrangiert und meine schlechtesten Ideen ausgesiebt, darunter auch einen Haufen Material, das – Gott sei Dank – nicht mehr existiert, weil es auf jene Ebene der Hölle verbannt wurde, wo die schlechtesten gelöschten Buchpassagen hinkommen. Sie hat mich auch »ertragen« – um eine Formulierung aus Oscar-Dankesreden zu gebrauchen –, was bedeutet, dass sie sich um mich gekümmert hat, wenn ich wieder einmal buchstäblich unter einer meiner vielen, vielen Panikattacken litt. »Es tut mir leid, dass du so viele Ideen zu Dingen hast, die nie existieren werden«, sagt sie mir manchmal. Es ist ausschließlich Paige zu verdanken, dass dieses Buch nicht eine davon ist.

Die Abbildungen und Grafiken in diesem Buch und die Recherchearbeit, die dahintersteckt, verdanke ich Bryan Bischof und Leo Rosenberg von Quasicoherent Labs. Ich kann sie nicht erwähnen, ohne Will Chernoff dafür zu danken, mir erzählt zu haben, dass es sie gibt. Die Leute von Quasicoherent Labs waren ein Geschenk des Himmels, weil sie einen Service anbieten, von dem ich gar nicht wusste, dass es ihn gibt, obwohl ich ihn dringend brauchte: eine Werkstatt, die (wie es der Name schon andeutet) aus meinen verrückten, mir aus heiterem Himmel zugeflogenen Ideen etwas machen kann, das Sinn ergibt, die entsprechenden Statistiken zusammenstellt und visuelle Präsentationen für die ermittelten Daten entwickelt.

John Orlow hat die albtraumhafte Arbeit erledigt, die Interviews zu transkribieren; wenn er das nicht getan hätte, wäre ich jetzt in einer Nervenheilanstalt. Sam Roudman war einer der wenigen Fakten-Checker, die es schaffen, einen Text interessanter zu machen statt langweiliger. Mark Balane hat diskret das Grafikdesign überarbeitet, in Zusammenarbeit mit Ian Gordon und Shawn Scott. Peter Miller hat beim Recherchieren und Fakten-Checking geholfen. Justin Caffier hat mir erlaubt, ihm in Form von Textbotschaften Ideen und Überlegungen zu schicken, die anderweitig nicht für den menschlichen Konsum geeignet waren; ein notwendiger Entsorgungsservice, wenn Sie versuchen wollen, ein Buch zu schreiben, das die Menschen dann auch gern lesen.

Jamie Taete, Grace Wyler, Dave Schilling, Harry Cheadle, Arielle Pardes und Matt Taylor sind Kollegen, die auf vielfältige Weise die Ideen beförderten, aus denen später *Was wirklich passiert, wenn …* entstand, lange bevor ich überhaupt daran dachte, ein Buch zu schreiben. Brian Merchant war auf millionenfache Weise unentbehrlich: Er hat mir, ohne es zu wollen, den Weg gezeigt, wie man ein Schriftsteller wird, mir diese Idee schmackhaft gemacht und sie dann an seinen Agenten Eric Lupfer – der jetzt auch mein Agent ist – weitergegeben. Eric ist ein Visionär (ja, es gibt tatsächlich visionäre Literaturagenten). Claire Leow, He Shuming, Fadi Abou Akleh, Yusuf Khurram, Paul O'Dowd und Donna Lu waren mir auf meinen Reisen äußerst hilfreiche Führer. Auf irgendeine unerklärliche Weise hat die Musik von Cliff Martinez, Four Tet, HEALTH, Snail Mail und Porches in Momenten, in denen ich es sonst nicht gekonnt hätte, meine Fähigkeit zum Schreiben beflügelt.

Rick Horgan und Emily Greenwald haben diesem Buch bei Scribner eine Heimat verschafft, was bereits meine größtmögliche Dankbarkeit verdient, doch sie erwiesen sich datüber hinaus auch als außerordentlich großzügige Herausgeber, die das Projekt durch jede

Phase der schriftstellerischen Arbeit fürsorglich begleiteten. In Großbritannien gab Huw Armstrong dem Buch eine Heimat bei Hodder & Stoughton, und seine Begeisterung mir einen dringend benötigten Schub an Zuversicht.

Ich empfinde große Dankbarkeit für die Gaben, die mir qua Geburt in den Schoß gefallen sind. Ich möchte auch meiner Mutter und meinem Vater danken, meiner Schwester Maritte und meiner Hündin Lilo.

Zu guter Letzt war der große Einfluss, den mein Onkel Sam auf mein Leben hatte, seit meiner Geburt bis zu seinem Tod ungefähr zu der Zeit, als ich mit der Arbeit an diesem Buch begann, etwas, das ich immer für selbstverständlich hielt – bis er eines Tages nicht mehr da war. Sam schenkte mir Bücher von Kurt Vonnegut, was für sich genommen schon genug gewesen wäre, aber er lebte auch nach einzigartigen Wertvorstellungen, die ich mir zum Vorbild nehme. Er war ausgesprochen mitfühlend, freundlich und humorvoll, neigte aber auch zeit seines Lebens dazu, andere Menschen ganz sanft über das hinauszuführen, was sie als Grenzen ihrer Fähigkeiten wahrnahmen, und dann freute er sich für sie, wenn sie erfolgreich waren. Ich hoffe, dass ihm dieses Buch gefallen hätte. Ich war nicht sicher, ob ich es schaffen würde, es zu schreiben – aber dann habe ich es doch getan.

Anmerkungen

Einleitung

1 Mike Pearl, »How Scared Should I Be of Pit Bulls?«, *Vice.com*, 19. November 2015; https://www.vice.com/en_us/article/qbxxxd/how-scared-should-i-be-of-pit-bulls-107
2 Thomas W. Schmidlin, »Human Fatalities from Wind-Related Tree Failures in the United States 1995–2007«, in: *Journal of the International Society for the Prevention and Mitigation of Natural Hazards*, 18. November 2008, S. 13.
3 Centers for Disease Control Public Affairs, 14. Juli 2016; https://www.cdc.gov/healthypets/pets/dogs.html
4 Rajendra Pachauri et al., »Climate Change 2014: Synthesis Report«, in: *Fifth Assessment Report for the Intergovernmental Panel on Climate Change* (2015), S. 2.
5 Rhodium Group Energy & Climate Staff, »Preliminary US Emissions Estimates for 2018«, 8. Januar 2019.
6 Xiaoxin Wang et al., »Climate Change of 4 °C Global Warming above Pre-industrial Levels«, in: *Advances in Atmospheric Sciences*, Juli 2018, S. 757.
7 Josh Holder et al., »The Three-Degree World: The Cities That Will Be Drowned by Global Warming«, *Guardian Cities*, 3. November 2017; https://www.theguardian.com/cities/ng-interactive/2017/nov/03/three-degree-world-cities-drowned-global-warming
8 John Gramlich, »10 Facts About Americans and Facebook«, Pew Research Center Fact Think, 10. April 2018.
9 Aaron Smith und Monica Anderson, »Automation in Everyday Life«, Pew Research Center Internet & Technology, 4. Oktober 2017; http://www.pewinternet.org/2017/10/04/automation-in-everyday-life
10 George Charles Mitchell, *Matthew B. Ridgway: Soldier, Statesman, Scholar, Citizen*, Pittsburgh: Cathedral Publishing 1999, S. 72.

Was wirklich passiert, wenn Großbritannien die Monarchie abschafft

1 »Monarchy 2017«, in: *Brand Finance,* 2017, S. 5.
2 Claire-Haven Tang, »Fact Check: Do Tourists Visit Britain Because of the Royal Family?«, *The Conversation,* 1. Dezember 2017; https://theconversation.com/fact-check-do-tourists-visit-britain-because-of-the-royal-family-88335
3 »Monarchy 2017«, in: *Brand Finance,* 2017, S. 4.
4 Scott Mendelson, »Box Office: *Avengers: Endgame* Probably Won't Top *Avatar,* And That's Good for Disney«, in: *Forbes,* 3. Juni 2019; https://www.forbes.com/sites/scottmendelson/2019/06/03/avengers-endgame-avatar-star-wars-force-awakens-james-cameron-disney-box-office/#70b79a77879a2019
5 Anthony D'Alessandro, »*Avengers: Endgame* To Near Rare Breakeven Point With $ 1.1.B Global Opening«, *Deadline,* 27. April 2019; https://deadline.com/2019/04/avengers-endgame-breakeven-profit-after-opening-weekend-box-office-marvel-1202603237/
6 *Wall Street Journal* auf YouTube, »Is This Britain's Loyalest Royalist?«, 8. September 2015, YouTube.
7 Yoan Kolev, »1946: Third Bulgarian Kingdom Ends with a Referendum«, *Radio Bulgaria,* 23. August 2014; http://bnr.bg/en/post/100450616/1946-third-bulgarian-kingdom-ends-with-a-referendum
8 »New Rules on Royal Succession Come into Force«, *BBC News,* 26. März 2015; https://www.bbc.com/news/uk-32073399
9 »Crown Estate Makes Record £ 430 m Treasury Pay-out«, *BBC News,* 28. Juni 2016; https://bbc.com/news/uk-36643314
10 »Monarchy 2017«, in: *Brand Finance,* 2017, S. 4.
11 Richard Grant, »Not So Queer as Folk«, in: *Guardian,* 9. Januar 2004; https://www.theguardian.com/film/2004/jan/10/features.weekend

Was wirklich passiert, wenn ein Technologiemilliardär die Weltherrschaft übernimmt

1 Hans Joachim Morgenthau, *Macht und Frieden. Grundlegung einer Theorie der internationalen Politik,* Gütersloh: Bertelsmann 1963, S. 164.
2 Gary Gereffi et al., *Global Value Chain Analysis: A Primer,* Duke University Center on Globalization, Governance & Competitiveness at the Social Science Institute, 7. Juli 2016.
3 Balaji Srinivasan, »Silicon Valley's Ultimate Exit«, Rede auf der Y Combinator Conference, 25. Oktober 2013, https://www.youtube.com/watch?v=OubCHLXT6A

4 Peter Kafka, »Balaji Srinavasan, Who May Run the FDA for Trump, Hates the FDA. But Silicon Valley Likes Srinivasan«, *Recode,* 14. Januar 2017.
5 Elizabeth Spiers, »He's an ex of mine. (I am living in the strangest computer sim.) Super smart but can't imagine him wanting to run FDA except to dismantle it«, *Twitter,* https://twitter.com/espiers//status/820391496008470529
6 Elizabeth Dwoskin, »The Secretive Brain Trust of Silicon Valley Insiders Who Are Helping Trump«, in: *Washington Post,* 21. November 2016.
7 Sean Sullivan, »The Politics of Jeff Bezos«, in: *Washington Post,* 7. August 2013.
8 Mike Pearl, »How Scared Should I Be of the Singularity?«, *Vice.com,* 4. Oktober 2006, https://vice.com/en_us/article/qbnk77how-scared-should-i-be-of-the-singularity
9 Shannon Liao, »The Eight Most Outrageous Things Cities Did to Lure Amazon for HQ2«, in: *The Verge,* 19. Oktober 2017.
10 Yvonne Sanchez; »Amazon Rejects Tucson's Gift of a 21-Foot Saguaro Cactus«, in: *Arizona Republic,* 9. September 2017.
11 User: Jyrki21, »We are currently cheering for Amazon to set up shop in Ottawa during an TV timeout. I'm not making this up. #Canucks #Sens«, *Twitter,* 17. Oktober 2017; https://twitter.com/Jyriki21/status/920451152621244417
12 Erin Biba, »What It's Like When Elon Musk's Twitter Mob Comes After You«, *The Daily Beast,* 28. Mai 2018, https://www.thedailybeast.com/what-its-like-when-elons-musks-twitter-mob-comes-after-you
13 »Chiquita Brands Faces New Death Squad Charges in Colombia«, *Associated Press,* 31. August 2018.

Was wirklich passiert, wenn bei Olympia Doping erlaubt wird

1 Regan Penaluna, »Head to Head: Should We Allow a Doping Free-for-All?«, in: *Nautilus,* 18. August 2016.
2 Simon Hattenstone, »Maria Sharapova on failing that drug test: ›I felt trapped, tricked‹«, in: *Guardian,* 9. September 2017.
3 Alexis Mauger et al., »Influence of Acetaminophen on Performance During Time Trial Cycling«, in: *Journal of applied physiology* (2009), S. 98–104.
4 Jamie Strashin, »Should track and field erase its record book?«, *CBC News,* 31. Juli 2017; https://www.cbc.ca/sports/olympic/trackandfield/track-and-field-record-book-1.4221985

5 Pat Putnam, »Good Things Come in Large Packages«, in: *Sports Illustrated,* 23. August 1971.

6 Duncan Stone, »When Doping Wasn't Considered Cheating«, *The Conversation,* 9. Februar 2018; https://theconversation.com/when-doping-wasnt-considered-cheating-63442

7 Thomas Murray, »Sports Enhancement«, in: *Hastings Center Bioethics Briefings,* undatiert; https://www.thehastingscenter.org/briefingbook/sports-enhancement/

8 Karim Khan, »Meldonium Use by Athletes at the Baku 2015 European Games. Adding Data to Ms. Maria Sharapova's Failed Drug Test Case«, in: *British Journal of Sports Medicine Blog,* 8. März 2016.

9 Andrew Pollack, »Effects of Meldonium on Athletes Are Hazy«, in: *New York Times,* 3. März 2016; https://nytimes.org/2016/03/11/sports/tennis/effects-of-meldonium-on-athletes-are-hazy.html

10 Ruth Padawer, »The Humiliating Practice of Sex-Testing Female Athletes«, in: *New York Times Magazine,* 28. Juni 2016.

11 Kate Galbraith, »Is Mark McGwire on Steroids?«, in: *Slate,* 25. August 1998; https://slate.com/news-and-politics/1998/08/is-mark-mcgwire-on-steroids.html

12 »McGwire Apologizes to La Russa, Selig«, *ESPN.com,* 12. Januar 2010; http://www.espn.com/mlb/news/story?id=4816607

13 Matthew Evans, »Diet in a Day: Olympic Gold Medal Swimmer Adam Peaty«, in: *Men's Health,* 27. Juli 2017.

14 Purdue Pharma, »About Purdue Pharma«, in: *Purdue Pharma;* http://www.purduepharma.com/about/#panel

15 Barry Meier, »In Guilty Plea, OxyContin Maker to Pay $ 600 Million«, in: *New York Times,* 10. Mai 2007.

16 Tina Bellon, »U. S. State Lawsuits Against Purdue Pharma over Opioid Epidemic Mount«, *Reuters,* 15. Mai 2018.

17 Dmitri Zaretsky et al., »The Ergogenic Effect of Amphetamine«, in: *Temperature* (2014), S. 242–247.

18 Kirk Smith et al., »The last Summer Olympics? Climate change, health, and work outdoors«, in: *Lancet,* 13. August 2016, S. 642–644.

19 Fred Hartgens et al., »Effects of Androgenetic-Anabolic Steroids in Athletes«, in: *Sports Medicine* (2004), S. 514–546.

20 R. Zwiers et al., »Mortality in Former Olympic Athletes: Retrospective Cohort Analysis«, in: *BMJ* (2012).

Was wirklich passiert, wenn die Menschen unsterblich werden

1 Roger Cohen, »When I'm Sixty-Four«, in: *New York Times,* 24. Dezember 2013; https://www.nytimes.com/2013/12/25/opinion/cohen/-when-im-sixty-four.html

2 Aubrey de Grey, »How We Can Finally Win the Fight Against Aging?«, aufgenommen im November 2016 bei TEDxMünchen, Video, https://www.youtube.com/watch?v=AvWtSUdOWVI

3 CDC, »Achievements in Public Health, 1900–1999: Control of Infectious Diseases«, in: *Morbidity and Mortality Weekly Report,* 30. Juli 1999; https://www.cdc.gov/mmwr/preview/mmwrhtml/mm4829a1.htm

4 Aubrey de Grey, »Life Span Extension Research and Public Debate: Societal Considerations«, in: *Studies in Ethics, Law, and Technology,* Januar 2007, S. 6.

5 C. López-Otin, Partridge, L., Serrano, M. und Kroemer, G., »The Hallmarks of Aging«, in: *Cell* (2013), S. 1195.

Was wirklich passiert, wenn jeder einen anderen Menschen perfekt imitieren kann

1 Justus Thiel et al., »Face2Face: Real-Time Face Capture and Reenactment of RGB Videos«, in: *2016 IDEE Conference on Computer Vision and Pattern Recognition,* S. 2387–2395.

2 Samantha Cole, »AI-Assisted Fake Porn Is Here and We're All Fucked«, *VICE Motherboard,* 11. Dezember 2017; https://motherboard.vice.com/en_us/article/gydydm/gal-gadot-fake-ai-porn

3 David Mack, »This PSA About Fake News From Barack Obama Is Not What It Appears«, in: *Buzzfeed News,* 17. April 2018.

4 Nicholas Searle, »My Geriatric ›Catfishing‹ Cautionary Tale«, *Salon,* 5. März 2016; https://www.salon.com/2016/03/05/my_geriatric_catfishing_cautionary_tale/

Was wirklich passiert, wenn das letzte vom Menschen zu steuernde Auto vom Band läuft

1 Shin Kato et al., »Cooperative Driving of Autonomous Vehicles Based on Localization, Inter-Vehicle Communications and Vision Systems«, in: *JSAE Review* 22 (2001), S. 503–509.

2 Neal E. Boudette, »Autopilot Cited in Death of Chinese Tesla Driver«, in: *New York Times,* 14. September 2016.

3 Jackie Wattles, »Tesla Model X Was in Autopilot Before Fatal Crash«,

CNN Business, 31. März 2018; https://money.cnn.com/2018/03/31/technology/tesla-model-x-crash-autopilot/
4 Charles Fleming, »Tesla Car Mangled in Fatal Crash Was on Autopilot and Speeding, NTSB Says«, in: *Los Angeles Times*, 26. Juli 2016.
5 Tom Vanderbilt, »Autonomous Cars: How Safe Is Safe Enough?«, in: *Car and Driver*, 3. Oktober 2017.
6 Timothy B. Lee, »Waymo Announces 7 Million Miles of Testing Putting It Far Ahead of Rivals«, in: *Ars Technica*, 6. Juni 2018; https://arstechnica.com/2018/06//waymo-announces-7-million-miles-of-testing-putting-it-far-ahead-of-rivals/
7 Jaclyn Cosgrave et al., »Waymo Self-Driving Car Involved in Arizona Crash – But Wasn't at Fault, Police Say«, in: *Los Angeles Times*, 5. Mai 2018.
8 Edmond Awad et al., »The Moral Machine Experiment«, in: *Nature*, 24. Oktober 2018, S. 59–64.
9 Scott Cohen et al., »Autonomous Vehicles and the Future of Urban Tourism«, in: *Annals of Tourism Research* (2019), S. 33–42.
10 Clive Thompson et al., »Full Tilt: When 100 % of Cars Are Autonomous«, in: *New York Times Magazine*, 8. November 2017.
11 Tom Phillips et al., »India Is World's Most Populous Nation with 1.32 bn People, Academic Claims«, in: *Guardian*, 24. Mai 2017.
12 Amy Waldman, »In Today's India, Status Comes with Four Wheels«, in: *New York Times*, 5. Dezember 2005.
13 Amy Waldman, »Mile by Mile, India Paves a Smoother Road to Its Future«, in: *New York Times*, 4. Dezember 2005.
14 »Global Status Report on Road Safety«, World Health Organization, 2009.
15 Vivek Wadhwa, »Five Tech Predictions for 2012«, in: *Washington Post*, 30. Dezember 2011.
16 Michael Safi, »Delhi's Air Pollution Is Now So Bad It Is Literally Off the Chart«, in: *Guardian*, 15. Juni 2018.
17 Paul Lienert, »Self-Driving Costs Could Drop 90 Percent by 2025, Delphi CEO Says«, *Reuters*, 4. Dezember 2017.
18 Ryan Felton, »Baidu Open-Sources Its Software to Speed Up the Development of Autonomous Car Tech«, in: *Jalopnik*, 24. April 2017.

Was wirklich passiert, wenn Saudi-Arabien das letzte Fass Erdöl aus dem Boden pumpt

1 Statistics Times, »Projected GCP Ranking (2019–2023)«, 9. Juni 2018; http://statisticstimes.com/economy/projected-world-gdp-ranking.php
2 John Kemp, »Hedge Fund Oil Bulls on the Rampage as Bears Vanish: Kemp«, *Reuters*, 23. April 2018.

3 »Summary for Policymakers of IPCC Special Report on Global Warming of 1.5 °C Approved by Governments«, *Intergovernmental Panel on Climate Change Newsroom,* 8. Oktober 2018.

4 YouTube-Nutzer: NEOM, »NEOM – Nothing to Hold You Back«, *YouTube,* 25. Oktober 2017; https://www.youtube.com/watch?v=N53DzL3_BHA

5 »Neom Fact Sheet«, *Neom.com,* undatiert; https://www.neom.com/content/pdfs/NEOM-Fact-Sheet-en.pdf

6 Report: Political Instability May Slow Progress of Saudi Mega-City«, in: *Middle East Monitor,* 7. Februar 2018; https://www.middleeastmonitor.com/20180207-report-political-instability-may-slo-down-progress-of-saudi-mega-city/

7 »Saudi Arabia Facts and Figures«, OPEC, undatiert; https://www.opec.org/opec_web/en/about_us/169.htm

8 »Saudi Arabia«, *The Observatory of Economic Complexity,* undatiert; https://atlas.media.mit.edu/en/profile/country/sau/

9 »Best Countries for Business«, in: *Forbes,* 19. Dezember 2018; https://www.forbes.com/places-saudi-arabia

10 *Saudi Gazette,* »Full text of Saudi Arabia's Vision 2030«, in: *Al Arabiya,* 27. April 2016; https://english.alarabiya.net/en/perspective/features/2016/04/26/Full-text-of-Saudi-Arabia-s-Vision-2030.html

11 Ian Black, »Pressure Grows on Saudi Arabia over Blogger Facing Second Flogging«, in: *Guardian,* 15. Januar 2015; https://theguardian.com/world/2016/jan/15/pressure-saudi-arabia-over-blogger-raif-badawi-flogging

12 Shane Harris et al., »CIA Concludes Saudi Crown Prince Ordered Jamal Kashoggi's Assassination«, in: *Washington Post,* 16. November 2018.

13 Ben Hubbard, »Making History, Saudi Arabia Issues Driver's Licenses to 10 Women«, in: *New York Times,* 4. Juni 2018; https://www.nytimes.org/2018/06/04/world/middleeast/saudi-arabia-drivers-licenses-women.html

14 »Saudi Youth Unemployment Forecast to Exceed 42 % by 2030«, in: *Arabian Business,* 26. November 2016; https://www.arabianbusiness.com/saudi-youth-unemployment-forecast-exceed-42-by-2030–653770.html

15 »Saudi Arabia Raises the Alarm over Rising Unemployment«, in: *Financial Times,* 24. April 2018.

16 Carla Power, »Saudi Arabia Bulldozes Over Its Heritage«, in: *Time,* 14. November 2014.

17 David Usborne, »Redevelopment of Mecca: Bulldozers Bear Down on Site of Mohamed's Birth«, in: *Time,* 20. Februar 2014.

18 Karsten Strauss, »The World's Most Reputable Countries 2016: U. S. Ranks 28th«, in: *Forbes,* 24. Juni 2016.

19 »Country Ratings«, in: *Gallup Historical Trends,* 22. August 2018; https://news.gallup.com/poll/1624/perceptions-foreign-countries.aspx

Was wirklich passiert, wenn der erste echte Jurassic Park eröffnet wird

1 Doha Madani, »Fyre Festival Organizer Billy McFarland sentenced to 6 years on fraud charges«, *NBC News*, 11. Oktober 2018; https://www.nbcnews.com/news/us-news/fyre-festival-organizer-billy-mcfarland-sentenced-6-years-fraud-charges-n919086
2 Robert Lee Hotz, »Scientists Recover DNA From Dinosaur Times«, in: *Los Angeles Times*, 10. Juni 1993.
3 Susan Ward, »Welcome to the World of Amber«, *Emporia State University Website*, Januar 1996; http://www.euroamber.ca/brief_history_and_facts_on_amber.pdf
4 Susan Ward, »Myths and Truths about Amber«, Emporia State University, Januar 1996; http://academic.emporia.edu/abersusa/mayths.htm
5 »Here Come the DNAsaurs«, in: *Newsweek*, 13. Juni 1996; https://www.newsweek.com/here-come-dnasaurs-194026
6 Stanley N. Cohen und Herbert W. Boyer, »Process for Producing Biologically Functional Molecular Chimeras«, United States Patent Office, 2. Dezember 1980.
7 Matt Kaplan, »DNA Has a 521-Year-Half-Life«, in: *Nature News*, 10. Oktober 2012; https://nature.com/news/dna-has-a-521-year-halflife.1.11555
8 Charles Q. Choi, »First Extinct-Animal Clone Created«, in: *National Geographic*, 10. Februar 2009.
9 Michael Crichton, *Jurassic Park*, New York: Alfred A. Knopf 1990, S. 161.

Was wirklich passiert, wenn Antibiotika nicht mehr wirken

1 Jim O'Neill. »Tackling Drug-resistent Infections Globally: Final Report and Recommendations«, in: *The Review on Antimicrobial Resistance*, Mai 2016.
2 Press Association, »Antibiotic Resistance Could Spell End Of Modern Medicine, Says Chief Medic«, in: *Guardian*, 13. Oktober 2017.
3 Alexander Fleming, »Penicillin«, Nobelpreisrede, 11. Dezember 1945; https://www.nobelprize.org/uploads/2018/06/fleming-lecture-pdf
4 Ernest E. Faville et al., »Successful Farming«, Des Moines: Meredith Corporation, 1950.
5 Ralph Loglisci, »New FDA Numbers Reveal Food Animals Consume Lion's Share of Antibiotics«, Center for a Liveable Future, 23. Dezember 2010; http://livablefuture.com/2010/12/new-fda-numbers-reveal-food-animals-consume-lion%E2%99s-share-of-antibiotics.
6 Alison Moodie, »Will New FDA Rules Curb the Rise of Antibiotic-Resistant Superbugs?«, in: *Guardian*, 8. Januar 2017.

7 Charlotte Middlehurst, »Can China Kick Its Animal Antibiotic Habit?«, in: *Guardian,* 19. Juni 2018.
8 Centers for Disease Control and Prevention, »CDC: 1 in 3 Antibiotic Prescriptions Unnecessary«, *CDC Newsroom Release,* 3. Mai 2016.
9 G. Ziv et al., »Intramuscular Treatment of Subclinical Staphyloccocal Mastitis in Lactating Cows with Penicillin G, Methicillin and Their Sisters«, in: *Journal of Veterinary Pharmacological Therapy,* September 1985, S. 276–283.
10 Silvia Paz Maya et al., »Necrotizing Fasciitis: An Urgent Diagnosis«, in: *Skeletal Radiology,* 2014, S. 577–589.
11 Dennis L. Stevens, »The Flesh-Eating Bacterium: What's Next?«, in: *The Journal of Infectious Diseases,* März 1999, S. 366–374.
12 S. F. Bradley et al., »Methicillin-Resistant Staphylococcus Aureus: Colonization and Infection in a Long-Term Care Facility«, in: *Annals of Internal Medicine,* 1991, S. 417–422.
13 »Meet Grant Hill«, Stop MRSA Now; http://www.stopmrsanow.org/meet-grant-hill.html
14 A. J. Perez, »Giants TE Daniel Fells to Have 10th Surgery to Treat MRSA«, in: *USA Today,* 7. Dezember 2015.
15 »Bad Bugs, No Drugs«, Infectious Diseases Society of America, 2004; https://www.idsociety.org/Template.cfm?Section=Antimicrobials&Template=/ContentMananagement/Content/Display.cfm?&ContentID=9718 (mittlerweile von Website entfernt).
16 Jon Van, »85 Salmonella Outbreak Largest Ever, Study Says«, in: *Chicago Tribune,* 11. Dezember 1987.
17 Thomas J. Török et al., »A Large Community Outbreak of Salmellosis Caused by Intentional Contamination of Restaurant Salad Bars«, in: *Journal of the American Medical Association,* 6. August 1997, S. 389–395.
18 Monica H. Green, »Taking ›Pandemic‹ Seriously: Making the Black Death Global«, in: *The Medieval Globe,* 2016, S. 1.
19 Andrew Buncombe, »The Verminators: On the Frontline of Mumbai's Battle with 88 Million Rats«, in: *Independent,* 20. August 2012.
20 Polly Mosendz, »New York Doesn't Have More Rats Than People After All«, in: *Newsweek,* 6. November 2014.
21 Carlo M. Cipolla, *Storia economica dell' Europa pre-industriale,* engl. Ausgabe: *Before the Industrial Revolution: European Society and Economy 1000–1700,* New York: W. W. Norton 1974, S. 20.
22 Philip Mathew, »India's War Against Over-the-Counter Antibiotics Abuse«, in: *The Week,* 6. Juni 2017.
23 Marc Galimand, »Resistance of *Yersinia pestis* to Antimicrobial Agents«, in: *Antimicrobial Agents and Chemotherapy,* Oktober 2006, S. 3233–3236.
24 Kevin J. Mitchell et al., »Sickness Presenteeism: The Prevalence of

Coming to Work While Ill Among Pediatric Resident Physicians in Canada«, in: *Paediatrics &Child Health*, Mai 2017, S. 84–88.
25 Miwako Kobayashi, »A Cluster of Group A Streptococcal Infections in a Skilled Nursing Facility – the Potential Role of Healthcare Worker Presenteeism«, in: *Journal of the American Geriatrics Society*, 2016, S. 279–284.
26 Gabriela Paz-Bailey et al., »The Effect of Correct and Consistent Condom Use on Chlamydial and Gonococcal Infection Among Urban Adolescents«, in: *Archives of Pediatrics and Adolescent Medicine*, 2005, S. 536–542.
27 Casey E. Copen, »Condom Use During Sexual Intercourse Among Women and Men Aged 15–44 in the United States: 2011–2015 National Survey of Family Growth«, in: *National Statistics Reports*, 10. August 2017, S. 1–17.
28 Richard D. Lyons, »F. D. A. Curbs Use of Germicide Tied to Infant Deaths«, in: *New York Times*, 23. September 1972.
29 Pastagia M. et al., »Predicting Risk for Death from MRSA Bacteremia«, in: *Emerging Infectious Diseases*, 2012, S. 1072–1080.
30 W. A. McGuiness et al., »Vancomycin Resistance in Staphylococcus Aureus«, in: *Yale Journal of Biology and Medicine*, 2017, S. 269–281.
31 A. S. Bayer et al., »Mechanism of Daptomycin Resistance in Staphylococcus Aureus: Role of the Cell Membrane and Cell Wall«, in: *Annals of the New York Academy of Sciences*, Januar 2012, S. 139–158.
32 Issrah Jawad et al., »Assessing Available Information on the Burden of Sepsis: Global Estimates of Incidence, Prevalence and Mortality«, in: *Journal of Global Health*, 2012, S. 1–9.
33 Argyris S. Michalopouos, »The Revival of Fosfomycin«, in: *International Journal of Infectious Diseases*, November 2011, S. 732–739.
34 Matthew E. Falagas et al., »Potential of Old-Generation Antibiotics to Address Current Need for New Antibiotics«, in: *Expert Review of Anti-infective Therapy*, S. 593–600.

Was wirklich passiert, wenn der letzte Fisch im Meer stirbt

1 Hillel, J. Hoffman, »The Permian Extinction – When Life Nearly Came to an End«, in: *National Geographic*, undatiert; https://www.nationalgeographic.com/science/prehistoric-world/permian-extinction/
2 Justin Leonard Penn et al. (darunter auch Jonathan Payne), »Temperature-Dependent Hypoxia Explains End-Permian Mass Extinction in the Oceans«, GSA Annual Meeting in Seattle, Washington, USA, 2017; https://gsa.confex.com/gsa/2017AM/webprogram/Paper304319.html
3 Seth D. Burgess et al., »High-Orecision Timeline for Earth's Most Severe

Extinction«, in: *Proceedings of the National Academy of Sciences of the United States of America,* 4. März 2014; S. 3316–3321.
4 Jeann R. Jambeck et al., »Plastic Waste Inputs from Land into the Ocean«, in: *Science,* 13. Februar 2015; S. 768–771.
5 Antonio Pusceddu et al., »Chronic and Intensive Bottom Trawling Impairs Deep-Sea Biodiversity and Ecosystem Functioning«, in: *Proceedings of the National Academy of Sciences of the United States of America,* 17. Juni 2014, S. 8861–8866.
6 Fred Pearce, »Less Gloopy Oceans Will Slow Climate Change«, in: *New Scientist,* 21. März 2014; https://www.newscientist.com/article/dn25272-less-gloopy-oceans-will-slow-climate-change
7 Damian Carrington, »Oceans Suffocating as Huge Dead Zones Quadruple Since 1950, Scientists Warn«, in: *Guardian,* 4. Januar 2018.
8 United States Food and Agriculture Organization, »General situation of world fish stocks«, 2018; http://www.fao.org/newsroom/common/ecg/1000505/en/stocks.pdf
9 David Raup, »Size of the Permo-Triassic Bottleneck and Its Evolutionary Implications«, in: *Science,* 12. Oktober 1979, S. 217 f.
10 Cherie Briggs Lab, »Frog-Killing Chytrid Fungus in California«, Ecology, Evolution, and Marine Biology UC Santa Barbara; https://labs.eemb.ucsb.edu/briggs/cherie/research/frog-killing-chytrid-fungus-california
11 Peter Maas, »Globally Extinct Mammals«, in: *The Sixth Extinction,* undatiert; https://petermaas.nl/extinct/lists/globally-extinct-mammals/
12 J. Tanzer et al., »Living Blue Planet Report«, World Wildlife Fund for Nature, 2015; http://ocean.panda.org.s3.amazonasnews.com/media/Living_Blue_Planet_Report_2015_08_31.pdf
13 Jon Mooallem, *Wild Ones: A Sometimes Dismaying, Weirdly Reassuring Story about Looking at People Looking at Animals in America,* New York: Penguin Press 2013, S. 135.
14 Carol Ruckdeschel et al., *Sea Turtles of the Atlantic and Gulf Coasts of the United States,* Athens, GA: University of Georgia Press 2006, S. 95.
15 Ben Smee, »Great Barrier Reef: 30 % of Coral Died in ›Catastrophic‹ 2016 Heatwave«, in: *Guardian,* 18. April 2018.
16 Terry P. Hughes, »Global Warming Transforms Coral Reef Assemblages«, in: *Nature,* 18. April 2018; S. 492–496.
17 Chris T. Amemiya et al., »The African Coelacanth Genome Provides Insights into Tetrapod Evolution«, in: *Nature,* 18. April 2013, S. 311–316.
18 ReefQuest Centre for Shark research, »The Coelacanth – a Morphological Mixed Bag«, Biology of Sharks and Rays, undatiert; http://www.elasmo-research.org/education/classification/coelacanth.htm
19 »Reducing Ship Strikes to North Atlantic Right Whales«, NOAA Endangered Species Conservation, undatiert; https://fisheries.noaa.gov/

national/endangered-species-conservation/reducing-ship-strikes-north-atlantic-right-whales
20 »Shipping Threat to Endangered Whale«, *BBC News*, 28. August 2001; http://news.bbc.co.uk/2/hi/science/nature/1513434.stm
21 Brandon L. Southall et al., »Reducing Noise from Large Commercial Ships«, U. S. department of Transportation – Maritime Administration, Frühjahr 2018; https://nmsanctuaries.blob.core.windows.net/sanctuaries-prod/media/docs/20180411-reducing-noise.uscg.pdf
22 »Environmental Remediation Market – Global Forecast to 2022«, MarketsandMarkets, 28. Oktober 2016; https://www.marketsandmarkets.com/PressReleases/environmental-remediation.asp
23 Megan Hanks, »Yoni Zohar Explains How His Lab Became the Frst to Farm Bluefin Tuna in Land-Based Aquaculture«, *UMBC News*, 22. Februar 2016; https://nwes.umbc.edu/yoni-zohar-explains-how-his-lab-became-the-first-to-farm-bluefin-tuna-in-land-based-aquaculture
24 Christopher D. Golden, »Fall in Fish Catch Threatens Human Health«, in: *Nature*, Juni 2016, S. 317–320.
25 Christopher Knaus, »Plan to Pump Cold Water on to Barrier Reef to Stop Bleaching Labelled ›Band-Aid‹«, in: *Guardian*, 6. April 2017.

Was wirklich passiert, wenn in den USA privater Waffenbesitz vollständig verboten wird

1 Paloma Esquivel, »In a Violent Year in San Bernardino, Unsolved Homicides Leave Families Grasping for Answers«, in: *Los Angeles Times*, 7. Januar 2017; https://www.latimes.com/local/lanow/la-me-ln-san-bernardino-unsolved-20161226-htmlstory-html
2 »The Most Dangerous Cities in America, Ranked«, *CBS News*; https://cbsnews.com/pictures/the-most-dangerous-cities-in-america/25/
3 Lois Beckett, »The Gun Numbers: Just 3 % of American Adults Own a Collective 133 m Firearms«, in: *Guardian*, 15. November 2017; https://www.theguardian.com/us-news/2017/nov/15/the-gun-numbers-just-3-of-american-adults-own-a-collective-133m-firearms
4 Kim Parker et al., »America's Complex Relationship with Guns«, Pew Research Center, Social & Demographic Trends, 22. Juni 2017; https://www.pewsocialtrends.org/2017/06/22/americas-complex-relationship-with-guns/
5 Mark Murray, »Poll: 58 Percent Say Gun Ownership Increases Safety«, *NBC News*, 22. März 2018; https://www.nbcnews.com/politics/first-read/poll-58-percent-say-gun-ownership-increases-safety-n859231
6 »2016 National Survey of Fishing, Hunting, and Wildlife-Associated Recreation«, U. S. Fish and Wildlife Service, Oktober 2018; https://wsrfprograms.fws.gov/subpages/nationalsurvey/nat_survey2016.pdf

7 Ali Rowhani-Rahbar et al., »Loaded Handgun Carrying Among US Adults, 2015«, in: *American Journal of Public Health,* 8. November 2017.

8 Andrew Leigh et al., »Do Gun Buybacks Save Lives? Evidence from Panel Data«, in: *American Law and Economics Review,* 1. Oktober 2010.

9 Eugene Volokh, »State Constitutional Rights to Keep and Bear Arms«, in: *Texas Review of Law & Politics,* 22. Dezember 2006.

10 Enno Freye et al., *Pharmacology and Abuse of Cocaine, Amphetamines, Ecstasy and Related Designer Drugs: A Comprehensive Review of Their Mode of Action, Treatment of Abuse and Intoxication,* Springer Science & Business Media, 21. September 2009, S. 33.

11 »Desoxyn«, U. S. Food and Drug Administration, überarbeitet Februar 2015; https://www.accessdata.fda.gov/drugsatfda_docs/label/2017/005378s034lbl.pdf

12 Megan Gambino, »During Prohibition, Your Doctor Could Write You a Prescription for Booze«, in: *Smithsonian Magazine,* 7. Oktober 2013; https://smithsonianmag.com/history/during-prohibition-your-doctor-could-write-you-prescription-booze-180947940/

13 Brian Freskos, »How a Gun Trace Works«, *The Trace,* 8. Juli 2016; https://www.thetrace.org/2016/07/how-a-gun-trace-works-atf-ffl/

14 Michelle Alexander, *The New Jim Crow: Mass Incarceration in the Age of Colourblindness,* New York: The New Press, 2012, S. 118.

15 Newt Gingrich, »Remarks at the National Rifle Association Meeting«, *C-SPAN,* 13. April 2012; https://www.c-span.org/video/?305367–8/newt-gingrich-remarks-national-rifle-association-meeting&start=23

16 »3-D Printed Guns«, *Vice Motherboard,* 25. März 2013, https://www.youtube-com/watch?v=DconsfGsXyA

17 Brian Ries, »›Y'all Qaeda‹: People Aren't Taking the Armed Militia in Oregon Too Seriously«, *Mashable,* 4. Januar 2016; https://mashable.com/2016/01/04/oregon-militia-yall-qaeda/#FoHbooJiSGqG

18 Julie Turkewitz et al., »Police Shooting of Oregon Occupier Declared Justified, but F. B. I. Faces Inquiry«, in: *New York Times,* 8. März 2016; https://www.nytimes.com/2016/03/09/us/oregon-lavoy-finicum-shooting.html

19 Mike Harvkey, »Why I Read the Four Most Controversial Books in Print Today«, in: *Publishers Weekly,* 8. Mai 2015; https://www.publishersweekly.com/pw/by-topic/industry-news/tip-sheet/article/66570-why-i-read-the-four-most-controversial-books-in-print-today.html

20 »The Year in Hate: Trump Buoyed White Supremacists in 2017; Sparking Backlash Among Black Nationalist Groups«, Southern Poverty Law Center, 21. Februar 2018; https://www.splcenter.org/news/2018/02/21/year-hate-trump-buoyed-white-supremacists-2017-sparking-backlash-among-black-nationalist

21 Kyle Swenson, »He Grew Up Listening to His Father's Anti-Police Rants. A Lawsuit Claims It Drove Him to Murder«, in: *Washington Post,* 27. September 2017; https://washingtonpost.com/news/morning-mix/wp/2017/09/27/was-a-pennsylvania.cop-killer-driven-to-murder-by-his-fathers-anti-government-rants/?noredirect=on&utm_term=.1e6d9e1e4aeb
22 Rheana Murray, »Accused Cop Killer Eric Frein Repeatedly Appears, Then Eludes Manhunt«, *ABC News,* 24. September 2014; https://abcnews.go.com/US/accused-cop-killer-eric-frein-repeatedly-appears-eludes/story?id=25734478
23 »US Marshal Describes Moment Eric Frein Was Captured«, *6abc Action News,* 31. Oktober 2014; http://6abc.com/news/us-marshal-describes-moment-eric-frein-was-captured/373904
24 Alyssa Brown et al., »In U. S., 65 % Support Drone Attacks on Terrorists Abroad«, Gallup, 25. März 2013; https://news.gallup.com/poll/161474/support-drone-attacks-terrorists-abroad.aspx

Was wirklich passiert, wenn Atombomben uns alle töten

1 »Preliminary Report: Hawaii Emergency Management Agency's January 13, 2018 False Ballistic Missile Alert«, Federal Communications Commission Public Safety and Homeland Security Bureau, 30. Januar 2018.
2 Roman Mars et al., »Atomic Tattoos«, 99 % Invisible, 15. Januar 2019; https://99percentinvisible.org/episode/atomic-tattoos/
3 YouTube-Nutzer atomcentral, »Unedited Atomic Bomb Explosion W Sound«, *YouTube,* 5. Januar 2017; https://www.youtube.com/watch?v=YKwkTYeukE4
4 Mac William Bishop, »North Korea's View to Shut Punggye-ri Nuclear Site Appears Mostly Symbolic«, *NBC News,* 30. April 2018; https://www.nbcnews.com/news/north-korea-s-vow-shut-punggye-ri-nuclear-site-appears-n869991
5 Milo Beckman, »We're edging Closer to Nuclear War«, *FiveThirtyEight;* 15. Mai 2017; https://fivethirtyeight.com/features/were-ediging-closer-to-nuclear-war/
6 »Nuclear Arsenals«, International Campaign to Abolish Nuclear Weapons, undatiert; http://www.icanw.org/the-facts/nuclear-arsenals/
7 Lilian Goldman Law Library, »The Atomic Bombings of Hiroshima and Nagasaki: Chapter 9 – General Description of Damage Caused by the Atomic Explosions«, The Avalon Project, undatiert; http://avalon-law.yale.edu/20th_century/mp09.asp
8 A. B. Pittock et al., »Environmental Consequences of Nuclear War

Volume I: Physical and Atmospheric Effects«, in: *Physics Today,* 1987, S. 97f.

9 Michael Krepon, »Massive Retaliation«, in: *Arms Control Wonk,* 20. August 2009; https://www.armscontrolwonk.com/archive/402436/massive-retaliation/

10 Bernard Brodie, *Strategy in the Missile Age,* Princeton: Princeton University Press 1959, S. 257.

11 J. Scott Applewhite, »Military Aides Still Carry the President's Nuclear ›Football‹«, in: *USA Today,* 5. Mai 2005.

12 »U. S. Nuclear Arsenal (as of January 2017)«, Union of Concerned Scientists; https://eee.ucsusa.org/sites/default/static/arsenal/assets/US-Nuclear-Forces:Jan-2017.pdf

13 Hiroshima Peace Cultural Center, »Testimony of Akiko Takakura«, Atomicarchive; http://www.atomicarchive.com/Docs/Hibakusha/Akiko.shtml

14 Hiroshima Peace Cultural Center, »Testimony of Yoshitaka Kawamoto«, Atomicarchive; http://www.atomicarchive.com/Docs/Hibakusha/Yoshitaka.shtml

15 Proceedings of the IAEA/WHO/EC International Conference, »Ten Years After Chernobyl: What Do We Really Know?«, April 1996; https://inis.iaea.org/collection/NCLCollectionStore/_Public/28085/28058918.pdf

16 Weltgesundheitsorganisation, »1986–2016: CHERNOBYL at 30«, 25. April 2016; https://www.who.int/mediacentr/news/releases/2005/pt38/en/

17 Andrew Freedman, »The (Nuclear) Winter of Our Discontent«, *Climate Central,* 6. März 2012; https://www.climatecentral.org/news/the-nuclear-winter-of-our-discontent

18 Michael J. Mills et al., »Multidecadel Global Cooling, and Unprecedented Ozone Loss Following a Regional Nuclear Conflict«, in: *Earth's Future,* 2014, S. 161–176.

19 YouTube-Nutzer CSER Cambridge, »Feeding Everyone No Matter What«, Centre for the Study of Existenzial Risk, 2. September 2016; https://www.youtube.com/watch?v=SiiKC8Osxw8

20 Ira Helfand, »Nuclear Famine: Two Billion People at Risk?«, International Physicians for the Prevention of Nuclear War, November 2013; http://www.ippnw.org/nuclear-famine.html

21 David Denkenberger et al., *Feeding Everyone No Matter What,* Cambridge MA: Academic Press 2015.

22 Sam Biddle, »How Many Nukes Would It Take to Blow Up the Entire Planet?«, *Gizmodo,* 5. April 2012; https://gizmodo.com/5899569/how-many-nukes-would-it-take-to-blow-up-the-entire-planet

23 Zachary Keck, »Why the B-61–12 Bomb Is the Most Dangerous Nuclear Weapon in America's Arsenal«, in: *National Interest,* 9. Oktober 2018.

24 Kelsey Davenport, »Nuclear Weapons: Who Has What at a Glance«, Arms Control Association, Juni 2018; https://www.armscontrol.org/factsheets/Nuclearweaponswhohaswhat
25 Donald Trump, »Remarks by President Trump in Meeting with Senate and Local Officials on Infrastructure Initiative«, White House, 12. Februar 2018; https://www.whitehouse.gov/briefings-statements/remarks-president-trump-meeting-state-local-officials-infrastructure-initiative/
26 Henry Meyer et al., »Nuclear Fears Haunt Leaders with U. S.–Russian Arms Pact's Demise«, *Bloomberg*, 16. Februar 2019; https://www.bloomberg.com/news/articles/2019–02-16/nuclear-doom-haunts-leaders-with-u-s-russian-arms-pact-s-demise
27 Ankit Panda, »Why Pakistan's Newly-Flight-Tested Multiple Nuclear Warhead-Capable Missile Really Matters«, in: *The Diplomat*, 25. Januar 2017; https://thediplomat.com/2017/01/why-pakistans-newly-flight-tested-multiple-nuclear-warhead-capable-missile-really-matters/
28 Rajat Pandit, »Will Call Pakistan's Nuke Bluff If Tasked to Cross Border: Army Chief«, in: *Times of India*, 12. Januar 2018.
29 United Nations, Department of Economic and Social Affairs, Population Division, »The World's Cities in 2018«, Data Booklet, 2018.
30 Herman Kahn, *On Thermonuclear War*, Princeton: Princeton University Press 1960, S. 144–155.
31 »It Is 2 Minutes to Midnight«, 2018 Doomsday Clock Statement, 25. Januar 2018; https://thebulletin.org/sites/default/files/2018%20Doomsday%20Clock%20Statement.pdf

Was wirklich passiert, wenn ein Baby auf dem Mond geboren wird

1 Jackie Wattles, »SpaceX Promised to Fly Tourists to the Moon. How's That Going?«, *CNN*, 7. Juni 2018; https://money.cnn.com/2018/06/97/technology/future/spacex-falcon-heavy-moon-tourists/index.html
2 Howard Bloom, »How to Get Back to the Moon in 4 Years – This Time to Stay«, in: *Scientific American*, 22. Februar 2017; https://blogs.scientificamerican.com/guest-blog/how-to-get-back-to-the-moon-in-4-years-this-time-to-stay/
3 Jim Dunstan, *From Flag Burnings to Bearing Arms to States Rights: Will the Bill of Rights Survive a Trip to the Moon?*, Washington: Haley, Bader & Potts 1991, S. 95, 98.
4 Haym Benaroya, *Building Habitats on the Moon: Engineering Approaches to Lunar Settlement*, New York: Springer 2018, S. 165.
5 Dorothy B. Spangenberg, »LifeSat: The General Biology Module«, in: *SAE Transactions*, 1990, S. 1326–1329.

6 D. B. Spangenberg et al., »Development Studies of *Aurelia* (Jellyfish) Ephyrae Which Developed During the SLS-1 Mission«, in: *Advances in Space Research,* August 1994, S. 239–247.

Was wirklich passiert, wenn das Internet zusammenbricht

1 Art Zeile, »Starbucks Has a Venti-Sized Computer Problem«, *TheStreet,* 28. April 2015; https://www.thestreet.com/story/13128128/1/starbucks-has-a-venti-computer-problem.html

2 Laurence Zuckerman, »Satellite Failure Is Rare, and Therefore Unsettling«, in: *New York Times,* 21. Mai 1998.

3 Shawn Hubler, »The Loudness of Pager-Free Silence«, in: *Los Angeles Times,* 21. Mai 1998.

4 Sten Odenwald, »The Day the Sun Brought Darkness«, NASA, 13. März 2009; http://www.nasa.gov/topics/earth/features/sun_darkness.html

5 Paul Ford, »How *PAPER* Magazine's web engineers scaled their back-end for Kim Kardashian (SFW)«, in: *The Message,* 21. Januar 2015; https://medium.com/message/how-paper-magazines-web-engineers-scaled-kim-kardashins-back-end-sfw-6367f8d37688

6 Lorenzo Franceski-Bicchierai, »Twitter, Reddit, Spotify Were Collateral Damage in Major Internet Attack«, *Vice Motherboard,* 21. Oktober 2016; https://motherboard.vice.com/en_us/article/d7ywak/twitter-reddit-spotify-were-collateral-damage-in-major-internet-attack

7 »Submarine Cable Frequently Asked Questions«, *Telegeography,* 2019; https://www2.telegeography.com/submarine-cable-faqs-frequently-asked-questions

8 Keith Schofield, »Sharks Are Not the Nemesis of the Internet – ICPC Findings«, International Cable Protection Committee, 1. Juli 2015; https://cdn.arstechnica.net/wp-content/uploads/2015/07/ICPC-sharks.pdf

9 »Woman Who Cut Internet to Georgia and Armenia ›Had Never Heard of Web‹«, in: *Telegraf,* 11. April 2011.

10 YouTube-Nutzer TomoNews US, »Deep Sea Cables: Facebook, Microsoft Lay Massive Underwater Cable Across Atlantic – TomoNews«, *YouTube,* 25. September 2017; https://www.youtube.com/watch?v_drQT3cMli4

11 YouTube-Nutzer Techno Exploit, »The Manufacturing and Beach Landing of Marea – Most Technologically Advanced SUBSEA cable [2017]«, *YouTube,* 24. September 2017; https://www.youtube.com/watch?v=AO1C26oH2mE

12 YouTube-Nutzer Brighton Tools, »M18™, FORCE LOGIC™ HYDRAULIC CABLE CUTTER«, *YouTube,* 27. April 2017; https://www.youtube.com/watch?v=nBaQvr5-xWQ

13 »Compliance«, Google Cloud Help, undatiert; https://support-google.com/googlecloud/answer/6056694?hl=en
14 »Data Center Locations«, Google Data Centers, undatiert; https://www.google.com/about/datacenters/inside/locations/index.html
15 Sam Biddle, »How to Destroy the Internet«, *Gizmodo,* 23. Mai 2012; https://gizmodo.com/5912383/how-to-destroy-the-internet
16 James Ball, »Meet the Seven People Who Hold the Keys to Worldwide Internet Security«, in: *Guardian,* 28. Februar 2014.
17 http://www.root-servers.org/
18 Cade Merz et al., »Researchers Discover Two Major Flaws in the World's Computers«, in: *New York Times,* 3. Januar 2018.
19 Dana Liebelson, »The Government's Secret Plan to Shut Off Cellphones and the Internet, Explained«, in: *Mother Jones,* 26. November 2013; https://www.motherjones.com/politics/2013/11/internet-phone-kill-switch-explained/
20 »Riskmanagement Strategy – Internet Routing, Access and Connection Services«, Department of Homeland Security, Juli 2011; https://www.dhs.gov/xlibrary/assets/itsrm-for-internet-routing-report.pdf
21 »Information Technology Sector: Charters and Memberships«, Department of Homeland Security, undatiert; https://www.dhs.gov/information-technology-sector-council-charters-and-membership
22 Matt Burgess, »Ever Wondered How Underwater Cables Are Laid? We Take a Trip on the Ship That Keeps Us Online«, in: *Wired,* 30. November 2016; https://www.wired.co.uk/article/subsea-internet-cable-ship-boat
23 Lindsay Goldwert, »How Do You Fix an Undersea Cable?«, *Slate,* 8. Januar 2007; https://slate.com/articles/news_and_politics/explainer/2007/01/how_do_you_fix_an_undersea_cable.html
24 George Arnett, »One in Four UK Smartphone Owners Does Not Make Phone Calls Weekly«, in: *Guardian,* 8. September 2015.
25 »Smart Grid for a Smart Chicago«, City of Chicago, undatiert; https://www.chicago.gov/city/en/progs/env/smart-grid-for-a-smart-chicago.html
26 »Grid Modernization and the Smart Grid«, US Department of Energy, undatiert; https://www.energy.gov/oe/activities/technology-development/grid-modernization-and-smart-grid
27 Jack Karsten, »Smart Transportation Technology Promises to Lower the Costs of Traffic«, *Brookings Techtank,* 14. Dezember 2017; https://www.brookings.edu/blog/techtank/2017/12/14/smart-transportation-technology-pomises-to-lower-the-costs-of-traffic
28 Tad Vezner, »CenturyLink Vendour Again Blamed for 911 Outage in Multi-State Orange«, in: *Grand Forks Herald,* 2. August 2018; https://www.grandforksherald.com/news/government-and-politics/

4480850-centurylink-vendor-again-blamed-911-outage-multi-state-outage
29 Alberto De San Bernabe Clemente et al., »A WSN-Based Tool for Urban and Industrial Fire-Fighting«, in: *Sensors*, 6. November 2012, S. 15 009–15 035.
30 Leslie A. Lenert et al., »An Intelligent 802.11 Triage Tag for Medical Response to Disasters«, AMIA 2016 Annual Symposium Archive, 2005; https://www.ncbi.nlm.nih.gov/pmc/articles/PMC1560742/
31 Mark Milian, »Reports Say Egypt Web Shutdown Is Coordinated, Extensive«, *CNN*, 28. Januar 2011; http://www.cnn.com/2011/TECH/web/01/28/egypt.internet.shutdown/index.html
32 Parmy Olson, »Egypt's Internet Blackout Cost More Than OECD Estimates«, in: *Forbes*, 3. Februar 2011; https://www.forbes/sites/parmyolson/2011/02/03/how-much-did-five-days-of-no-internet-cost-egypt/#2cafb2bd4d49
33 »Focus on Egypt«, Media Use in the Middle East, 2017; http://www.mideastmedia.org/survey/2017/chapter/focus-on-egypt/
34 »North Korea Internet usage, broadband, and telecommunications reports«, *Internet World Stats*, undatiert; https://www.internetworldstats.com/asia/kp-htm
35 Timothy W. Martin, »How North Korea's Hackers Became Dangerously Good«, in: *Wall Street Journal*, 19. April 2018; https://www.wsj.com/articles/how-north-koreas-hackers-became-dangerously-good-15241

Was wirklich passiert, wenn das letzte Schlachthaus geschlossen wird

1 Cor van der Weele, »Meat and the Benefits of Ambivalence«, in: *The Ethics of Consumption*, 2013, S. 290–295.
2 Kathryn Asher et al., »Study of Current and Former Vegetarians and Vegans«, Humane Research Council, 4. Dezember 2014.
3 Jonas R. Kunst et al., »Meat Eaters by Dissociation: How We Present, Prepare and Talk About Meat Increases Willingness to Eat Meat by Reducing Empathy and Disgust«, in: *Appetite*, 1. Oktober 2016, S. 758–774.
4 »Food Demand Survey«, Oklahoma State University Department of Agricultural Economics, 18. Januar 2018, S. 4.
5 Vidhi Doshi, »Modi Finally Speaks Out Against Lynchings of ›Beef Eaters‹«, in: *Washington Post*, 29. Juni 2017; https://www.washingtonpost.com/world/modi-finally-speaks-out-against-lynchings-of-beef-eaters/2017/96/29/fl71e042–5ccf-11c7-aa69–3964a7d55207
6 Hannah Ritchie et al., »Meat and Seafood Production & Consumption«, OurWorldInData.org; https://ourworldindata.org/meat-and-seafood-production-consumption

7 Rachel Nuwer, »What Would Happen If the World Suddenly Went Vegetarian?«, *BBC Future*, 27. September 2016; http://www.bbc.com/future/story/20160926-what-would-happen-if-the-world-suddenly-went-vegetarian

8 Ousman Tall, »Herders vs Farmers: Resolving Deadly Conflict in the Sahel and West Africa«, in: *OECD Insights*, 16. April 2018; http://oecdinsights.org/2018/04/16/herders-vs-farmers-resolving-deadly-conflict-in-the-sahel-and-west-africa

9 Temple Grandin, »Proper Cattle Restraint for Stunning«, aktualisiert im September 2018; http://www.grandin.com/humane/restrain.slaughter.html

10 Mac McClelland, »This Is What Humane Slaughter Looks Like. Is It Good Enough?«, in: *Modern Farmer*, 17. April 2013; https://modernfarmer.com/2013/04/this-is-what-humane-slaughter-looks-like-is-it-good-enough/

11 Samuel Osborne, »Belgium Votes to Ban Kosher and Halal Slaughter In Its Biggest Territory«, in: *Independent*, 8. Mai 2017; https://www.independent.co.uk/news/world/europe/belgian-region-wallon-bans-kosher-halal-meat-islam-jewish-a7723451.html

12 Pour l'Égalité Animale, »Enquête en Abbatoir Suisse«; https://abbatoirs-suisses.ch/moudon/

13 »Rearing Cattle Produces More Greenhouse Gases Than Driving Cars, UN Report Warns«, United Nations News, 29. November 2006; https://news.un.org/en/story/2006/11/201222-rearing-cattle-produces-more-greenhouse-gases-driving-cars-un-report-warns

14 »Livestock a Major Threat to Environment«, FAO Newsroom, 29. November 2006; http://www.fao.org/newsroom/en/news/2006/1000448/index-html

15 »Overview of Greenhouse Gases«, United States Environmental Protection Agency, undatiert; https://www.epa.gov/ghgemissions/overview-greenhouse-gases

16 »What's Driving Deforestation?«, Union of Concerned Scientists, undatiert; https://www.ucusa.org/global-warming/stop-deforestation/whats-driving-deforestation#.XG4a6C3Myu4

17 »Climate and Environmental Impacts«, Environmental Working Group, 2011; https://www.ewg.org/meateatersguide/a-meat-eaters.guide-to-climate-change-health-what-you-eat-matters/climate-and-environmental-impacts

18 »PETA's ›In Vitro‹ Chicken Contest«, PETA, undatiert; https://www.peta.org/features/vitro-meat-contest/

19 Matti Wilks et al., »Attitudes to *In Vitro* Meat: A Survey of Potenzial Consumers in the United States«, *PLOS ONE*, 16. Februar 2017.

20 Caitlin Dewey, »Why Cattle Ranchers and Tech Start-ups Are Beefing

Over the Meaning of Meat«, in: *Washington Post*, 2. März 2018; https://www.washingtonpost.com/news/wonk/wp/2018/03/02/why-cattle-ranchers-and-tech-start-ups-are-beefing-over-the-meaning-of-meat/

21 »Tyson Ventures Announces Investment in Future Meat Technologies«, Tyson Foods, 2. Mai 2018; https://www.tysonfoods.com/news/news-releases/2018/5/tyson-ventures-announces-investment-future-meat-technologies

22 Geoffrey Mohan, »McDonald's Will Shift to More Humane Chicken Slaughter Policy«, in: *Los Angeles Times*, 27. Oktober 2017; https://www.latimes.com/business/la-fi-mcdonalds-chicken-20171027-story.html

23 William Neumann, »New Way to Help Chickens Cross to Other Side«, in: *New York Times*, 21. Oktober 2010; https://www.nytimes.com/2010/10/22/business/22chicken.html

24 Sue Surkes, »China Makes Massive Investment in Israeli Lab Meat Technology«, in: *Times of Israel*, 17. September 2017; https://www.timesofisrael.com/china-makes-massive-investment-in-israeli-lab-meat-technology/

25 »Industry Statistics«, National Cattlemen's Beef Association, 2017; https://www.beefusa.org/beefindustrystatistics.aspx

26 Dave Merrill et al., »Here's How America Uses Its Land«, *Bloomberg*, 31. Juli 2018; https://www.bloomberg.com/graphics/2018-us-land-use/

27 George Rapsomanikis, »The Economic Lives of Smallholder Farmers«, Food and Agriculture Organization of the United States, 2015; http://www.fao.org/3/a-i5251e.pdf

28 Michael Pollan, *The Omnivore's Dilemma: A Natural History of Four Meals*, New York: Penguin Press 2006.

29 Peter Hess, »Turns Out That Using Human Poop to Fertilize Crops Isn't Such a Great Idea«, *Vice Motherboard*, 22. April 2016; https://motherboard.vice.com/en_us/article/8q8xnk/turns-out-that-using-human-poop-to-fertilize-crops-might-not-be-such-a-great-idea

30 »Environmental Impact«, National Renderers Association, undatiert; http://www.nationalrenderers.org/environmental/

31 »Modern Meadow Launches Zoa, the First Ever Biofabricated Leather Material Brand«, Modern Meadow, 26. September 2017; http://modernmeadow.com/press/modern-meadow-lauches-zoa-the-first-ever-biofabricated-leather-material-brand/

32 »Grown of Zoa«, Modern Meadow, 19. November 2018; https:/web-archive.org/web/20181119223356/http://zoa.is/ (archiviert am 19. November 2018).

33 Beckett Muffson, »This Guy Served His Friends Tacos Made from His Own Amputated Leg«, in: *Vice*, 12. Juni 2018; https://www.vice.com/

en_us/article/gykmn7/legal-ethical-cannibalism-human-meat-tacos-reddit-wtf
34 »Celebrity Cubes«, *Bistro In Vitro*, undatiert; https://bistro-invitro-com/en/dishes/celebrity-cubes/

Was wirklich passiert, wenn die Menschen ein bestätigtes Signal von intelligenten Außerirdischen erhalten

1 »At Least One in Six Stars Has an Earth-sized Planet«, NASA, 10. Januar 2013; https://www.nasa.gov/mission_pages/kepler/news/17-percent-of-stars-have-earth-size-planets.html
2 Timothy D. Morton et al., »False Positive Probabilities for All *Kepler* Objects of Interest: 1284 Newly Validated Planets and 428 Likely False Positives«, in: *Astrophysical Journal*, 10. Mai 2016, S. 1–15.
3 Eric Berger, »Number of Potentially Habitable Planets in Our Galaxy: Tens of Billions«, in: *Ars Technica*, 10. Mai 2016; https://arstechnica.com/science/2016/05/number-of-potentially-habitable-planets-in-our-galaxy-tens-of-billions/
4 Christopher J. Conselice et al., »The Evolution of Galaxy Number Density at z < 8 and Its Implications«, in: *Astrophysical Journal*, Oktober 2016, S. 1–17.
5 Pat Brennan, »ESO Discovers Earth-Size Planet in Habitable Zone of Nearest Star«, NASA, 24. August 2016.
6 Fabo Feng et al., »Color Difference Makes a Difference: Four Planet Candidates around τ Ceti«, in: *The Astronomical Journal*, 5. September 2017.
7 Kenneth Chang, »7 Earth-Size Planets Orbit Dwarf Star, NASA and European Astronomers say«, in: *New York Times*, 22. Februar 2017.
8 »BSRC People«, Berkeley SETI Research Center, undatiert; https://seti.berkeley.edu/people.html
9 Sarah Scoles, »A Brief History of SETI@Home«, in: *Atlantic*, 23. Mai 2017; https://www.atlantic.com/science/archive/2017/05/aliens-on-your-packard-bell/527445
10 »Protocols for an ETI Signal Detection«, SETI Institute, undatiert; https://www.seti.org/protocols-eti-signal-detection
11 Jung Yul Kwon et al., »How Will We React to the Discovery of Extraterrestrial Life«, in: *Frontiers of Psychology*, 10. Januar 2018, S. 1–12.
12 Ross Andersen, »The Most Mysterious Star in Our Galaxy«, in: *Atlantic*, 13. Oktober 2015.
13 Liam Shaughnessy, »Our Favorite Hypothetical Alien Megastructures«, *Vice Motherboard*, 21. Oktober 2015; https://motherboard.vice.com/en_/us/article/jpgqxg/our-favourite-hypothetical-alien-megastructures

Was wirklich passiert, wenn der nächste Supervulkan ausbricht

1 Erin Zaleski, »The Summer Storm That Inspired *Frankenstein* and *Dracula*«, *Daily Beast*, 3. September 2016, https://www.thedailybeast.com/the-summer-storm-that-inspired-frankenstein-and-dracula
2 »How Large Is the Magma Chamber That Is Currently Under Yellowstone?«, USGS, https://www.usgs.gov/faqs/how-large-magma-chamber-currently-under-yellowstone?qt-news_science_products=0#qt-news_science_products
3 »Five Things Most People Get Wrong About the Yellowstone Volcano«, USGS, 8. Mai 2015, https://volcanoes.usgs.gov/volcanoes/yellowstone/faqs_misconceptions.html
4 Haley E. Cabaniss et al., »The Role of Tectonic Stress in Triggering Large Silicic Caldera Eruptions«, in: *Geophysical Research Letters*, 16. Mai 2018, S. 3889–3895.
5 Katharine Sanderson, »Questions Fly over Ash-Cloud Models«, in: *Nature*, 27. April 2010.
6 A. Vogel et al., »Reference Data set of Volcanic Ash Physicochemical and Optical Properties«, in: *Journal of Geophysical Research: Atmospheres*, S. 9485–9514.
7 »Modeling the Ash Distribution of a Yellowstone Supereruption«, USGS Volcano Hazards Program, 27. August 2014, https://volcanoes.usgs.gov/volcanoes/yellowstone/yellowstone_sub_page_91.html
8 »Ash Eruption and Fallout«, USGS, undatiert, https://pubs.usgs.gov/gip/msh/ash.html
9 »Questions About Yellowstone Volcanic History«, USGS Volcano Hazards Program, undatiert, https://volcanoes.usgs.gov/volcanoes/yellowstone/yellowstone_sub_page_54.html
10 M. R. Rampino et al., »Volcanic Winter and Accelerated Glaciation Following the Toba Super-Eruption«, in: *Nature*, 1992, S. 50–52.
11 Chad L. Yost, »Subdecadal Phytolith and Charcoal Records from Lake Malawi, East Africa, Imply Minimal Effects on Human Evolution from the ~74 Ka Toba Supereruption«, in: *Journal of Human Evolution*, März 2018, S. 75–94.
12 E. I. Smith et al., »Humans Thrived in South Africa Through the Toba Eruption About 74,000 Years Ago«, in: *Nature*, 22. März 2018, S. 511–515.

Was wirklich passiert, wenn der letzte Sklave freigelassen wird

1 »Global Estimates of Modern Slavery: Forced Labour and Forced Marriage«, International Labour Organization, 19. September 2017, https://www.ilo.org/wcmsp5/groups/public/@dgreports/@dcomm/documents/publication/wcms_575479.pdf
2 »Resolution adopted by the General Assembly on 25 September 2015«, United Nations, 25. September 2015, http://www.un.org/ga/search/view_doc.asp?symbol=A/RES/70/1&Lang=E
3 »India«, Global Slavery Index, 2018, https://www.globalslaveryindex.org/2018/findings/country-studies/india
4 Doreen S. Boyd et al., »Slavery from Space: Demonstrating the Role for Satellite Remote Sensing to Inform Evidence-Based Action Related to UN SDG Number 8«, in: *Journal of Photogrammetry and Remote Sensing*, August 2018, S. 380–388.
5 Austin Choi-Fitzpatrick, *What Slaveholders Think: How Contemporary Perpetrators Rationalize What They Do*, New York: Columbia University Press 2017.
6 »Executive Summary«, Global Slavery Index, 2018, https://www.globalslaveryindex.org/2018/findings/executive-summary
7 »North Korean Defectors Struggle to Master Money«, in: *Wall Street Journal*, 28. März 2017, https://www.wsj.com/video/north-korean-defectors-struggle-to-master-money/009D1B6C-804D-4F1F-A3C6-F498E8E5E98E.html
8 Kevin Rashid Johnson, »Prison Labor Is Modern Slavery. I've Been Sent to Solitary for Speaking Out«, in: *Guardian*, 23. August 2018.
9 »CHINA 2017/2018«, Amnesty International, undatiert, https://www.amnesty.org/en/countries/asia-and-the-pacific/china/report-china

Was wirklich passiert, wenn der letzte Friedhof voll belegt ist

1 Abhishek Vishnoi, »Singapore Population Growth Stalls as Non-Residents Decrease«, *Bloomberg*, 27. September 2017, https://www.bloomberg.com/news/articles/2017-09-28/singapore-population-growth-stalls-as-non-residents-decrease
2 Andrea Tan, »Singapore Home Prices Jump the Most in Almost Eight Years«, *Bloomberg*, 1. April 2018, https://www.bloomberg.com/news/articles/2018-04-02/singapore-home-prices-post-biggest-jump-in-almost-eight-years
3 Rachel Tan, »Singaporeans Unfazed by Bidadari's Cemetery Past for Planned HDB Estate«, in: *Straits Times*, 1. September 2013,

https://www.straitstimes.com/singapore/singaporeans-unfazed-by-bidadaris-cemetery-past-for-planned-hdb-estate

4 *Moving House*, Regie: Tan Pin Pin, Singapur, 2001, https://vimeo.com/43520630

5 Frank Thadeusz, »Germany's Tired Graveyards: A Rotten Way to Go?«, *Spiegel Online*, 7. Januar 2008, http://www.spiegel.de/international/germany/germany-s-tired-graveyards-a-rotten-way-to-go-a-527134.html

6 »Hitler's Parents' Gravesite Available as Lease Ends«, *CBS News*, 30. März 2012, https://www.cbsnews.com/news/hitlers-parents-gravesite-available-as-lease-ends

7 »Ashes to Ashes«, in: *Economist*, 31. Oktober 2012, https://www.economist.com/graphic-detail/2012/10/31/ashes-to-ashes

8 Ana Naomi de Sousa, »Death in the City: What Happens When All Our Cemeteries Are Full?«, in: *Guardian*, 21. Januar 2015, https://www.theguardian.com/cities/2015/jan/21/death-in-the-city-what-happens-cemeteries-full-cost-dying

9 Justin Heifetz, »Hong Kong Has No Space Left for the Dead«, *Vice Motherboard*, 23. Oktober 2017, https://motherboard.vice.com/en_us/article/xwaqm7/hong-kong-has-no-space-left-for-dead-people-china

10 Rachel Nuwer, »China's 3,000 Cemeteries Will Run Out of Space in Just Six Years«, *Smithsonian*, 10. Oktober 2013, https://www.smithsonianmag.com/smart-news/chinas-3000-cemeteries-will-run-out-of-space-in-just-six-years-1339090/

11 Matt Discombe, »A New Cemetery Is Being Planned for Cardiff as the City Is Running Out of Space to Bury People«, *WalesOnline*, 6. März 2018, https://www.walesonline.co.uk/news/wales-news/new-cemetery-being-planned-cardiff-14370448

12 Rachel Flint, »Wales' Burial Space Running Out, Warns Church«, *BBC News*, 15. März 2018, https://www.bbc.com/news/uk-wales-politics-43336061

13 Claire Barrett, »No More Burials at Arlington in 25 Years? Famed Cemetery Is Running Out of Space«, in: *Military Times*, 31. März 2017, https://www.militarytimes.com/news/pentagon-congress/2017/03/31/no-more-burials-at-arlington-in-25-years-famed-cemetery-is-running-out-of-space

14 Janet Lever, »I Got My Dream Plot in Hollywood Forever Cemetery – Almost«, in: *Los Angeles Magazine*, 2. Februar 2018, https://www.lamag.com/culturefiles/got-dream-plot-hollywood-forever-cemetery-almost

15 »Rabbis Re-Consecrate Menorah Gardens«, *CBS4 Miami*, 27. Januar 2011, https://miami.cbslocal.com/2011/01/27/menorah-gardens-to-be-re-consecrated

16 Daniel Chang, »Menorah Gardens Broward County Cemetery to Be Reconsecrated«, in: *Palm Beach Post*, 27. Januar 2011, https://www.palmbeachpost.com/article/20110127/news/812039292
17 Michael Leidig, »Dust to Dust (But Not If Your Dearly Departed Is Buried in Germany)«, in: *Telegraf*, 16. November 2003, https://www.telegraph.co.uk/news/worldnews/europe/germany/1446872/Dust-to-dust-but-not-if-your-dearly-departed-is-buried-in-Germany.html
18 »Running Out of Cemeteries, Mexico City Digging Up the Dead«, *CBS News*, 28. Oktober 2014, https://www.cbsnews.com/news/running-out-of-cemeteries-mexico-city-digging-up-the-dead
19 »Mexico City Is Running Out of Burial Space, But Many Resist Cremation«, *NBC News*, 28. Oktober 2014, https://www.nbcnews.com/news/latino/mexico-city-running-out-burial-space-many-resist-cremation-n235896
20 Nigel Morris et al., »›Double-Decker‹ Graves Planned for Packed Cemeteries«, in: *Independent*, 16. Januar 2004, https://www.independent.co.uk/news/uk/this-britain/double-decker-graves-planned-for-packed-cemeteries-73953.html
21 Catherine Fairbairn, »Reuse of Graves«, House of Commons Library, 6. Juni 2017, http://researchbriefings.files.parliament.uk/documents/SN04060/SN04060.pdf
22 Mara Altman, »How Do You Sell the Last Two Burial Plots in Manhattan?«, in: *Intelligencer*, 21. Oktober 2015, http://nymag.com/daily/intelligencer/2015/10/last-two-manhattan-burial-plots-for-sale.html
23 Christopher Tan, »LTA Confirms Third Delay in Bukit Brown Road Project; New Completion Deadline by Early 2019«, in: *Straits Times*, 15. November 2017, https://www.straitstimes.com/singapore/transport/lta-confirms-third-delay-in-bukit-brown-road-project-new-completion-deadline-by

Epilog

1 Leigh Van Valen, »A New Evolutionary Law«, in: *Evolutionary Theory*, Januar 1973, S. 1–30.
2 Stephen L. Brusatte et al., »The Origin and Diversification of Birds«, in: *Current Biology*, 5. Oktober 2015.
3 J. E. Lovelock et al., »Life Span of the Biosphere«, in: *Nature*, 8. April 1982, S. 561–563.
4 Ken Caldeira, »The Life Span of the Biosphere Revisited«, in: *Nature*, Dezember 1992, S. 721–723.
5 »Asteroid of One-Kilometer or Larger Strikes Earth Every 600,000

Years«, in: *MIT Tech Talk,* 10. September 2003, http://news.mit.edu/2003/asteroid-0910
6 Robert Marcus et al., »Earth Impact Effects Program«, undatiert; https://impact.ese.ic.ac.uk/ImpactEarth/ImpactEffects/
7 Nikolai Kardashev, »Transmission of Information by Extraterrestrial Civilizations«, in: *Soviet Astronomy,* 1964, S. 217.
8 Nikolai Kardashev, »On the Inevitability and the Possible Structures of Supercivilizations«, in: *The Search for Extraterrestrial Life: Recent Developments,* 1985, S. 497–504.
9 Michio Kaku, »The Physics of Interstellar Travel«, undatiert, http://mkaku.org/home/articles/the-physics-of-interstellar-travel
10 Gerard K. O'Neill, *The High Frontier: Human Colonies in Space,* New York: William Morrow and Company 1977.
11 Dave Rothstein, »How Long Would It Take the Earth to Fall into the Sun? (Intermediate)«, Ask an Astronomer, Astronomy Department at Cornell University, aktualisiert am 27. Juni 2015, http://curious.astro.cornell.edu/about-us/39-our-solar-system/the-earth/other-catastrophes/57-how-long-would-it-take-the-earth-to-fall-into-the-sun-intermediate
12 Klaus-Peter Schroder et al., »Distant Future of the Sun and Earth Revisited«, in: *Monthly Notices of the Royal Astronomical Society,* Mai 2008, S. 155–163.
13 Colin Schultz, »Earth Will Die a Hot Horrible Death When the Sun Expands and Swallows Us, and Now We Know What That Looks Like«, in: *Smithsonian,* 21. August 2012, https://www.smithsonianmag.com/smart-news/earth-will-die-a-hot-horrible-death-when-the-sun-expands-and-swallows-us-and-now-we-know-what-that-looks-like-28965223
14 Milan M. Ćirković, »Resource Letter: PEs-1: Physical Eschatology«, in: *American Journal of Physics,* 2003, S. 122–133.

B. C.